江西省高等学校教学改革研究课题（JXJG-21-1-13）资助成果
南昌大学 2021 校级教学改革研究课题（NCUJGLX-2021-167-47）资助成果

现代
能源
经济学

Modern
Energy
Economics

李建强 等 编著

社会科学文献出版社
SOCIAL SCIENCES ACADEMIC PRESS (CHINA)

编著者简介

《现代能源经济学》教材由南昌大学经济管理学院国际能源经济与金融研究团队的李建强教授牵头编写。编写组聚集了能源经济学领域的一批优秀中青年学者，感谢南昌大学经济管理学院在人力、物力方面的支持，也感谢徐玮老师，何志文、袁梓皓、程文豪等研究生及本科生参与协助。编写组成员由南昌大学的8名教师组成，各章内容的负责老师如下：第1章聂长飞博士，第2章王俏茹博士，第3章郑淑芳博士，第4章温湖炜博士，第5章李建强教授，第6章何姗嫣博士，第7章刘敏副教授，第8章李建强教授，第9章万建军博士。参与编写人员的简介如下。

李建强　博士，博士生导师，南昌大学经济管理学院兼南昌大学中国中部经济社会发展研究中心教授。主要研究领域为能源经济学、能源金融学、绿色金融等。荣获多项国内外学术论文奖项；在全球知名经济学研究数据库 RePEc/IDEAS 发布的全球经济学家排名中位居亚洲前1%；数篇高被引论文，被引用次数进入学科世界前1%；以第一（通讯）作者在 *Energy Economics*、*Energy Journal*、*Energy Policy*、*Resource and Energy Economics*、*Journal of Money, Credit and Banking*、*Journal of International Money and Finance* 等国际权威期刊上发表论文；先后担任 *Energy Economics*、*Energy Journal*、*Applied Economics*、*Emerging Markets Finance and Trade* 等多家国际学术期刊主编及编辑工作。

刘敏　博士，南昌大学经济管理学院副教授，硕士生导师。主要研究领域为能源金融、资产波动模型。主持省级教学改革项目2项、校级教学改革项目 4 项，发表教学改革论文 5 篇，获校级教学成果奖二等奖，获校级授课质量优秀奖 3 次，主讲省级一流课程 1 门，主讲省高校共享课程 1 门。主持国家社科基金一般项目 1 项，主持省级科研项目 5 项，发表学术论文 20 余篇。

温湖炜 博士，南昌大学经济管理学院副教授，南昌大学赣江青年学者，南昌大学中国中部经济社会发展研究中心副主任。主要研究领域为数字经济与绿色金融、经济政策量化评估。主持在研国家社会科学基金青年项目"数字经济赋能制造业转型升级的效应测度与实现路径研究"、国家统计科学研究重点项目"我国数字贸易发展及其出口潜力的多维统计测度研究"，其他省部级课题 3 项。近几年，在《统计研究》《科研管理》《统计与信息论坛》《国际贸易问题》等 CSSCI 刊物上发表论文 10 余篇，在 *Energy Economics*、*Journal of Cleaner Production*、*Economic Modelling*、*Environmental Science and Pollution Research* 等 SSCI 和 SCI 期刊上发表论文 10 篇，出版学术专著 2 部和教材 1 部。

何姗嫄 博士，南昌大学经济管理学院与南昌大学中国中部经济社会发展研究中心专职研究员。主要研究领域为能源经济、普惠金融、金融创新、银行绩效以及家族企业管理。在国际知名学术期刊 *Energy Economics*、*Economic Modelling*、*North American Journal of Economics and Finance*、*Emerging Markets Finance and Trade*、*Financial Innovation* 上发表论文数篇，参与各类经济金融类科研项目 3 项，参编教材 2 部。

郑淑芳 博士，南昌大学经济管理学院讲师。主要研究领域为国际投资、企业管理等。主持国家社科基金青年项目、教育部人文社科青年项目、江西省社会科学"十三五"规划项目、江西省教育科学规划项目各 1 项，完成重庆市研究生科研创新项目。在 *Emerging Markets Finance and Trade*、《国际贸易问题》、《中国管理科学》、《管理评论》等期刊上发表高水平学术论文数篇。

万建军 博士，南昌大学经济管理学院讲师，南昌大学经济管理学院理论经济学教研室主任。主要研究领域为政治经济学与发展经济学。在

《东南学术》《上海经济研究》等期刊上发表 10 多篇论文，参与省部级课题 2 项。

聂长飞　博士，南昌大学经济管理学院讲师。主要研究领域为经济高质量发展、能源经济。在《数量经济技术经济研究》《经济学动态》《中国人口·资源与环境》《经济学家》《科学学研究》等国内知名学术期刊上发表论文 10 余篇，同时担任《数量经济技术经济研究》《中国人力资源开发》等期刊的审稿人。

王俏茹　博士，南昌大学经济管理学院讲师。主要研究领域为能源环境统计与计量分析。在《世界经济》、《中国工业经济》、*Energy Economics*、*Journal of Cleaner Production* 等权威期刊上发表论文 10 余篇，同时担任《南开经济研究》等期刊的匿名审稿人。

内容简介

能源经济学是适应能源工业发展而形成的一门新学科，也是一门采用经济学的基本理论、研究范式和分析方法，考察能源在生产、交换、分配、消费等环节中的各种经济关系和经济发展规律的新兴学科。能源经济学兼具经济学、管理学、能源科学、资源环境科学等学科属性，具有极强的交叉学科属性。能源经济学的研究方法具有综合性和多样性的特点，其方法体系是建立在现代经济学研究方法上同时结合理工科的常用分析方法形成的。本书以经济、贸易、数字经济、人工智能、绿色金融与能源的关系为研究对象，系统地从经济运行的各个角度探讨了能源经济的起源和发展历程，从宏观、中观、微观不同层次的多维度视角探究了能源与经济、能源与贸易、能源与数字经济、能源与人工智能以及能源与绿色金融等之间的关系，着重分析与阐述能源的各种经济效应与现实影响，并且结合实际情况从能源安全角度着重分析了其主要影响因素及可持续发展策略，分析了发展新能源与可再生能源的战略政策及前景。本书不仅仅注重教材系统性要求，更加注重理论与实际的结合，创造性地将数字经济、人工智能与能源发展相结合，引入国内外最新的研究方法及成果，进一步丰富了能源与经济的研究理论，同时强调学术性、科学性，使之更适应高等院校培养高层次能源经济研究型人才的需要。

本书既可以作为能源与经济管理类专业的研究生教材，也可以作为高等院校专家学者、与能源相关的企业管理人员和科研人员、政府部门的参考资料。

前　言

人类经济社会的发展离不开能源，能源促进了经济社会的发展。人类社会无论发展到哪个阶段，经济的发展都需要能源的加持，而经济的发展也促进了能源需求的增加、能源结构的改善以及能源利用方式的革新，所以能源与经济之间存在密切的联系，而且国内外经济社会发展的历史充分证明了能源与经济的发展之间存在紧密的联系，具有一定的规律性。

近年来，关于能源经济的研究成果层出不穷，但大多数研究还只是侧重经济学或者能源工程，且主要集中在石油、电力、煤炭、地质等领域，而专门研究能源与经济发展关系的专著却很少见。实际上，能源经济学是一门多学科交叉的综合性学科，它的发展不仅需要经济学理论、思想和方法的指导，也需要工程科学与自然科学的实践经验。能源经济学属于应用经济学范畴，主要致力于解决能源与经济发展之间的问题。它不仅关注能源的配置问题、社会生产与消费过程中的能源转换问题，还关心能源的可利用性及其与经济活动的相关性、能源需求与经济增长之间的关系，以及潜在的或实际的能源短缺对经济活动的影响。同时，能源经济学还是用经济学理论与方法研究能源供需平衡，分析能源使用效率，对能源开发、加工、节约进行可行性分析，以及制定能源政策的一门学科。

在编写该教材时，我们把受众面主要界定为能源与经济管理类专业的研究生，因此，我们非常注重教材内容与客观实际的结合，注重能源与经济学研究内容的结合。本书首先明确定义了能源经济学的基本概念及主要研究对象、研究方法，然后分别以能源与经济、能源与贸易、能源与数字经济、能源与人工智能以及能源与绿色金融等关系作为章节主要内容，在阐释相关研究对象内涵的基础之上，总结了能源与经济、金融以及科技发展之间的相关理论，着眼于能源的金融化发展趋势，重点阐述了能源的各种经济效应，系统分析了能源安全发展部分，并结合实际情况进行探讨，提出发展新能源与可再生能源的前景及政策导向。而且，本书创造性地把数字经济、人工智能与能源发展相结合进行研究，引入国内外最新的研究方法和成果，并结合实际情况进行分析，旨在探讨能源经济发展的前瞻性，也为能源经济的可持续发展提供理论方向。

本书与目前国内出版的高级能源经济学教材也存在些许区别。在阐述能源与经济发展关系方面，现有著作主要是从理论方面强调了能源与经济发展的相互作用，而本书在此基础上分析了能源要素的替代机理，并汇总了一些常用的能源与经济测度指标，为广大学者提供了一个良好的实证研究指南。另外，现有著作注重把握现代能源经济与管理的发展趋势，从管理角度系统性地分析了能源市场及隐藏的国家风险，并给出了相应的政策建议和企业层面的投融资决策分析，而本书则更加注重能源的金融化发展趋势，在注重教材的系统性要求的同时，力争将当前最新的发展与研究成果系统化，展现的内容更加全面丰富。

能源经济学是一门新学科，暂时还未形成完整的科学体系，从研究对象、架构体系到研究内容都有待进一步深入研究。本书也只是对能源经济学进行了初步探讨，鉴于编者的水平有限，书中可能存在些许错误与疏漏，恳请读者批评指正，提出宝贵意见，以便今后予以修改和补充。我们相信，经过不懈的努力和深入的研究，一定会有一本密切联系实际、具有较高理论水平，并且具有较完整科学体系的能源经济学著作诞生，我们盼着这个目标早日实现。

目　录

第1章　导论　001
　1.1　能源经济学的基本概念　001
　1.2　能源经济学研究的必要性和紧迫性　004
　1.3　能源经济学的发展历程　006
　1.4　能源经济学的研究对象与研究方法　010
　1.5　本书的特色　013

第2章　能源与经济　015
　2.1　能源与经济发展的关系　015
　2.2　能源要素替代的形成机理与测度方法　028
　2.3　能源与经济常用的测度指标　037
　2.4　能源配置效率　054

第3章　能源与贸易　066
　3.1　中国能源贸易的发展概况　066
　3.2　能源与贸易互联互通的理论基础　076
　3.3　能源与贸易开放的关系与争论　085
　3.4　贸易自由化的能源效应　094

第 4 章　能源与数字经济　　097

4.1　数字经济的概念、内涵与发展现状　　097
4.2　能源需求变化与数字经济　　108
4.3　能源供给系统与数字经济　　121

第 5 章　能源与人工智能　　133

5.1　人工智能简介　　133
5.2　能源与人工智能　　141
5.3　人工智能对能源影响的传递机制　　158

第 6 章　能源与绿色金融　　166

6.1　绿色金融的概念　　166
6.2　能源效率与绿色金融　　171
6.3　绿色金融提升能源效率的政策建议　　187

第 7 章　能源金融化　　190

7.1　能源金融化和能源金融　　190
7.2　能源金融风险及控制　　205
7.3　能源金融衍生品市场　　218
7.4　中国能源金融市场　　236

第 8 章　能源安全　　252

8.1　能源安全的内涵　　252
8.2　能源安全的主要影响因素　　259
8.3　能源安全的测度指标和方法　　262
8.4　多维分析能源安全模型　　268

  8.5 能源安全、电力、人口与经济增长模型 272
  8.6 中国的能源安全与可持续发展 285

第9章 | 新能源与可再生能源 292

  9.1 新能源的概念与发展趋势 292
  9.2 新能源的主要类型与特征 295
  9.3 其他新能源 309
  9.4 新能源发展政策 314
  9.5 中国新能源发电行业市场现状与前景 319
  9.6 可再生能源消费的波动与影响 322

参考文献 338

第1章　导论

能源经济学是 20 世纪 70 年代石油危机爆发后诞生的一门新兴学科，并在过去几十年间实现了快速发展。随着社会生产力发展水平的不断提高和科学技术的日益进步，能源经济问题已成为各国经济社会发展的重大战略问题。这就需要从经济理论的高度来深入研究、发展、推广和普及能源经济学的相关知识，进一步发展、完善能源经济学。本章主要对能源经济学的基本概念、研究的必要性和紧迫性、发展历程、研究对象与研究方法等方面进行介绍。

1.1　能源经济学的基本概念

1.1.1　能源

"能源"一词在《辞海》中的全称为"能量资源"，指可从中获得热能、机械能、电能、化学能、光能或核能等各种形式能量的一切自然资源。《中华人民共和国节约能源法》进一步将能源定义为能够直接或者通过加工、转换而取得有用能的各种资源。根据不同的标准，能源可以被划分为不同的类型。通常的能源分类方法包括以下几种。

按照是否直接产生，能源可分为一次能源和二次能源。一次能源指的是在自然界现成存在、无须经过任何转换或转化的能源。二次能源则指的是通过直接或间接形式由一次能源转换或转化所产生的能源，包括电力、汽油、洁净煤、沼气等。其中，一次能源通常又被进一步划分为可再生能源与不可再生能源两类，前者是指能够不断得到补充或能在较短周期内再产生的能源，主要包括太阳能、风能、水能等；反之，资源有限、当前消费或开采会减少未来存量的一次能源被称为不可再生能源，主要包括煤炭、石油、天然气等。

按照商品市场的交易程度，能源可分为商品能源和非商品能源。商品能源指全部或者绝大部分需要通过市场交易、具有市场价格的能源，主要包括煤炭、石油、天然气、电力等。反之，那些无须通过市场交易、没有市场价格的能源则被称为非商品能源，常见的非商品能源包括农作物秸秆、沼气等。需要说明的是，商品能源与非商品能源是根据较长时期内某种能源的主要交易属性来划分的，并非与实际交易特征完全一致。例如，煤矿生产的煤炭虽然具有自用的属性，但由于其主要是用来交易的，因而属于商品能源。又如，少数农作物秸秆也会存在交易价值，但由于其绝大多数是自产、自采、自用的，因而属于非商品能源。

按照使用过程中的污染情况，能源可分为污染型能源和清洁型能源。污染型能源指的是消耗后能够带来较高程度环境污染的能源，主要包括煤炭、石油等。反之，那些消耗后带来较低程度环境污染甚至几乎不造成环境污染的能源则被称为清洁型能源，主要包括太阳能、风能、核能、水力、电力等。需要说明的是，这里的"清洁"和"污染"是一个相对的概念，清洁型能源并非完全不造成污染，而是其污染程度远小于污染型能源。

按照利用技术情况，能源可分为常规能源和新型能源。常规能源指的是技术较为成熟、使用较为普遍的能源，主要包括煤炭、石油、天然气、水力资源等。新型能源则指的是技术不够成熟，仍处于研究、发展阶段，在现有条件下利用转换的经济性较差的能源，主要包括风能、太阳能等。由于新型能源大部分属于可再生能源，"取之不尽、用之不竭"，因而它是未来重点发展的领域。

除了上述分类方法之外，还可依据能源来源、能源性质、能源形态特征等将能源划分为其他不同的类型，且不同类型的能源划分可能存在一定的交叉。

1.1.2 能源经济学

能源作为能量的主要来源和载体,与人类社会的生存和发展紧密相关,是人类经济活动的重要物质基础。随着经济社会的快速发展和生产力水平的不断提高,能源对经济体系的重要性日益凸显,特别是20世纪70年代石油危机的爆发引起了人们对能源经济的广泛关注,经济学家们开始将能源视为与劳动力、资本、土地等同样重要的、独立的生产要素而非生产的原材料。由此,能源经济学逐渐发展成为经济学的一个重要分支,成为经济学研究的一个重要领域。

由于能源经济学尚处于发展阶段,目前学术界对于能源经济学的定义有着不同的看法。Zumerchik(2001)认为,能源经济学是关于经济学在能源领域中应用的一门学科,主要关注能源利用领域内各种能源的供给和需求、各类能源之间的竞争性、公共政策的作用以及能源带来的环境影响。Durlauf和Blume(2008)认为,能源经济学是研究能源问题和能源商品问题的学科,包括企业和消费者供应、转换、运输和使用能源的行为或动机,市场及其规制结构,能源利用的经济效率,能源开发和利用导致的分配和环境问题,等等。林伯强和牟敦果(2009)认为,能源经济学是以主流经济学为主线,综合运用其他学科,探索人类如何面对有限的能源做出权衡取舍的经济学。慈向阳(2014)认为,能源经济学就是利用经济学理论及方法,研究能源在开发、利用过程中的各种现象及该现象演变规律的一门新兴边缘性学科。

综合上述观点,能源经济学可概括为"研究能源问题的经济学",即采用经济学的基本理论、研究范式和分析方法,考察能源在生产、交换、分配、消费等环节中的各种经济关系和经济规律的新兴学科。从学科属性来看,能源经济学是一门综合经济学、管理学、能源科学、资源环境科学等学科而形成的交叉性学科,属于政治经济学、工程经济学的一个分支。当然,随着政治、经济、社会、科技的不断发展和变化,能源经济学所涵盖的研究内容和研究范围将会进一步丰富和拓展。

1.2 能源经济学研究的必要性和紧迫性

无论是在全球范围内还是在中国，能源问题都已成为关乎人类社会发展进程的重大战略问题。能源与经济之间紧密相关、不可分割。从宏观经济层面来看，能源问题归根结底还是发展问题（魏一鸣、焦建玲，2013）。一方面，经济发展直接导致了能源需求量的快速增加。以中国为例，如图1-1所示，1985~2020年中国人均GDP与能源消费总量之间呈显著的正相关关系。不仅如此，经济的快速增长对能源需求的质量也提出了更高的要求，例如更加注重能源的安全、效率、特性等。另一方面，经济发展为能源的开发、利用提供了重要的技术基础和物质保障，推动能源不断向更加安全、更高效率、更加清洁、更可持续的方向发展。

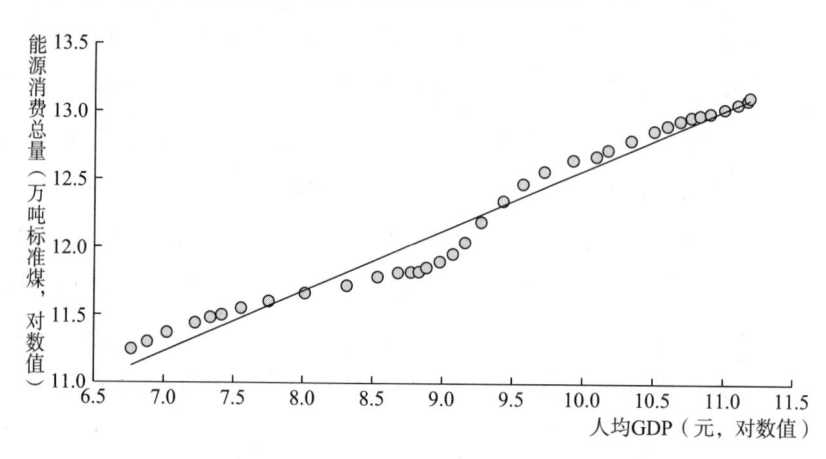

图1-1 1985~2020年中国人均GDP与能源消费总量之间的关系
资料来源：EPS数据库。

与此同时，随着科学技术的进步和生产力的发展，能源与经济之间的对立性和矛盾性开始显现。能源的大量消耗虽然促进了经济增长和人们物质生活水平的提高，但同时也引发了一系列资源、环境和气候问题。资源大量消耗、环境污染严重的粗放型经济增长模式在很大程度上归因于人们对能源的过度依赖。这不仅直接降低了当前经济增长的效益和质量，而且对未来经济的可持续、高质量增长造成威胁。不仅如此，由于能源天然分布不均，少数国家拥有丰富的石油等能源，可能会进一步催生军备竞赛和恐怖主义，甚至导致金融危机的发生，这种"能源诅咒"现象的客观存在，需要进一步深化对经济发展过程中能源问题的研究。

对于中国而言，不仅面临与其他国家类似的能源与经济之间的矛盾和挑战，还面临"碳达峰、碳中和"目标的重要约束。2020年9月，国家主席习近平在第七十五届联合国大会一般性辩论上郑重宣布"力争于2030年前达到峰值，努力争取2060年前实现碳中和"的宏伟战略目标，并在此后诸多重要国际场合对此进行强调（见图1-2）。不仅如此，"双碳"目标在2021年初被首次写入《政府工作报告》，并在《中华人民共和国国民经济和社会发展第十四个五年规划和2035年远景目标纲要》中再次被提及，中央财经委员会第九次会议更是将碳中和纳入生态文明建设整体布局。相比于其他国家，中国政府提出的碳中和目标年限更短、更为艰巨、挑战性更大。在"双碳"目标的硬约束下，如何更加准确地把握能源与经济发展以及环境污染之间的关系，如何在保证能源安全的前提下更好地应对能源挑战，如何制定更加科学的能源政策以减少传统化石能源的使用、提高传统化石能源的利用效率、改善能源结构、促进能源转型、推动能源高质量发展，

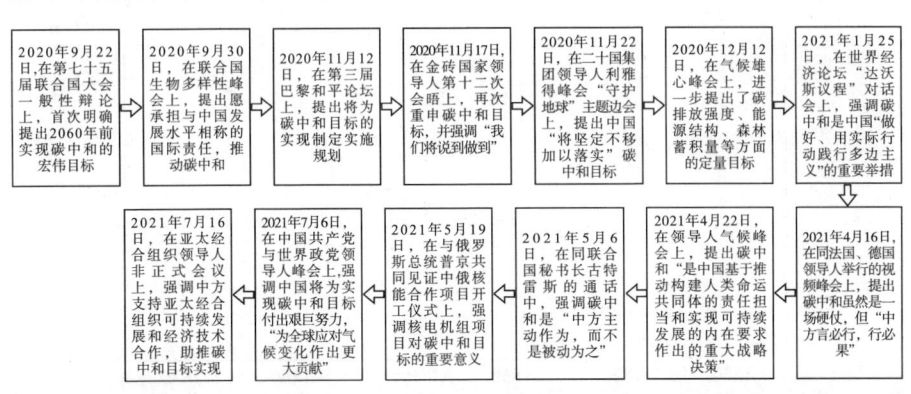

图1-2 习近平总书记在国际场合中有关碳中和的论述

资料来源：习近平系列重要讲话数据库，人民网，http://jhsjk.people.cn/。

是新发展阶段必须回答的重要实践问题。

综上所述,无论是考虑能源与经济之间的密切关联,还是结合中国现阶段的发展目标、发展任务,都要求我们必须注重对能源经济学的深入研究和学习。

1.3 能源经济学的发展历程

1.3.1 能源经济学的起源

能源经济学的起源有其独特的时代背景,最早可以追溯到 18 世纪 60 年代开始的第一次工业革命。第一次工业革命在推动社会生产力发展和促进经济增长的同时,对煤炭的需求量不断上升。据统计,在 1800~1900 年的 100 年间,英国煤炭需求量从 0.13 亿吨标准煤快速增加到 1.66 亿吨标准煤,提高了近 12 倍。如图 1-3 所示,第一次工业革命前后,英国的煤炭产量与 GDP 几乎是同步增长的。煤炭需求量的快速增加开始引发人们对煤炭可耗竭性问题的关注和思考。煤炭需求量有没有峰值?何时达到峰值?世界煤炭储量是否会耗竭?在此背景下,英国经济学家杰文斯(Jevons)于 1865 年出版了著名的《煤炭问题》一书,深入探讨了能源与经济发展之间

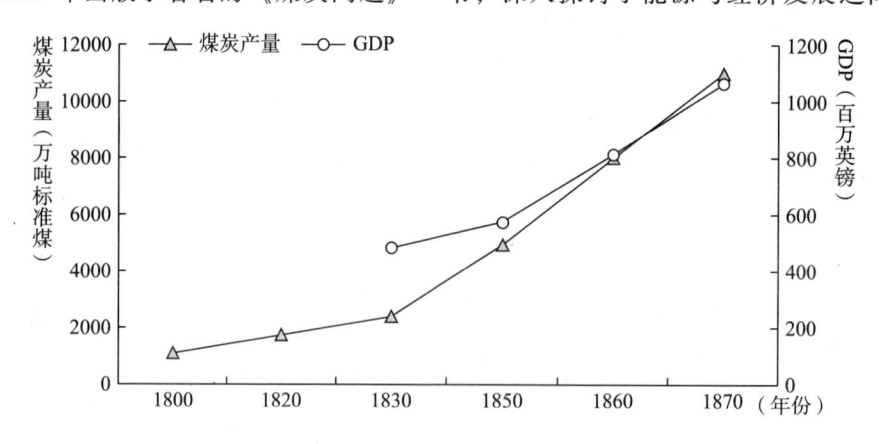

图 1-3 1800~1870 年英国煤炭产量与 GDP

资料来源:英国国家统计局。

的关系，并认为英国靠煤炭而繁荣的经济增长模式不可持续，总有一天会停止。该书被认为是最早从经济学视角分析能源问题的著作，可以说是能源经济学的开端。

然而，在当时的时代背景下，由于社会生产力总体发展水平偏低，能源的可耗竭性问题并没有引起经济学家们的广泛关注，能源经济学的研究进程也相对缓慢，相关的论著和研究成果并不多，能源经济学尚未独立成为经济学领域的一个专门学科。其中，美国经济和统计学家霍特林（Hotelling）于 1931 年在著名政治经济学期刊 *Journal of Political Economy* 上发表《可耗竭资源经济学》（The Economics of Exhaustible Resources）一文，首次系统提出了可耗竭资源模型。美国未来资源研究所的 Barnett 和 Morse 在 1963 年出版了《稀缺性与增长：关于自然资源可获得性的经济学》（*Scarcity and Growth：The Economics of Natural Resource Availability*）一书，进一步引起了经济学界对能源经济问题的广泛思考。

随着 20 世纪 70 年代第一次石油危机爆发，能源经济问题的重要性开始逐步被更多经济学家关注，以 Kenneth J. Arrow、Tjalling C. Koopmans、Robert M. Solow 和 Joseph E. Stiglitz 等为代表的经济学家开启了对能源经济问题的更为细致、深入的研究，能源经济的研究范围也从早期的资源开采、利用和定价拓展到能源开发利用的外部性、能源对经济发展和生态环境的影响、能源政策等领域，标志着能源经济学开始成为经济学学科门类的一个重要分支。

1.3.2 能源经济学的发展

自能源经济学成为经济学的一个独立学科以来，在过去几十年间得到了迅速的发展，具体表现在以下几个方面。

首先，第一次石油危机爆发之后，一大批能源经济学研究机构和学会相继成立，为能源经济的相关问题研究提供了重要支撑。例如，1974 年和 1977 年，国际能源署（IEA）和国际能源经济学会（IAEE）相继成立。同时，以麻省理工学院为代表的众多高校相继成立专门的能源经济研究中心，如麻省理工学院能源与环境政策研究中心（CEEPR）等。

其次，为支撑能源经济学快速发展的需要，一大批能源经济学领域的研究期刊相继创立，大量能源经济学文献开始涌现。例如，目前能源经济学领域的代表性期刊大多创立于20世纪70年代，包括 *Energy Policy*（1973年创刊）、*Resource and Energy Economics*（1978年创刊，前身是 *Resource and Energy*）、*Energy Economics*（1979年创刊）等。如图1-4所示，通过在Web of Science网站中检索标题包含"Energy"的文献可以发现，与国际能源相关的研究在过去几十年间实现了爆炸式增长，21世纪10年代相关的文献数量是20世纪60年代的近460倍，并且数量还在不断增长中。

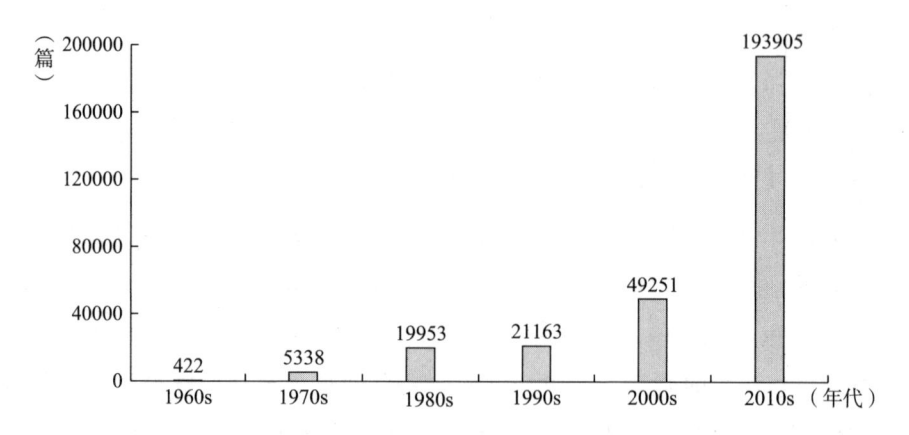

图1-4　在 Web of Science 网站中检索的不同年代标题中包含"Energy"的文献数量

注：1960s表示20世纪60年代，即1960~1969年，以此类推。

最后，能源经济学的基本理论、研究方法和研究范围等也在不断拓展和深化。在基本理论和研究方法方面，博弈论、政策评估、机制设计理论和计量经济学方法等的快速发展为能源经济学的进一步深入研究提供了可能。同时，计算机、信息技术、大数据等的快速发展以及相关软件系统的不断优化升级，使得能源经济学的研究更加细致、精确。在研究范围方面，随着经济社会的不断发展，能源经济学的研究议题早已不限于能源开发和利用，而是渗透到能源的生产、交换、分配、消费等一系列环节。同时，由于人们对"经济发展"的认识不断深化，关于能源与经济的关系也不仅仅局限于考察能源与经济增长之间的关系，更是关注到了经济发展的方方面面，包括生态环境、科技创新、社会进步等。

1.3.3 能源经济学在中国

中国的能源经济学开始于20世纪80年代初的能源系统工程研究，以1981年2月天津大学举办的"能源系统模型学术讨论班"为标志（魏一鸣等，2013），并在此后，特别是21世纪以来实现了快速发展，主要体现在以下两个方面。

一方面，以厦门大学能源经济研究中心、北京理工大学能源与环境政策研究中心、中国能源经济研究院等为代表的一大批能源经济学研究机构相继成立，为能源经济学在中国的普及和发展提供了平台。同时，厦门大学、江苏大学、中国人民大学、中国石油大学（北京）等一大批高校于2010年前后开设能源经济学本科专业，为能源经济学领域人才的培养做出了重要贡献。除此之外，如图1-5所示，通过在中国知网中检索标题包含"能源"的文献可以发现，与中国能源相关的研究在过去几十年间快速增长，21世纪10年代相关的文献数量是20世纪60年代的400多倍，并且数量还在不断增长中。

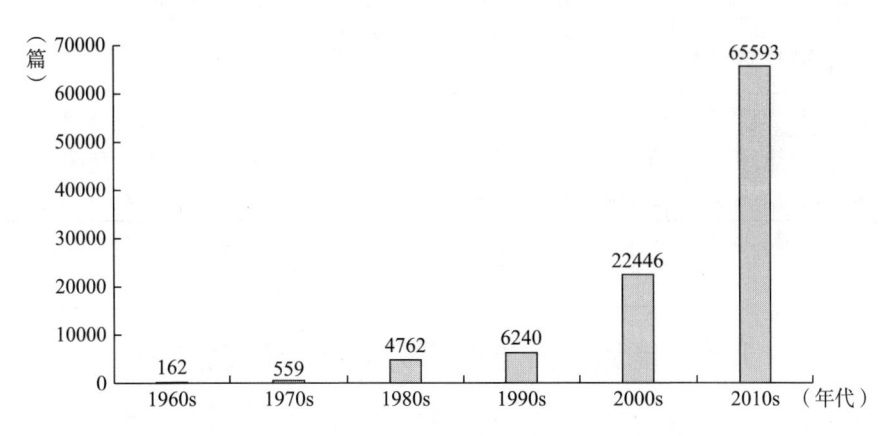

图1-5 在中国知网（CNKI）中检索的不同年代标题中包含"能源"的文献数量

注：1960s表示20世纪60年代，即1960~1969年，以此类推。

另一方面，国内能源经济学领域研究者的研究成果不断深入，国际影响力不断提高。全球知名经济学研究数据库及出版机构 Research Papers in Economics（RePEc）于 2021 年 2 月发布的最新一期经济学家排行榜显示，在中国供职的经济学家中，排前 10 名的经济学家有 6 名（包括 Muhammad Shahbaz、林伯强、魏一鸣、周鹏、李建强和张跃军）的研究领域与能源经济相关，排前 5 名的经济学家更是有 4 名的研究领域与能源经济相关（见表 1-1）。

表 1-1 RePEc 于 2021 年 2 月公布的在中国供职的经济学家排名

中国排名	世界排名	姓名	供职机构	研究领域
1	5	Muhammad Shahbaz	北京理工大学能源与环境政策研究中心	能源经济、环境经济
2	16	林伯强	厦门大学能源经济研究中心	能源经济、能源政策、技术经济
3	66	魏一鸣	北京理工大学能源与环境政策研究中心	能源经济、全球气候政策
4	90	周鹏	南京航空航天大学经济与管理学院	能源经济与管理、低碳运营管理
5	189	魏尚进	复旦大学泛海国际金融学院	发展经济学、国际贸易
6	216	王鹏飞	北京大学汇丰商学院	宏观经济学、金融经济学、货币经济学
7	282	邹恒甫	中央财经大学中国经济与管理研究院	经济增长理论、财政与货币政策
8	361	李建强	南昌大学经济管理学院	能源经济学、世界经济学、金融学
9	464	苏良军	清华大学经济管理学院	计量经济学、大数据分析与机器学习
10	519	张跃军	湖南大学工商管理学院	能源资产定价与预测、能源交易政策

资料来源：RePEc。

1.4 能源经济学的研究对象与研究方法

1.4.1 能源经济学的研究对象

能源经济学作为经济学的一个重要分支以及一门学科，是专门以能源经济问题作为研究对象的。能源经济问题所涵盖的内容很多，包括宏观、中观以及微观层面的各种能源经济问题，并且随着政治、经济、社会等的不断发展和变化，能源经济问题所涉及的范围还在不断拓宽。如图1-6所示，按照"宏观→中观→微观"的基本逻辑进行归纳，能源经济学的研究对象至少包含以下内容。

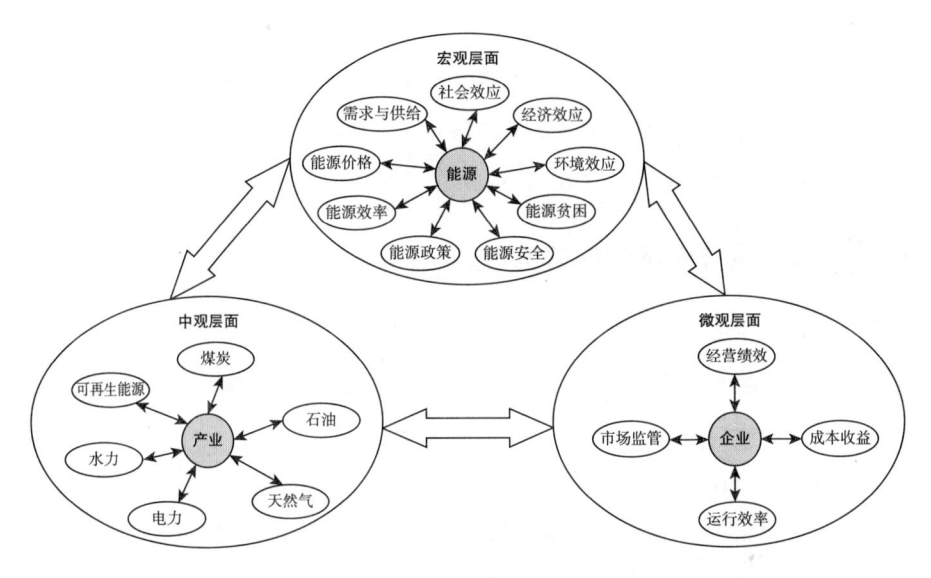

图1-6　能源经济学的研究对象

一是宏观层面的能源经济问题。主要包括能源需求与供给状况的分析、预测及影响因素分析，能源市场与能源价格，能源效率（如能源强度、全要素能源效率等）的测度、特征与影响因素分析，能源（包括能源消费、能源结构、能源转型等）对经济、社会、环境等的影响，能源政策的制定、实施与效应评估，能源安全问题，能源贫困问题等。

二是中观层面的能源经济问题。重点是针对能源产业（既包括传统能源产业，又包括新能源产业）的研究，主要包括不同能源产业的禀赋条件、发展模式、相互关联、产业组织形式、产业政策等内容。通过对不同能源产业的特征、优势、投入产出状况等的深入研究，找到推动能源产业高质量发展的对策和路径。

三是微观层面的能源经济问题。主要是针对微观企业层面的研究,具体是基于微观经济学的基本理论(如消费理论、生产理论、价格理论、博弈论等),采用微观经济学的研究范式和分析方法对能源企业的经营绩效、成本收益、运行效率、市场监管等问题进行研究。

总之,能源经济问题是一个涉及宏观、中观以及微观不同层次的多维度概念,内涵十分丰富。同时,宏观、中观以及微观能源经济问题的逻辑是统一的,微观能源经济问题是中观和宏观能源经济问题的前提,中观能源经济问题是连接微观和宏观能源经济问题的纽带,宏观能源经济问题又是微观和中观能源经济问题的综合反映。

1.4.2 能源经济学的研究方法

能源经济学隶属于经济学学科门类,又兼具了经济学、管理学、能源科学、资源环境科学等学科属性,是交叉性极强的一门学科,因而其研究方法具有综合性、多样性的特点。总的来说,能源经济学的研究方法体系是建立在现代经济学研究方法之上,同时结合理工科的常用分析方法最终形成的。具体来说,能源经济学的研究方法体系主要包括以下四个方面。

第一,理论分析与实证检验相结合的方法。缺乏理论支撑的实证分析犹如空中楼阁,而离开实证检验的理论分析往往又容易遭受质疑。能源经济学是建立在能源稀缺性这一基本理论前提之上,探究如何更有效率地配置能源的。因此,能源经济学研究的开展首先需要结合数理模型、已有文献和相关理论,提出科学合理的研究假说,揭示能源经济方面的一般规律。在此基础上,还需采用定量分析和实证检验的方法,对提出的研究假说进行进一步验证,从而实现能源经济学研究的精确化和深化。

第二,实验研究方法。实验研究又称为模拟研究,是能源系统建模过程中常用的一种研究方法,具体是在建立行为方程和平衡方程的基础上,通过改变外生变量对能源系统进行模拟,最后得到相应的结果,主要包括可计算一般均衡模拟、多主体模拟等。除此之外,在能源经济学研究中,"自然实验"的方法目前也被普遍使用,即利用能源政策在不同主体、不同实施时间上的变异，采用双重差分模型、合成控制法等方法对能源政策的影响效应进行评估。

第三，比较分析法。比较分析法是在能源经济学研究中被广泛采用的另一种研究方法。具体来说，无论是宏观、中观还是微观能源经济问题，除了采用静态分析即分析研究对象某一时点的特征和状态之外，还涉及研究主体的比较问题，例如不同区域能源效率的比较、不同能源产业的组织形式比较、不同能源企业的经营绩效比较等。同时，在能源政策效应评估过程中，通常也需要对不同区域、不同产业以及不同企业的影响效应进行比较。

第四，规范分析法。能源经济学虽然更多研究"是什么"的问题，即采用实证分析法进行研究，但同时也关注"应该是什么"的问题，即研究的开展是以一定的价值判断为前提的。例如，目标设定是中国经济发展的重要政策实践，2020年12月，国家主席习近平在气候雄心峰会上提出了"到2030年，中国单位国内生产总值二氧化碳排放将比2005年下降65%以上，非化石能源占一次能源消费比重将达到25%左右，森林蓄积量将比2005年增加60亿立方米，风电、太阳能发电总装机容量将达到12亿千瓦以上"的宏伟目标，在这样的目标和立场下，如何更加科学地制定相应的能源政策，就属于规范分析的范畴。

1.5 本书的特色

本书是在借鉴国内外能源经济学研究的基础上，在总结我们团队多年从事能源经济问题研究经验的基础上，结合能源经济学研究的前沿问题，围绕团队的发展主轴和研究优势而形成的。概括而言，本书的特色主要体现在以下三个方面。

首先，传统性与前沿性兼顾。本书不仅系统介绍了能源经济学领域的经典问题，包括能源与经济、能源与贸易、能源安全等问题，还详细阐述了能源与数字经济、能源与人工智能、新能源与可再生能源等能源经济学前沿研究内容。希望通过对前沿研究领域的介绍，进一步推动能源经济学的相关研究。

其次，释义性与研究性兼具。与一般的本科生能源经济学教材不同，本书的受众对象主要是硕士研究生、博士研究生和能源经济学领域的研究者。因此，在章节和内容设置方面，除了对能源经济学领域的基本概念、基本原理进行介绍之外，还特别强调学术性、科学性。例如，本书不少章节内容是团队成员的最新研究成果。希望最新研究成果能够给硕士研究生、博士研究生的学习和研究带来启发，给能源经济学领域的研究者提供参考和借鉴。

最后，理论研究与应用研究相结合。理论研究归根结底是为了更好地指导实践，为相关部门提供政策依据。因此，本书的写作主要立足于中国当前努力实现"双碳"目标与大力发展数字经济、人工智能和绿色金融等的时代背景，围绕当下中国经济社会发展的痛点、难点进行研究，并根据研究结论提出相关的、切实可行的政策建议，以期为实现中华民族伟大复兴贡献绵薄之力。

第 2 章 能源与经济

能源和经济的关系非常密切,能源问题在一定程度上是经济问题,在国民经济中具有重要的战略地位。本章主要内容如下:首先,介绍能源与经济发展之间的关系;其次,对能源要素替代的形成机理与测度方法进行归纳总结;再次,简要归纳能源与经济常用的测度指标;最后,对能源配置效率问题进行阐释。

2.1 能源与经济发展的关系

能源与经济之间的关系较为复杂,二者既相辅相成又相互制约。一方面,能源是经济发展的基础。能源是经济发展过程中的重要投入之一,是人类社会赖以生存与发展的基础,更是整个经济社会运行发展的动力,如果无法获得能源,那么现代经济发展就不会发生。另一方面,能源的发展以经济的发展为前提。经济的发展为能源的开发和利用提供了必要的市场条件与物质基础。如果没有技术和设备的支持,能源的开发将无法进行,如果没有经济社会对能源消费的需求,能源将无用武之地。

2.1.1 能源与经济关系概述

1. 能源是经济发展的基础

(1) 能源的发展为经济社会提供物质基础与动力

无论是社会生产还是人民生活都离不开能源。首先,能源是重要的生产要素，能够为物质资料的生产提供必要的动力，并且促进社会生产的不断推进与经济规模的不断扩张，是其他生产要素无法替代的。其次，能源是重要的生活资料，为人民生活提供必要的物质基础，民用能源的供给数量以及质量决定人民生活水平的高低，是其他消费品无法替代的。总而言之，能源是国民经济的命脉，是经济发展的源泉，是社会可持续发展的要件。

（2）能源的发展推动社会的技术进步

纵观历史，科技革命往往伴随能源技术革命，技术的产生是以能源的广泛使用为条件的，技术的进步依赖能源开发和利用的推动。此外，能源的利用在一定程度上能够降低劳动成本，进而推动劳动生产率的提高。最后，能源的利用还能催生对技术进步的需求，进而促进整个行业乃至整个社会的技术进步。

（3）能源制约着经济的发展

能源的供给不足或过度利用均会对经济增长造成约束。能源对经济的制约可以分成两方面。首先是数量型约束，即能源数量的短缺给经济增长造成约束。由于存在稀缺性的特征，能源供给数量的减少、供给质量的下降、开发难度的提高、利用效率的下降等均会对经济增长造成限制，致使经济发展缺乏动力，进而导致失业率上升、经济停滞等一系列问题。其次是质量型约束，即能源的丰富给经济增长造成约束，此类约束也被称作"资源诅咒"，是指对丰富资源的过分依赖而导致缺少创新发展、技术进步的动力，进而限制经济增长，不利于经济的可持续发展。

2. 能源的发展以经济的发展为前提

（1）经济的发展为能源的开发和利用提供了物质基础

能源的开发项目普遍存在投资额度巨大、建设回收期长、不确定性高等典型特征，需要丰富的物质基础支撑才能得以实现。而经济发展水平的高低则决定了对能源开发的支持力度，决定了提供给能源工业的财力、物力和人力的规模，因此决定了能源开发和利用的规模与程度。

(2) 经济的发展为能源的开发和利用提供了技术和设备支持

能源尤其是可再生能源具有技术含量高、开发难度大等典型特征，需要依靠先进的技术支持才能实现能源的合理开发与有效利用。而经济发展一方面能够推动社会整体的技术进步，另一方面能够通过提高教育质量促进人力资本水平的提高，进而不断提升能源开发和利用的技术水平，增加设备仪器的技术含量，提高对新能源的利用效率，推动能源的更替，改善能源的结构。

(3) 经济的发展为能源的发展提供市场条件

经济的发展增加了对能源数量的需求和能源质量的需求。首先，经济的发展增加了对能源数量的需求。随着经济发展水平的提高，国民生产与人民生活所耗费的能源也随之增加，进而增加了对能源的需求，且这一需求会随着经济社会生产规模的扩大以及消费结构的优化升级而进一步扩大。其次，经济的发展同样增加了对能源质量的需求。随着经济社会向更高阶段发展，经济增长对能源结构也提出了新的要求，仅仅是能源数量的增加已无法完全满足经济社会发展的全部需要，只有进一步优化能源结构、提升能源效率才能为经济的可持续发展提供保障。

为了更直观地反映经济与能源之间的关系，图 2-1 给出了我国 1991~2019 年能源生产、能源消费与 GDP 之间的关系，可以看出，能源生产和能源消费均与 GDP 呈现明显的正相关关系，随着国内生产总值的不断提高，我国的能源生产与能源消费也呈现不断增加的趋势。另外，值得注意的是，能源生产和能源消费与 GDP 之间的数量关系均于 2009 年前后发生了变化。2009 年之前，GDP 低于能源生产与能源消费；而 2009 年之后，GDP 超过了能源生产与能源消费，且增长速度明显高于能源生产与能源消费的增长速度。这在一定程度上说明，自经济进入新常态以来，我国的经济发展对能源的依赖程度有所减弱。

图 2-2 进一步给出了我国 1991~2019 年能源生产增速、能源消费增速与 GDP 增速之间的关系。从增速的大小来看，除了部分年份 (2003~2005 年) GDP 增速低于能源生产与能源消费增速外，其余年份 GDP 增速均高于

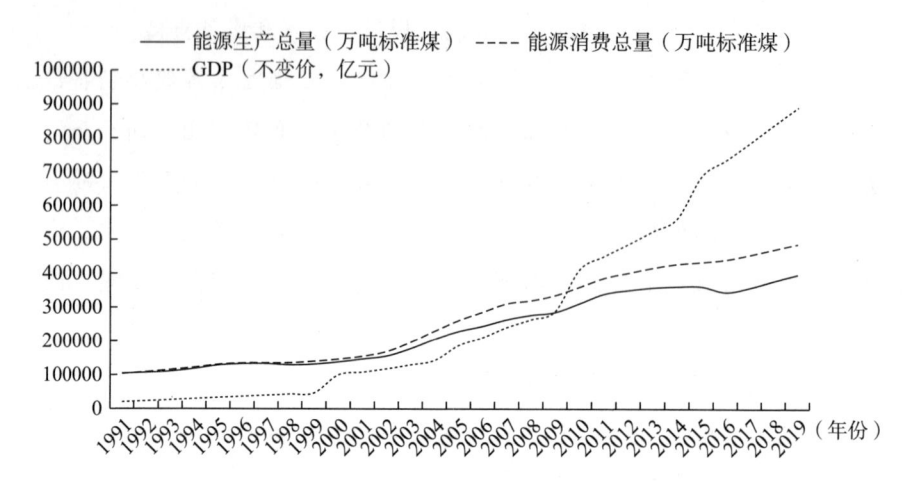

图 2-1 1991~2019 年中国能源生产、能源消费与 GDP 之间的关系
资料来源：相关年份《中国统计年鉴》。

能源生产与能源消费增速；从增速的变动幅度来看，GDP 增速的变动幅度要明显小于能源生产与能源消费增速的变动幅度；从增速的趋势来看，GDP 增速与能源生产和能源消费增速的变动趋势基本保持一致，深入观察可以发现，2007 年之前 GDP 增速与能源生产和能源消费增速的同步性较弱，2007 年之后三者基本保持着同向波动。

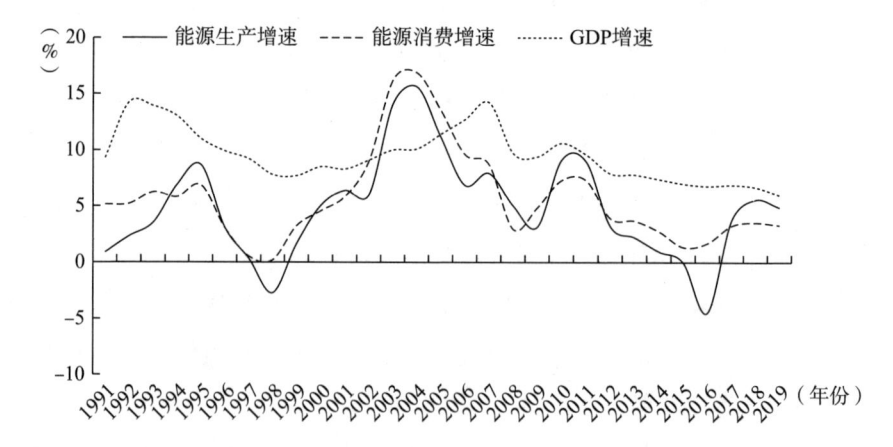

图 2-2 1991~2019 年中国能源生产增速、能源消费增速与 GDP 增速之间的关系
资料来源：相关年份《中国统计年鉴》。

2.1.2 能源与产业结构的关系

不同产业的能源需求、能源强度以及节能潜力相差较大，因此产业结构能够直接影响能源的需求和消耗量。一般来说，第二产业的能源消耗比较大，能源强度最高，属于高耗能产业，而第三产业的能源消耗最小，能源强度最低，属于低耗能产业，而第一产业则介于二者中间，因此产业结构高级化就是使产业由高耗能、低附加值向低耗能、高附加值转移的过程。

图2-3绘制了1980~2019年我国主要产业部门的能源消费比重，可以看出，工业部门的能源消费占比远高于其他部门，始终保持在70%左右，但2010年之后占比有所下降，说明我国的产业结构调整取得了一定的成效。此外，交通运输、仓储和邮政业的能源消费比重总体在提高，这与我国人民生活水平的提高密切相关。其余产业的能源消费占比均较小且较为稳定。

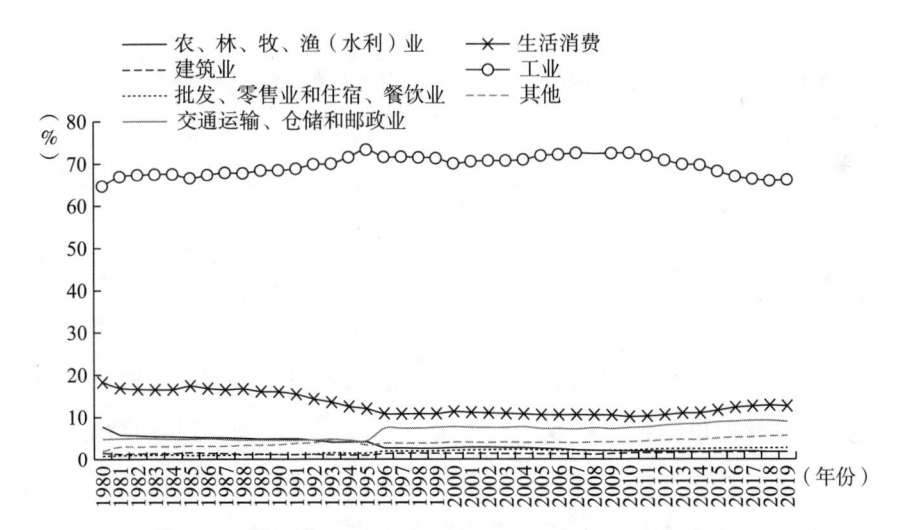

图2-3　1980~2019年中国主要产业部门的能源消费比重

资料来源：相关年份《中国能源统计年鉴》。

总而言之，不同部门的能源消耗与能源强度均存在较大的差异，不合理的产业结构会降低能源的利用效率，限制经济的可持续发展，因此需要积极推动产业结构向合理化与高级化的方向发展，提高低耗能、高技术产业的比重，加大传统产业低碳化升级的力度，促进增长方式的转型（Zhang et al.，2021）。

2.1.3 能源与经济发展阶段的关系

由钱纳里提出的工业化阶段理论认为，经济社会发展可以分为三个阶段六个时期，三个阶段为初期阶段、中期阶段和后期阶段。其中，初期阶段包括不发达经济阶段和工业化初期阶段，中期阶段包括工业化中期阶段和工业化后期阶段，后期阶段则包括后工业化阶段与现代化阶段。而推动工业化阶段由低级向高级演进的本质就是经济增长动力由资源驱动向资本驱动、再向技术驱动的转变。表2-1给出了不同工业化阶段的特征。

表2-1 不同工业化阶段的特征

工业化阶段	人均GDP（以1964年为基期）	主导产业	工业部门特点
初期阶段	100~200美元	第一产业	劳动密集型、轻工业
中期阶段	200~1500美元	第二产业	资本密集型、重化工业
后期阶段	1500美元以上	第三产业	技术密集型、高附加值产业

资料来源：盛晓萍等（2012）。

可以看出，工业化进程伴随产业结构的不断优化以及投入要素的不断升级，而不同阶段的能源消费也存在一定的规律。在准工业化时期，农业占比最大，这一时期对能源的需求较小，能源消费水平较低；随着经济社会进入工业化阶段，第二产业实现了迅速发展，并成为国民经济的支柱产业，此时耗能产业占比逐渐增加，进而导致能源消费水平迅速提升并逐渐达到峰值；当经济社会进入后工业化阶段，产业结构则逐渐由第二产业向第三产业转变，耗能产业占比逐渐降低，取而代之的是一些低耗能的高技术产业，能源消费水平趋于平缓甚至出现"零增长"。对于中国而言，目前仍处于工业化中后期，能源消费水平仍处于上升阶段。

2.1.4 能源与经济增长的关系

1. 经济增长理论

（1）古典经济增长理论

在探索经济增长的源泉问题时，古典经济增长理论认为，推动经济增长的主要动力是物质资本。其中，哈罗德（Harrod）和多马（Domar）最早运用数理方法对经济增长的源泉进行分析。哈罗德－多马模型考虑了一个封闭经济且不存在政府干预的情况，假设生产过程只包含资本（K）和劳动（L）两种要素，全社会仅生产一种产品，生产过程是规模报酬不变的，不存在技术进步，储蓄与投资相等，由此可以推导出模型的基本方程以及均衡条件：

$$g = \frac{\Delta Y}{Y} = \frac{s}{v} \tag{2-1}$$

$$g_A = g_W = g_N \tag{2-2}$$

其中，Y 代表总产出，g 代表产出增长率，$s = S/Y$ 代表社会平均储蓄率（S 代表储蓄量），$v = K/Y$ 代表资本产出比；$g_A = s/v$ 代表实际产出增长率，$g_W = s_d/v_d$ 代表有保证的经济增长率（s_d 代表人们愿意的储蓄率，v_d 代表能实现厂商利润最大化的资本产出比），$g_N = n$ 代表自然增长率（n 代表劳动增长率）。

从模型推导出的基本方程（2-1）可知，产出增长率主要取决于社会平均储蓄率以及资本产出比，由于模型不考虑技术进步，因此资本产出比保持不变，这意味着决定产出增长率的唯一因素就是社会平均储蓄率，这一结果强调了资本是经济增长的主要动力这一结论。

模型的均衡条件式（2-2）说明，经济实现均衡增长需要实际产出增长率（g_A）、有保证的经济增长率（g_W）以及自然增长率（g_N）三者相等，然而这三者相等的情况极难实现，原因在于决定这三个增长率的因素各异，与此同时，一旦偏离均衡便无法实现自行回归，因此这一均衡也被称作"刀刃平衡"。

（2）新古典经济增长理论

索洛（Solow）弥补了哈罗德－多马模型的不足，提出了索洛模型，相应的生产函数可表示为：

$$Y = (K, A) \quad (2-3)$$

生产函数满足三个条件：①规模报酬不变；②边际产出为正且递减；③满足稻田条件（Inada, 1963）。通过推导可以得出索洛模型的基本方程与均衡条件：

$$\dot{k} = sf(k) - (n + g + \delta)k \quad (2-4)$$

$$sf(k^*) = (n + g + \delta)k^* \quad (2-5)$$

其中，$k = K/AL$ 代表有效人均资本，$f(k) = y = Y/AL$ 代表有效人均产出，n 代表劳动增长率，g 代表技术进步率，δ 代表资本折旧率，s 代表外生储蓄率。索洛模型刻画一条均衡增长路径，哪怕经济出现暂时偏离，最终也能回到均衡增长路径上。在均衡状态下，产出增长率与人均产出增长率分别为：

$$g_Y^* = n + g \quad (2-6)$$

$$g_{Y/L}^* = g \quad (2-7)$$

在均衡增长路径上，产出增长率取决于劳动增长率与技术进步率，人均产出增长率取决于技术进步率。索洛模型的这一结果强调了劳动力和技术进步对经济增长的重要作用，其中劳动力提升不仅指劳动数量的增加，还包括劳动素质与劳动技能的提高。与此同时，这一结果还强调了资本积累带来的增长极限，打破了以往将资本积累视作最重要的增长因素的理论，资本的积累能够带来经济的快速增长，但这一过程是暂时的，当经济达到稳定状态后，更多的资本也无法带来更快的增长。

（3）内生经济增长理论

新古典经济增长理论将长期经济增长的源泉归结于外生的技术进步，而内生经济增长理论则认为经济增长是内生的，得出了"长期经济增长的动力来自系统内部而非系统之外"的结论，本部分主要围绕技术进步内生化展开。

罗默（Romer, 1986）在阿罗（Arrow, 1962）提出的"干中学"理论的基础上，构建了知识外溢模型，该模型假设知识存量具有规模效应递增的特征，在无限期界条件下，系统的均衡增长率可表示为（Romer，1986）：

$$g_Y^* = \frac{\alpha k^{\alpha+\beta-1} N^\beta - \rho}{\sigma} \qquad (2-8)$$

其中，k 代表厂商的知识存量，N 代表厂商的数量，α 代表资本的产出弹性，β 代表知识外溢程度，ρ 代表时间偏好，σ 代表跨期替代弹性，由于 $\alpha + \beta > 1$，可得：

$$\frac{\partial g_Y^*}{\partial k} = \frac{\alpha(\alpha+\beta-1) N^\beta}{\sigma} k^{\alpha+\beta-2} > 0 \qquad (2-9)$$

这意味着产出增长率 g_Y 是知识存量 k 的递增函数，即伴随知识存量的增加，经济体的产出增长率也会随之提高，这一特征抵消了资本的边际报酬递减效应，使得收益递增成为可能。

卢卡斯（Lucas，1988）在最优技术进步模型的基础上提出了人力资本模型，将传统的物质资本扩展为意义更加宽泛的资本，同时将物质资本与人力资本包含在模型当中。该模型认为人力资本存在外部性特征，这一外部性使得物质产品的生产具有规模效应递增的性质，这意味着物质资本投入的增加将会带来产出成倍地增加，而规模递增的性质会引导更多的资本投入其中，进而获得更多的产出。

罗默（Romer，1987，1990）进一步提出了 R&D 模型，不同于"干中学"的思想，R&D 模型认为厂商出于自身利益最大化的考虑，会进行有目的的研究开发活动，以提高生产效率，如果知识和思想不存在耗竭的趋势，那么产出增长率在长期内就可以保持为正。

内生经济增长理论认为经济可以不依赖外力实现持续的增长，而内生的技术进步是经济持续增长的动力源泉。这些观点为深入探索经济增长源泉与机理奠定了重要基础。

2. 经济增长理论中的能源要素

20 世纪 70 年代以前，传统的主流经济增长理论均没有将能源要素视作重要的决定要素，而是将能源要素设定为生产环节的中间变量，认为其是可以被替代的外生变量。主流的经济增长理论在考虑能源要素时主要体现出以下三个特点：

第一，忽略了能源要素的特性，将能源要素与其他生产要素同质化；

第二，假设能源要素没有获取成本且是持续存在的；

第三，将能源约束视作单纯的生产成本问题，认为技术进步可以将能源供给的瓶颈与约束予以抵消。

早期理论倾向于将复杂的、具体的能源问题简单化，随着世界能源问题逐渐凸显，如两次重大的石油危机严重影响了西方国家的经济发展，现有研究开始重视能源对经济增长的作用，发现仅凭技术进步等因素无法完全解决资源短缺对经济增长的约束，十分有必要将其作为独立的生产要素加入理论模型当中。罗默（Romer，2001）提出了经济增长中的能源"尾效"的概念，将存在能源约束情况下的经济增长相较于不存在能源约束下的经济增长所降低的程度定义为经济增长中的能源"尾效"。在此基础上，他建立了资源约束下的经济增长模型，将能源限制加入柯布－道格拉斯生产函数当中：

$$Y(t) = K(t)^{\alpha} E(t)^{\beta} [A(t)L(t)]^{1-\alpha-\beta}, \alpha > 0, \beta > 0, \alpha + \beta < 1 \quad (2-10)$$

其中，$Y(t)$代表产出，$E(t)$代表能源投入，$K(t)$、$L(t)$以及$A(t)$分别代表资本、劳动和技术。α代表资本生产弹性，β代表能源生产弹性。

资本、劳动与技术的动态性与索洛模型一致：

$$\dot{K}(t) = sY(t) - \delta K(t); \dot{L}(t) = nL(t); \dot{A}(t) = gA(t) \quad (2-11)$$

其中，s代表外生储蓄率，δ代表资本折旧率，n代表劳动增长率，g代表技术进步率。由于能源是稀缺的，因此能源的使用最终会趋于下降，其动态性可表示为：

$$\dot{E}(t) = -bE(t), b > 0 \quad (2-12)$$

其中，b代表能源消耗的速度。

根据资本的运动方程可以得到K的增长率为：

$$\frac{\dot{K}(t)}{K(t)} = s\frac{Y(t)}{K(t)} - \delta \qquad (2-13)$$

由此可知，若要 K 的增长率保持不变，就需要保持 Y/K 不变，换句话说，在均衡增长路径上要求 Y 与 K 的增长率相等。接下来对均衡增长率进行计算。

首先，将生产函数的两边同时取对数可得：

$$\ln Y(t) = \alpha \ln K(t) + \beta \ln E(t) + (1-\alpha-\beta)[\ln A(t) + \ln L(t)] \qquad (2-14)$$

在等式（2-14）的左右两边同时对时间取微分可得：

$$g_Y(t) = \alpha g_K(t) + \beta g_E(t) + (1-\alpha-\beta)[g_A(t) + g_L(t)] \qquad (2-15)$$

其中 $g_x(t)$ 代表 x 的增长率。

其次，将各变量的增长率代入式（2-15）中可得：

$$g_Y(t) = \alpha g_K(t) - \beta b + (1-\alpha-\beta)(g+n) \qquad (2-16)$$

最后，根据均衡增长路径上 $g_Y = g_K$ 的条件，可以得到产出的均衡增长率与人均产出的均衡增长率：

$$g_Y^* = \frac{(1-\alpha-\beta)(g+n) - \beta b}{1-\alpha} \qquad (2-17)$$

$$g_{Y/L}^* = \frac{(1-\alpha-\beta)(g+n) - \beta b}{1-\alpha} - n = \frac{(1-\alpha-\beta)g - \beta(n+b)}{1-\alpha} \qquad (2-18)$$

根据这一均衡解可以发现，不可再生能源的确会对经济的长期发展产生约束与阻碍，在保持其他参数不变的情况下，能源消耗速度 b 越大，产出的均衡增长率则越小，意味着能源对经济的约束性越强。另外，$g_{Y/L}^*$ 的正负无法确定，这意味着从长期来看，资源的限制可能会使平均产出下降。

若不存在能源限制，而是假设其同人口一起增长，即 $\dot{E}(t) = nE(t)$，那么可以根据类似的方法得到人均产出的均衡增长率：

$$\tilde{g}_{Y/L}^* = \frac{(1-\alpha-\beta)g}{1-\alpha} \qquad (2-19)$$

据此，可以进一步计算出经济增长中的能源"尾效"：

$$Drag = \bar{g}_{Y/L}^* - g_{Y/L}^* = \frac{(1-\alpha-\beta)g}{1-\alpha} - \frac{(1-\alpha-\beta)g-\beta(n+b)}{1-\alpha} = \frac{\beta(n+b)}{1-\alpha}$$

(2-20)

可以看出，能源的生产弹性 β 以及能源消耗速度 b 均为经济增长中能源"尾效"的增函数，这意味着一国对能源的依赖程度越大，经济增长过程中所受的约束就越大，而能源消耗速度越快，越不利于经济的增长，进一步证明粗放型的经济增长是不可持续的。

3. 能源消费与经济增长的因果关系

自 20 世纪 70 年代能源危机爆发以来，能源消费与经济增长的关系就越来越受到学者与政策制定者的关注。总体来看，现有研究关于能源消费（E）与经济增长（Y）的因果关系的结论大体可以分为四类，包括反馈假说、增长假说、节约假说以及中性假说。其中，反馈假说认为能源消费与经济增长之间存在双向因果关系（$E \leftrightarrow Y$），即二者之间的影响是相互的。增长假说认为存在能源消费到经济增长的单向因果关系（$E \rightarrow Y$），即能源消费能够促进经济增长，但经济增长却无法对能源消费产生影响。这一观点将能源视作生产函数中重要投入要素之一，因此能源的变动会带来产出增长的波动。节约假说认为存在经济增长到能源消费的单向因果关系（$Y \rightarrow E$），即经济增长能驱动能源消费，而能源消费却无法影响经济增长。中性假说认为能源消费与经济增长之间不存在任何方向的因果关系（$E - Y$）。这一假说认为能源消费与经济增长之间不一定存在稳定的相关关系，因为经济发展可以通过技术进步、产业结构升级等途径控制对能源的需求，所以二者不一定会同步增长，这意味着关于能源消费的扩张与限制政策是不会对经济增长产生影响的。能源消费与经济增长关系的每种假设都蕴含了极强的政策含义，能源消费与经济增长之间关系的不同将直接影响一国的短期、中期、长期发展战略。

能源消费与经济增长的关系是十分复杂的，现有研究也得到了十分丰富的结论，这些结论会因研究对象、研究方法、时间区间、数据频率等的不同而存在差异，即便是同一国家，其能源消费与经济增长的短期关系与长期关系也可能存在区别。J. Kraft 和 A. Kraft（1978）最早利用格兰杰因果关系检验分析了美国 27 年间能源消费与经济增长的关系，发现存在从 GDP 到能源消费的单向因果关系，自此以后，学术界开展了对二者关系的广泛探讨。Ahmad 等（2020）通过元分析方法总结了全球范围内研究能源消费与经济增长关系最具影响力的 50 篇学术期刊的结论，汇总结果如表 2-2 所示。表中对同时测试短期关系和长期关系的文献的结果进行了汇总，涉及的样本共包含 117 个国家。可以看出，占主导地位的结论是：能源消费与经济增长在短期内表现为中性假设（$E—Y$），即在短期内不存在任何方向的因果关系，而在长期内表现为增长假设（$E{\rightarrow}Y$），即在长期内表现出能源消费到经济增长的单向因果关系，这一结果共有 47 个观测值，占总观测值的 40.17%。而位列第二的观点是：能源消费与经济增长无论在短期还是在长期均表现为中性假设（$E—Y$），即能源消费到经济增长无论在短期还是在长期均不存在任何方向的因果关系，这一结果共有 32 个观测值，占总观测值的 27.35%。

表 2-2　能源消费与经济增长短期关系与长期关系汇总

		长期关系			
		$E—Y$	$E{\rightarrow}Y$	$Y{\rightarrow}E$	$E{\leftrightarrow}Y$	合计
短期关系	$E—Y$	32	47	2	3	84
	$E{\rightarrow}Y$	1	7	1	1	10
	$Y{\rightarrow}E$	2	3	4	2	11
	$E{\leftrightarrow}Y$	1	2	2	7	12
	合计	36	59	9	13	117

资料来源：Ahmad 等（2020）。

能源消费与经济增长关系的这种不一致和相互矛盾的结果不能完全归结于研究方法、研究区间等表面原因，很可能是其关系本身的动态性造成的。二者的关系可能会受到经济系统中某些结构性变化的影响，例如技术进步、创新发现、调控政策实施、人口结构变动或者仅仅是一场意外（Wang and Lee，2022）。此外，测试结果在一定程度上取决于经济系统的均衡状态是处于瞬时、短期、中期、长期还是超长期。其中，关于内生变量（如 E 和 Y）的联立方程系统的结构形式（Structural Form）通常捕捉的是瞬时或短期的均衡状态，而简化形式（Reduced Form）或最终形式（Final Form）则捕捉了中期、长期或超长期的均衡状态。这些都是能源消费与经济增长之间存在复杂关系的原因。图 2-4 给出了能源消费与经济增长关系转化的过程。

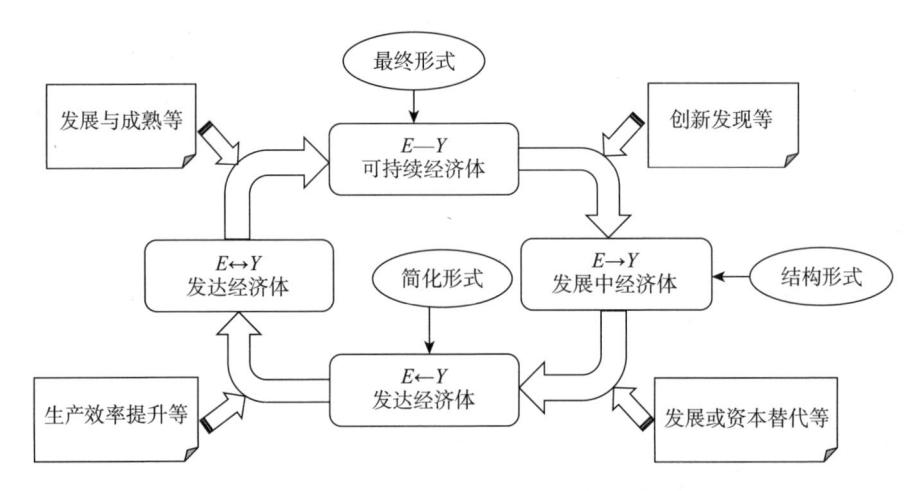

图 2-4 能源消费与经济增长关系转化的过程
资料来源：Ahmad 等（2020）。

2.2 能源要素替代的形成机理与测度方法

要素替代理论的产生起源于 Hicks（1932）提出的替代弹性的概念，随后这一理论得到了广泛的应用与发展。自 20 世纪 70 年代石油危机爆发之后，能源供给受限的问题逐渐引起了各国政府与学界的重视，关于能源与其他投入要素之间替代问题的研究也层出不穷。

2.2.1 能源要素替代的内涵

要素替代是指，在某一投入要素的价格发生变化的情况下，生产部门会根据利润最大化或成本最小化的原则来重新组合各类生产要素投入比例的行为。能源要素替代包含内部替代与外部替代两个层面。

能源要素的内部替代是指不同能源品种之间的替代，其又可以进一步细分为可耗竭能源之间的替代以及可耗竭能源与可再生能源之间的替代。内部替代体现了能源结构的变动情况，一般情况下，内部替代会伴随技术的革新、设备的更换以及加工流程的改进，更多地体现出工程技术的特点，因此周期较长。

能源要素的外部替代是指能源投入与其他非能源投入要素如资本、劳动、土地等要素之间的相互替代。当能源被视作一种生产要素时，能源替代就特指外部替代，外部替代往往伴随经济转型、结构优化与技术进步，通过与其他生产要素相互替代，达到降低能耗、提高效率的目的，实现经济由粗放型向集约型转变。与内部替代不同，外部替代更多体现出经济属性，其与要素价格密切相关。

2.2.2 能源要素替代的形成机理

能源与其他要素间发生替代的最直接原因就是要素的相对价格发生变化。当某种要素的价格发生变动时，厂商的生产成本会发生相应的改变，为实现利润最大化或成本最小化，厂商会相应地调整生产要素的投入比例，以达到最佳的生产状态。

假设生产过程中仅存在两类生产要素，即能源投入（E）与非能源投入（N），可以通过边际技术替代率（$MRTS$）来测度两种投入要素之间的相互替代：

$$MRTS_{EN} = -\frac{dN}{dE} = \frac{MP_N}{MP_E} \tag{2-21}$$

可以看出，能源对非能源的边际技术替代率（$MRTS_{EN}$）可以进一步表示为非能源的边际产量（MP_N）与能源的边际产量（MP_E）之比。关于两类要素之间的替代过程可以通过图2-5来描述。图中 Q 为等产量线，当两种要素不能完全相互替代时，生产函数是一条凸向原点的曲线，即要素的边际技术替代率存在递减特征，能源投入量越多，非能源投入对能源投入的可替代性就越小，且无论投入要素的价格升至多高，要素投入组合中也不能缺少任何一种要素。C_0为成本曲线，其对应的能源投入与非能源投入的价格分别为P_0^E与P_0^N，此时成本曲线C_0与等产量线Q的交点O_0即为最小成本组合，相应的能源投入量与非能源投入量分别为E_0与N_0，在O_0点，边际技术替代率等于两种要素价格的比值。

当能源价格上涨时，若仍保持原来的投入组合，则新的成本曲线同样经过O_0但会变得更加陡峭，如图2-5中的曲线C_1，此时曲线C_1与等产量线Q不再相切，O_0不再是既定成本下的最小成本组合，为了实现产量一定情况下的成本最小化，厂商会对投入要素的组合进行调整，将成本曲线平移直到与等产量线Q再次相切，如图2-5中的曲线C_2，此时的切点O_1即为新价格下的最小成本组合。由于能源价格出现了上涨，因此新的组合中能源投入量有所减少，而非能源投入量有所增加。

图2-5绘制的生产函数是一条凸向原点的曲线，这是生产函数最为常见的一种情形，既两类要素之间不能完全替代，要素的边际技术替代率存在递减特征。除此之外，要素替代还包括两类极端情形，即要素间的完全替代与完全不可替代。

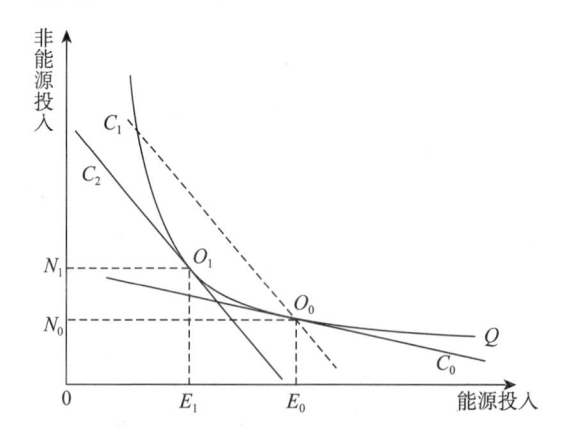

图2-5 最优投入组合

资料来源：查冬兰和周德群（2013）。

当要素之间能够实现完全替代时，生产函数则变成了一条直线，如图 2－6 所示，此时要素的边际技术替代率为常数，减少一定数量的非能源投入，总是能够通过增加一定数量的能源投入来保持产量不变，这一替代可以持续进行，直到要素投入组合中某种要素的数量减少至零。

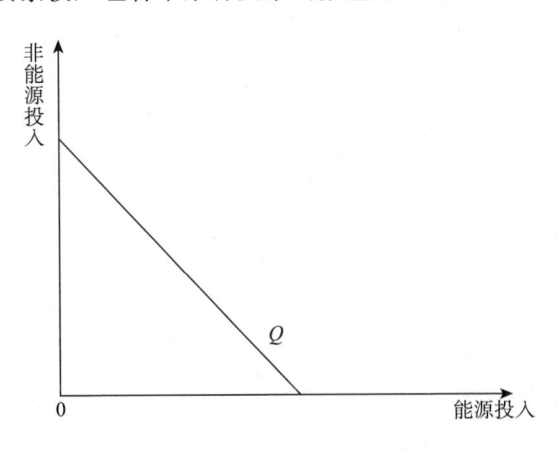

图 2－6　要素间的完全替代

资料来源：查冬兰和周德群（2013）。

当要素之间完全不可替代时，生产函数将变成 90 度的折线，如图 2－7 所示，此时要素的边际技术替代率为零，要素投入始终保持固定的比例。当要素价格发生变动时，要素组合比例的任何调整都只能带来成本的增加，

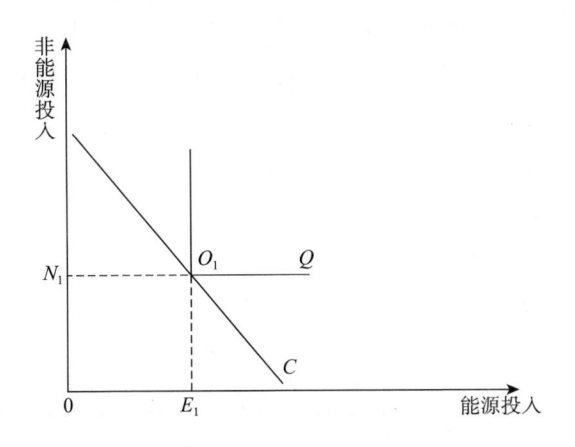

图 2－7　要素间的完全不可替代

资料来源：查冬兰和周德群（2013）。

而无法带来收益的提高。这种情形同样会出现在凸形等产量线的两侧边缘处，这意味着要素间的替代是不可持续进行的，是有一定限度的。例如，当能源价格上升时，厂商会减少能源要素的投入，增加非能源要素的投入，以降低生产成本，然而，这种替代可能会受到技术水平的约束而存在一定限度，当生产技术对要素调整的容忍度达到极限时，非能源要素投入量的再度增加无法进一步提升收益，只会增加无谓的生产成本。

2.2.3 能源要素替代的弹性理论分析

在厘清能源要素替代的内涵与形成机理之后，另一个重要的问题就是，如何定量测度要素之间的替代关系。目前，替代弹性成为测度要素间替代关系最常用的分析工具，接下来将对主流的替代弹性理论进行梳理。

（1）Hicks 替代弹性

Hicks（1932）首次提出了要素替代弹性的概念，随后 Robinson（1933）给出了更为明确的定义，即两种投入要素边际技术替代率（MRTS）变动所引起的投入要素比例的变动程度：

$$HES_{ij} = \frac{\mathrm{dln}(x_i/x_j)}{\mathrm{dln}(f_{x_j}/f_{x_i})} \qquad (2-22)$$

其中，x_i/x_j 代表 i 要素投入量与 j 要素投入量的比值，f_{x_j}/f_{x_i} 代表两种要素的边际技术替代率。在完全竞争市场中，追求利润最大化的厂商的最优决策均衡条件为"边际技术替代率等于要素的相对价格之比"，因此式（2-22）可进一步写为：

$$HES_{ij} = \frac{\mathrm{dln}(x_i/x_j)}{\mathrm{dln}(p_j/p_i)} \qquad (2-23)$$

HES_{ij} 的取值为 $[0,+\infty)$，当 $HES_{ij} < 1$ 时，两要素之间存在互补关系；当 $HES_{ij} > 1$ 时，两要素之间存在替代关系，且取值越大意味着两个要素之间的替代性越强。

(2) Hicks – Allen 替代弹性

Hicks 替代弹性主要描述了两要素之间的替代关系，在此基础上，Hicks 和 Allen（1934）将两要素情形扩展至多要素情形：

$$HAES_{ij} = \frac{\partial \ln(x_i/x_j)}{\partial \ln(p_j/p_i)} = \frac{\partial \ln x_i}{\partial \ln(p_j/p_i)} - \frac{\partial \ln x_j}{\partial \ln(p_j/p_i)} \qquad (2-24)$$

这一测度指标主要刻画了在产出和其他投入要素保持不变的情形下，任意两种生产要素相对价格比例的变动所导致的相应投入要素比例的变动程度。然而这一指标存在一定的局限性，即不能分析所有要素在面对价格波动时的最优调整。

(3) 交叉价格弹性与自价格弹性

交叉价格弹性刻画的是某种要素的价格发生变化后对另一种要素需求量的影响程度：

$$CPE_{x_i,p_j} = \frac{\partial \ln x_i}{\partial \ln p_j} \qquad (2-25)$$

当 $CPE_{x_i p_j} < 0$ 时，两要素间存在互补关系；当 $CPE_{x_i p_j} > 0$ 时，两要素间存在替代关系。当生产要素 x_j 的价格上升时，意味着对该要素的需求量有所下降，此时若生产要素 x_i 的需求量随之减少（$CPE_{x_i p_j} < 0$），即两要素需求量存在相同变动的趋势，则说明二者存在互补关系；此时若生产要素 x_i 的需求量随之增加（$CPE_{x_i p_j} > 0$），即两要素需求量存在此消彼长的关系，则说明二者存在替代关系。

交叉价格弹性描述的是某种要素价格变动对另一种要素需求量的影响，自价格弹性则刻画了某种要素价格变动对其自身需求量的影响：

$$CPE_{x_i,p_i} = \frac{\partial \ln x_i}{\partial \ln p_i} \qquad (2-26)$$

一般情况下要素的自价格弹性为负，因为要素价格的升高通常会引致该要素需求量的减少，但在价格存在扭曲或要素稀缺等情况下，可能会出现要素的自价格弹性为正的情况。

CPE 属于单要素-单价格替代弹性，这一弹性指标是目前实证研究的常用指标，当然这一指标仍存在一定的不足，其一方面不能通过边际技术替代率加以解释，另一方面也不能提供等产量线的形状以及两种投入要素的相对比例，因此在使用中会受到一定的限制。

（4）Allen - Uzawa 替代弹性

在 CPE 的基础上，Allen（1938）与 Uzawa（1962）运用对偶理论将生产函数替换为成本函数，给出了 AES 弹性的形式：

$$AES_{x_i,p_j} = \frac{C(y,p)}{C_i(y,p)} \frac{C_{ij}(y,p)}{C_j(y,p)} = \frac{C \cdot (\partial x_i / \partial p_j)}{x_i x_j} \tag{2-27}$$

其中，C 为成本函数，C 满足一阶齐次性条件，y 代表产出，p 代表要素价格，x 代表要素投入量。观察交叉价格弹性（CPE）与 Allen - Uzawa 替代弹性（AES）的定义可以看出，二者之间存在一定的关联性，前者等于后者乘以发生价格变动的生产要素的成本份额（S_j），具体来看：

$$AES_{x_i,p_j} = \frac{C \cdot (\partial x_i / \partial p_j)}{x_i x_j} = \frac{\partial x_i / x_i}{\partial p_j / p_j} \cdot \frac{C}{x_j p_j} = \frac{\partial \ln x_i}{\partial \ln p_j} \cdot \frac{C}{x_j p_j} = CPE_{x_i,p_j} \cdot \frac{1}{S_j} \tag{2-28}$$

因此有：

$$CPE_{x_i,p_j} = AES_{x_i,p_j} \cdot S_j, i \neq j \tag{2-29}$$

与交叉价格弹性类似，自价格弹性与 Allen - Uzawa 替代弹性也存在如下关系：$CPE_{x_i,p_i} = AES_{x_i,p_i} \cdot S_i$。

AES 弹性在现实中的应用同样十分广泛，从形式上来看，由于成本份额 S_j 始终为正值，AES 弹性与 CPE 弹性的方向必然会保持一致，因此从本质上来看，二者所揭示的信息相同。

（5）Morishima 替代弹性

根据前文的概念可知，Hicks - Allen 替代弹性属于两要素-两价格的替代类型，交叉价格弹性与自价格弹性属于单要素-单价格的替代类型，而 Morishima 替代弹性（MES）则属于这两类的过渡形态，属于两要素-单价格的替代类型，其刻画了一种要素价格变化后对两种要素投入比例的影响程度，具体形式可表示为：

$$MES_{x_i p_j} = \frac{\partial \ln(x_i/x_j)}{\partial \ln p_j} = \frac{\partial \ln x_i(y,p)}{\partial \ln p_j} - \frac{\partial \ln x_j(y,p)}{\partial \ln p_j} = CPE_{x_i p_j} - CPE_{x_j p_j} \quad (2-30)$$

进一步地，MES 弹性还可表示为：

$$MES_{x_i p_j} = CPE_{x_i p_j} - CPE_{x_j p_j} = S_j \times (AES_{x_i p_j} - AES_{x_j p_j}) \quad (2-31)$$

可以看出，Morishima 替代弹性可以表示为两种生产要素交叉价格弹性（$CPE_{x_i p_j}$）与发生价格变动要素的自价格弹性（$CPE_{x_j p_j}$）之差，其将两种要素的价格变动转化为其中一种要素价格发生变动，而另一种要素价格保持不变的情形，因此 MES 弹性属于非对称的相对值形式。通过这一改变，能够分析一种要素价格变动对两种要素投入比例的影响。

（6）总替代弹性

前述替代弹性均是在假定产出保持不变的情况下，分析要素价格变动对要素需求量的影响，这类替代可以被称为"净替代"，而当这一过程考虑了产出随要素价格或要素投入量的变化而变动时，此类替代类型被称为"总替代"。

Mundlak（1968）根据对偶理论引入利润函数，给出了 AES 替代弹性的总替代弹性形式：

$$HLES_{ij} = -\frac{\pi(q,p) \cdot \pi_{ij}(q,p)}{\pi_i(q,p) \cdot \pi_j(q,p)} = \frac{\pi}{p_j x_i} \frac{\partial \ln x_i(y,p)}{\partial \ln p_j} \quad (2-32)$$

其中，π 代表利润函数，p 代表最终产品的价格。

Blackorby 等（2007）给出了 Morishima 替代弹性的总替代弹性形式：

$$MGES_{ij} = p_i \left[\frac{\pi_{ij}(q,p)}{\pi_j(q,p)} - \frac{\pi_{ii}(q,p)}{\pi_i(q,p)} \right] = \frac{\partial \ln x_j(q,p)}{\partial \ln p_i} - \frac{\partial \ln x_i(q,p)}{\partial \ln p_i} \quad (2-33)$$

（7）互补弹性

Hicks（1970）提出了希克斯（Hicks）互补弹性（HEC）的概念，刻画的是两种生产要素投入比例的变动对要素价格比例的影响程度，Sato 和 Koizumi（1973）将其表示为：

$$HEC_{ij} = \frac{Y(x)}{Y_i(x)} \frac{Y_{ij}(x)}{Y_j(x)} = \frac{qY}{p_j x_j} \frac{\partial \ln P_i(q,x)}{\partial \ln x_j} \quad (2-34)$$

其中，$Y(x)$ 为生产函数，P_i 为要素 x_i 的影子价格。

随后，Blackorby 和 Russell（1981）提出了 Morishima 互补弹性（MEC）：

$$MEC_{ij} = \frac{\partial \ln [D_i(y,x)/D_j(y,x)]}{\partial \ln (x_j/x_i)} = \frac{\partial \ln P_i(y,x)}{\partial \ln x_j} \frac{\partial \ln P_j(y,x)}{\partial \ln x_j} \quad (2-35)$$

（8）各类要素替代弹性特征汇总

根据弹性是否来自原始的生产函数，可以将弹性分为原始弹性与对偶弹性两类。其中，原始弹性是指来自原始生产函数的弹性形式，其是假设投入量不变来计算弹性，主要包括 HEC、MEC 等；而对偶弹性则是指来自对偶的成本函数以及价格函数的弹性形式，其是假设投入价格不变来计算弹性，主要包括 AES、HLES 等。

根据产出是否会随着投入要素的数量和价格发生变化，可以将弹性分为净替代弹性和总替代弹性两类。其中，净替代弹性是在假定产出保持不变的情况下，分析要素价格变动对要素需求量的影响，主要包括 AES、MES 等；而总替代弹性则是在产出随要素价格或要素投入量的变化而变动时，分析要素价格变动对要素需求量的影响，主要包括 HLES、MGES 等。各类要素替代弹性特征汇总如表 2-3 所示。

表 2-3 各类要素替代弹性特征汇总

替代弹性类型	原始弹性	对偶弹性	净替代弹性	总替代弹性	对称性	假设不变条件
HES	√		√		√	y, x
AES		√	√		√	y, p_x
MES		√	√			y, p_x
HLES		√		√	√	p_x, p_y
MGES		√		√		p_x, p_y
HEC	√			√	√	x, p_y
MEC	√		√			y, x

资料来源：油永华（2017）。

综上可知，关于替代弹性的研究已经非常深入，现有研究不断从两要素向多要素、从特殊到一般、从宏观到微观发展，形成了系统的分析框架，而在众多替代弹性的测算当中，没有某一种替代类型是明显优于其他类型的，每种类型都有其特定的使用条件与适用对象，深刻理解不同替代类型的内在含义、适用范围以及优缺点是学习能源要素替代理论的核心。

2.3 能源与经济常用的测度指标

为了更好地量化能源与经济之间的关系，需要构建一些能源–经济测度指标，接下来，我们将介绍几个经典的能源–经济测度指标。

2.3.1 能源强度

能源强度（Energy Intensity）是指单位 GDP 的能耗或能源密集度，具体来说，就是指一定时期内单位国内生产总值（GDP）所消耗的能源总量，相应的公式为：

$$能源强度 = 能源消费总量 / 国内生产总值$$

其中，能源消费总量是指一段时间内物质生产部门、非物质生产部门以及生活部门所消费的各类能源的能量总和。国内生产总值是指一个国家（或地区）在一定时期内社会生产活动的最终成果，是以货币形式表示的最终产品和劳务量的总和，代表了一个国家（或地区）经济发展的综合水平。由此可知，将能源消耗与经济产出进行对比，能够反映一个国家（或地区）能源利用的经济效益。

研究表明，能源强度的变动存在一定的规律，即随着时间的推移，能源强度的变动呈现先上升后下降的倒 U 形曲线。具体来说，在工业化的初期阶段，经济增长模式属于粗放型，产业结构逐渐由劳动密集型向能源密集型转移，高耗能产业得到了快速的发展，能源强度处于上坡阶段；在工业化的加速发展阶段，重化工业成为主导产业，对能源的需求极高，此时能源强度达到峰值；而在后工业化阶段，经济增长模式由粗放型向集约型转变，产业结构出现明显的升级，低耗能产业如第三产业、高端制造业等快速发展，能源强度则进入下坡阶段。

图2-8绘制了1980~2018年中国的能源强度，出于对比的目的，图中还引入了美国的能源强度。[①] 可以看出，1980~2018年我国的能源强度出现了明显的下降，但与美国仍存在一定的差距，而美国的能源强度则呈现较为平稳的下降趋势，这与我国和美国所处的工业化阶段不同有关。另外，从下降速度来看，我国能源强度的下降速度总体呈现减缓的趋势，以1998年为转折点，1998年之前下降速度较快，1998年之后下降速度放缓，这意味着我国能源效率提高的难度在逐渐加大，这从另一方面也反映出，我国通过后发优势获得发达国家技术外溢的机会在逐渐减少。

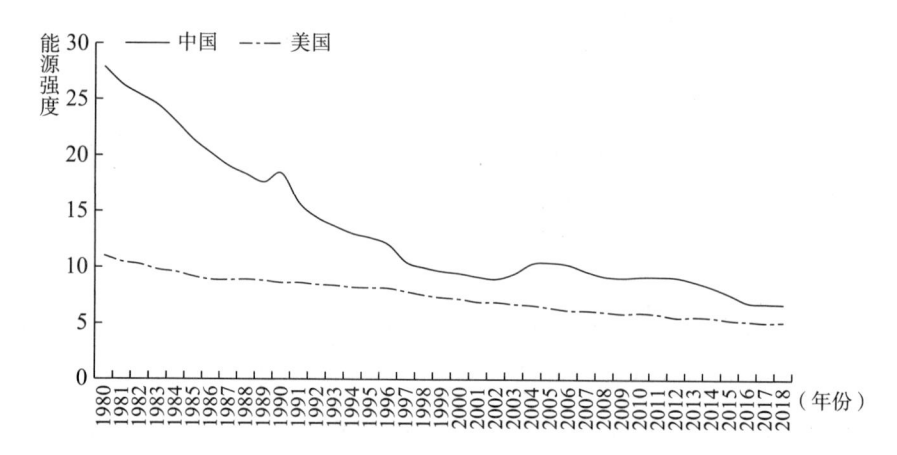

图2-8 1980~2018年中国与美国的能源强度对比

注：能源强度的单位为1000英热单位/美元（2015年国内生产总值购买力平价）。
资料来源：EIA。

能源强度指标不仅可以用来评价不同国家（或地区）能源的综合利用效率，还可以用来比较不同国家（或地区）的经济发展对能源使用的依赖

---

① 需要强调的是，以本国货币计算的能源强度指标是无法直接进行国际比较的，需要通过汇率法（MER）或购买力平价法（PPP）将各国的GDP转化为可比的GDP之后，再进行指标的对比分析。

程度，是目前度量能源效率最常用的指标。其优点在于，易于理解，计算简单，且受人为干扰的可能性较小。然而值得注意的是，这一指标仍存在一定的不足。首先，能源强度指标未考虑各类能源之间的不完全替代性。因此，当能源投入结构变动较大时，这一指标会产生一定的偏差（Liao and Wei，2010）。其次，这一指标并未考虑能源与其他要素之间的替代弹性。能源强度指标建立的隐含假设是，能源消耗与技术进步是推动经济增长的最主要因素，然而，决定经济增长的因素还有很多，忽略这些要素与能源之间的替代弹性会使得能源强度成为一个有偏的指标。最后，这一指标无法对潜在的能源技术效率予以测量。能源强度的数值大小会受到能源投入结构、部门结构以及能源-劳动替代等因素的影响，然而这些因素却无法影响能源技术效率。

2.3.2　能源宏观效率

能源宏观效率（Energy Macro‑Efficiency）是能源强度的倒数，具体来说，就是指一定时期内单位能源消费所获得的经济成果，相应的公式为：

$$能源宏观效率 = 国内生产总值/能源消费总量$$

单位 GDP 能耗越低，能源宏观效率就越高。部分研究会将能源生产率指标与能源宏观效率指标视作相同的指标，然而从严格意义上来讲，二者存在细微的差异，这一差异主要源于统计口径的不同。能源宏观效率指标在核算时包含居民生活直接用能，而能源生产率指标则不包含这一部分，这就使得理论上二者之间的数值是不相等的。然而，我国的居民生活直接用能部分的占比较小，使得在实际计算过程中二者的差异较小，因此在进行地区的横纵比较时不会产生较大的偏差。在实际应用中，能源生产率的应用范围会更加广泛，原因在于能源生产率测度的是生产层面的效率，其对于资本生产率和劳动生产率是一种补充，能够进一步探究能源与其他生产要素之间的互补与替代关系。

能源宏观效率反映的是能源消费与经济产出之间的比例关系，其会受到多方因素的影响，关于能源宏观效率的影响因素大体可分为直接因素与间接因素两类。

1. 直接因素

影响能源宏观效率的直接因素主要包括结构调整和技术进步两方面。

（1）结构调整

首先，产业结构调整对于能源宏观效率的影响十分明显。不同产业的能源需求存在较大的差别，产业结构的优化，如从重化工业向轻工业转移能够促进整个社会能源宏观效率的提高。其次，能源结构调整同样对能源宏观效率影响显著。能源结构调整又可以分为能源与其他生产要素投入比例的变动以及能源投入内部结构的变动。其中，前者是指能源与其他生产要素（资本、劳动等）之间的相互替代，单位GDP能耗会随着能源投入的减少而下降。而后者是指能源品种之间的替代，不同能源品种有不同的利用效率，而生产过程中使用的优质能源的比重越大，越有利于能源宏观效率的提高。

当然，结构调整的本质是提高能源的配置效率，其对能源宏观效率的改进是有限的，只是逐渐向生产前沿面逼近的"有限改进"，并且这种改进的边际收益会越来越小，要实现能源宏观效率的"无限改进"需进一步提高技术水平。

（2）技术进步

技术进步能够在投入一定的情况下提高产出，其对能源宏观效率的提高已得到普遍的证实。技术进步主要表现为对能源科学原理认知、能源利用技术、人力资本存量与质量等软件方面的提升，以及能源挖掘、利用设备工艺等硬件方面的提升。而技术进步本身的动力来源于自主创新和技术吸收引进两方面。

2. 间接因素

影响能源宏观效率的间接因素主要包括能源价格、市场化水平和社会因素三方面。

（1）能源价格

能源价格能够显著影响企业的用能成本，迫使其提高能源宏观效率，具体来说，能源价格可以通过两大渠道来影响能源宏观效率。首先，能源价格能够影响能源的配置效率。若能源价格出现上涨，市场的投资方向会从能源利用效率低的产业或项目转移至能源利用效率高的产业或项目，进而优化能源的配置。其次，能源价格能够影响能源技术效率。若能源价格出现上涨，企业会考虑通过研发创新、引进先进设备、优化工艺流程等方式来提高能源利用效率，进而降低价格上涨带来的冲击。

能源价格对能源宏观效率的影响存在四个特点。其一，影响存在非对称性特征。当能源价格上涨时会促使企业能源宏观效率的提升，但能源价格下降并不会反向导致企业能源宏观效率的下降。其二，影响的大小取决于价格变动是短期波动还是长期趋势的调整。能源价格的短期波动对能源需求的影响较小，长期内的价格变动尤其是价格上涨才会迫使厂商通过寻找能源的替代品、提高技术水平等手段来降低生产成本，进而导致能源需求的下降，在产出一定的情况下，能源需求的下降会使单位GDP能耗降低。其三，价格存在阈值效应。若能源价格变动的幅度较小，企业缺乏动力去改变投资决策以及进行技术改进，只有价格上涨幅度超过一定限度才会迫使企业必须改善当前的能源利用效率。其四，影响存在滞后期。以1973~1974年以及1979~1980年两次石油危机为例，石油危机时期石油价格迅猛增长，而世界能源需求量的变动则存在一定的滞后，直到1986年才达到历史低点。

（2）市场化水平

市场化水平的提高能够提高能源的配置效率，即市场机制的增强能够使能源进入生产效率和能源利用率更高的企业，进而提高能源宏观效率。我国实行"市场煤，计划电"的定价机制，即煤价遵循市场机制，而电价实行行政审批机制，这会导致电力资源存在省际壁垒，极大地降低能源的配置效率，给全国能源宏观效率提高带来不利影响。

（3）社会因素

社会因素包含的方面有很多，如经济体制、人口素质、对外开放程度、政府规制水平、外贸依存度、资源禀赋等，这些因素都会对能源宏观效率产生一定程度的影响。

综上所述，影响能源宏观效率的因素有很多，因此能源宏观效率的提升是一个复杂的系统性问题。

2.3.3 能源弹性系数

能源弹性系数也称作能源弹性，弹性测度的是两个变量变动率的比值，代表某一变量变动1%时，另一变量的相对变动程度。通常情况下，可以将能源弹性系数进一步细分为能源生产弹性系数和能源消费弹性系数两类。

1. 能源生产弹性系数

能源生产弹性系数也叫能源生产增长系数，是指一定时期内一个国家（或地区）能源生产增长率与国民经济增长率的比值，相应的公式为：

$$能源生产弹性系数 = 能源生产年均增长率/国民经济年均增长率$$

其中，能源生产年均增长率指的是一次能源生产总量的增长率，不包含二次能源产量。① 国民经济年均增长率可结合不同的需要或目的选取国内生产总值（GDP）、工业总产值等指标进行测度。能源生产弹性系数小于1意味着能源的生产速度较经济的增长速度慢，能源生产弹性系数大于1则意味着能源的生产速度较经济的增长速度快，能源生产弹性系数等于1则意味着能源的生产速度与经济的增长速度同步。

图2-9绘制了1990~2019年我国的能源生产弹性系数曲线，可以看出，我国的能源生产弹性系数仅在2003~2004年两年大于1，在其余年份这一系数均小于1，说明我国的能源生产速度是慢于经济增长速度的。能源生产的主要特点是资金需求量大、生产周期长，因此理论上能源生产的增长应该超前于经济的增长，而我国能源生产的增长却落后于经济的增长，这需要引起一定的重视，否则会给我国能源生产的保障能力带来一定影响。

---

① 二次能源是通过一次能源加工转化得到的，这一过程仅改变了能源的形态，而未改变能源的总量。

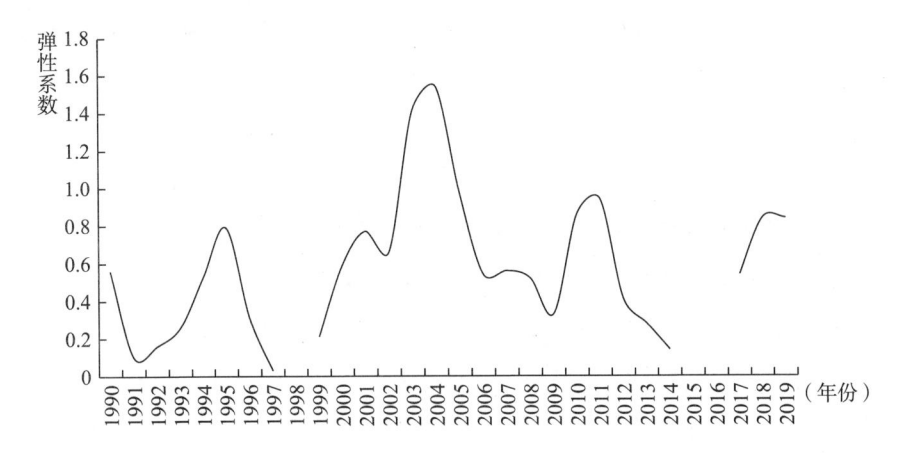

图 2-9　1990~2019 年中国能源生产弹性系数曲线

注：部分年份存在数据缺失。
资料来源：相关年份《中国统计年鉴》。

2. 能源消费弹性系数

能源消费弹性系数也叫能源消费增长系数，是指一定时期内一个国家（或地区）一次能源消费增长率与国民经济增长率的比值，相应的公式为：

$$能源消费弹性系数 = 能源消费年均增长率/国民经济年均增长率$$

能源消费弹性系数体现了经济体对能源消费的依赖情况，同时能够从侧面反映高耗能产业在国民经济中的占比，是目前评价能源消费与经济增长之间关联程度的核心指标，一般情况下，能源经济领域所讨论的能源弹性系数就是指能源消费弹性系数。另外，在对能源消费弹性系数的研究中，电力消费弹性系数成为分行业弹性系数研究的重中之重，其计算公式为：

$$电力消费弹性系数 = 电力消费年均增长率/国民经济年均增长率$$

能源消费弹性系数在不同的发展阶段数值是不同的。经验研究表明，当一个国家处于工业化的前期或中期时，科技水平较低，高耗能产业迅速发展，能源消费会快速增长，此时能源消费增长快于经济增长，能源消费弹性系数大于 1；而当一个国家处于工业化的后期时，科技水平较高，产业结构逐渐优化升级，能源消费会逐渐下降，此时能源消费增长慢于经济增长，能源消费弹性系数小于1。总而言之，能源消费弹性系数会随着经济的发展呈现倒"V"形。因此，可以根据能源消费弹性系数的大小判断一个国家（或地区）所处的工业化阶段。

图2-10与图2-11分别绘制了1990~2019年中国能源消费弹性系数与电力消费弹性系数曲线。从能源消费弹性系数来看，我国仅2003~2005年能源消费弹性系数大于1，其余年份能源消费弹性系数均小于1。这意味着，总体来看，我国的能源消费增长速度是慢于经济增长速度的，这与我

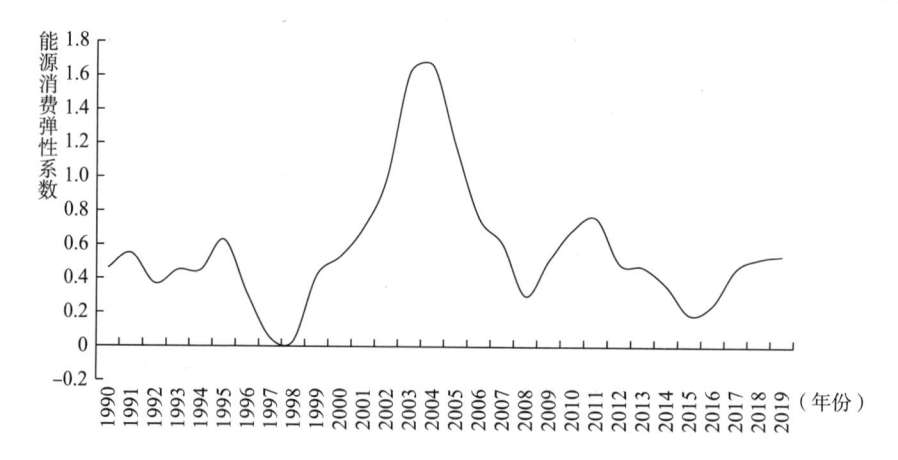

图2-10 1990~2019年中国能源消费弹性系数曲线
资料来源：相关年份《中国统计年鉴》。

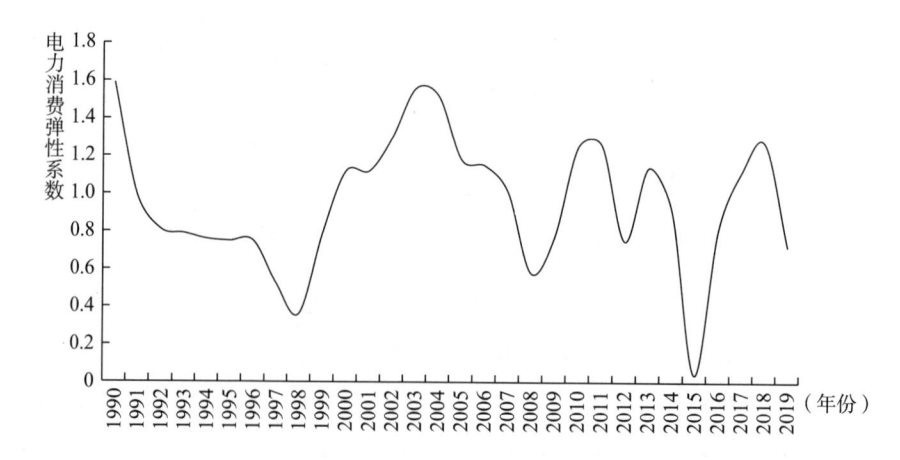

图2-11 1990~2019年中国电力消费弹性系数曲线
资料来源：相关年份《中国统计年鉴》。

国较快的工业化进程密切相关，当然，我国的工业化水平与发达国家仍存在一定的距离。从电力消费弹性系数来看，我国2000~2007年的电力消费弹性系数始终大于1，主要原因在于这一时期的电力需求存在超前增长的问题，2008年之后产业结构进一步调整，使得电力消费弹性系数围绕1上下波动。

能源消费弹性系数会受到国家（或地区）的经济结构、能源利用效率、技术水平、生产工艺、社会因素等各方面的影响。若一个国家（或地区）的经济发展以高耗能产业为主，技术进步水平还较低时，其能源消费的增长速度往往会高于经济的增长速度，此时能源消费弹性系数大于1；而若一个国家（或地区）实现了产业结构的转型升级并伴随技术进步，能源利用效率得到显著的提高，此时能源消费弹性系数也会随之下降。由于能源消费与经济发展之间存在这样的"弹性"关系，这就意味着国家在做经济决策时要考虑"开源"和"节流"两方面。其中，"开源"意味着要充分挖掘和利用能源为经济社会发展提供动力；而"节流"则意味着要提高能源的使用效率，通过结构调整、技术进步等手段，在保证经济发展的同时尽可能减少能源消耗。

当然，能源消费弹性系数仍存在一定的缺陷，它在刻画经济增速较快的发展中国家时可能无法真实反映其单位GDP所需能源消费较高的事实，因此，为了对这一指标进行补充，部分研究提出了"绝对能源消费系数"的概念。

与能源消费弹性系数不同的是，绝对能源消费系数是两个变量变化量的比值，具体来说，是指一定时期内一个国家（或地区）国民经济变化量与一次能源消费变化量的比值，相应的公式为：

$$绝对能源消费系数 = 国民经济年变化量/能源消费年变化量$$

绝对能源消费系数衡量的是单位能源消费增加时所获得的经济的绝对增加量，这一指标能够大体测度由能源消费所引致的经济增长效益。由于分子和分母都是绝对量，因此这一系数包含多种情形，其中包含两个较为极端的例子：①若能源消费量大于0，而经济增加量小于0，表示能源消耗并未带来经济增长，这是最不利的情形；②若能源消费量小于0或几乎等于0，而经济增加量大于0，此时绝对能源消费系数会趋于正无穷，这是最有利的情形，说明经济的增长没有消耗过多的能源，经济的可持续发展程度高。

3. 能源消费弹性系数与能源强度的关系

令 E 代表能源消费，Y 代表 GDP，那么能源强度 = E/Y，能源消费弹性系数 = $(\Delta E/E)/(\Delta Y/Y)$，绝对能源消费系数 = $\Delta Y/\Delta E$，因此，三者的关系可以表示为：

$$能源消费弹性系数 = \frac{\Delta E/E}{\Delta Y/Y} = \frac{\Delta E}{\Delta Y} \times \frac{Y}{E} = (1/绝对能源消费系数) \times (1/能源强度)$$

$$能源强度 = \frac{E}{Y} = \frac{\Delta Y/Y}{\Delta E/E} \times \frac{\Delta E}{\Delta Y} = (1/能源消费弹性系数) \times (1/绝对能源消费系数)$$

上述两大公式揭示了三者之间的数理关系，为了使这一数理关系更加直观，下面将通过一张图来描述能源消费弹性系数与能源强度之间的关系。如图 2-12 所示，纵轴为能源消费 E，横轴为国内生产总值 Y，$E_0 E^*$ 曲线代表了能源消费和国内生产总值之间的对应关系，这一曲线与纵轴的交点 E_0 代表了经济体在零收入情况下仍存在的自发的能源消费需求。以图中的 M 点为例，M 点所对应的能源消费与国内生产总值分别为 E_1 与 Y_1，那么，M 点的能源消费弹性系数即为 M 点的切线斜率（直线 $E_m M$ 的斜率），而 M 点的能源强度则为 M 点与原点连线的斜率。进一步地，若将 M 点沿着 $E_0 E^*$

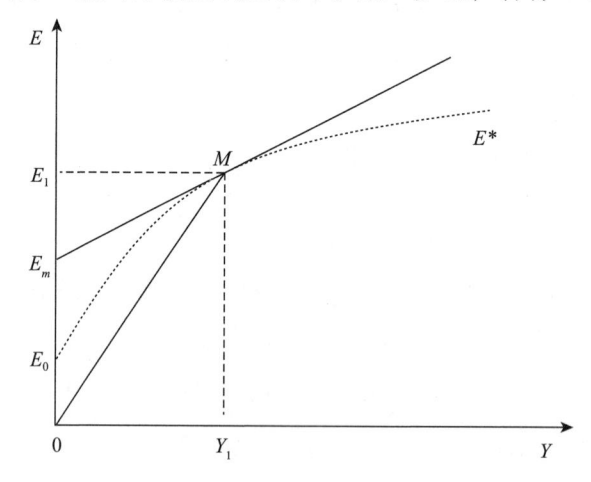

图 2-12 能源消费弹性系数与能源强度的关系
资料来源：周东（2015）。

曲线向右移动，就会发现，随着国内生产总值的提高，M点与原点连线的斜率以及M点的切线斜率均在逐渐变小。这意味着，随着收入水平的提高，经济体的能源强度和能源消费弹性系数均呈现减小的趋势，当然，出现这一结果的前提是，能源消费需求是逐渐趋于饱和的。

2.3.4 全要素能源效率

前述的三大效率指标均为单要素指标，尽管计算简单易行，但仅考虑了能源这一单一要素与经济发展之间的关系，忽略了其他要素的综合影响，因此得到的指标存在一定的局限性与片面性。全要素能源效率则弥补了这一缺陷，通过综合考虑资本、劳动、能源等对经济增长有重要影响的核心要素来评价能源对产出的影响。具体来说，全要素能源效率是指，在保持除能源投入以外的其他要素如资本、劳动等不变的情况下，经济按照最佳生产实践达到既定生产目标时所需的能源要素投入与实际能源要素投入的比值。根据定义可以看出，这一指标没有量纲且数值介于0和1之间。能源的投入与生产是一个复杂的过程，涉及多个要素之间相互作用、相互转化，因此，只有综合考虑要素之间的关系才能对能源利用效率进行全面的评价。

2.3.5 指标的测度方法

1. 因素分解法

单要素指标计算简单，易于理解，为了更深入地探究相关指标的含义，学者们开始利用因素分解法对单要素指标进行研究。因素分解法是指，通过数学恒等式的变换，将单一变量分解为多个组成成分，以此计算各组成部分对目标变量的贡献度。下面将以能源强度为例介绍两种因素分解法的经典形式。

从能源强度的指标构成来看，分母国内生产总值可表示为各行业增加值的累计值，分子能源消费总量可表示为各行业能耗的累计值[1]，因此，能

---

[1] 暂不考虑生活用能。

源强度的变化可进一步分解为产业结构的变化和各行业内部能源强度的变化，即分解为结构份额与效率份额两部分。

（1）拉氏因素分解法

假设国民经济存在 n 个部门，那么整个国民经济在时期 t 的能源强度 I_t 可以表示为：

$$I_t = \frac{E_t}{Y_t} \tag{2-36}$$

其中，E_t 与 Y_t 分别代表整个国民经济在时期 t 能源消费总量与国内生产总值。整体的能源强度可进一步表示为各个部门能源强度 I_{it} 的加权平均值：

$$I_t = \frac{E_t}{Y_t} = \frac{\sum_i E_{it}}{Y_t} = \frac{\sum_i Y_{it} \cdot I_{it}}{Y_t} = \sum_i \frac{Y_{it}}{Y_t} \cdot I_{it} = \sum_i S_{it} \cdot I_{it} \tag{2-37}$$

其中，E_{it} 与 Y_{it} 分别代表部门 $i(i=1,2,\cdots,n)$ 在时期 t 的能源消费量和部门增加值，S_{it} 则代表了产业结构，即部门增加值占 GDP 的比重。

根据拉氏因素分解法，可以将（0, T）时间段内能源强度的变动分解为若干要素的乘积：

$$I_T - I_0 = \sum_i S_{iT} \cdot I_{iT} - \sum_i S_{i0} \cdot I_{i0} =$$
$$\sum_i (S_{iT} - S_{i0}) \cdot I_{i0} + \sum_i S_{iT} \cdot (I_{iT} - I_{i0}) =$$
$$\Delta I_{str} + \Delta I_{eff} \tag{2-38}$$

其中，$\Delta I_{str} = \sum_i (S_{iT} - S_{i0}) \cdot I_{i0}$ 代表 0～T 期间由产业结构变动所引起的能源强度的变动，即结构效应；$\Delta I_{eff} = \sum_i S_{iT} \cdot (I_{iT} - I_{i0})$ 代表 0～T 期间由各部门技术进步等因素所引起的能源强度的变动，即效率效应。

（2）迪氏因素分解法

由式（2-37）可知，整体的能源强度可进一步表示为各个部门能源强度 I_{it} 的加权平均值：

$$I_t = \sum_i S_{it} \cdot I_{it} \qquad (2-39)$$

将式（2-39）两边同时对时间 t 求微分可得：

$$\dot{I}_t = \sum_i \dot{S}_{it} \cdot I_{it} + \sum_i S_{it} \cdot \dot{I}_{it} = \sum_i S_{it} \cdot I_{it} \cdot \frac{\dot{S}_{it}}{S_{it}} + \sum_i S_{it} \cdot I_{it} \cdot \frac{\dot{I}_{it}}{I_{it}} =$$

$$\sum_i \frac{E_{it}}{Y_t} \cdot \frac{\dot{S}_{it}}{S_{it}} + \sum_i \frac{E_{it}}{Y_t} \cdot \frac{\dot{I}_{it}}{I_{it}} \qquad (2-40)$$

根据式（2-40）求曲线积分可得：

$$\int_\Gamma \dot{I}_t = \int_\Gamma \sum_i \frac{E_{it}}{Y_t} \cdot \frac{\dot{S}_{it}}{S_{it}} + \int_\Gamma \sum_i \frac{E_{it}}{Y_t} \cdot \frac{\dot{I}_{it}}{I_{it}} \qquad (2-41)$$

其中，Γ 代表积分路径，即在 $(0, T)$ 时间段内的曲线段 (S_t, I_t)。根据 Hulten (1973)，在线性齐次条件下[①]，式（2-41）的曲线积分与积分路径无关。在连续形式下，式（2-41）可表示为：

$$I_T - I_0 = \int_0^T \sum_i \frac{E_{it}}{Y_t} \cdot \mathrm{d}\ln S_{it} + \int_0^T \sum_i \frac{E_{it}}{Y_t} \cdot \mathrm{d}\ln I_{it} = \Delta I_{str} + \Delta I_{int} \qquad (2-42)$$

式（2-42）则将能源强度指数的变动分解为结构效应 ΔI_{str} 与强度效应 ΔI_{int} 两大效应。其中，结构效应 ΔI_{str} 是因结构变动而引起的能源强度的变动，而强度效应 ΔI_{int} 则是因部门强度变动而引起的能源强度的变动。另外，在现实应用中，数据通常是离散形式的，因此可以进一步根据 Sato - Vartia 指数法将式（2-41）近似写成离散形式：

$$\Delta I = I_T - I_0 = \Delta I_{str} + \Delta I_{int} + \Delta I_{rsd} \qquad (2-43)$$

其中：

$$\Delta I_{str} = \sum_i \frac{\dfrac{E_{iT}}{Y_T} - \dfrac{E_{i0}}{Y_0}}{\ln \dfrac{E_{iT}}{Y_T} - \ln \dfrac{E_{i0}}{Y_0}} \cdot (\ln S_{iT} - \ln S_{i0}) \qquad (2-44)$$

[①] 在能源强度指标只考虑生产用能而不考虑生活用能时，这一条件可以满足。

$$\Delta I_{int} = \sum_i \frac{\frac{E_{iT}}{Y_T} - \frac{E_{i0}}{Y_0}}{\ln\frac{E_{iT}}{Y_T} - \ln\frac{E_{i0}}{Y_0}} \cdot (\ln I_{iT} - \ln I_{i0}) \tag{2-45}$$

ΔI_{rsd} 为余值部分，通常情况下这一部分可近似等于零。

这一分解结果与部门划分的细化程度有很大的关系，一般情况下，部门划分得越细，得到的结果就越精确，与此同时，对数据量的要求也越大。

在实际操作中，对分解方法的选择往往取决于所研究的对象和研究的目的。当然，对指标的分解仅仅是对指标的构成进行深入的拆分，从结构效应和强度效应的角度分析指标变动的成因，这仅仅回答了指标"是什么"的问题，但并未回答"为什么"的问题。另外，通常情况下产业结构、技术进步等因素往往是内生的，分析这些因素的结构特征与贡献度对于现实政策操作的指导意义不大，只有进一步挖掘影响能源经济指标的内在原因，才能对能源效率的提高提供现实的借鉴。

2. 数据包络分析法

全要素能源效率是涉及多个要素的综合评价指标，因此无法通过简单的数值运算得到，通常需要通过数据包络分析法（Data Envelopment Analysis，DEA）进行测度。数据包络分析法是借助线性规划的方法，对存在多投入、多产出指标的同类决策单元（*DMU*）进行相对有效性评价的一种非参数效率测度方法。其最早由美国运筹学家 Charnes、Cooper 以及 Rhodes 于 1978 年提出。

DEA 方法的基本思路是，将最小投入或最大产出作为效率边界，将决策单元（*DMU*）与前沿曲线的距离作为评价效率的标准。按照距离函数的不同，效率可分为径向效率和非径向效率。

径向效率模型是指决策单元沿着径向投影至前沿面的模型。经典的径向效率模型包含 CRS（Constant Returns to Scale）模型与 VRS（Variable Returns to Scale）模型两类，二者的区别在于是否遵循规模报酬不变的假设。其中，CRS 模型由 Charnes 等（1978）提出，其假设所有 *DMU* 的运用均必须处于最适合的规模，这一假设因过于严格而与现实不符。随后，Banker

等（1984）放松了这一假设，提出了规模报酬可变的 VRS 模型。

(1) CRS 模型

设决策单元 DMU_j 有 m 种投入 $x_j = (x_{1j}, x_{2j}, \cdots, x_{mj})$，$s$ 种产出 $y_j = (y_{1j}, y_{2j}, \cdots, y_{sj})$，相应的投入产出权重分别为 $v = (v_1, v_2, \cdots, v_m)^T$ 和 $u = (u_1, u_2, \cdots, u_s)^T$。

定义第 j 个决策单元的效率指数为：

$$h_j = \frac{u^T y_j}{v^T x_j} = \frac{\sum_{r=1}^{s} u_r y_{rj}}{\sum_{i=1}^{m} v_i x_{ij}}, j = 1, 2, \cdots, n \tag{2-46}$$

以最大化第 k 个决策单元的效率指数为目标，以所有决策单元的效率指数为约束，构造如下 CRS 模型：

$$\max \frac{\sum_{r=1}^{s} u_r y_{rk}}{\sum_{i=1}^{m} v_i x_{ik}}$$

$$\text{s.t.} \begin{cases} \dfrac{\sum_{r=1}^{s} u_r y_{rj}}{\sum_{i=1}^{m} v_i x_{ij}} \leq 1, j = 1, 2, \cdots, n \\ u_r \geq 0, r = 1, 2, \cdots, s \\ v_i \geq 0, i = 1, 2, \cdots, m \end{cases} \tag{2-47}$$

经过 Charnes - Cooper 变换，可以得到如下线性规划形式：

$$\max \sum_{r=1}^{s} u_r y_{rk}$$

$$\text{s.t.} \begin{cases} \sum_{r=1}^{s} u_r y_{rj} - \sum_{i=1}^{m} v_i x_{ij} \leq 0, j = 1, 2, \cdots, n \\ \sum_{i=1}^{m} v_i x_{ik} = 1 \\ u_r \geq 0, r = 1, 2, \cdots, s \\ v_i \geq 0, i = 1, 2, \cdots, m \end{cases} \tag{2-48}$$

在式（2-48）模型规划的对偶规划中引入投入和产出的松弛变量 s^+ 与 s^-，可以将上述不等式约束转化为等式约束：

$$\min\theta$$
$$\text{s. t.} \begin{cases} \sum_{j=1}^{n} \lambda_j x_{ij} + s^+ = \theta x_{ik}, i = 1,2,\cdots,m \\ \sum_{j=1}^{n} \lambda_j y_{rj} - s^- = y_{rk}, r = 1,2,\cdots,s \\ \lambda_j \geq 0, j = 1,2,\cdots,n \\ s^+ \geq 0, s^- \geq 0 \end{cases} \quad (2-49)$$

由此可以得到模型的最优解 θ^*，λ^*，s^{+*}，s^{-*}，若 $\theta^* = 1$ 且 $s^{+*} = 0$，$s^{-*} = 0$，那么决策单元是 DEA 有效的，此时同时满足技术有效与规模有效；若仅满足 $\theta^* = 1$，那么决策单元是弱 DEA 有效的，此时技术有效与规模有效无法同时满足；若 $\theta^* < 1$，那么决策单元不是 DEA 有效的。

（2）VRS 模型

由于 VRS 模型考虑了规模报酬可变的情形，因此需要对 CRS 模型进行改进，加入凸性假设条件 $\sum_{j=1}^{n} \lambda_j = 1, j = 1,2,\cdots,n$，进而得到：

$$\min\theta$$
$$\text{s. t.} \begin{cases} \sum_{j=1}^{n} \lambda_j x_{ij} + s^+ = \theta x_{ik}, i = 1,2,\cdots,m \\ \sum_{j=1}^{n} \lambda_j y_{rj} - s^- = y_{rk}, r = 1,2,\cdots,s \\ \sum_{j=1}^{n} \lambda_j = 1 \\ \lambda_j \geq 0, j = 1,2,\cdots,n \\ s^+ \geq 0, s^- \geq 0 \end{cases} \quad (2-50)$$

非径向效率模型是指决策单元沿着径向以外的方向投影至前沿面的模型，其能够衡量所有的松弛变量，弥补了径向效率模型评估的缺陷。常见的非径向效率模型包括加性模型（ADD）、SBM 模型以及方向距离函数（DDF）。

(3) 加性模型

由 Charnes 等（1984）提出的加性模型是一种无导向型模型，其需要同时考虑决策单元与前沿面参考点在投入和产出上的差距，即：

$$\max \sum_{i=1}^{m} s_{ik}^{-} + \sum_{r=1}^{s} s_{rk}^{+}$$

$$\text{s.t.} \begin{cases} \sum_{j=1}^{n} \lambda_j x_{ij} = x_{ik} - s_{ik}^{-}, i = 1, 2, \cdots, m \\ \sum_{j=1}^{n} \lambda_j y_{rj} = y_{rk} + s_{rk}^{+}, r = 1, 2, \cdots, s \\ \lambda_j \geq 0, j = 1, 2, \cdots, n \end{cases} \quad (2-51)$$

只有所有的投入和产出的松弛变量 $s_{ik}^{-}(i=1,2,\cdots,m)$ 和 $s_{rk}^{+}(r=1,2,\cdots,s)$ 均为 0 时，被评价的决策单元才是有效的。

(4) SBM 模型

ADD 模型在设定上存在一定的局限性，其目标函数的设定形式并非效率形式，无法精准地衡量效率水平，由此，Tone（2001）提出了 SBM 模型：

$$\min \frac{1 - \frac{1}{m} \sum_{i=1}^{m} \frac{s_{ik}^{-}}{x_{ik}}}{1 + \frac{1}{s} \sum_{r=1}^{s} \frac{s_{rk}^{+}}{y_{rk}}}$$

$$\text{s.t.} \begin{cases} \sum_{j=1}^{n} \lambda_j x_{ij} = x_{ik} - s_{ik}^{-}, i = 1, 2, \cdots, m \\ \sum_{j=1}^{n} \lambda_j y_{rj} = y_{rk} + s_{rk}^{+}, r = 1, 2, \cdots, s \\ \lambda_j \geq 0, j = 1, 2, \cdots, n \end{cases} \quad (2-52)$$

可以看出，SBM 模型的效率值位于区间（0, 1] 内，且松弛变量 s_{ik}^{-} 与 s_{rk}^{+} 单调递减，只有所有的松弛变量 $s_{ik}^{-}(i=1,2,\cdots,m)$ 和 $s_{rk}^{+}(r=1,2,\cdots,s)$ 均为 0 时，被评价的决策单元才是有效的，此时效率值等于 1。

(5) 方向距离函数

方向距离函数最早由 Chambers 等（1996）引入 DEA 当中，是指决策单元按照任意给定的方向投影至前沿面上。方向距离函数可表示为：

$$\vec{D}_T(X,Y;g) = \sup\{\beta:(X-\beta g_x, Y+\beta g_y) \in T\} \quad (2-53)$$

其中，$g=(-g_x,g_y)$ 代表投影的方向，β 代表决策单元沿着给定方向到达前沿面之前，其投入与产出需等比例调整的幅度，也可以用来代表效率。事实上，前述的 CRS 模型、VRS 模型以及 SBM 模型都是方向距离函数的某种特殊形式，下面简述一种规模报酬不变的方向距离函数（Aparicio et al., 2016）：

$$\max \beta$$
$$\text{s.t.} \begin{cases} \sum_{j=1}^{n} \lambda_j x_{ij} \leq x_{ik} - \beta g_{xi}, i=1,2,\cdots,m \\ \sum_{j=1}^{n} \lambda_j y_{rj} \geq y_{rk} + \beta g_{yr}, r=1,2,\cdots,s \\ \lambda_j \geq 0, j=1,2,\cdots,n \end{cases} \quad (2-54)$$

2.4 能源配置效率

资源优化配置是指，使用最少的资源消耗，将不同形式的稀缺资源分配给社会的各个用能对象，最终实现效益的最大化。可以看出，资源优化配置的原因是资源存在稀缺性，目的是实现生产的最佳分工，进而实现全社会的效益最大化，而实现能源配置的形式就是能源市场。在一个完全竞争的市场当中，能源的供给和需求在市场出清时实现了均衡价格，这样的定价既实现了消费者的效用最大化，又实现了供应者的利润最大化，是一种帕累托最优状态的资源配置。然而，能源存在短缺、信息不对称、使用外部性等特点，因此能源市场是一个典型的非均衡市场，只有借助"政府有形的手"来调整能源配置，才能提高能源市场的运行效率。

2.4.1 能源市场与能源配置

1. 能源市场的局部均衡

马歇尔于 1920 年创立了局部均衡理论，用以分析单一商品的市场供需关系。这一理论将单一商品市场视作总体经济的一个非常小的部分，而这一小规模的特点带来了两个简化的假设。第一，无须考虑收入效应。由于单一商品的市场规模足够小，消费者在单一商品上的消费占其总支出的很少一部分，这意味着消费者收入的变动几乎不会对单一商品的需求量产生影响，因此收入效应可以忽略不计。第二，无须考虑替代效应。单一商品的小规模使得该商品价格的变动不足以影响其他商品的价格，即商品之间的替代效应也可以忽略不计。由此可知，局部均衡理论仅考虑单个市场独立的运行状况，而不考虑市场之间的相互影响。

考虑一个简化的生产系统，生产投入仅包含能源投入（E）与非能源投入（R）两类，令能源投入的价格为 P_E，非能源投入的价格为 P_R，那么成本函数即为：

$$C = P_E E + P_R R \tag{2-55}$$

其可以进一步改写为：

$$R = \left(\frac{C}{P_R}\right) - \left(\frac{P_E}{P_R}\right) E \tag{2-56}$$

根据式（2-56）可以绘制两种投入要素的等成本线，如图 2-13 所示。C_0 与 C_1 分别代表不同要素比价（P_E/P_R）时的等成本线，等成本线刻画了产生相同成本时所有投入要素的组合。曲线 Q 为等产量线，刻画了实

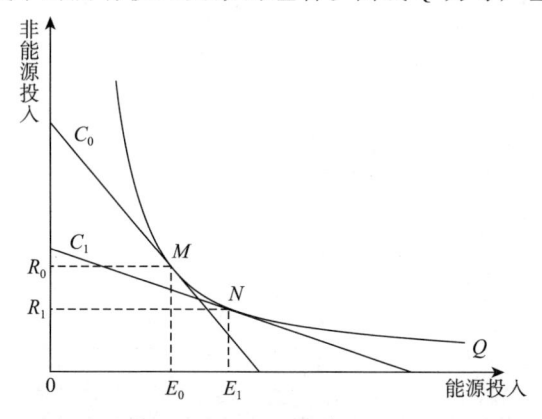

图 2-13 最优投入组合

资料来源：周东（2015）。

现相同的产出时所有投入要素的组合。

结合微观经济学中生产者行为理论可知,只有在等成本线与等产量线相切时才是最优的投入要素组合,换句话说,资源最优配置的实现取决于等成本线的斜率,即投入要素比价（P_E/P_R）。具体来说,当等成本线为C_0时,斜率P_{E_0}/P_{R_0}决定了其与等产量线Q的切点为M,此时投入要素的最优组合为（E_0,R_0）；而当等成本线为C_1时,斜率P_{E_1}/P_{R_1}决定了其与等产量线Q的切点为N,此时投入要素的最优组合为（E_1,R_1）。

接下来将进一步考察能源价格偏高或偏低对能源配置效率的影响。

（1）能源价格高于均衡水平

图2-14绘制了能源价格高于均衡水平的情形,其中,S为供给曲线,D为需求曲线,两条曲线的交点E即为均衡点,此时的价格P_0即为市场均衡价格,此时的消费者剩余即为$C_1+C_2+C_3$,而生产者剩余即为S_1+S_2,社会总福利为$C_1+C_2+C_3+S_1+S_2$。当价格由P_0提升至P_1时,消费者剩余转变为C_1,生产者剩余转变为S_1+C_2,而社会总福利则转变为$C_1+C_2+S_1$。可以看出,当价格提高后,原先属于消费者剩余的C_2转移成了企业的超额剩余,这一变动并未造成真正的社会损失,仅仅是福利的转移。政府可以通过税收调控的方式将这一部分收回,并通过公共支出转移至消费者手中,

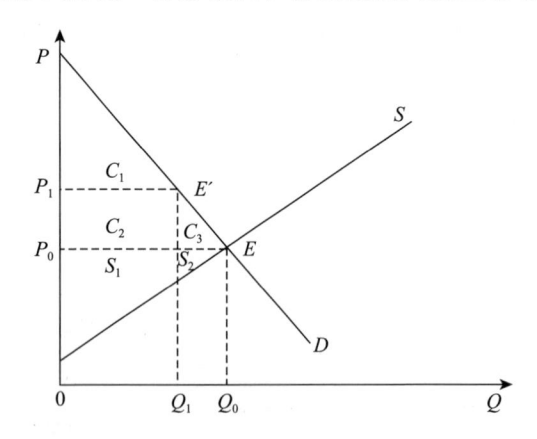

图2-14 能源价格高于均衡水平时的效率损失

资料来源：周东（2015）。

重新实现"公平"。而真正的社会净损失为 $C_3 + S_2$，其由消费者福利损失部分 C_3 与生产者损失部分 S_2 共同构成。这意味着能源价格高于均衡价格会降低能源配置效率，造成社会的效率损失，并且价格偏离程度越大，效率损失就越大，即价格扭曲程度与效率损失程度成正比。

（2）能源价格低于均衡水平

图 2-15 绘制了能源价格低于均衡水平的情形，同样，均衡的市场价格为 P_0，此时的消费者剩余即为 $C_1 + C_2 + C_3$，而生产者剩余即为 $S_1 + S_2 + S_3$，社会总福利为 $C_1 + C_2 + C_3 + S_1 + S_2 + S_3$。当由于某种原因，政府压低了能源的价格，使价格由 P_0 降低为 P'_1，此时市场的需求量为 Q'_1，而市场供给量却仅为 Q_1，消费者剩余转变为 $C_1 + C_2 + S_1$，而生产者剩余转变为 S_2，相应的社会总福利转变为 $C_1 + C_2 + S_1 + S_2$。可以看出，当价格降低后，原先属于生产者剩余的 S_1 转移成了消费者的超额剩余，这一变动并未造成真正的社会损失，仅仅是福利的转移。而真正的社会净损失为 $C_3 + S_3$，其由消费者福利损失部分 C_3 与生产者损失部分 S_3 共同构成。这意味着能源价格低于均衡价格同样会降低能源配置效率，造成社会的效率损失，并且价格偏离程度越大，效率损失也就越大，即价格扭曲程度与效率损失程度成正比。

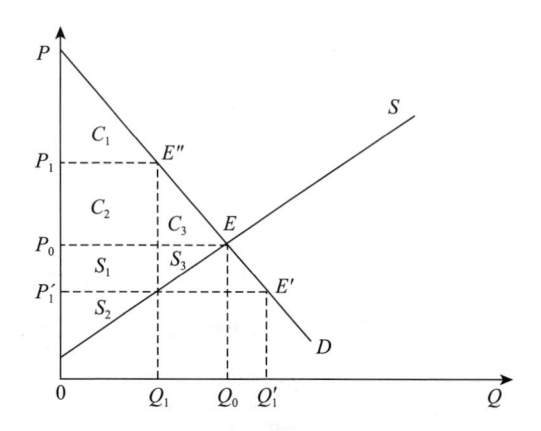

图 2-15 能源价格低于均衡水平时的效率损失

资料来源：周东（2015）。

综上可知，无论是价格偏高还是价格偏低都会造成一定的效率损失，并且价格扭曲的程度越大，效率损失也越严重。只有达到供需均衡时才能实现能源配置效率的最大化。当然，能源市场中的能源品种多种多样，且不同能源品种之间具有相互替代性，这意味着单一商品的局部均衡是一种短暂的、不稳定的均衡，较易受到其他能源市场的影响，接下来将对多品种能源市场的一般均衡进行分析。

2. 能源市场的一般均衡

经典的一般均衡理论最早由瓦尔拉斯于1874年提出，其考察了经济系统里的所有商品与生产要素，并以所有市场同时达到均衡为目标。瓦尔拉斯的一般均衡模型侧重于理论分析，将其应用于实际问题进行定量分析则难以实现。为此，后续研究在这一模型的基础上开发了一系列计量分析方法，其中可计算一般均衡（Computable General Equilibrium，CGE）模型逐渐成为政策分析的有力手段。关于CGE模型本节不做重点介绍，主要将重点放在能源价格对能源配置的影响上。

一般均衡假设所有的市场是相互影响和相互关联的，由于能源品种之间可以相互替代，因此单一能源市场的均衡是以其他所有能源市场都达到均衡为条件的，只有所有能源市场都达到均衡且没有外力影响时，经济系统才能达到稳定状态。

考虑静态的一般均衡，假设能源市场包含煤炭、石油、天然气和电力四种能源，各个能源品种一方面受到自身价格的影响，另一方面受到其他三类能源品种价格的影响，以及其他外力的影响：

$$S_i = f(P_i, P_j, X_i) \qquad (2-57)$$

其中，S_i代表第i种能源的供给，P_i代表第i种能源的价格，P_j代表其他三类能源的价格（$j \neq i$），X_i代表其他影响能源i供给的因素，如生产技术、相关政策等。同理，需求函数可以表示为：

$$D_i = g(P_i, P_j, X_i) \qquad (2-58)$$

其中，D_i代表第i种能源的需求，P_i代表第i种能源的价格，P_j代表其他三类能源的价格（$j \neq i$），X_i代表其他影响能源i需求的因素，如使用技术、相关政策等。

市场均衡意味着$S_i = D_i$（$i = 1,2,3,4$），即四种能源市场都达到均衡，由此确定的价格才是均衡的能源价格。一旦某种能源价格发生变动，整个市场的均衡状态就会被打破，进而产生能源配置的效率损失，只有各能源市场根据价格变动重新调整市场行为，使得所有能源市场重新恢复均衡，才能使能源配置得到优化。

市场均衡模型由四种能源的供给函数、需求函数以及供需平衡函数总共 12 个公式构成，若在此基础上考虑时间因素，由静态分析转为动态分析，模型会越发复杂，此时则需要数理方法对能源价格的能源配置效果进行深入的分析。

2.4.2 能源市场非均衡的成因

前一节的均衡分析表明，若价格能够根据供需变化做出灵活的变动以使市场出清，就可以实现能源的优化配置。然而，能源市场由于自身存在一定的特殊性，使得其成为典型的非均衡市场，难以实现能源配置的优化，接下来将对能源市场的特殊属性进行分析。

1. 能源市场结构

市场结构是指供给者与消费者之间以及供给者之间关系的形式，其核心是竞争和垄断的关系。市场结构通过"市场结构→企业行为→市场效率"的途径对市场的能源配置效率产生影响。能源市场是典型的存在垄断力量的市场，市场中的垄断力量会让企业制定高于市场均衡时的价格，相应地减少产品供给，进而攫取部分消费者剩余，带来一定的市场损失，最终影响能源配置效率。

国际能源市场最重要的两个具有垄断性质的组织分别为石油输出国组织（OPEC）和国际能源署（IEA）。其中，OPEC 由 13 个石油生产国组成，主要目的是促进成员国石油政策的协调和统一，确保石油生产国的收入与利益，维护国际石油价格的稳定。IEA 是一个 OECD 的自治机构，属于政府间的能源机构，其主要目的是协调成员国共同开展节约石油需求、发展石油供给的行动，制定石油危机时分享石油消费的制度，建立国际石油市场信息系统，促进全球制定合理的能源政策。

在世界一体化的大背景下，能源市场的发展趋势会逐渐向开放、竞争的市场发展，能源商品的垄断特性会逐渐弱化，进而有助于发挥市场机制对能源配置的作用。

2. 能源市场信息的不完全性

供需双方具有完备的市场信息是市场均衡的重要前提之一，在完全信息的假设下，供需双方中任意一方的信息发生变化都会迅速以价格信号的方式传递给另一方，而另一方会据此信息迅速做出调整，并以同样的机制反向传递，双方根据信息进行充分调整，并最终达到新的均衡。然而，在能源市场中，这一条件却无法得到满足。能源市场中的部分利益主体会刻意隐瞒一些重要信息，如 OPEC 不完全公开自身的产量、剩余产能等信息；部分私人企业关于公共品属性方面的信息披露明显不足，无法使其他市场参与者充分了解信息并做出调整，进而影响整个能源市场的配置效率。

3. 能源市场的外部性

能源的使用在很大程度上能够影响周围的环境，而环境作为典型的公共资源品，在没有外部约束和政府管制的条件下，私人企业不会主动将外部成本内部化，这使得企业提供的产品数量超过社会最优，进而导致环境资源的市场失灵。这种市场失灵可通过两种方式解决。一方面可以通过明确产权进行校正。产权的明确能够让企业有内在动力来内部化外部成本，进而通过市场机制的调节实现能源的优化配置。另一方面可以通过政府规制等市场外部机制进行校正，给私人企业施加外部压力来内部化外部成本，如通过碳税征收的方式调节市场失灵。

4. 能源市场的能源短缺问题

能源具有稀缺性的特点，主流的化石燃料短缺已然成为世界性的问题，在可预期的未来能源将发生绝对短缺。能源的这一特征使得能源市场极易受到外部因素的影响，如战争、恶劣天气、罢工等因素均会导致能源供应锐减，而能源的需求弹性较小，进而导致能源价格飞涨，能源市场均衡被打破。当然，这里的能源短缺问题主要针对化石燃料这样的不可再生能源，因此大力发展可再生能源将成为解决能源市场非均衡的重要手段之一。

2.4.3 政府与能源配置效率

能源市场的行业特点使得其成为一个典型的非均衡市场，这就意味着能源市场的供需平衡需要综合运用经济、法律和行政手段共同调节。因此，政府在能源市场中发挥着重要的作用。

1. 财税政策

能源财税政策根据能源市场参与主体的不同，可以划分为针对能源供给的财税政策与针对能源需求的财税政策，接下来将分别对这两类财税政策进行分析。

首先，考虑针对能源供给的财税政策。能源的结构调整是保障能源供给的重点，而市场机制对能源结构的调整存在滞后性与盲目性，需要借助政府的宏观调控予以调节。例如，对可再生能源发电实行保护性电价就是调整能源结构的一项十分关键的能源供给的财税政策。接下来将以这一政策为例说明财税政策对能源供给的影响。

保护性电价政策是对可再生能源发电进行财政补贴。有研究表明，这一政策能够极大促进可再生电力的发展（Lauber，2004），同时促进发电技术的极大进步。如图 2-16 所示，由于电价固定，因此项目收益能够得到保障，这会引起更多的资本投入可再生电力的发展，进而促使技术进步，而技术进步会使得发电的边际成本进一步下降，由 MC 移动至 MC'，在价格不变的情况下，装机容量会变大，由 Q 增加至 Q'，进而产生了面积为 OMN 的生产者剩余，而这部分生产者剩余将促进企业继续进行技术创新。

其次，考虑针对能源需求的财税政策。消费者的行为、偏好、习惯等能够对能源需求产生重要的影响，因此各国采取了一系列财税政策用于改变消费者的消费习惯，鼓励消费者减少能源需求，引导消费者增加对节能产品的使用，最终实现节能环保、优化能源配置的目的。常见的需求管理

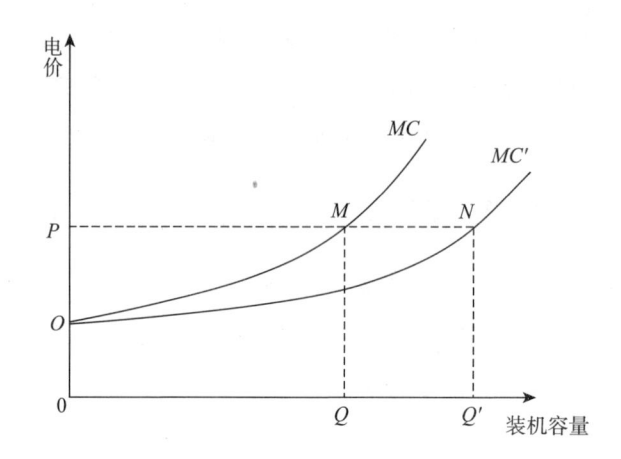

图 2-16　保护性电价政策对技术进步的影响
资料来源：魏一鸣等（2013）。

方面的财税政策主要包括以下六点。

第一，财政拨款与补贴，主要包括能源审计支出、节能环保的宣传支出、能效等级的制定和实施的支出、支持低收入群体进行节能减排投资以及能源费用支付的补贴。

第二，消费者补贴，对消费者购买节能产品的消费行为予以相应的补贴，根据产品节能程度的不同予以不同数额的补贴，以达到引导消费习惯的目的。

第三，贷款优惠，消费者购买符合标准的节能环保产品可以获得低于普通商业银行利率的贷款优惠，政府通过贴息以及专项基金担保以实现贷款的低利率。

第四，设立基金，关于能源的基金种类有很多，如节能基金，用于推动需求侧管理；创新基金，用于节能投资、节能贷款与节能担保；公益基金，用于资助节能研发与节能投资，以维护公共利益、提供公共服务为目的。

第五，加速折旧，规定企业在购买符合标准的节能产品与可再生能源设备时，可以在普通折旧的基础上提取加速折旧。

第六，税收，主要包括能源消费方面的税收以及污染排放方面的税收，能源消费方面的税收包括汽油税、汽车税、能源生态税等；污染排放方面的税收包括低碳财税政策等，一方面激励节能减排行为，另一方面约束高耗能行为。

2. 政府规制

当市场出现失灵导致资源配置效率下降时，需要政府施加某种约束，建立某些市场规则和秩序，以弥补市场失灵。

能源市场由于存在规模经济、沉没成本等特征而具备自然垄断的性质，对于具有自然垄断性质的市场，若引入竞争则会导致破产与兼并的出现，因此需要政府对能源市场的能源价格、进入资格、产品质量等进行管制。

（1）价格规制

价格规制是能源市场规制的核心。图2-17绘制了自然垄断企业的价格形成机制。由于存在规模经济，因此行业内仅存在一个自然垄断的企业。[①] 利润最大化规则意味着MR（边际收益）=MC（边际成本），在不受任何价格规制的情况下，垄断企业所确定的价格和产量分别为P_M与Q_M，然而P_M要远高于平均总成本ATC，因此垄断企业从消费者那里攫取了高额的利润，出于公共利益的考虑，政府需要对这一行为进行管制。社会最优点是需求曲线D与边际成本曲线MC的交点，相应的价格与产量分别为P_R与Q_R，此时的价格与产量能够使能源配置达到最优，然而，将价格设定为P_R可能会使企业亏损，因此这一价格不具有可操作性。在现实生活中，政府会将价格设定为需求曲线D与平均总成本ATC的交点所决定的价格P_F，即公平回报价格，此时垄断企业能够实现盈亏平衡，虽损失了部分分配效率，但纠正了垄断带来的负向影响，改善了部分市场失灵状况。

另外，在对能源价格进行规制时，还需要充分考虑其对能源上下游以及对全社会造成的影响，如能源价格的上升会直接造成其下游企业生产成本的上升，随即会产生一系列连锁反应，最终引起经济波动。

---

① 若市场中有多个企业，每个企业承担较小的产量，则无法发挥规模经济的作用，企业的单位生产成本则无法下降，市场是无效率的。

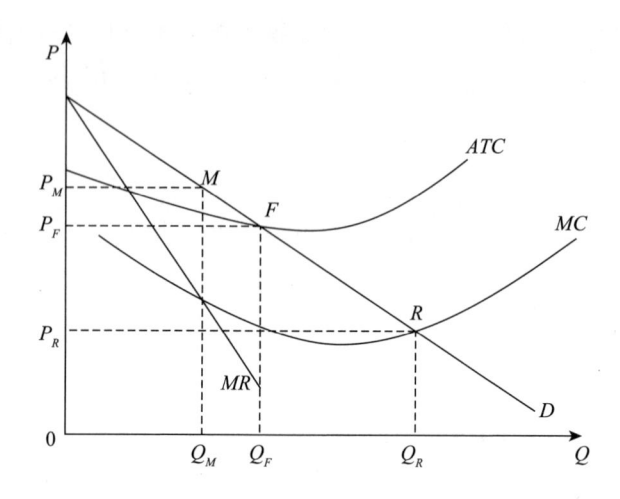

图 2-17　自然垄断与价格规制

资料来源：徐梅林（2006）。

(2) 市场准入规制

出于促进能源行业对能源高效利用以及降低环境破坏的考虑，政府会采用批准与许可的方式，对能源市场的进入进行约束。政府会根据市场规模的大小灵活调整市场准入规制。在市场规模较小的情况下，引入较多企业会使市场竞争激烈，中小型企业无法在竞争中获益而被迫退出，而能源市场往往存在前期投资大、回收期长、设备专用性强等特点，企业退出会造成巨大的资源浪费，此时对市场准入的标准应更加严格。而在市场规模较大的情况下，较少的企业无法满足扩大的市场需求，市场逐渐出现供不应求的现象，且随着时间的推移，这一缺口会越来越大，此时政府对市场准入的标准应适当放松，通过引入更多的企业来分担日益增长的需求。

(3) 法律规制

法律是所有市场参与者的行为准则，是保证市场合理运行的必要条件。法律的存在可以让政府以及规制部门"依法"规制，避免了规制的随意性与主观性，提高了规制的效率。法律规制应遵循以下几个原则：①法律规制应将政府政策的制定职能与监管职能分开，确保监管过程的独立、公开和公正；②法律规制应平衡能源供给者与消费者的双边利益，在保证效率的基础上兼顾公平；③法律规制应涵盖能源产业链的各个环节，建立协调上、中、下游企业均衡发展的综合监管体系。

（4）质量规制

质量规制可以细分为产品质量规制与服务质量规制。首先，能源的质量规制是必不可少的。原因在于能源具有相当程度的信息不对称特征，消费者无法得知购买的能源质量，而能源的质量对其使用效果以及使用安全性等方面具有很大的影响，因此必须对能源的质量进行规制。其次，对服务质量的规制也是必要的。能源产业属于公共事业行业，其服务涵盖范围十分广泛，包括设备维护与检修、处理紧急安全事件、保障供应的稳定性等，这些与居民日常生活紧密相关，服务质量的高低会直接关系到整个行业的未来发展，尤其是在引入竞争机制后，服务质量将成为决定企业命运的关键。

总之，能源市场是一个典型的非均衡市场，其能源配置效率的提高一方面需要规范的市场机制，另一方面则需要充分发挥政府的调节作用，只有综合运用经济、法律和行政手段才能促进能源市场朝着更有效的方向发展。

第 3 章 能源与贸易

3.1 中国能源贸易的发展概况

3.1.1 国际贸易的基本概念与内涵

国际贸易（International Trade）是指世界各国（或地区）之间商品（货物和服务）交换的活动，是各国（或地区）之间劳动分工的表现形式，反映了世界各国（或地区）在经济上的相互依赖。

从某一特定国家（或地区）的角度来看，当该国家（或地区）与其他国家（或地区）进行货物、服务和技术交换活动时，即认为该国家（或地区）存在对外贸易（Foreign Trade）。有些国家，例如英国、日本等，习惯称之为海外贸易（Overseas Trade）。

对外贸易与国际贸易本质上都是指超越国界的商品交换活动，但两者之间也有一定区别。前者着眼于某一国家（或地区）来考察问题，后者更多的是着眼于整体视角，即分析所有国家（或地区）之间的货物、服务和技术交换活动。实际上，各个国家（或地区）的对外贸易都是国际贸易的一部分，且对外贸易由商品的进口和出口两部分组成，人们有时也把它称为进出口贸易。

判断是否属于国际贸易活动的标准之一是交换活动是否受到关税及其他贸易措施的影响。考虑到有些国家内部存在不同的关税区，这些不同的关税区有自己独立的关税制度和贸易开放政策,并通过这种独立的关税制度和贸易开放政策来实现自己独立的贸易利益。尽管这些地区在领土范围上属于同一国家,但从贸易的角度上看,这种独立关税区之间的贸易也可被归为国际贸易的广义范畴。当然,一些国家形成关税同盟,这些国家之间的贸易不受关税制度等贸易政策的影响,它们之间的贸易更类似于国内贸易,因此我们在研究国际贸易的相关问题时,会将这些国家作为一个整体地区来考察。例如,欧盟国家虽然各自是独立的,但在结成关税同盟的基础上实行统一的货币政策,往往被作为一个整体地区。

1. 与国内贸易相比,国际贸易的特点

国际贸易与国内贸易同属商品交换的范畴,都是通过商品交换活动赚取经济利润。交易目的、交易过程大体相同,但相较于国内贸易,国际贸易具有以下特点。

(1) 国际贸易面临更多的贸易障碍

第一,语言不同。在国际贸易中各国如采用同一种语言,自然不会有沟通困难。然而,各国都有自己的官方语言,语言体系差异很大,语言障碍给国际贸易活动的顺利开展造成很大的困难。

第二,法律、风俗习惯不同。各国的法律环境、风俗习惯、宗教信仰并不完全相同,甚至差异很大。

第三,贸易壁垒的存在。为了保护本国市场和企业,各国往往会采取关税壁垒和非关税壁垒限制外国商品流入本国市场。贸易壁垒在一定程度上约束了各国的国际贸易活动。

(2) 国际贸易更为复杂

第一,手续更为复杂。各国都设有海关,对于货物进出口有明确的规定。货物出口时,商品的种类、品质、技术、包装、规格等方面不仅要符合进口国的各项规定,还需要在输出口岸完成报关手续。

第二,国际汇兑复杂。不同国家流通的官方货币差异很大,而国际贸易货款的清偿多以外汇支付。汇价依各国采取的汇率制度、外汇管理制度而定,使得国际汇兑相当复杂。两国货币如何兑换给国际贸易活动的开展提出了新的挑战。

第三，交易接洽更为烦琐。各国各地市场商业习惯不同，国际贸易中的规约和条例解释可能不同，并涉及国际贸易运输。一旦出现贸易纠纷，协商解决更为复杂。

（3）国际贸易风险更高

第一，政治风险。出于政治因素的考量，国家往往会不断修改贸易政策，使进行国际贸易的企业承担更多政治变动带来的风险（Lee and Wang, 2021）。

第二，汇兑风险。国际贸易中多以外币支付，如果外汇汇率不断变化，容易出现汇兑风险。

第三，运输风险。国际贸易运输，一方面要考虑运输工具，另一方面要考虑运输合同的条款、承运人与托运人的责任等。相较于国内贸易，国际贸易货物运输里程较远，运输过程中发生货物破损等风险的概率较高。

（4）国际贸易的决策难度更大

在进行国际贸易过程中，出口厂商不仅需要关注国内市场，还需随时掌握国外市场动态和贸易对象的资信状况。然而，相较于国内贸易，语言障碍、文化距离、风俗差异、地理距离等因素导致出口厂商更难进行市场调查、收集和整理市场信息。因此，企业进行国际贸易的决策难度更大。

2. 与国际贸易相关的统计指标

统计国际贸易状况经常使用以下基本统计指标。

（1）总贸易

总贸易（General Trade）以货物通过国境作为统计标准。凡进入国境的商品一律称为进口，统计为总进口（General Import）；凡离开国境的商品一律称为出口，统计为总出口（General Export）。总出口额加总进口额等于总贸易额，日本、英国、加拿大、中国等国家均采用该划分标准。而一些国家以货物离开关境为统计进出口的标准，美国、德国、法国、意大利等国家采用这种划分标准。

由于各国在编制统计时采用的是不同的方法,所以联合国在发表各国对外贸易额资料时,一般会注明是按何种标准编制的。

(2) 贸易额和贸易量

贸易值或贸易额（Value of Trade）是以货币金额表示的贸易规模。从一个国家（或地区）的角度来看,对外贸易值是衡量其对外贸易规模的重要指标。对外贸易值是指一个国家（或地区）在一定时期内的出口贸易值和进口贸易值之和。从全世界的角度来考察,国际贸易值是衡量国际贸易规模的重要指标。由于一笔进出口交易对于某个国家（或地区）而言是出口,对于另一个国家（或地区）而言却是进口,所以国际贸易值并非将各国（或地区）的出口值与进口值相加,那样会造成重复计算。国际贸易值是一定时期内世界各国（或地区）以 FOB（Free On Board）价格计算的出口值的总和。值得注意的是,世界各国（或地区）的出口总值与进口总值并不是相等的,进口总值一般用 CIF（Cost Insurance and Freight）价格来衡量,由于计入了运资和保险费,所以其数额大于出口总值。

仅仅用贸易值来衡量贸易规模是不够的,因为贸易值受价格变化因素的影响,尤其是在价格变化幅度大的年份。我们需排除价格变化因素的干扰,才能确切掌握贸易规模实际的发展变化情况。贸易量（Quantum of Trade）是衡量贸易规模的另一重要指标。贸易量是按一定时期的不变价格为标准来计算的、能够更准确地反映贸易实际规模的近似值,其计算方法是用贸易值除以价格指数。由于剔除了价格变动的因素,世界贸易组织和大多数国家采用这种方法来衡量贸易规模的变化。

(3) 贸易差额

一个国家（或地区）在一定时期内,出口额与进口额之间的差额称为贸易差额（Balance of Trade）。若出口额大于进口额,称为贸易出超或贸易顺差（Trade Surplus）；反之,若进口额大于出口额,称为贸易入超或贸易逆差（Trade Deficit）。贸易差额是衡量一国对外贸易状况乃至国民经济状况的重要指标。一般来说,贸易顺差表明一国的对外贸易处于相对有利的地位,贸易逆差则表明处于较为不利的地位。但这并不是绝对的,如果一国长期处于贸易顺差,将会导致国内市场可供商品与服务相对于货币购买力更为匮乏,换句话说有用的商品变成了无用的货币。贸易逆差若是发生在为加速经济发展而适度举借外债的情况下,引进先进技术及生产资料并不是一件坏事。但是,长期处于贸易逆差也不是一件好事。从长期趋势来看,一国的进出口贸易应基本保持平衡。

(4) 对外贸易与国际贸易商品结构

广义的对外贸易与国际贸易商品结构是指,货物、服务贸易在一国进出口贸易或世界贸易中所占的比重。狭义的对外贸易与国际贸易商品结构是指,货物贸易在一国进出口贸易或世界贸易中所占的比重。

对外贸易商品结构(Composition of Foreign Trade)是指一定时期内一国进出口贸易中各类货物的构成情况,即一定时期内各大类或某种货物进出口贸易额与整个世界贸易额之比。可以分为进口贸易商品结构和出口贸易商品结构,通常以份额表示,反映出一国或世界的经济发展水平、产业结构状况及其在国际分工中的地位等。

国际贸易商品结构(Composition of International Trade)是指一定时期内各类货物或某种货物在整个国际贸易中的构成情况,即一定时期内各大类或某种货物进出口贸易额与整个国际贸易额之比。国际贸易商品结构通常以比重表示,可以在一定程度上反映世界经济的发展水平。

(5) 贸易地区分布

贸易地区分布(Trade by Regions)又称贸易地理方向(Direction of Trade)。从一个国家的角度来看,对外贸易地区分布是指该国的对外贸易值的地区分布情况,即该国的出口商品是流向哪些国家(或地区),进口商品是从哪些国家(或地区)流入的。通常用各国家(或地区)在该国(或地区)进口总额、出口总额或进出口总额中所占的比重来表示。对外贸易地区分布清楚地揭示一国(或地区)与其他国家(或地区)经济交往的广度和深度,可以为国家制定对外贸易政策、开拓新市场提供重要的决策依据。

从整个世界的角度来看,国际贸易地区分布是指国际贸易值的地区分布情况，通常是计算各国（或地区）的出口贸易额在世界总出口贸易额中所占的比重，用来表明各国（或地区）在国际贸易中所占的地位。

3.1.2　中国能源贸易的现状与发展阶段

随着信息科学技术的迅猛发展，商品、资本的流动性不断增强，世界经济的一体化趋势日益明显，无论哪个国家也不可能隔绝于世界贸易体系之外。能源贸易与一般商品的交换和流动一样，是指世界各国（或地区）之间在能源商品层面上的交换贸易，包括石油、石油制品、天然气和煤炭等。

作为近些年经济发展最为迅速的国家之一，2019年中国国内生产总值（GDP）为99.0865万亿元，比上年增长6.1%。即使是在新冠肺炎疫情冲击下，2020年中国GDP规模也高达101.5986万亿元，迈入百万亿元大关，实现2.3%的增长。自改革开放以来，我国逐渐进入重工业化阶段，能源的消费与需求大幅上升，而能源供给的速度开始逐渐跟不上能源消费的速度，即能源供求缺口不断扩大，对外依存度不断提高。2019年中国能源消费总量高达48.7488亿吨标准煤，但一次能源生产总量仅39.7317亿吨标准煤，存在9.0171亿吨标准煤的能源供求缺口，远大于2001年0.6531亿吨标准煤的能源缺口。

自改革开放以来，中国能源贸易的发展历程大体经历了以下三个时期。第一时期为20世纪80年代，此时能源出口量相对平稳，进口量增长较为缓慢，且出口量大于进口量。第二时期为20世纪90年代，其间我国能源进口量增长速度明显高于出口量增长速度，1993年首次出现能源进口量大于出口量。虽然后几年仍出现出口量大于进口量的情况，但自1996年之后维持进口量大于出口量，且进出口缺口总体呈现扩大的趋势。第三时期为21世纪初至2019年，这期间能源进口量由2000年的14327万吨标准煤增长到2019年的119064万吨标准煤，实现了飞速增长，而能源出口量的增长速度较为缓慢（见表3-1）。

表 3-1 1986~2019 年中国能源进出口贸易量

单位：万吨标准煤

年份	进口量	出口量	年份	进口量	出口量
1986	741	5745	2003	20048	12989
1987	661	5795	2004	26593	11646
1988	912	5767	2005	26823	11257
1989	1765	5746	2006	31171	10925
1990	1310	5885	2007	35062	9995
1991	2022	5819	2008	36764	9955
1992	3334	5633	2009	47313	8440
1993	5492	5341	2010	57671	8803
1994	4342	5772	2011	65437	8449
1995	5456	6776	2012	68701	7374
1996	6834	7529	2013	73420	8005
1997	9964	8474	2014	78027	8270
1998	8474	7153	2015	77695	9785
1999	9513	6477	2016	90235	11956
2000	14327	9327	2017	100039	12669
2001	13471	11145	2018	110787	13337
2002	15769	11695	2019	119064	14151

资料来源：相关年份《中国统计年鉴》。

从整体上看，中国能源贸易主要存在以下特点。

1. 贸易逆差总体在加大

20 世纪 90 年代之前的 5 年中，我国的能源产品出口占据主要地位，且基本上能够呈现净出口的趋势。但是，净出口的数额总体呈现下降的趋势。20 世纪 90 年代以来，我国的能源产品出现了出口量相对下降而进口量相对上升的情况（见图 3-1）。在我国 GDP 发展持续高速增长的趋势之下，我国对于能源等材料的需求量越来越大。但是，由于国内资源情况以及生产能力的相关性约束，我国能源类产品对进口产品的依赖程度逐步提升，且进口量渐渐增大。尤其在进入 21 世纪以后这样的贸易逆差趋势明显增强。

2. 石油资源成为我国最为主要的能源贸易产品

从能源贸易结构角度来看（见表 3-2），2008 年及之前煤炭一直都是我

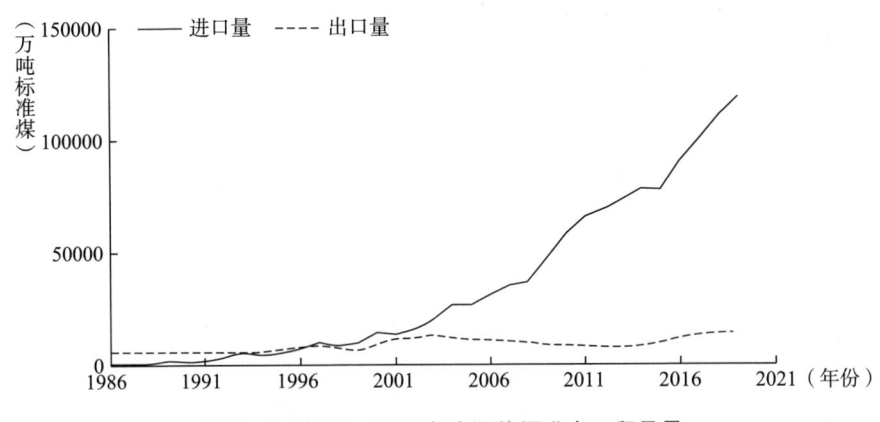

图 3-1 1986~2019 年中国能源进出口贸易量

国占据优势地位的矿产类型，同时也是我国最为主要的能源出口产品之一。2008 年之后，中国煤炭进口量成倍增加，年进口量超过 10000 万吨标准煤，超过出口量。在石油方面，自 21 世纪以来中国的石油进口量总体上在增加。1993 年，中国石油进口 3615.7 万吨标准煤，出口达到 2506.5 万吨标准煤，首次出现贸易逆差，从此中国便成为继美国、日本之后的石油净进口国。在石油进口量大幅度增加的同时，中国石油出口量总体稳步上涨，与进口的贸易差额大幅度增加（见图 3-2）。

表 3-2 2001~2018 年中国石油、煤炭进出口贸易量

单位：万吨标准煤

年份	石油		煤炭	
	进口量	出口量	进口量	出口量
2001	9118.1	2046.7	266	9013
2002	10269.3	2139.2	1126	8390
2003	13189.6	2540.8	1110	9403
2004	17291.3	2240.6	1861	8666
2005	17163.2	2888.1	2622	7173
2006	19453.0	2626.2	3811	6327
2007	21139.3	2664.3	5102	5319
2008	23015.5	2945.7	4034	4543

续表

年份	石油 进口量	石油 出口量	煤炭 进口量	煤炭 出口量
2009	25642.4	3916.6	12584	2240
2010	29437.2	4079.0	18307	1911
2011	31593.6	4117.0	22236	1467
2012	33088.8	3884.3	28841	927
2013	34264.8	4176.7	32702	751
2014	36179.6	4213.9	29122	574
2015	39748.6	5128.1	20406	534
2016	44502.9	6382.9	25555	879
2017	49141.2	7026.7	27093	809
2018	54094.3	7557.4	28210	494

资料来源：相关年份《中国统计年鉴》。

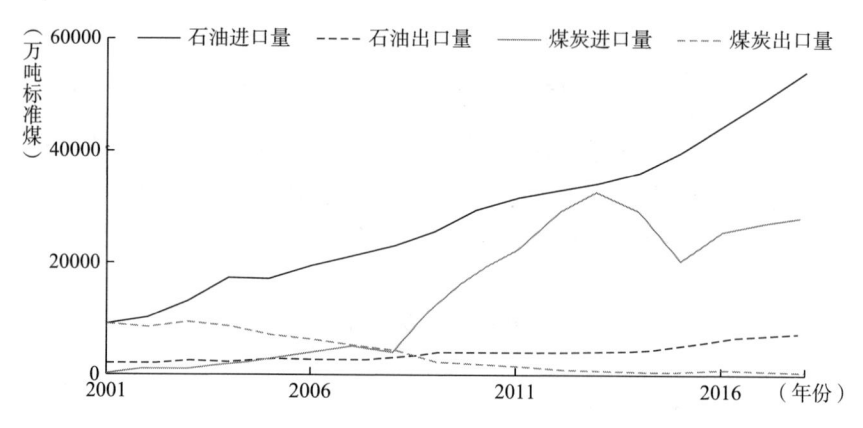

图 3-2 2001~2018 年中国石油、煤炭进出口贸易量

3. 贸易伙伴多元化

随着经济全球化的发展，我国的经济发展与世界的融合度加深。尤其是在成为世贸组织成员之后，我国的能源产品贸易在世界范围内逐步增加，贸易伙伴也开始走向多元化。邢玉升和曹利战（2013）在《国际贸易问题》上发表的《中国的能耗结构、能源贸易与碳减排任务》一文中，首先，根据 UNCTAD 提供的 1995~2010 年世界各国之间的能源（SITC3）贸易数据，按时间顺序检索发现有能源进口记录的国家共 113 个。然后，对记录为空白

的国家进行补缺，以相邻三年的数据为对象，采取就近原则，将 2007～2009 年的数据按美国 CPI 指数进行平减（2010 年 = 1）。最后，展示按《国际贸易标准分类》（SITC）统计的 2010 年中国能源进口的世界分布情况。其中，包括煤炭、石油、天然气和电力四项内容，既有初级产品也有制成品，同时反映中国获取油气资源的世界通道分布。文章显示，中国能源进口位居前四的国家分别是沙特阿拉伯、安哥拉、伊朗和俄罗斯。向中国输出能源的苏丹尽管属于第二梯队，但它是中国在海外最早的石油开采地之一，从有交易记录的 1999 年开始，由 0.65 亿美元上升至 2010 年的 65.7 亿美元，增加了约 100 倍，已成为中国能源进口的主要来源之一。无论是中东还是非洲乃至拉丁美洲国家，其海上运输航线有时必须经过马六甲海峡，中国约有80% 的进口原油需经过该通道，该通道为中国能源的"海上生命线"。

3.1.3 中国能源贸易存在的问题

通过对中国能源贸易的发展现状进行分析，不难发现我国能源贸易主要存在以下问题。

1. 能源贸易商品的进口结构集中于石油

自 1993 年我国石油贸易逆差首次出现以来，石油进口量总体在上升，石油消费对外依存度大幅度提高。国家统计局公布的数据显示，2018 年中国进口石油 5.41 亿吨，同比增长 10.08%，石油消费量 6.22 亿吨，石油进口依存度达 86.9%。2018 年中国进口原油 4.619 亿吨，同比增长 10.11%，原油消费量 6.3 亿吨，原油进口依存度达 73.3%。我国是能源消费大国，这种对外高依存度的贸易进口结构，在满足国内需求的同时，也给国民经济带来了消极影响。国际油价波动和石油价格的持续走高，会使得企业生产成本增加，从而阻碍我国城市化、工业化的进程。能源消费支出的加大，同样会抑制其他领域的消费水平，给国民经济的稳定发展带来不利影响。

2. 能源贸易地区结构越来越集中于中东

1996 年及之前，中国能源出口量基本大于进口量。随后中国能源贸易出现逆差，且缺口总体在扩大，而能源进口的增长主要是来自石油进口的增长。目前，中国石油进口来源地主要集中在中东地区，从该地区进口的石油超过了中国石油进口总量的一半。进口地区结构的高度集中化预示着中国能源进口的风险（含运输风险）将不断加大。我国石油进口90%以上是海上运输，且由外轮承担，运输航线经过阿拉伯海、印度洋、马六甲海峡等敏感地区，其中马六甲海峡更是衔接亚、非、欧三大洲的战略要道。我国进口的石油中大约有4/5是通过马六甲海峡运输过来的，一旦有国家控制了运输要道，就有可能威胁到我国的石油安全。

3. 能源贸易的迅猛发展可能会加剧国际矛盾

国家统计局公布的综合平衡表数据显示，2019年我国能源消费总量为48.749亿吨标准煤，一次能源生产总量为39.732亿吨标准煤，进口量高达11.906亿吨标准煤，存在较大的能源供求缺口。能源作为一种战略性资源，关系到各国经济社会持续、平稳发展以及国家安全的重要物质保障。为了提高国际竞争力，各国试图加大对石油等一些重要能源的争夺力度。而全球能源毕竟有限，石油等重要能源又被少数发达国家和石油输出组织掌控，导致各国之间的能源抢夺战频发。

3.2 能源与贸易互联互通的理论基础

3.2.1 绝对优势理论

亚当·斯密（A. Smith，1723~1790年）是英国市场经济分析框架的主要奠基人之一，古典经济学的创建者。1776年，亚当·斯密出版的著作《国民财富的性质和原因的研究》首次将经济学科主要领域的知识归结成一个统一、完整的体系，奠定了政治经济学理论体系的基础。在这部著作中，他提出了国际分工和自由贸易的理论，并以此理论作为反对重商主义的重要武器。

亚当·斯密表示，自由竞争和自由贸易是实现自由放任原则的主要内容。他极力论证实现这一原则的必要性和优越性，把家庭和国家的经济活动进行对比来说明国际贸易的必要性。他认为,"大国处事的行为应该与私人家庭处事的行为一样理性,如果一件物品的购买费用小于自己生产的成本,那就不应该自己生产。如果购买外国供应的商品相对于我们在本国生产这些商品来说要便宜一些,那么我们最好发展自己具有优势的产业,并且用这些产业生产的部分产品去购买外国产品"。

国际贸易作为自由市场经济的一部分,不应加以任何限制。亚当·斯密认为,对于一个国家来说,财富不仅包括金银等贵重金属,还包括一个国家拥有的森林、河流、矿山等自然资源。他提出分工理论,认为各国集中生产具有优势的产品,然后进行交换,这样各国都会从分工的好处中获得贸易利益。在亚当·斯密的体系中,无论是进口还是出口,都应是市场上的一种自由交换。这种自由交换的结果,使双方都会得到好处。

以劳动价值论和分工理论为基础建立整个经济学体系,劳动是创造社会财富的源泉。在两个国家、两种产品、一种要素($2\times2\times1$)的模型中,如果一个国家在某种产品的生产上具有较高的劳动生产率,它就可以出口这种产品,进口另一种本国劳动生产率低的产品,基本假设如下。

第一,两个国家和两种可贸易产品。两个国家分别为 A 和 B,两种产品分别为 X 和 Y。

第二,两种产品的生产都只投入一种要素:劳动 L。

第三,两国在生产同一产品时的生产技术不同,存在生产成本(或劳动生产率)的绝对差别。

第四,给定生产要素(劳动)的供给。劳动可在国内不同部门之间流动,但不能跨国流动。

第五,规模报酬不变。当投入的要素增加或减少时,产出与投入以同样的比例增加或减少。

第六,完全竞争的市场结构。各国的单位产品价格等于产品的平均生产成本,经济利润为零。

第七,没有运输成本,也不存在任何阻碍国际贸易自由进行的障碍。

第八,两国之间的贸易是平衡的,既没有贸易顺差也没有贸易逆差。

绝对优势理论可以用表 3-3 来说明。假定 A、B 两国都生产 X 和 Y 两种产品，生产情况如表 3-3 所示。

表 3-3 A、B 两国的单位产出所需的劳动成本和劳动生产率

	A 国	B 国
1 单位 X 产品的劳动投入量	2	4
1 单位 Y 产品的劳动投入量	6	4
X 产品的劳动生产率	1/2	1/4
Y 产品的劳动生产率	1/6	1/4

从表 3-3 可知，A 国生产 1 单位的 X 产品需要投入 2 单位劳动，而 B 国需要投入 4 单位劳动。对于 Y 产品而言，A 国则需要 6 单位劳动投入生产，而 B 国只需要投入 4 单位劳动。转换成劳动生产率可知，A 国投入 1 单位劳动生产的 1/2 个 X 产品远大于 B 国投入 1 单位劳动生产的 1/4 个 X 产品，而 B 国投入 1 单位劳动生产的 1/4 个 Y 产品远大于 A 国投入 1 单位劳动生产的 1/6 个 Y 产品。

若没有发生贸易，两国都要分别生产两种产品。假设 A 国 8 单位的劳动中，2 单位劳动生产 X 产品，6 单位劳动生产 Y 产品，那么 A 国可生产出 1 单位 X 产品和 1 单位 Y 产品。假设 B 国的 8 单位劳动中，4 单位劳动生产 X 产品，4 单位劳动生产 Y 产品，那么 B 国可生产出 1 单位 X 产品和 1 单位 Y 产品。在封闭经济下，两国的消费量等于生产量。

两国进行专业化分工之后，由于规模报酬不变，A 国 8 单位劳动完全专业化生产 X 产品，可生产出 4 单位 X 产品；而 B 国 8 单位劳动完全专业化生产 Y 产品，一共可生产出 2 单位 Y 产品。如果 A、B 两国之间以 "1 单位 X 换 0.5 单位 Y" 的比例进行自由贸易，A 国拿出 2 单位 X 产品换取 B 国 1 单位 Y 产品，结果见表 3-4。

表 3-4 A、B 两国分工前、后及贸易后的经济利益

阶段	A 国（8 单位劳动）	B 国（8 单位劳动）
分工前	1 单位 X 和 1 单位 Y	1 单位 X 和 1 单位 Y

续表

阶段	A 国（8 单位劳动）	B 国（8 单位劳动）
分工后	4 单位 X 和 0 单位 Y	0 单位 X 和 2 单位 Y
贸易后	2 单位 X 和 1 单位 Y	2 单位 X 和 1 单位 Y

无论是从生产成本的角度还是从劳动生产率的角度分析，均可发现：A 国具有生产 X 产品的绝对优势，B 国具有生产 Y 产品的绝对优势。通过分工和交换，A、B 两国均比贸易前增加了消费，都可以达到在自给自足条件下不可能达到的消费水平，这就是两国获得的贸易利益。

如果一个国家生产某种产品的劳动生产率高出别国，那么这个国家生产这种产品的产业就具有绝对优势，此种产品即具有绝对优势的产品；相反，如果一个国家生产某种产品的劳动生产率低，那么该国生产此种产品的产业就不具有绝对优势，此种产品被认为是具有绝对劣势的产品。亚当·斯密的绝对优势理论的主要结论为：在各国之间存在的劳动生产率和生产成本的绝对差别，是产生国际贸易和国际分工的原因和基础。每个国家都应该集中生产本国具有绝对优势的产品，并将其出口到其他国家，而进口具有绝对劣势的产品，通过开展国际分工，坚持自由贸易，最后使社会总财富增加。

3.2.2 比较优势理论

英国经济学家大卫·李嘉图继承亚当·斯密的经济思想，主张自由贸易理论，并在"绝对优势理论"的基础上进行深化和发展，提出了"比较优势理论"。比较优势理论是传统国际贸易理论的核心，也是新贸易理论的基础。绝对优势理论第一次从国际分工出发，证明了开展国际贸易可以增加国民财富，奠定了古典贸易理论的基石。但是绝对优势理论存在明显的局限性。在现实社会中，一些国家较其他国家而言，生产 X 和 Y 产品的劳动生产率都比较高，认为该国生产的 X 和 Y 产品都是绝对优势产品，而其他国家生产的产品都是绝对劣势产品。如此一来，按照亚当·斯密的国际分工理论，这样的两个国家之间不存在贸易的可能性，然而实际上两个国家之间仍然会开展贸易，亚当·斯密的绝对优势理论无法解释这一现象。

李嘉图在绝对优势理论的基础上，运用两个国家、两种产品、一种要素（2×2×1）的分析模型，从资源有效配置（使用）的角度来分析专业化分工和自由贸易的必要性，成功地论证了更为广泛的国际贸易现象的客观必然性。比较优势理论很好地解释了经济发展程度不同的国家也能通过参与国际贸易获得利益。李嘉图发展了这一论点，他认为国际分工与贸易活动的基础并不只限于不同国家之间在劳动生产率上的绝对差别，只要各国之间存在劳动生产率上的相对差别，就会使产品的生产成本或价格出现相对差异，从而形成各国在不同产品上的比较优势，进而可能进行国际分工与贸易。一个国家即使生产不出成本绝对低的商品，也可以集中力量生产那些利益比较而言较大或劣势较小的产品，以获得较大的利益。

在两个国家、两种产品、一种要素（2×2×1）的模型中，基本假设如下。

第一，两个国家和两种可贸易产品。两个国家分别为 A 和 B，两种产品分别为 X 和 Y。

第二，两种产品的生产都只投入一种要素：劳动 L。

第三，两国的生产技术存在相对差异，存在生产成本的相对差别。

第四，给定生产要素（劳动）的供给。劳动可在国内不同部门之间流动，但不能跨国流动。

第五，规模报酬不变。当投入的要素增加或减少时，产出与投入以同样的比例增加或减少。

第六，完全竞争的市场结构。各国的单位产品价格等于产品的平均生产成本，经济利润为零。

第七，没有运输成本，也不存在任何阻碍国际贸易自由进行的障碍。

第八，两国之间的贸易是平衡的，既没有贸易顺差也没有贸易逆差。

比较优势理论可以用表 3-5 来说明。假定 A、B 两国都生产 X 和 Y 两种产品，生产情况如表 3-5 所示。

表 3-5　A、B 两国的单位产出所需的劳动成本和相对劳动生产率

	A 国	B 国
1 单位 X 产品的劳动投入量	2	8
1 单位 Y 产品的劳动投入量	6	8
X 产品的相对劳动生产率	3 单位 X/1 单位 Y	1 单位 X/1 单位 Y
Y 产品的相对劳动生产率	1 单位 X/3 单位 Y	1 单位 X/1 单位 Y

如表 3-5 所示，与 B 国相比，A 国无论生产 X 产品还是生产 Y 产品均具有绝对优势。按照绝对优势理论，在 A、B 两国之间无法展开国际分工与贸易。但依据李嘉图的比较优势理论，A、B 两国仍存在国际分工与贸易的可能性。A 国 X 产品的相对生产成本为 1/3，B 国 X 产品的相对生产成本为 1。显然，1/3 < 1，A 国 X 产品的相对生产成本低于 B 国，于是 A 国具有生产 X 产品的比较优势。同理，B 国具有生产 Y 产品的比较优势。从相对劳动生产率的角度来看，A 国 X 产品的相对劳动生产率为 3 单位 X 产品/1 单位 Y 产品，B 国 X 产品的相对劳动生产率为 1 单位 X 产品/1 单位 Y 产品。显然 3 > 1，A 国 X 产品的相对劳动生产率高于 B 国，于是 A 国具有生产 X 产品的比较优势。同理，B 国具有生产 Y 产品的比较优势。

若没有发生贸易，两国都要分别生产两种产品。假设 A 国的 8 单位劳动中，2 单位劳动用于生产 X 产品，6 单位劳动用于生产 Y 产品，那么 A 国可生产 1 单位 X 产品和 1 单位 Y 产品；同时假设 B 国的 16 单位劳动中，8 单位劳动用于生产 X 产品，8 单位劳动用于生产 Y 产品，那么 B 国可生产 1 单位 X 产品和 1 单位 Y 产品。此时，在封闭经济下，两国的消费量等于生产量。

根据比较优势理论，A 国应专门生产 X 产品，然后用其中的一部分去交换 B 国的 Y 产品；B 国则应专门生产 Y 产品，然后用其中的一部分去交换 A 国的 X 产品。两国进行专业化分工之后，由于规模报酬不变，A 国 8 单位劳动完全专业化生产 X 产品，可生产 4 单位 X 产品；而 B 国 16 单位劳动完全专业化生产 Y 产品，可生产 2 单位 Y 产品。如果 A、B 两国之间以"1 单位 X 换 0.5 单位 Y"的比例进行自由贸易，A 国拿出 2 单位 X 产品换取 B 国 1

单位 Y 产品,那么贸易带来的结果是:A 国贸易后还剩下 2 单位 X 产品,同时换得 1 单位 Y 产品,比自给自足时多出 1 单位 X 产品;而 B 国通过贸易换得 2 单位 X 产品,同时还剩下 1 单位 Y 产品,比自给自足时多出 1 单位 X 产品(见表 3-6)。

表 3-6　A、B 两国分工前、后及贸易后的对比分析

阶段	A 国（8 单位劳动）	B 国（16 单位劳动）
分工前	1 单位 X 和 1 单位 Y	1 单位 X 和 1 单位 Y
分工后	4 单位 X 和 0 单位 Y	0 单位 X 和 2 单位 Y
贸易后	2 单位 X 和 1 单位 Y	2 单位 X 和 1 单位 Y

通过分工和交换,A、B 两国均比贸易前增加了消费,都可以达到在自给自足条件下不可能达到的消费水平,促使两国都获得贸易利益。李嘉图的比较优势理论可以表述为:在两国之间,劳动生产率的差距并不是在任何产品上都是相等的。对于处于绝对优势的国家,应集中生产优势较大的商品,处于绝对劣势的国家应集中生产劣势较小的产品,即"两优相权取其重,两劣相衡取其轻",然后通过国际贸易,互相交换产品,彼此都节约劳动,进而获得贸易利益。

3.2.3　要素禀赋理论

比较优势理论认为比较成本差异是两国之间发生分工与贸易的基础,但究竟是什么原因造成两国之间比较成本的差异呢?到 20 世纪初,技术差异不大的欧美之间生产成本差异也比较大,还进行大量的国际贸易。学者们针对这个问题进行了深入研究,进而发展了新的国际贸易理论。

1919 年,瑞典经济学家埃里·赫克歇尔发表了题为《对外贸易对收入分配的影响》的文章,文中对各国资源要素禀赋与贸易发展模式之间的关系进行了探讨。他认为产生比较成本差异有两个前提条件:一是两国的资源不一样;二是不同产品生产过程中使用的资源比例不一样。赫克歇尔的学生俄林在此基础上进一步发展了该理论,形成了较为完整的要素禀赋理

论，这一理论被称为赫克歇尔-俄林理论或 H-O 理论。该理论认为，各国在不同产品上具有比较优势一定存在除技术差异以外的其他原因，而各国生产要素的禀赋和在产品生产中使用的要素比例不同是各国开展分工与贸易的根本原因。

生产要素是指生产过程必需的主要元素，通常指土地、劳动和资本三种要素。要素禀赋是指一个国家所拥有的生产资源状况。国家之间生产要素的差异不是指生产要素的绝对量在两个国家的不同，而是指各种生产要素的相对量在两个国家的不同，基本假设如下。

第一，两国相同部门的生产函数相同，即技术水平相同。

第二，两国消费者偏好相同。

第三，规模收益不变。

第四，所有商品市场、要素市场都是完全竞争的。

第五，两国的生产要素供给是既定不变的。

第六，假设 A 国为资本丰富的国家，B 国为劳动丰富的国家。

第七，生产要素在一国之内可自由流动，在国际上不能流动。

第八，X、Y 的生产技术不同，假设 X 为资本密集型产品，Y 为劳动密集型产品。

第九，不存在运输成本或其他贸易障碍。

根据以上基本假设，H-O 理论内容可以表述为：一国应该生产并出口密集使用本国相对丰裕要素的产品，进口密集使用本国相对稀缺要素的产品。劳动充裕的国家拥有生产劳动密集型产品的比较优势，资本充裕的国家拥有生产资本密集型产品的比较优势。如果两国发生贸易，劳动充裕的国家应该生产并出口劳动密集型产品，进口资本密集型产品；资本充裕的国家应该生产并出口资本密集型产品，进口劳动密集型产品。

3.2.4 战略贸易理论

随着产业内贸易取代产业间贸易而成为国际贸易的主流形态以后，国与国之间的贸易越来越不仅仅来源于各自的比较优势，更多的则是来源于各国之间在市场形态、经济规模等方面的差异。由于以比较优势原理为核心的传统贸易理论是建立在非现实的假定条件下的，因而其所揭示的理想化的贸易形式与现实也就相去甚远，但贸易政策的制定必须从现实出发，其目标只有通过对竞争优势的发挥才能实现。这种理论的倾斜和政策的逆转，反映了现实的复杂性和国际贸易理论研究长期面临的困惑。战略贸易理论作为传统贸易理论的补充和发展，不仅在很大程度上解决了被传统贸易理论忽略或不能很好解决的问题，从而使贸易理论更加贴近现实，而且改变了贸易政策选择的思维方式，使政策选择走出了比较优势的误区。现实的市场结构是以寡头垄断为特征的，自由贸易政策就可能不是一个国家唯一正确的选择。战略贸易理论学者根据产业组织理论和博弈论的研究成果，创造性地探讨了在不完全竞争和规模经济条件下适当的干预政策对一国产业发展和贸易发展的积极影响，建立了战略性贸易政策的理论框架，论证了在一定条件下一国能够通过采取那些可给予其国内产业竞争优势的政策而获得利益。

战略贸易理论是保罗·克鲁格曼等提出来的。1984年，克鲁格曼在《美国经济学评论》上发表了论文《工业国家间贸易新理论》，认为传统的国际贸易理论都是建立在完全竞争市场结构的分析框架基础上的，不能解释全部的国际贸易现象，尤其难以解释工业制成品贸易，从而提出应对国际贸易理论的分析框架进行新的主张。1985年，克鲁格曼又在其与赫尔普曼（Helpman）合著的《市场结构与对外贸易》中运用垄断竞争理论对产业内贸易问题进行了系统的分析和阐释，并建立了以规模经济和产品差别化为基础的不完全竞争贸易理论，即战略贸易理论。

战略贸易理论（Strategic Trade Theory）认为，不完全竞争市场中，在规模收益递增的情况下，要提高产业或企业在国际市场上的竞争力，必须首先扩大生产规模，取得规模效益。而要扩大生产规模，仅靠企业自身的积累一般非常困难，尤其是对于经济落后的国家来说更是如此。对此，政府应选择发展前途好且外部效应大的产业加以保护和扶持，使其迅速扩大生产规模、降低生产成本、凸显贸易优势、提高竞争力。战略贸易理论建立在不完全竞争贸易理论的基础上，为国家进一步干预贸易活动提供了理论依据。实际上，最早体现战略贸易思想的是布朗德和斯潘塞（Brander and Spencer，1985）的补贴促进出口的论点。他们认为，传统的贸易理论是建立在完全竞争的市场结构上的，因而主张自由贸易应是最佳的政策选择。但现实中，不完全竞争和规模经济普遍存在，市场结构是以寡头垄断为特征的。在这种情况下，政府补贴政策对一国产业和贸易的发展具有重要的战略性意义。在寡头垄断的市场结构下，产品的初始价格往往会高于边际成本。如果政府能对本国厂商生产和出口该产品给予补贴，就可使本国厂商实现规模经济，降低产品的边际成本，从而使本国产品在国内外竞争中获取较大的市场份额和垄断利润。同时，规模经济的实现也可以为消费者带来利益。

3.3 能源与贸易开放的关系与争论

3.3.1 能源消费与对外贸易

在能源消费与对外贸易的影响关系研究中，影响比较深远的有南北贸易模型、环境库兹涅茨曲线、污染天堂假说和污染光环假说。

1994年，Copeland构建了南北贸易模型。它将所有的国家分为南方和北方两种（南方代表发展中国家，北方代表发达国家），并在污染不会发生跨境转移的假定下研究对外贸易和环境污染之间的关系。对外贸易主要通过三种效应影响环境：结构效应、规模效应、技术效应。贸易开放的结构效应会使得北方国家的产业结构越来越向低碳化发展，南方国家的产业结构越来越向污染严重化发展，从而使得北方国家的环境污染程度降低，南方国家的污染程度加剧；规模效应则同时会对南北方国家产生负面影响；技术效应会减缓环境恶化程度，但效果较弱。整体效应叠加后，会使得北方国家的污染程度降低，南方国家的污染程度加剧。假定污染可以发生跨境转移，而且各国可以通过污染排放许可证交易来管制本国的环境状况，那么贸易的结构效应仍然会扩大南方国家的污染程度和北方国家的清洁产业，结果是南方不得不增加许可证额度以适应污染产业的壮大，北方国家则会减少额度，如果南北国家增减幅度不同，则贸易开放的结果很可能是扩大全球的污染排放量。

Grossman 和 Krueger（1991）测算了 42 个国家的环境质量和经济增长面板数据并考察两者之间的关系，认为污染在低收入水平阶段会随着人均收入的增加而上升，而在高收入水平阶段反而会随着人均收入的增加而下降，如图 3-3 所示。经济增长从两方面对环境质量产生负面影响：一方面，经济增长需要增加投入进而带来资源使用的增加；另一方面，产出增长带来污染排放量的增加。这种经济增长带来人均收入增加和环境恶化程度之间的倒 U 形关系的曲线被称为"环境库兹涅茨曲线"，指一国国内环境最初随着收入增加而恶化，但是在经济发展到达一定程度以后会出现拐点，即污染水平会随着收入水平的提高而下降。他们采用四类环保指标对美国进行分析发现，倒 U 形曲线确实存在，拐点在人均收入 8000 美元左右。

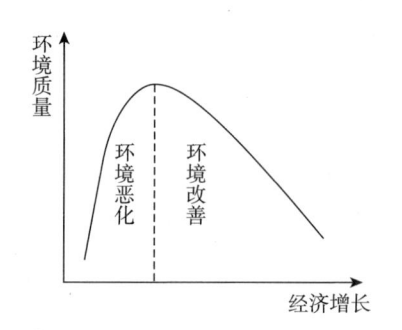

图 3-3　环境库兹涅茨曲线

"污染天堂假说"认为，发达国家出于转移污染产业的目的，开展国际直接投资活动，会将污染密集型产业从环境规制较为严格的国家转移到环境规制较为宽松的国家，从而导致东道国环境污染加剧。在经济全球化和贸易自由化下为了避免资金外流和就业减少，发展中国家往往会选择竞相降低环境标准，有意忽略环境规制，从而导致各国会采用比没有环境竞争时更低的环境标准，出现"向底线赛跑"现象。降低环境标准可以在一定程度上降低跨国企业产品的生产成本，尤其是污染密集型产业，因此发达国家倾向于将污染密集型产业向发展中国家转移，进而导致发展中国家成为污染天堂。"污染光环假说"则认为，跨国企业在对外投资过程中使用的先进技术和管理经验会向东道国进行知识扩散、技术外溢，促进东道国环保技术的发展和资源使用效率的提高，从而优化东道国的产业结构和提升东道国的环境质量。当一国环境规制标准较高时，跨国企业在母国面临严苛的环境标准，不得不改善其污染处理技术和提高资源使用效率。此时，跨国企业在东道国进行投资时，给东道国带来资本的同时也带来先进的污染处理技术，有助于东道国环境质量改善。

根据许静（2017）的研究，从理论上构建以下生产函数，来反映能源消费的影响因素：

$$Y = F(K, L, e_1, e_2, \cdots, e_n) \tag{3-1}$$

其中，Y表示企业产出，K、L分别表示资本和劳动要素，e表示能源投入量。将式（3-1）转化为柯布-道格拉斯生产函数形式，则为：

$$Y = AK^\alpha L^\beta (e_1^{\gamma_1} e_2^{\gamma_2} \cdots e_n^{\gamma_n}) \tag{3-2}$$

A为技术效率，α、β、γ分别表示资本、劳动和能源的弹性系数。对式（3-2）两边全微分，则：

$$\frac{dY}{Y} = \alpha\left(\frac{dK}{K}\right) + \beta\left(\frac{dL}{L}\right) + \sum_{i=1}^{n}\gamma_i\left(\frac{de_i}{e_i}\right) \tag{3-3}$$

假定e_1为能源投入，令$Z = \alpha\left(\frac{dK}{K}\right) + \beta\left(\frac{dL}{L}\right) + \sum_{i=2}^{n}\gamma_i\left(\frac{de_i}{e_i}\right)$

联立方程后求得：

$$\frac{de_1}{e_1} = \left(\frac{dY}{Y} - Z\right)\Big/\gamma_1 \tag{3-4}$$

由方程（3-4）可以看出，共有三种方式可降低能源消耗：一是减少$\frac{dY}{Y}$，即降低经济发展速度，明显这不是最佳方式；二是提高γ_1，即提高能源要素对经济增长的贡献度,可通过技术创新来实现;三是增加 Z,即提高非能源要素在经济发展中的贡献度,表现方式即为产业结构调整、优化升级。

3.3.2 能源效率与对外贸易

对外贸易可以分为进口贸易和出口贸易,不仅会对能源消费产生影响,同样会影响能源效率。如图 3-4 所示,进出口贸易对能源效率的影响渠道和机制如下。

1. 规模经济效应

在现代对外贸易理论的框架下,影响一国贸易水平和贸易模式的无非是两个关键因素:技术和规模。Helpman 和 Krugman (1987) 表示对外贸易规模效应带来的生产可能性边界的外移促进产出扩大,存在规模经济效应。若在国内需求已经饱和的前提条件下扩大海外市场进行出口,尤其对于那些国内市场较小的企业来说,可以为出口企业实现规模经济提供条件。不断扩大的企业生产规模不仅可以保证其有足够的生产、管理和研发等费用投入,并且通过规模经济能够进一步摊销这些费用投入,从而能够降低单位产品的生产成本。作为一国经济的重要推动力,对外贸易规模扩大必然会引致企业产品需求提高,有助于东道国企业通过规模经济摊销其在提升能源效率上所投入的成本。

2. 学习效应和技术扩散效应

对外贸易除了能够扩大进出口企业的生产规模,还能够为企业提供学习国外产品和技术的机会。出口企业在与国外客户接触的过程中,往往能够得到国外客户的专业性指导,国外客户不仅会在产品设计、工艺、质量等方面提出要求,也会进一步规范出口企业在生产、能源使用方式等方面的操作,这些都为企业持续创新和能源效率改善提供了动力,从而能够提升企业的生产率与竞争力。学者在经验研究中也证实了"出口中学"的存在。出口贸易作为技术扩散的渠道对于本土企业技术提升发挥重要作用,进口贸易则是一种更直接的方式,因为它可以使本国企业直接获取其他国家的 R&D 成果。学习和模仿的成本要低于自主创新的成本，发展中国家通过进口发达国家的中间产品和资本品可以学习到进口产品的生产理念和技术方法，此举既可以以较低的成本增加知识存量，也可以将节约下来的资源投入其他的研发创新活动中。一方面，发达国家的资本品蕴含着较高的技术水平和知识存量，能够更有效率地利用能源进行生产作业，进而能够直接提升进口国的能源效率；另一方面，中间产品的种类越丰富越有利于提升生产最终产品的能源效率，进口中间产品既能为进口国节省生产新的中间产品的费用，也能为进口国提供学习并模仿中间产品的机会，进而提升进口国的能源效率。

通过进出口贸易对东道国产生的技术溢出效应，也只有在东道国的技术吸收能力达到能够消化先进技术水平的"门槛"时，才能促进效率的提高。在没有达到足够吸收外来先进技术的水平时，技术溢出效应带来的贸易利得也有限。所以在对外贸易开展的情况下，只有经过资本积累和技术进步，一国经济和技术发展水平与世界平均水平的距离大幅度缩小并在世界市场上具有一定的竞争优势后，才不惧外来商品的竞争，甚至还能从中获得知识和技术，这一阶段的进出口贸易发展会异常繁荣，企业能源使用效率也会得到显著提升。

3. 比较优势陷阱

随着碳减排、碳足迹等概念的提出与深入人心，国际竞争自然会朝着节能减排、提高能源效率的方向发展。进出口企业为了在国际市场上保持竞争力，必须主动迎合消费者日益提高的需求层次。一方面，传统的原材料、初级产品等贸易品逐步让位于高附加值、高技术含量的产品；另一方面，产品是否为低污染、低排放、低能耗也逐渐成为进口国或进口商是否采购的标准。然而，对外贸易"技术溢出效应"与"竞争效应"获得的能源效率提升相对有限，对外贸易的开展也可能造成东道国企业存在"拿来主义"的倾向，试图通过更经济、更快捷的技术引进方式来提高企业技术水平，以降低前期研发投入等。长此以往，这会导致发展中国家难以摆脱技术引进方式下对国外技术的依赖，无法依靠本国力量独立开发新技术，进而被发达国家的跨国公司牢牢钳制在价值链低端。此外，对外贸易企业往往具有一些"比较优势"（如资金雄厚、地理优势等）。这些优势会在短期内增加企业的预期收益，但容易导致企业过度强调比较优势带来的短期好处，忽略了能源效率提升的重要性，从而陷入"比较优势陷阱"。

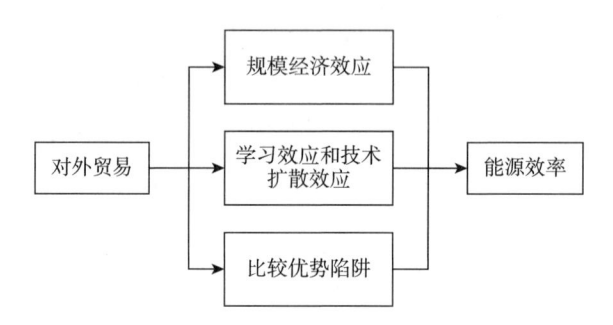

图 3-4 对外贸易对能源效率的影响渠道和机制

3.3.3 能源与FDI

在全球经济一体化进程中，中国作为一个开放大国不断引进外商直接投资（FDI），2020年实际使用外商直接投资9999.8亿元（约1444亿美元），比上年增长6.2%。不断涌入的外商直接投资是一把"双刃剑"，在带来经济增长和先进技术提高能源效率的同时，可能会使东道国为了经济增长而放松环境规制，导致一系列能源环境问题。在外资不断流入这种趋势下，如何对FDI进行合理引导，实现可持续发展变得尤为重要。FDI对能源的影响渠道和机制如图3-5所示，具体如下。

1. 规模效应

一国（或地区）的经济增长主要依靠资本的积累，而外商直接投资正好补足一国（或地区）经济增长所需要的资本。外商直接投资可以为东道国带来资金、先进技术、管理经验等生产要素，这些生产要素直接驱动了东道国的经济增长。从能源消费角度来看，在行业结构和技术水平相对稳定的情况下，外商直接投资促进经济规模增加的同时，也会增加所需能源投入。从能源效率角度来看，外商直接投资对能源效率的规模效应表现的方向无法确定。一国（或地区）的能源效率是指单位能源所带来的经济效益，着重强调能源利用效率问题。当能源消费增长比经济增长快的时候，能源效率下降；而当能源消费增长比经济增长慢的时候，能源效率会上升。

2. 结构效应

外商直接投资企业选择对东道国进行投资的重要考虑因素之一是东道国环境规制程度，尤其是高能耗的污染型企业。在环境规制较为严格的母国，高能耗的污染型公司无法得到政府的支持，倾向于在东道国完成污染密集型企业转移。它们选择的东道国往往是发展中国家，这些国家通过放松环境规制、牺牲自身的可持续发展能力换来跨国企业的先进技术，以此提高生产率，促进经济的增长（Dai et al., 2021）。因此，外商直接投资通过污染密集型企业的转移使东道国的产业结构向高污染、高能耗的产业结构转变，此时东道国经济属于粗放型增长模式，能源消耗明显增加。外商直接投资对能源效率的结构效应呈负面影响。相反，倘若东道国因为某些资源禀赋以及广阔的市场前景吸引了大量高质量的外商直接投资，而并非污染密集型的产业，则有助于优化东道国的产业结构。此外，一国（或地区）对跨国企业设置较高的门槛和进入标准，会促使高质量的跨国公司带来先进的高能效技术以及对污染、排放的严格质量标准，使产业结构向清洁能源消耗的产业方向发展。此时，外商直接投资对能源效率的结构效应呈正面影响。

3. 技术效应

外商直接投资企业的绿色能效技术、先进设备和能源管理经验直接有助于提高东道国的能源效率。首先，通过学习效应，FDI 将为东道国本土企业带来积极的绿色能效技术溢出效应；其次，FDI 通过提高居民收入带来技术效应。根据规模效应的分析可知，外商直接投资因带来资金、技术、管理经验等生产要素能提高东道国的生产率，从而提高东道国的经济发展水平。经济发展水平的提高意味着东道国居民收入水平的提高。居民收入越高，受教育程度越高，对外商直接投资企业所带来先进技术的模仿和吸收能力越强。此外，居民收入的提高也会提高人们对生活质量的要求，更加强调发展的可持续性，创造出节能减排、充满高能效技术的生产环境。因此，FDI可以促进企业能源效率的提高。

部分学者表示外商直接投资会对能源效率产生负面的技术效应，主要是因为跨国公司带来的污染密集型企业造成了东道国高能耗技术使用环境。跨国公司在东道国设立的子公司或者分公司对能源使用效率或者节能减排具有很低的要求，导致东道国本土企业也竞争模仿，以削弱环境规制来增加经济增长，最终导致经济体不断向环境保护的底线逼近。这将造成东道国整体高能效技术研发的减少和对节能减排理念的弱化，很难摆脱过去的粗放型经济增长模式。

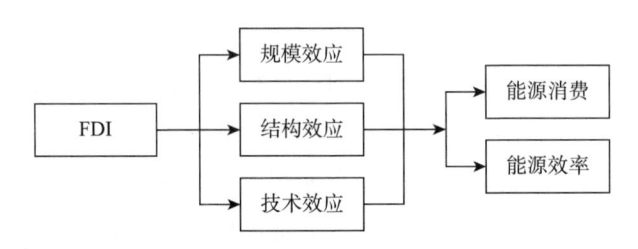

图 3-5　FDI对能源的影响渠道和机制

3.3.4　能源与OFDI

来自发展中国家的跨国企业对外直接投资（OFDI）的动机主要分为：市场、资源、技术和战略资产寻求。沿着Grossman和Krueger（1991）提出的"三效应"（规模效应、结构效应和技术效应）的思想，对外直接投资同样会通过规模效应、产业结构效应和逆向技术溢出效应对母国能源效率产生影响，如图3-6所示。

1. 规模效应

一国（或地区）在自然资源的开发方面存在技术缺陷或供给不足等问题，会导致诸如铁矿石、稀有金属等自然资源的供给小于国内生产需求，进而导致一国（或地区）需要花费高额的外汇储备进口这些自然资源。然而，石油、天然气等战略性资源的大量进口不仅会给国家经济安全带来威胁，还可能会制约国家经济的可持续发展。跨国企业OFDI对东道国的自然资源进行开发和利用，可以建立起稳定、长久的资源供应渠道，避免自然资源的国际供应及其国际市场价格变动给国内经济带来波动。这种对外直接投资方式在一定程度上可以弥补母国国内自然资源的不足，促进母国的经济增长。根据环境库兹涅茨曲线理论，一国环境质量与其人均收入间呈现倒 U 形关系。一国（或地区）的能源消费增长比经济增长快的时候，能源效率下降；而当能源消费增长比经济增长慢的时候，能源效率会上升。

2. 产业结构效应

首先，对外直接投资可以使母国企业获得稳定的资源供应，尤其是自然资源的供应，有助于相关产业的蓬勃发展，提高企业的行业竞争力。其次，以战略资产寻求型为主要动机的对外直接投资旨在通过其示范效应和竞争效应提高对外直接投资企业的生产效率、降低其生产成本，并促进母国同类产业中其他企业以及相关产业的发展，加快国内产业结构优化升级。最后，根据边际产业扩张理论，OFDI 企业倾向于将母公司已经丧失或即将丧失比较优势的"边际产业"转移到国外，可以使母国国内过剩的产能得以释放，并集中各种优势力量发展高端优势产业。这种对外直接投资方式不仅可以增加投资收益也可以促进母国高端产业的发展，进而促进母国国内产业结构的优化升级。这种 OFDI 产业结构效应可以使得企业将这些劳动密集型、高耗能、高污染的低附加值产业转移到国外，集中精力发展高附加值产业，进而减少能源消耗和提高能源效率。

3. 逆向技术溢出效应

以技术寻求为主要动机的对外直接投资企业旨在通过 OFDI 的逆向技术溢出效应，更为便利地获取绿色能效技术和能源管理经验，以提高母国能源效率，主要有以下三种渠道。第一，参与研究合作并分担研发经费。中国的海外子公司积极争取与国外先进技术企业的研发合作机会，合作内容一般包括资本投资和技术开发等，从而使我国子公司以战略合作者的身份加入绿色能效技术发达企业的研发过程中，并采取共享收益、分摊成本的研发合作方式，以实现逆向技术溢出。第二，促进人力资本流动。随着日益加深的经济全球化合作，国内外经济主体间的合作交流愈加频密，技术研发人员、管理人员、生产一线员工等多层面的人才流动更加通畅。同时，员工培训等手段也促进了低碳、高效的知识技术在公司内部的扩散，增强了企业的绿色技术创新基础以及技术吸收能力，进一步提高了技术外溢深度。第三，适宜技术的海外并购。跨国公司OFDI过程中会选择并购模式，在投资目标国收购、兼并拥有所需技术企业，并对关键技术进行内部吸收、转化，进而把适用技术转移至国内公司。这种方式可以突破国际的技术壁垒，以低交易成本形成国际的技术合作关系，在一定程度上推动了OFDI逆向技术溢出效应的扩散。

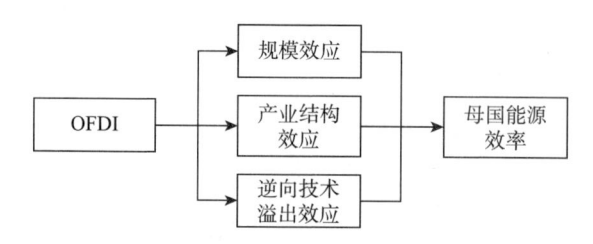

图3-6 OFDI对能源效率的影响渠道和机制

3.4 贸易自由化的能源效应

自20世纪90年代中期以来，中国为了加快市场经济体制改革，在2001年入世后全面履行议定书承诺，施行了以削减关税为核心的贸易自由化改革。全球贸易自由化水平提升和生态环境恶化促使学术界关注贸易自由化对环境污染和能源消耗的影响。

从行业层面看，本节采用已有文献的普遍做法用最终产品的关税来刻画贸易自由化：

$$OutputTariff_{jt} = \frac{\sum_{h \in I_j} n_{ht} \cdot Tariff_{ht}^{HS6}}{\sum_{h \in I_j} n_{ht}} \quad (3-5)$$

其中，下标j和t分别表示行业和年份，h表示协调编码6位码（HS6）产品，I_j表示行业j的产品集合，n_{ht}表示第t年HS6位码产品h的税目数，

$Tariff_{ht}^{HS6}$ 表示第 t 年 HS6 位码产品 h 的进口关税。测算过程中涉及的产品进口关税数据来自 WTO 的 Tariff Download Facility 数据库和世界银行 WITS 数据库。首先，由于不同年份 HS6 位码产品进口关税数据所基于的协调编码版本并不统一，需将不同年份产品进口关税的统计口径统一为 HS 2002 版本。然后，根据美国普渡大学 Hutcheson 提供的 HS 2002 与国际标准产业分类（ISIC Rev. 3）转换表，将其与 GB/T 2002—ISIC Rev. 3 转换表进行整合就可以得到 HS 2002 与 GB/T 2002 之间的转换关系。根据以上 HS 2002 与 GB/T 2002 之间的转换关系，利用 HS 2002 版本的 HS6 位码产品进口关税数据就可以测算得到行业最终产品的关税。

借鉴 Schor（2004）、毛其淋和盛斌（2013）用中间投入品的关税来刻画贸易自由化，具体公式如下：

$$InputTariff_{jt} = \sum_{g \in G_j} \alpha_{gt} \cdot OutputTariff_{gt} \tag{3-6}$$

其中，$\alpha_{gt} = \dfrac{Input_{gt}}{\sum_{g \in G_j} Input_{gt}}$ 表示要素 g 的投入权重，用投入要素 g 的成本占行业 j 总投入要素成本的比重表示，G_j 表示行业 j 的投入集合。

从地级市层面看，Topalova（2007）认为可以用行业层面的关税水平加权平均得到地级市层面的贸易自由化指标（Tr）：

$$Tr_{it} = \sum_j \lambda_{ji,2002} Tariff_{jt} \tag{3-7}$$

其中，$Tariff_{jt}$ 表示行业 j 在 t 年的最终产品关税。$\lambda_{ji,2002} = \dfrac{L_{jt,2002}}{\sum_j L_{jt,2002}}$ 是就业权重，$L_{jt,2002}$ 为城市 i 行业 j 在 2002 年的劳动力数量。其中就业权重用 2002 年城市 i 行业 j 的劳动力人数与该城市劳动力总人数的比值表示。城市贸易自由化水平的差异源于不同的行业关税水平和初始年份的就业结构。

"规模、结构、技术"分析范式仍是贸易自由化与能源关系研究较为规范的分析框架。在此分析框架下，许多学者运用各国（或地区）的数据进行了实证检验，Gumilang 等（2011）对印度尼西亚的研究发现，贸易自由化促进了能源消耗量和能耗强度的增长。Ghani（2012）则表示贸易自由化对发达国家和发展中国家能源消耗的影响程度是不同的。在结构效应框架下，贸易自由化会使发展中国家的能耗量和能耗强度出现增长，但会使发达国家的经济结构高端化和能耗强度下降。国内学者也展开了相关研究。张友国（2009）研究发现，我国出口规模增长带来的规模效应促进了能源消耗增长，技术进步降低了能源消耗，并且技术进步效应有效地抑制了规模效应。许秀梅和尹显萍（2016）发现，在规模效应小于技术效应和结构效应之和的情况下，贸易开放度越高，能耗强度越低。在"规模、技术、结构"分析范式下，相关文献并没有就贸易自由化与能源消耗间的关系给出较为一致的结论，仍需要进一步研究。

第4章 能源与数字经济

4.1 数字经济的概念、内涵与发展现状

4.1.1 数字经济的概念与内涵

20世纪末，以互联网为标志的现代信息技术的广泛应用和不断创新带来了数字革命，微电子、计算机和通信等技术创新为数字经济的发展提供了技术基础。随着信息与通信技术（Information and Communication Technologies，ICT）的快速发展以及国际互联网的广泛普及，数字化转型已经渗透到经济、社会、生活的各个方面，信息与通信技术及其产品与服务对经济增长、产业升级、社会发展的支撑作用日益凸显，以互联网为代表的信息与通信技术快速发展和扩散引发的数字革命成为推动经济发展与变革的重要动力。随后大数据、云计算、人工智能、物联网等新一代信息与通信技术又得到了充分发展，全球产业和新一代信息与通信技术融合进程加速，全球产业发展的数字化转型成为产业发展的时代特征。随着数字化转型逐渐成为经济高质量发展的新路径，数字技术也成为全球经济增长的新动能，从而催生了数字经济，"数字经济"的概念也随之诞生。

数字经济（Digital Economy）的概念可以追溯到加拿大学者泰普斯科特于1995年出版的《数据时代的经济学》，该书研究了互联网对经济社会的冲击与影响。互联网、大数据、人工智能等新一代信息与通信技术赋予了

数字经济更深厚的内涵。2016年G20杭州峰会公布的《二十国集团数字经济发展与合作倡议》首次将"数字经济"列为G20创新增长蓝图中的一项重要议题，数字经济的概念从那时起应运而生，对数字经济的定义是"以使用数字化的知识和信息作为关键生产要素、以现代信息网络作为重要载体、以信息通信技术的有效使用作为效率提升和经济结构优化的重要推动力的一系列经济活动"。2017年《政府工作报告》首次提出数字经济，指出要推动"互联网+"深入发展、促进数字经济加快成长。近年来，我国深入实施数字经济发展战略，新一代数字技术创新活跃、快速扩散，加速与经济社会各行业、各领域深度融合，有力支撑了现代化经济体系的构建和经济社会的高质量发展。

数字经济可以定义为以数据资源作为关键生产要素、以现代信息网络作为重要载体、以信息与通信技术的有效使用作为效率提升和经济结构优化的重要推动力的一系列经济活动。数字经济紧扣三个要素，即数据资源、现代信息网络、信息与通信技术，这三个要素缺一不可。数字经济也是信息与通信技术应用迈向数字技术应用衍生的经济形态，数字经济还可以定位为采用智能设备与互联网设施来收集、存储、分析和共享信息，以及采用信息通信基础设施和新一代数字技术来提高生产和经济活动的效率，从而衍生的新业态、新模式、新动能。

在国际学术研究领域，不同研究者对数字经济的内涵界定存在差别。根据 Bukht 和 Heeks（2018）对已有研究的归纳与总结，数字经济可以被划分为三个层次，具体包括信息与通信技术产业、狭义的数字经济以及广义的数字经济。信息与通信技术产业是数字经济的核心层，包括硬件、软件、电信等基础产业，为数字经济活动提供底层支撑。由于核心层的统计体系较为完善，大量文献使用信息与通信技术产业作为数字经济发展的代理指标。狭义的数字经济是基于信息通信基础设施与数字领域新兴技术衍生的新型商业模式，其代表为平台经济、共享经济等模式。广义的数字经济涉及领域较为广泛，涵盖一切和信息与通信技术应用、数字技术应用相关的领域以及由其衍生的新模式、新业态、新动能，既包括与传统产业数字化转型相关的电子商务产业，也包含以工业4.0、智慧经济、算法经济为代表的新经济范式，实质上反映了整个经济社会的数字化转型。目前，国内学者普遍接受广义数字经济的内涵，但是该指标的统计测度存在较大的难度，也缺乏公认的指标体系用以衡量广义的数字经济。

为了及时掌握数字经济的发展动态，国家统计局公布了《数字经济及其核心产业统计分类（2021）》，首次明确了数字经济的基本范围，为数字经济的划分提供了基本准则。具体而言，数字经济包括数字产业化和产业数字化两大部分。数字产业化主要指电子信息制造业、电信业、软件和信息技术服务业等信息与通信技术产业，以及由信息与通信技术衍生的数字内容产业、数字服务产业和不断催生的新产业、新业态、新模式。产业数字化主要指传统产业由于应用数字技术所带来的生产数量和生产效率的提升。根据国家统计局的划分，数字经济包括"数字产业化"和"产业数字化"两个方面，又进一步分为数字产品制造业、数字产品服务业、数字技术应用业、数字要素驱动业、数字化效率提升业五大类。

综合Bukht和Heeks（2018）以及国家统计局的划分标准，数字经济可以分为三部分，分别为数字核心部门、数字产业化经济、产业数字化经济。数字经济的三重划分方法及其涵盖的细分行业如图4-1所示。数字经济的核心基础模块是信息软件、信息与通信技术的数字部门，这个与Bukht和Heeks（2018）的定义是一致的，主要涵盖数字经济硬件制造、软件服务和IT咨询、信息服务、电信服务等。数字产业化经济是数字经济的核心产业，是指为产业数字化发展提供数字技术、产品、服务、基础设施和解决方案，以及完全依赖数字技术、数据要素的各类经济活动。产业数字化经济是指应用数字技术和数据资源为传统产业带来的经济产出增加和经济效率提升，是数字技术与实体经济的融合，主要为数字要素驱动业和数字化效率提升业，涵盖智慧农业、智能制造、智能交通、智慧物流、数字金融、数字商贸、数字社会、数字政府等数字化应用场景。

总体上，数字经济是以互联网、大数据及其相关技术创新与应用为基础所形成的一种以信息、数据为关键生产要素的新型经济形态，是实现要

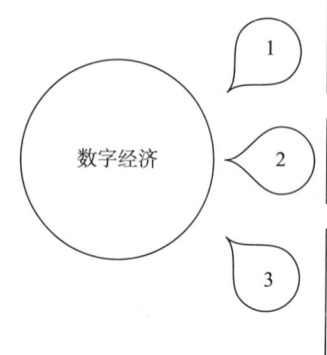

```
                    ┌─ 1 ─ 核心基础：数字核心部门
                    │      信息与通信技术产业部分，涵盖硬件制造、软
                    │      件服务和IT咨询、信息服务、电信服务等
                    │
         数字经济 ──┼─ 2 ─ 狭义范围：数字产业化经济
                    │      数字产业化部分，主要涵盖数字产品制造业、
                    │      数字产品服务业、数字技术应用业
                    │
                    └─ 3 ─ 广义范围：产业数字化经济
                           产业数字化部分，主要为数字要素驱动业和数
                           字化效率提升业，涵盖智慧农业、智能制造
                           智能交通、智慧物流、数字金融、数字商贸、
                           数字社会、数字政府等数字化应用场景
```

图 4-1 数字经济的三重划分及其涵盖的细分行业

资料来源：Bukht 和 Heeks（2018）、国家统计局。

素市场化配置的重要驱动力，是推进供给侧结构性改革的重要抓手，也是促进经济高质量发展的重要新动能。2020 年，李克强总理在《政府工作报告》中更加明确提出"打造数字经济新优势"，提出要重点支持数字经济的"两新一重"建设，加快数字经济在我国的发展。数字经济在我国主要包括四大板块：新型基础设施建设、产业数字化、数字产业化和数字治理。新型基础设施建设、产业数字化以及数字产业化使得我国产业结构不断优化升级，产品向高附加值、高新技术转变，从而实现经济向高质量增长转型。数字治理能迅速汇总城市的信息，为重大决策提供参考，尤其是环境治理，数字治理应用到环境上能够让环境治理更有效率。"十四五"规划明确提出要加快数字化发展。发展数字经济，推进数字产业化和产业数字化。加强数字社会、数字政府建设，提升公共服务、社会治理等数字化、智能化水平。发展数字经济已经成为我国实现供给侧结构性改革、经济高质量转型、环境保护的重要战略。

数字经济能够通过改善产业结构、优化资源配置、提高政府治理效率等途径提升环境与促进能源可持续发展。此外，数字经济的发展带来信息与通信技术设备的滥用会产生大量的能源需求和电子垃圾，对于经济可持续发展是一个挑战，因而需要高度重视和厘清数字经济与能源供求、环境可持续的关系及其动态变化。

4.1.2 数字经济衡量指标与测度

由于泛指以数字化的知识和信息为关键要素、以新兴数字技术为支撑的经济活动，数字经济与传统经济的统计口径、产业分类体系具有一定交叉性，数字经济的统计测算工作存在较大难度。但是，数字经济快速发展的趋势已经完全改变了原有经济－技术范式，对经济社会各个方面都造成重要影响，准确测度数字经济的发展规模、增长速度以及对产业发展与经济社会的综合影响对于理解现代经济运行规模至关重要，亟须加快对数字经济发展水平进行科学的评价和测度，客观反映出数字经济对经济社会发展的影响。事实上，不少研究机构在这些领域进行了尝试性探索。国际货币基金组织（IMF）在第五届"衡量数字经济"统计论坛中就明确表示，在全球经济增长放缓背景下，传统的宏观统计指标无法完全捕捉数字及由数字化转型所引致的产品生产与经济活动产生的增加值。

关于数字经济的统计测度，相关研究机构或者学者主要采用直接法与对比法两种方法。第一，数字经济测度的直接法指在一定的内涵界定范围内，估算出一定区域内数字经济活动的总体规模。第二，数字经济测度的对比法指基于多个维度的指标体系，对不同地区间的数字经济发展情况进行对比，得到数字经济或具体领域发展的相对情况。相关智库机构关于中国数字经济发展现状的统计测度较多采用对比法，如欧盟、美国商务部数字经济咨询委员会、国际电信联盟、世界经济论坛、经合组织等国际机构以及中国信通院、赛迪顾问、上海社科院、腾讯研究院等国内机构都发表了数字经济发展的相关报告。表4－1列出了国内外机构关于数字经济统计测度的主要报告。

1. 欧盟的数字经济与社会指数

欧盟历来重视数字经济的发展与统计，从2014年起发布了《数字经济与社会指数报告》。数字经济与社会指数是刻画欧盟各国数字经济发展程度的合成指数，该指数由欧盟根据各国宽带接入、人力资本、互联网应用、

表 4-1 国内外机构关于数字经济统计测度的主要报告

	指标具体名称	发布机构	报告名称
国际机构	数字经济与社会指数	欧盟	Digital Economy and Society Index（2017）
	有关数字经济的评测建议	美国商务部数字经济咨询委员会	Measuring the Digital Economy - BEA
	衡量数字经济	经合组织	Measuring the Digital Economy: A New Perspective
	网络准备指数（NRI）	世界经济论坛	The Global Information Technology Report（2016）
	ICT发展指数（IDI）	国际电信联盟	Measuring the Information Society Report（2017）
国内机构	数字经济指数	中国信通院	《中国数字经济发展白皮书（2017年）》
	数字经济指数	赛迪顾问	《2017中国数字经济指数》
	全球数字经济竞争力指数	上海社科院	《全球数字经济竞争力发展报告（2017）》
	中国"互联网+"数字经济指数	腾讯研究院	《中国"互联网+"数字经济指数（2017）》
	中国数字经济指数	财新等	《中国数字经济指数》（试行版，2017年12月）
	中国城市数字经济指数	新华三集团	《中国城市数字经济指数白皮书（2017）》

资料来源：徐清源等（2018）。

数字技术应用和数字化公共服务程度等相关指标计算得出。该指标的合成方法参照了OECD的《建立复合指数：方法论与用户说明手册》，具有较高的理论水平、科学性和可延续性。而且，该指数兼顾数字经济对社会的影响，是探析欧盟成员国数字经济和社会发展程度、相互比较、总结发展经验的重要窗口。该指数的另一大优势是，大部分指标数据来源于欧盟家庭ICT调查、企业ICT数字经济与社会指数调查等专项统计调查，具有充分的研究。

2. 经合组织的衡量数字经济

作为对数字经济研究起步较早的机构，经合组织官方出版物《互联网经济展望》（2017年更名为《数字经济展望》）、《衡量数字经济——一个新的视角》对于数字经济有长期的跟踪和前瞻研究。经合组织从直接法的角度对数字经济进行了前期研究，提出建立新的测量标准应重点关注的六大领域：一是提高对ICT投资及其与宏观经济表现之间关系的度量能力；二是定义和度量数字经济的技能需求；三是制定度量安全、隐私和消费者保护的相关指标；四是提高对ICT社会目标及数字经济对社会影响力的度量能力；五是通过建立综合性和高质量的数据基础设施来提高度量能力；六是构建一个可将互联网作为数据源使用的统计质量框架。

3. 美国商务部数字经济咨询委员会的有关数字经济的评测建议

美国商务部数字经济咨询委员会提出了衡量数字经济的四部分框架：一是各经济领域的数字化程度，如企业、行业和家庭等；二是经济活动和产出中数字化的影响，如搜索成本、消费者剩余和供应链效率等；三是实际生产总值和生产率等经济指标的复合影响；四是监测新出现的数字化领域。

4. 国际电信联盟的 ICT 发展指数

自 1995 年以来，国际电信联盟已发布第九版《衡量信息社会报告》，具有长期的研究积淀和专业性，2017 年的测评对象包括世界 176 个经济体，为各国政府和各部门广泛采用。ICT 发展指数针对 ICT 接入、使用和技能设立了 11 项指标，可对不同国家和不同时段进行比较。

5. 腾讯研究院的中国"互联网 +"数字经济指数

腾讯研究院联合京东大数据研究部、滴滴研究院、携程研究团队和新美大数据研究院，统计了腾讯的微信、QQ、支付、新闻、视频、云、城市服务、众创空间等 10 余个核心平台的全样本数据，京东的电商数据、滴滴的出行数据、携程的旅游数据和新美大的生活服务及餐饮住宿数据，通过各种大数据汇聚构建了中国"互联网 +"数字经济指数，该指数涵盖国内 31 个省、自治区、直辖市以及大部分城市的数字经济发展规模和程度。

腾讯研究院的中国"互联网 +"数字经济指数是基础分指数、产业分指数、双创分指数和智慧民生分指数的加权平均值，该指数构成如下：

$$T = \alpha_{infra} 基础分指数 + \alpha_{industry} 产业分指数 + \alpha_{penture} 双创分指数 + \alpha_{city} 智慧民生分指数 \qquad (4-1)$$

其中，T 表示中国"互联网 +"数字经济指数，是由基础分指数、产业分指数、双创分指数以及智慧民生分指数分别乘以相应的权重得到的。

基础分指数汇总基础性移动互联产品数据以及腾讯云的数据。具体包含微信的 7 个一级指标和 15 个二级指标、数字内容产品的 5 个二级指标以及云计算平台的 4 个二级指标。产业分指数采用了分行业微信公众号的 10 个特征值、分行业移动支付的 2 个特征值作为二级指标，涉及零售、餐饮住宿、旅游、交通物流、生活服务等重点行业，此外，产业分指数还加入了京东、滴滴、携程、新美大等行业领先互联网公司的总共 14 个特征值，最终形成了 26 个二级指标体系。双创分指数由 App 数量、有效创业项目数 2 个一级指标构成。App 泛指智能终端的第三方应用程序，是移动互联产品和服务的主要表现形式。有效创业项目是指同时满足"有全职工作团队""有实际产品"这两个标准的创业项目，可以直观地反映出所在地的创业群体活跃度、创业热情和创业能力。智慧民生分指数包含服务项目价值分、服务质量星级分、月活跃用户数、用户回流率、用户满意度、重点行业丰富度 6 个一级指标。其中服务质量星级分、重点行业丰富度 2 个一级指标又分别由两组二级指标构成。

6. 中国信息通信研究院的数字经济指数

按照《中国数字经济发展白皮书（2017 年）》给出的数字经济的定义，数字经济包括数据价值化、数字产业化、产业数字化、数字化治理，鉴于数据可得性、核算方法的局限性等，数字经济增加值规模核算仅包括数字产业化和产业数字化两部分。其中数字产业化部分即信息与通信技术产业，主要包括电子信息设备制造、电子信息设备销售和租赁、电子信息传输服务、计算机服务和软件业、其他信息相关服务，以及由数字技术的广泛融合渗透所带来的新兴行业，如云计算、物联网、大数据、互联网金融等。数字产业化部分增加值按照国民经济统计体系中各个行业的增加值直接加总得到。数字技术具备通用目的技术（GPT）的所有特征，通过对传统产业的广泛融合渗透，对传统产业增加产出和提升生产效率具有重要意义。传统产业中数字经济部分的计算思路就是要把不同传统产业产出中数字技术的贡献部分剥离出来，对各个传统行业的此部分加总得到传统产业中的数字经济总量。图 4-2 展示了中国信息通信研究院的数字经济测算框架。

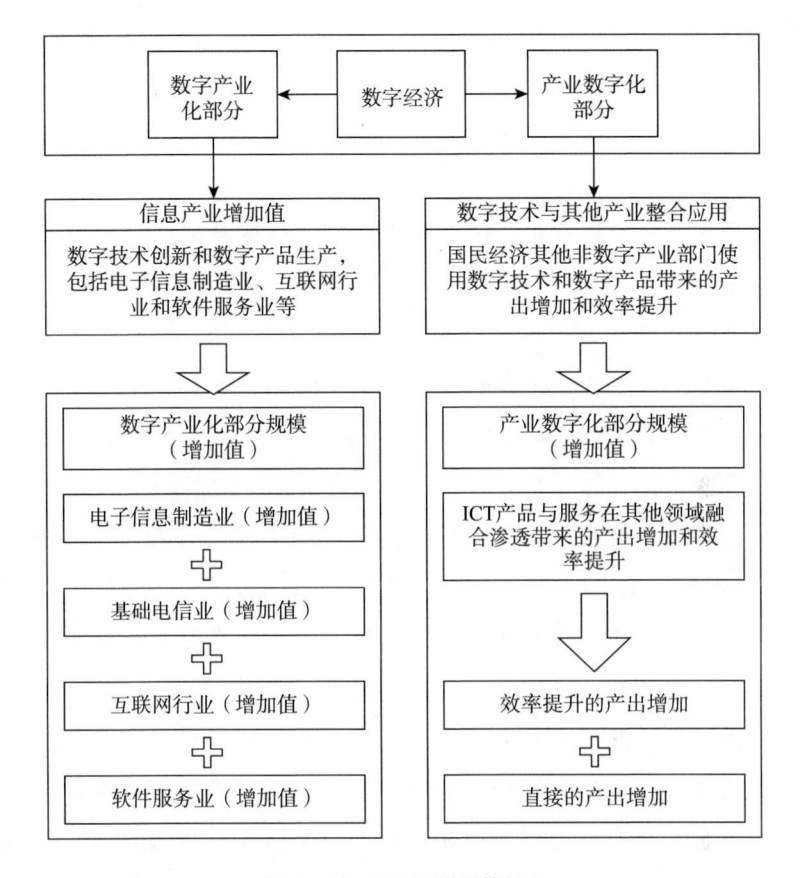

```
                    ┌──────────┐
         ┌─────────▶│ 数字产业  │◀──── 数字经济 ────▶ 产业数字化
         │          │ 化部分    │                     部分
         │          └──────────┘                       │
         │                ▼                            ▼
```

信息产业增加值	数字技术与其他产业整合应用
数字技术创新和数字产品生产，包括电子信息制造业、互联网行业和软件服务业等	国民经济其他非数字产业部门使用数字技术和数字产品带来的产出增加和效率提升

数字产业化部分规模（增加值）	产业数字化部分规模（增加值）
电子信息制造业（增加值） ＋ 基础电信业（增加值） ＋ 互联网行业（增加值） ＋ 软件服务业（增加值）	ICT产品与服务在其他领域融合渗透带来的产出增加和效率提升 效率提升的产出增加 ＋ 直接的产出增加

图 4-2 数字经济测算框架

资料来源：中国信息通信研究院：《中国数字经济发展白皮书（2020年）》。

4.1.3 全球与中国数字经济发展现状

全球数字经济快速发展，数字经济红利已经在各个领域释放。根据2021年中国信息通信研究院发布的《全球数字经济白皮书——疫情冲击下的复苏新曙光》，2020年，全球数字经济规模（47个国家）达到32.6万亿美元，相较于2019年增加0.8万亿美元，同比增长约3%，数字经济占GDP比重达到43.7%，第一产业数字经济占比8%，第二产业数字经济占比24.1%，第三产业数字经济占比43.9%。2020年，发达国家的数字经济规模达到24.4万亿美元，占GDP比重为54.3%；发展中国家的数字经济规模达13.6万亿美元。相对于发达国家，发展中国家数字经济规模增速更快。2020年，新冠肺炎疫情席卷全球，全球传统贸易受到巨大冲击，数字化很好地满足了人们因为疫情防控非接触而产生的需要，在疫情防控过程中，AI问诊、远程办公、云课堂等新业态不断涌现。疫情防控常态化时期，全球产业链、供应链面临重组，新一轮产业革命与技术革命深入发展，全球正面临百年未有之大变局，为我国对外贸易数字化提供了契机。

近5年来，我国不断在宏观政策上明确提出推动数字经济深入发展。2016年，我国"十三五"规划中明确提出"实施国家大数据发展战略，推进数据资源开放共享""实施'互联网+'行动计划，发展物联网技术和应用，发展分享经济"等一系列有利于我国数字经济发展的宏观政策，自此之后，我国各级政府推进数字经济发展的政策不断出台和落实。2017年，《政府工作报告》中指出"推动'互联网+'深入发展、促进数字经济加快成长"。2018年，《政府工作报告》中指出"加大网络提速降费力度，实现高速宽带城乡全覆盖"。2019年，《国家数字经济创新发展试验区实施方案》提出，在河北省（雄安新区）、浙江省、福建省、广东省、重庆市、四川省等启动国家数字经济创新发展试验区创建工作。通过3年左右探索，力争在试验区构建形成与数字经济发展相适应的政策体系和制度环境。2020年，党的十九届五中全会提出"加快发展现代服务业，统筹推进基础设施建设，加快建设交通强国，推进能源革命，加快数字化发展"。《中华人民共和国国民经济和社会发展第十四个五年规划和2035年远景目标纲要》第十八章"营造良好数字生态"中指出"坚持放管并重，促进发展与规范管理相统一，构建数字规则体系，营造开放、健康、安全的数字生态"。

5年来，中央出台的数字政策覆盖了关于数字基础设施、数字产业化、产业数字化、数字技术等众多领域。随着中央关于数字经济的政策不断深入和完善，地方政府也相继出台地方政策，加强数字经济的战略引导。

各地政府纷纷出台数字经济政策，为我国数字经济发展创造有利的政策环境。图4-3展示了2015~2019年我国各省区市有关数字经济政策数量。目前已有福建、广西、浙江、四川、天津等将近20个省区市出台有关政策，促进数字化发展，我国已初步形成"国－省"二级政策体系。2019年后，我国数字经济政策布局进一步下沉，向三、四线城市及县域城市推进。同时，我国在数字基建、数字经济产业园、人才引进、就业政策、数字经济规则制定等方面加强政策引导和扶持，为我国数字经济发展营造了良好的政策环境。

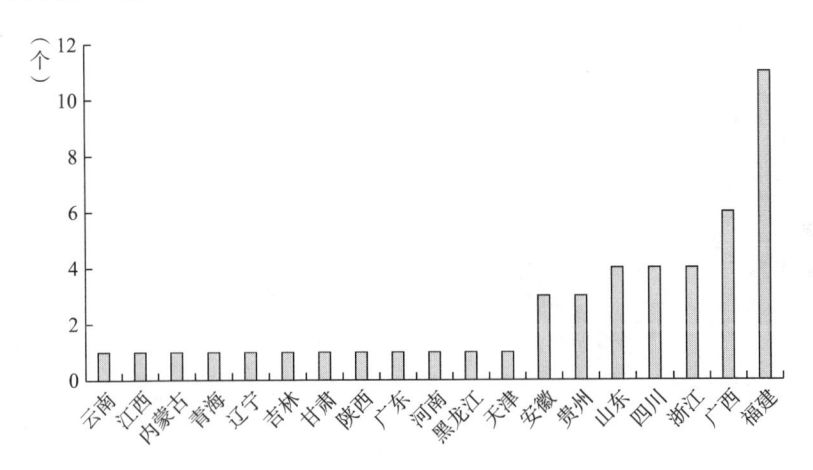

图4-3 2015～2019年中国各省区市有关数字经济政策数量
资料来源：相关年份《中国城市数字经济发展报告》。

我国大力推进数字基础设施建设，为数字经济的发展提供基础。近年来，我国加大投入力度，加强数字基础设施建设。《中国互联网发展报告（2021）》显示，截至2020年12月，我国总体网民规模已达98899万人，较去年提升5.9%。互联网普及率达到70.4%；手机网民规模为9.86亿人，网民使用手机上网的比例为99.7%；100Mbps及以上宽带用户占比提升至89.9%，光纤用户规模达4.54亿户，占固定互联网宽带接入用户总数的93.9%；蜂窝物联网终端用户数11.36亿户。网站数量达443万个，网页数达3351亿个，移动互联网接入流量消费达1656亿GB，电子商务类App数量为34万个，我国互联网接入环境得到不断改善，互联网资源应用不断深入普及，为数字经济发展提供了良好的软硬件支持。

为了深入了解中国数字经济发展的情况与建设水平，本节分别从互联网普及率、移动电话用户数、计算机服务和软件业从业人员占比、人均电信业务量和数字普惠金融指数等方面进行中国分城市数字经济评价指标体系的构建。具体而言，首先对以上指标数据进行标准化，其次通过主成分分析方法将指标降维之后得到数字经济发展指数。图4-4报告了2011~2018年中国数字经济发展指数。可以发现，我国数字经济发展指数的增长速度处于稳步增长阶段，近年来我国陆续推出了智慧城市、宽带中国、智能制造示范工程等数字经济产业政策，有效引领了数字经济高质量发展。

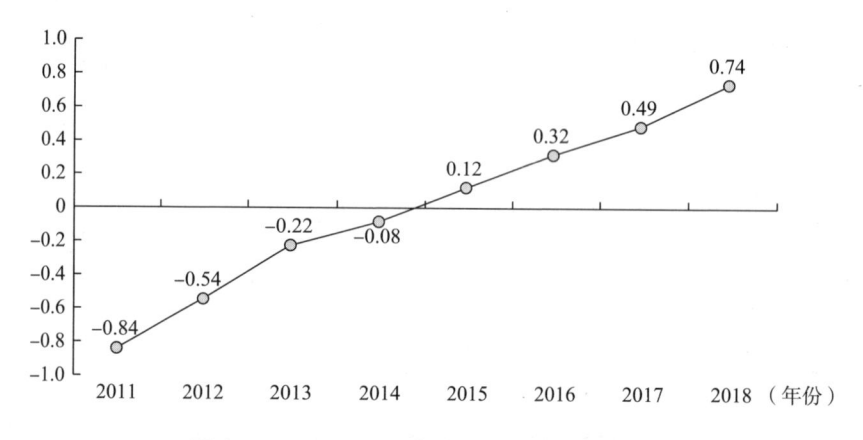

图4-4 2011~2018年中国数字经济发展指数

资料来源：笔者计算。

4.2 能源需求变化与数字经济

4.2.1 数字经济影响能源需求的宏观框架

数字经济的发展对居民生活方式与经济生产方式都会造成新的影响，从而也会对经济社会活动的能源需求以及节能减排路径产生新的影响。技术发展与数字经济对能源需求会造成什么样的影响这个问题可以追溯到信息与通信技术的能源需求效应，信息与通信技术及其设备深刻地改变了居民生活、旅行、娱乐和交流的方式，社会生活中智能手机、Wi-Fi覆盖、电脑等设备随处可见。与此同时，越来越多的智能设备进入工业、农业、服务业的生产过程，意味着信息与通信技术也在深刻改变着经济活动或者产品生产方式。经济社会的数字化发展是否有助于减少能源消耗，或者说数字经济是否能够促进经济增长与能源消费脱钩，这一问题需要进一步研究。

经济增长与能源消费脱钩是指二者的耦合关系大大减弱，分为强脱钩与弱脱钩。强脱钩是指在能源消费增速低于经济增速的同时，能源消费总量有所下降；弱脱钩则是指能源消费增长减缓，但能源消费总量仍在上升。图4-5展示了1980~2018年我国国内生产总值与能源消费增长速度。国内生产总值增长速度与能源消费增长速度呈明显相关的关系，但是这种相关性随时间存在变化。2001~2006年的这段时期，我国能源消费增长速度接近甚至超过了国内生产总值增长速度，经济增长带来的能耗问题较为严重。近几年，能源消费增长速度明显下降，也远低于国内生产总值增长速度，但是能源消费总量依然在增长，我国经济增长与能源消费之间实现了弱脱钩。为了实现"碳达峰"与"碳中和"目标，必须进一步实现能源消费与经济增长的脱钩，而数字经济发展被认为是实现能源可持续发展的重要机遇。

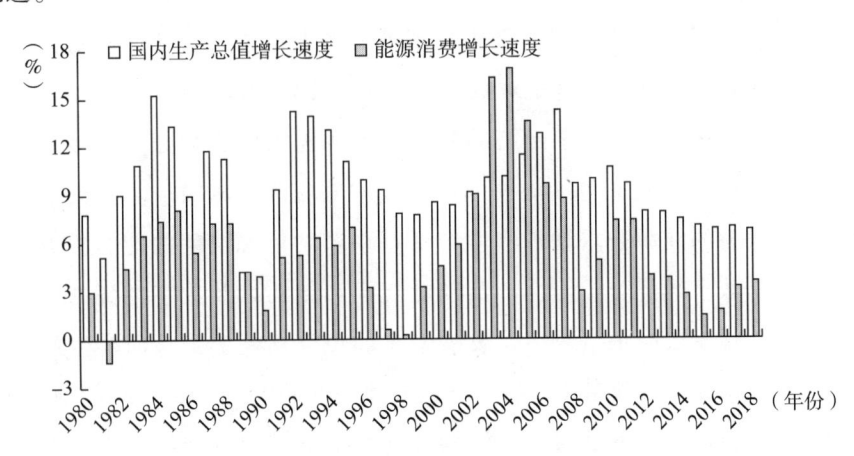

图4-5　1980~2018年中国国内生产总值与能源消费增长速度
资料来源：EPS数据库。

关于数字技术对能源需求的影响也有许多具体的例子。例如，在数字化转型的过程中，精益生产和敏捷制造消耗了更多的能量，产品的物理信息与市场信息的流通需要高能耗设备的支持，从而增加了生产活动的能源需求。从生产活动的角度来看，数字技术实现了产品物理信息的数字化，可以改变产品的生产方式和研发模式，从而在设计端就可以设计出低碳节能的产品，降低产品整个生命周期的能源消耗。此外，数字技术带来的生产效率提高也可以节约能源消耗，数字技术可以用于设计可持续的消费商品。社会活动的数字化也有利于居民选择低碳生活方式，但增加了居民对物流的需求，从而对交通行业的能源需求造成复杂影响。事实上，交通、建筑、工业以及其他部门等能源使用部门都能够感受到数字化转型造成的能源需求变化。自动驾驶汽车、智能家居系统和机器学习等数字技术已经广泛应用于能源最终使用领域，以提高能源效率。此外，一些数字技术还可能引发能源需求的回弹效应。回弹效应是指通过技术进步提高能源使用效率，节约能源消费，但技术进步的同时也会促进经济规模的扩大，对能源产生新的需求，从而部分甚至完全地抵消所节约的能源。能源需求的回弹效应会使得降低能源消耗和促进能源结构转型的目标难以实现，比如能源效率的提高使得能源的使用成本降低，如果这种生产活动并不愿意降低能源消耗，便会阻碍新能源的需求和新能源产业的投资，从而降低能源向非化石能源过渡的速度，这是对减少碳排放、实现"碳中和"目标的挑战。

在宏观层面上，将数字经济的发展对能源需求的影响分为直接效应与间接效应，间接效应又包括规模效应、技术效应和结构效应。直接效应表现在数字设备的能源需求增加和生产活动中节约能源消耗的能力提升，而间接效应是数字经济对经济生产活动的规模和结构以及数字经济的技术进步的影响。规模效应是指数字化发展带来的经济规模扩张从而产生新的能源需求，技术效应是数字化发展带来的技术进步也会进一步影响能源需求，结构效应是指数字化发展对产业结构造成影响从而改变能源需求。越来越多的研究正在分析信息与通信技术或互联网经济对能源需求的宏观影响。按照 Lange 等（2020）的分析框架，数字化发展对能源需求有四种影响：第一，信息与通信技术的生产、使用和处置的直接影响，会直接产生能源需求，即直接效应；第二，数字技术带来能源效率的提升，从而改变能源总需求，即技术效应；第三，劳动和能源生产率提高所带来的经济规模增加，从而会产生新的能源需求，即规模效应；第四，信息与通信技术引起的行业结构变化或经济服务化，即结构效应。

按照 Lange 等（2020）的研究分析，直接效应和规模效应倾向于增加能源消耗，技术效应和结构效应倾向于减少能源消耗。但是，由于直接效应和规模效应的影响占优势，数字化发展总体上会增加能源消耗，也就是数字经济发展会增加能源需求。这些结果可以用生态经济学的四个观点来解释：①物质资本和能源在信息与通信技术领域是互补的；②能源效率的提高会带来回弹效应；③信息与通信技术无法解决经济增长与能源脱钩的难题；④信息与通信技术服务是相对能源密集型服务活动的。图4-6展示了数字经济影响能源需求的宏观框架。根据数字化发展的直接效应、规模效应、结构效应、技术效应基本可以理解数字经济时代能源消费的变化趋势，数字经济时代能源需求很可能继续保持增长趋势，而提供更加清洁的能源是能源可持续发展的可行之路。

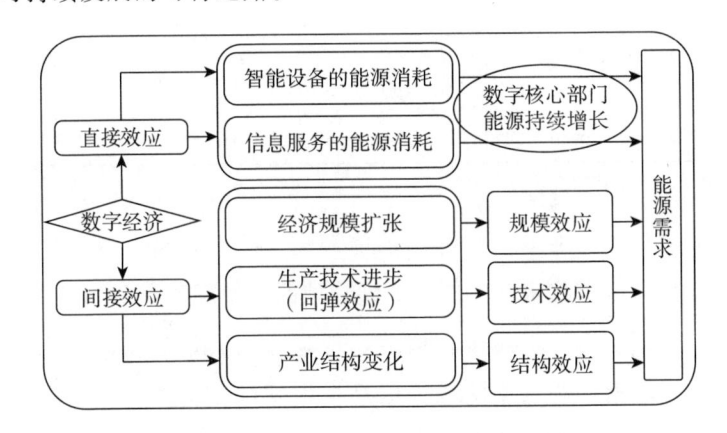

图4-6 数字经济影响能源需求的宏观框架
资料来源：笔者绘制。

4.2.2 信息与通信技术部门的能源需求与数字经济

随着全球经济社会数字化转型的进程加速，信息与通信技术部门也逐渐成为能源需求的重要来源部门。直接能耗可以通过信息与通信技术设备引起能源消费的总量增加，也就是数字化发展对能源需求的直接效应。很多文献认为，信息与通信技术部门的直接能耗并不是数字经济的发展或技术的进步对能源消耗研究最重要的问题，但事实上该部门在数字经济时代是能源消耗的重要部门。根据华为瑞典研究院的预测，2020年全球信息与通信技术产业的能耗约20000亿千瓦时，到2030年最高将增长61%至32190亿千瓦时，如表4-2所示。事实上，信息与通信技术产业的能耗增长是相对不确定的，这取决于两个方面因素的综合结果。一方面，数据中心等信息与通信技术部门将急速扩张，规模增加势必会消耗大量能源。另一方面，信息与通信技术部门的能源使用效率也在快速提高，从而使得该部门的能源消耗降低。尽管在过去十几年，信息与通信技术部门实现了快速扩张，但是该部门的能源需求增长却相对缓慢，对能源消耗总量及其增长的贡献比较小。

表4-2 2020年、2030年全球信息与通信技术产业能耗预测

单位：亿千瓦时

年份	数据中心	信息通信网络	终端设备	生产制造
2020	2990	2690	10390	3810
2030	9740	8740	10730	2980

资料来源：华为瑞典研究院。

为了明确信息与通信技术部门的能源需求变化趋势，国际能源署系统地介绍了信息与通信技术部门三个关键领域的能源利用情况。

第一，数据中心，是用于存储、处理和分发大量数据的联网计算机服务器的设施。数据中心利用能源为信息技术硬件（如服务器、驱动器和网络设备）以及基础设施（如冷却设备）供电。数据中心是日益数字化的世界的信息支柱，全球的数据中心需求一直处于快速增长阶段。事实上，数据中心是能源密集型的组织机构，估计约占全球用电量的1%，数据中心的发展趋势还对全球能源需求进一步造成明显的影响。幸运的是，目前全球数据中心的发展对能源需求增长的贡献较小。《科学》杂志发表的美国西北大学等学者的文章指出，2010~2018年，全球对数据中心服务的需求增长

了550%，但同期这些设施的能源使用仅增长了6%。在全球最大的数据中心市场美国，其能源需求实际上在这段时间内趋于平稳。相反，在21世纪初，数据中心产出翻番意味着能源需求也会翻番。

第二，数据传输网络，在两个或多个连接的设备之间传输数据。数据网络利用能量通过固定网络和移动网络传输数据。国际能源署估计，2015年由互联网数据传输网络的电力需求量约占全球总电力需求量的1%，移动数据网络约占其中的2/3。与数据中心一样，未来的能源需求取决于对数据需求的增长和进一步提高能源效率的速度。

第三，连接设备，也经常被称为"联网"、"终端"或"边缘"设备（即在网络的边缘），指可连接到网络并与网络或其他设备进行交互的电子产品、电器和其他设备。直到近年来，只有少数设备通常连接到通信网络，主要是计算机、电视、路由器和调制解调器。随着宽带互联网的广泛普及，以及无线和移动网络的接入，越来越多的消费设备、电器和基础设施正在与互联网相互连接。预计在未来几年内，将连接数十亿台新的设备。智能手机的数量预计将从2016年的38亿部增加到2020年的近60亿部，而物联网设备的数量预计将从2016年的60亿台增加到2020年的200亿台以上（GSMA，2017）。从长远来看，可以想象，大多数电气设备——甚至是一些消费品，如服装——可能成为连接的物联网设备，利用能量来收集、处理、存储、传输和接收数据。智能设备的快速增加不仅会直接产生能源需求，而相关数据的传输网络和处理中心也需要大量能源消耗。

综上分析，信息与通信技术部门引起能源需求增加的规模扩张和引起能源需求减少的效率提升是决定该部门能源需求的两大因素。从过去10年的经验来看，信息与通信技术部门的能源需求增长处于相对理想的状态，但是数字经济的快速发展可能会打破这种平衡状态。

4.2.3　交通运输的能源需求与数字经济

随着交通基础设施的完善和交通技术的快速进步，人类跨区域的经济社会活动在现代社会中越来越普遍。根据《中国统计年鉴2021》，2020年，中国旅客周转量为1.93万亿人公里，货运周转量上升到20.22万亿吨公里。交通运输部门的快速发展也增加了大量的能源需求，使交通运输部门成为我国能源需求增长的主要贡献者之一。事实上，交通运输部门不仅是一个能源密集型行业，也是一个高排放行业。根据国际能源署的数据，到2035年，世界交通运输领域的能源消耗将增长43%，达到32.6亿吨标准油当量，其中中国将占1/3以上的交通领域能源消耗。巨大的能源消耗背后是严峻的碳减排压力，为了实现2030年前"碳达峰"和2060年前"碳中和"的目标，必须降低交通运输部门的能源消耗（Chen and Lee，2020）。图4-7展示了1991~2019年我国交通运输部门的能源消费量变化情况，该部门的能源消费量一直处于增长阶段。尽管近些年，我国交通运输行业依然处于快速发展阶段，但是能源消费量增长速度明显放缓，说明交通运输部门有望在近几年实现行业增长与能源消耗脱钩。如果再考虑在交通运输部门广泛使用的电气能源，交通运输部门的碳减排成效应该是较为显著的。

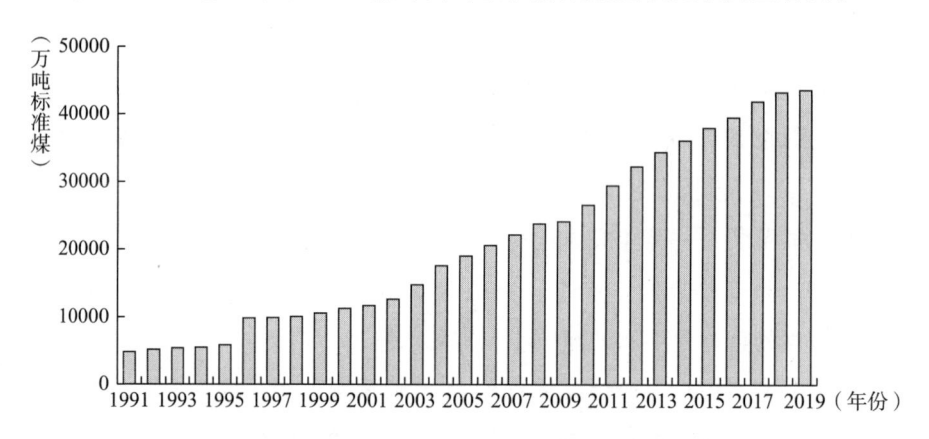

图4-7 1991~2019年中国交通运输部门的能源消费量
资料来源：EPS数据库。

数字经济发展对中国经济和社会的各个方面都产生了深刻的影响，给交通运输行业的低碳节能发展既带来了机遇也带来了挑战，从而对能源需求的影响具有复杂性、综合性。首先，数字经济发展促进了经济活动规模的扩大，从而导致了运输需求的增加。例如，中国的电子商务正经历一个繁荣时期，2020年12月，网购用户数量达到7.82亿户，导致快递行业或运输需求呈爆炸性增长。其次，智能交通系统等数字技术提高了交通行业的运行效率与环境绩效。数字化技术可以通过复杂的计算和规划来管理交通系统，合理规划交通路线，减少拥堵。最后，数字经济还可以带来低碳生活方式，刺激清洁能源和公共交通的使用，从而改变居民的能源需求。交通部门的数字化本质上可以描述为"智能交通系统"的发展。该系统包括：部署用于数据收集的传感器；使用通信技术实现的远程控制；应用高级分析来改进系统操作以及提高系统的安全、效率和服务质量。交通部门数字化的日常例子包括控制交通灯的道路交通探测器和射频识别，以及使用全球定位系统和电信进行的路边援助。智能交通系统未来的三个主要趋势是连接性、共享移动性和自动化技术，从而对交通行业能源需求产生重要影响。

由于汽车、卡车、飞机、船舶、火车及其配套基础设施正在变得更加智能和连接性更强，数字化转型提高了整个运输系统的安全性和效率，无处不在的连接和自动化技术可以从根本上改变人们和货物的移动方式，数字化转型也彻底改变了交通行业的能源需求。在国际能源署的模拟情景中，2060年，运输的最终能源消耗将会增长近50%，其中大部分新增能源需求来自公路货车（36%）和轻型乘用车（28%）。自动化、连接、电力和共享移动性的动态和净效应将在塑造整个运输部门未来的能源和排放轨迹方面发挥关键作用。数字化可以以多种方式影响道路运输的能源需求。高度自动化的车辆减少了驾驶员的压力，并允许更有效地使用旅行时间，使私家车的旅行更有吸引力，自动化也将使公路货运更便宜。这些方面的因素都可能鼓励居民参与更多的旅行活动，导致交通拥堵和能源需求增加。另外，共享和自动交通可以促进车辆的正确尺寸设计并加速电动汽车采用，减少石油能源使用。

数字经济作为一种基于先进信息与通信技术应用的新经济形态，对能源需求与能源可持续性也会产生三种间接效应。在规模效应上，数字经济极大地刺激了各行业的需求和经济活动，不可避免地增加了交通运输需求和能源消耗。例如，网络购物刺激了物流行业的快速繁荣，从而增加了运输活动总量，相应地增加了能源需求。在技术效应上，数字经济也给能源和交通技术带来了革命性的变化，如新能源交通系统和智能交通系统。这些都有利于提高能源效率，促进可再生能源的开发和应用，提高交通系统的管理和运行效率，减少交通拥堵和能源消耗。数字经济对交通运输行业碳排放的结构效应紧随其后，主要是指数字经济促进了能源结构和交通结构的升级，从而影响能源需求。数字经济推动交通运输能效和可再生能源利用，预计非化石能源占交通运输能源消费的比重将进一步提高。

综上分析，数字技术会提高交通运输行业的能源效率从而降低能源需求，数字经济规模则会导致交通运输行业的服务需求增加和能源需求增加，进而提高能源需求，这两个方面相互影响并综合作用，使得交通领域的能源消耗较为平稳。此外，数字技术在交通运输领域的广泛应用对能源结构的需求发生明显变化，交通运输领域广泛使用电气化能源，这有助于该部门能源消耗从化石能源转向非化石能源的技术障碍降低。尽管数字经济不一定能够降低能源消耗总量，但是有助于实现能源需求可持续发展的目标。

4.2.4 工业部门的能源需求与数字经济

工业是我国能源消耗的最重要领域，推进工业部门节能发展是实现"双碳"目标的重中之重。作为节能减排的"主战场"，工业需尽快解决产业结构和能源结构不平衡、资源利用效率相对较低等一系列问题。《中华人民共和国国民经济和社会发展第十四个五年规划和2035年远景目标纲要》提出"推动能源清洁低碳安全高效利用，深入推进工业、建筑、交通等领域低碳转型"，同时要求"以数字化转型整体驱动生产方式、生活方式和治理方式变革"，这为加快数字经济与实体经济深度融合，进而推动工业绿色节能发展指明了方向。

表4-3展示了我国工业部门2018年的能源消费情况。2018年，我国工业部门使用了约31亿吨标准煤的能源消费总量，占全国能源消费总量的65.93%。因此，工业部门节能减排目标的实现是关乎能源可持续发展的最重要的保障。从工业部门能源需求结构来看，工业部门主要消耗的能源是

煤炭和石油，对天然气和电力的需求相对较低。工业部门对煤炭、焦炭的使用分别占全国的 95.78% 和 99.64%，意味着我国大多煤矿资源是用于工业生产活动的。事实上，我国能源消费依然是以煤炭为主，而煤炭的使用又集中在工业部门，推进工业部门的能源转型和节能减排目标任重道远。

表 4 – 3　2018 年中国工业部门能源消费情况

行业	能源消费总量（万吨标准煤）	煤炭（万吨）	焦炭（万吨）	石油（万吨）	天然气（亿立方米）	电力（亿千瓦时）
工业	311151	380696	43561	67265	1940	49095
采矿业	18981	26064	174	1162	184	2577
制造业	258604	161049	43346	66019	1259	36936
电力、热力、燃气及水生产和供应业	33566	193583	40	82	497	9582
工业部门占比（%）	65.93	95.78	99.64	66.82	68.87	68.66

资料来源：EPS 数据库。

工业数字经济需要经历信息化、数字化、智能化三个阶段。在信息化阶段，工业部门通过自动化和信息化来提高生产的安全性和效率。随着人工智能、云计算、工业互联网等新兴数字技术的成熟，工业部门广泛应用数字技术实现转型的价值得到企业的广泛认同，企业数字化转型的内生动能强劲，投资热情和积极性非常高。随着数字技术的广泛应用，制造模式和运营模式也开始转型，成为企业数字化转型的主攻方向，企业重点建设智能工厂和工业互联网，实现智能设计、智能生产、智能服务。数字技术在工业部门的应用随处可见，比如工业机器人和 3D 打印等技术正在成为某些工业应用的标准，这些技术可以帮助提高生产的精准性和减少工业生产的废料。近年来，全球工业机器人的供应已经大幅增长。自 2010 年以来，工业机器人的销售额平均每年增长 16%，主要来自新兴经济体，尤其是中国。2015 年，中国占全球工业机器人供应的 27%，汽车和电子行业迄今为止是全球规模最大的工业机器人部署行业。工业机器人的部署预计将继续迅速增长，机器人总库存从 2015 年底的 160 万台增加到 2019 年底的260万台。

作为世界上最大的制造业国家，中国也是数字经济的第二大国，在数字技术与制造业的整合方面有着丰富的实践经验。工业数字化——信息与通信技术或数字技术在整个工业经济活动中的日益渗透彻底改变了产品整个价值链的每个环节以及能源因素在产品中的作用。在数字化转型过程中，精益生产和敏捷制造消耗了更多的能源，物理和市场信息的流通需要高能耗设备的支持。此外，提高生产效率可以节约能源，数字技术可以用于设计可持续产品。但是，制造业的数字化对能源强度可能存在不确定性或者非线性的影响。

在过去20年间，中国制造业一直处于数字化转型过程中，数字化转型指数从2000年的0.111上升到2018年的1.056，增长了8.5倍。广泛关注的数字经济并不是突然出现的新经济形态，而是在过去20年中逐渐形成的。相反，制造业的能源强度一直呈下降趋势。图4-8显示了中国制造业在数字化转型（2018年）和能源强度（2019年）方面的行业差异。除橡胶制造业和塑料制品制造业合并外，所有行业均按照《国民经济行业分类》（GB/T 4754—2002）进行分类、排序和编码。可以看出，行业的数字化转型与能源强度呈负相关关系。然而，这种负相关并不意味着因果关系，因为数字

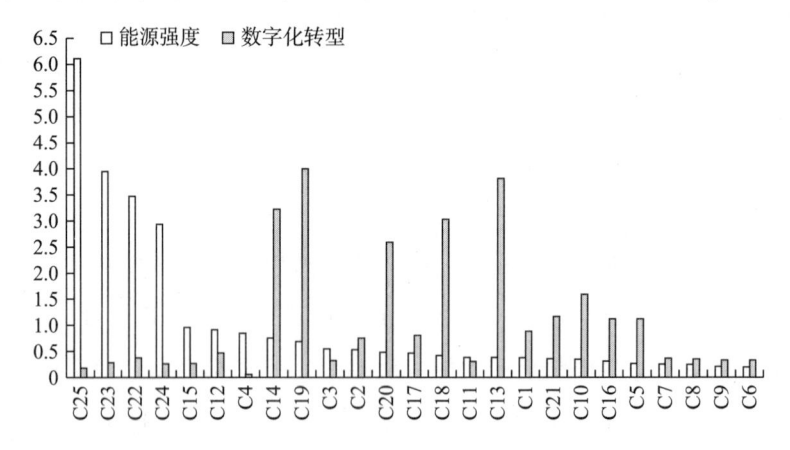

图4-8 中国制造业数字化转型（2018年）与能源强度（2019年）的行业差异

资料来源：Lan和Wen（2021）。

化转型程度高的行业是能源需求低的新兴行业，产业特征的差异可能是负相关的重要原因。

尽管能源强度在变量的时间趋势、行业差异或变量之间的相关性方面与数字化转型呈负相关，但这并不能证明因果关系。表4-4显示了工业数字化转型对制造业能源强度的回归结果，从而提供了更有力的因果关系证据。第（1）列到第（4）列显示线性关系的整体结果，而第（5）列到第（8）列显示非线性关系的回归结果。第（4）列和第（8）列为动态面板模型的回归结果，其他列为静态面板模型的回归结果。

第（1）列到第（4）列中数字化转型的系数至少在5%的水平下显著为正，表明工业数字化转型导致制造业的能源强度增加。由于在第（1）列中仅控制时间固定效应和行业固定效应，这表明即使在考虑各种行业异质性以及宏观环境变化等因素后，数字化转型也会增加能源强度。第（2）列到第（4）列表明数字化转型对能源强度有显著的直接影响。在第（5）列到第（8）列中，能源强度和数字化转型之间存在倒U形关系，尤其是针对数字化转型的直接效应而言。收集与处理产品物理信息或市场信息处理能力的机器设备需要消耗能源，这导致了制造业部门生产活动需要更多的能源消耗。然而，随着数字化转型向更高阶段发展，数字化转型呈现节能效应和可持续性红利。到2019年，只有4个行业达到了数字化转型的临界点，这4个行业包括通用机械制造、专用机械制造、运输设备制造、电动机械和仪器制造。

表4-4 工业数字化转型影响制造业能源强度的回归结果

变量	线性关系				非线性关系			
	（1）	（2）	（3）	（4）	（5）	（6）	（7）	（8）
数字化转型	0.455***	0.660***	0.513***	0.0514**	0.8258***	1.403***	1.145***	0.593***
	(0.102)	(0.099)	(0.106)	(0.022)	(0.291)	(0.274)	(0.289)	(0.150)
数字化转型的平方项					-0.0676	-0.132***	-0.108**	-0.113***
					(0.050)	(0.045)	(0.046)	(0.031)

续表

变量	线性关系				非线性关系			
	(1)	(2)	(3)	(4)	(5)	(6)	(7)	(8)
能源强度的滞后项				0.954*** (0.007)				0.965*** (0.008)
控制变量	不控制	控制	控制	控制	不控制	控制	控制	控制
时间固定效应	控制	不控制	控制	控制	控制	不控制	控制	控制
行业固定效应	控制	控制	控制	控制	控制	控制	控制	控制
解释平方和	0.412	0.474	0.492		0.415	0.484	0.498	
观测值	425	425	425	400	425	425	425	400

注：本表格反映了工业数字化转型影响制造业能源强度的回归结果，包括静态面板模型和动态面板模型；括号中的数字是估计参数的标准误差；***、**分别表示在1%、5%的水平下显著；控制变量为一系列影响能源强度的随时间变化的行业特征变量。

资料来源：Lan 和 Wen（2021）。

事实上，经济和社会活动正在经历全面的数字化转型，数字经济在全球经济中发挥着越来越重要的作用。基于2003~2019年中国制造业25个行业的全口径统计数据和面板回归模型发现，工业数字化转型显著提高了制造业的能源强度。通过观察发现，能源强度与数字化转型在时间趋势和截面差异上都呈现负相关关系，但这种结果具有误导性。能源强度与数字化转型之间总体呈倒U形关系，然而，我国大部分行业的数字化发展程度尚未达到拐点，数字化转型总体增加了能源需求，但是数字化转型在未来也不一定会引致能源需求增长，这取决于许多因素。在数字经济时代，工业部门的数字化转型会为中国控制能源需求增长带来新的挑战，如何抑制这种增长还需要进一步研究与考察。尽管还没有分析其他能源需求部门，但可以肯定的是，数字经济给各个能源需求部门带来很多变化，其产生的综合效应取决于各种效应的加总，而各种效应之间既相互影响也受到其他因素的影响。因此，数字经济对能源需求的综合效应需要根据各种效应的大小做出判断。

4.3 能源供给系统与数字经济

4.3.1 能源数字经济

数字技术与能源系统的融合，衍生出能源产业数字化和能源数字产业化两个领域。能源产业数字化是能源系统产业链和供应链的数字化升级和转型，主要是充分利用数字技术，提高能源系统的安全性、生产率、可及性和可持续性。能源数字产业化是将数据分析能力与能源价值形态相结合，开发新产品、新市场的过程。能源数字产业化是一种新型的数字能源，有助于解决能源供需不平衡或能源需求不足的问题，在能源贫困和能源安全领域发挥着重要作用。数字技术如何帮助能源部门提供优质服务，数字技术如何帮助减少能源贫困，以及数字经济时代如何确保能源系统的安全和稳定，这些都是重要的议题。

能源数字经济是以新发展理念为引领，以现代能源网络和信息网络为主要载体，以能源技术和信息与通信技术融合应用为重要推动力，提高全要素生产率、推动高质量发展，促进协同、创新、绿色、高效的经济发展形态。与传统经济不同，能源数字经济主要表现为以下四个特征。

第一，能源数字经济以融合创新和边缘创新作为发展的重要驱动力。数字革命正从信息技术时代加速进入与传统行业相融合的运营技术时代，这也成为促进能源发展模式转变的推动力。此外，能源转型过程也将有力地推动数字经济和社会生产、生活各方面的发展。在这种背景下，能源数字经济旨在探索能源发展的新业态以及新模式。因此，要以新发展理念为指引，在能源、数字及经济融合应用的领域开展技术创新、产品创新和服务创新，探索跨学科、跨业务领域的应用。第二，能源数字经济的发展以实现绿色可持续发展作为核心目标。能源数字经济的发展，通过实现能源系统智能化运行、科学决策、精准服务，促进建立清洁低碳、安全高效的现代能源体系。与此同时，利用市场化手段和数字化技术建立能效服务和节能减排运营模式，促进分布式能源、灵活性资源与能源网络的有效互动，提高清洁能源的利用效率。在加快能源体系转型的基础上，推进能源产业数字化转型，形成绿色发展的联动效应，建立工业体系可持续发展的有效路径。第三，能源数字经济发展以协调发展作为主要模式。探索普遍适用于不同专业领域、不同业务场景的发展体系，探索跨界融合的发展路径，是能源数字经济的目标。由此可以看出，协同性、开放性和共享性是能源数字经济鲜明的特征。通过促进技术、数据、知识等生产要素的高效流动，推动能源数字经济中不同的市场主体以用户的生产、生活需求为基础，展开有效的开发和应用。经济中的各方主体发挥各自优势，取长补短，进一步拓宽能源产业发展的边界，解决能源革命与数字革命在价值共创过程中融合发展的关键问题。第四，能源数字经济发展以促进能源服务均等化作为根本要求。营造普惠共享的发展环境是能源革命和数字革命发展的根本目标，为此必须要坚持发展为了人民、发展依靠人民、发展成果由人民共享的理念。因此，能源数字经济必须着力解决能源服务均等化问题，充分发挥能源企业保障民生的"公共设施"责任。如通过有效的模式创新，提高能源服务质量，提供精准、个性化、便捷的能源服务，满足人们对美好生活的向往。除此之外，还可以利用能源数字经济的乘数效应，充分改善由人口密度、地域、经济水平等因素造成的服务成本高、服务保障不足等问题，使得各级区域和人民都可以共享能源数字经济发展的红利。

国际能源署（IEA）曾在《数字化与能源》一书中预测，通过数字技术的大规模运用，2040年，太阳能光伏发电和风力发电的弃电率将从7%降低到1.6%，届时可减少3000万吨的二氧化碳排放量。因此，能源数字经济的发展对"碳中和"目标的实现具有重要意义。促进能源数字经济的发展措施主要有以下三点。

第一，努力突破数据壁垒，推动能源大数据的汇聚与融合。目前，我国能源大数据的汇聚与融合尚处于起步阶段，这主要是由于我国仍未建立起全国统一的能源大数据管理标准、能源大数据开发和利用所需的法律体系尚不健全、能源企业积极开放共享自身数据的动力不足以及机制不完善等。因此，能源数字经济的发展首先要建立能源行业的数据管理标准和法律规范，完善能源企业之间的数据交换、共享机制，努力突破能源数据壁垒，使能源大数据的巨大价值得到充分释放。第二，打造一个集智能化、智慧化和综合性于一体的能源配置平台。将新能源业务与大数据、云计算及物联网等数字技术进行融合，加快建设能源管理云平台，为发电企业和客户提供包括项目并网、运维、交易和结算等在内的一站式服务。加快建设以电为中心、以电网为平台的能源物联网。积极建立能源互联网生态圈，布局能源产业链、创新链、供应链和价值链，在更大范围内实现能源的优化配置。第三，健全电力市场和碳排放权交易市场体系。市场化交易带来了更多的商机和挑战，在此背景下，能源消费侧的工业、商业和居民用户将大量增加对数据价值挖掘的需求。我国可以通过建立健全相关体制机制，如电力市场和碳排放权交易市场的机制，建立全国统一的电力市场和碳排放权交易市场，进而有效利用碳减排成本在各地区、行业和企业之间的差异，以成本最小化的方式达到预期的碳减排目标。

若朝着以上三个方向发展，那么能源数字经济时代的到来指日可待，这对于提高我国能源利用效率、降低能耗排放、实现"碳达峰"和"碳中和"的目标具有重要意义。

4.3.2 能源互联网

能源互联网的概念最早由美国学者杰里米·里夫金提出，他在《第三次工业革命》一书中认为，第二次工业革命所建立的以大规模利用化石燃料为基础的工业模式即将走到尽头，而这正是由化石燃料的逐渐枯竭及其造成的环境污染问题造成的。里夫金预测，一个以新能源技术与信息技术深度融合为特征的新的能源利用体系，即"能源互联网"将很快出现。而第三次工业革命以能源互联网为核心，即在能源行业中利用互联网技术，将对人类社会的生产、生活方式产生深远的影响。

"十四五"是"碳达峰"的关键时期。由于我国能源行业的碳排放总量大，减排时间紧迫，历史遗留问题严重，因此迫切需要寻找一条适合我国资源禀赋和资源利用特点的减排路径。在资源禀赋方面，我国拥有丰富的风能、太阳能等低碳能源，但能源密度低，地域分布不均，因此需要就地转化为电能，以实现高效开发和优化配置。在资源利用方面，风能、太阳能等低碳能源具有波动性、随机性和间歇性等特点，只有通过能源网络互联，才能充分利用能源生产和用户分布的时空差异和价格差异，增强能源供应的可靠性和经济性。在减排路径方面，实现"碳达峰"和"碳中和"目标的"窗口期"十分有限。为了充分降低整个社会的减排成本，尽快达成"碳达峰"与"碳中和"的目标，必须加快能源转换与传输平台的建设、加速低碳能源的开发和交付，以显著提高我国绿色低碳发展的速度和规模。

针对上述问题，建设能源互联网这一方案便应运而生，它不仅适应我国资源禀赋的特点，而且能够加快推进能源低碳转型。从技术方面看，以智能电网为基础的能源互联网，通过新能源、智能监管、多能源转换、储能等技术，实现清洁能源的广泛接入和终端能源供应网络的互联互通；它以先进的信息网络为枢纽，通过数字孪生、"云大物移智链"、5G等数字信息技术和超级计算，赋予传统能源系统以精确配置和高效利用能源的能力。从形式上看，能源互联网层次耦合、结构灵活，它能够实现大范围的能源优化配置、实现局部分布式能源的高效利用，此外，它还可以支持能源体系经济、安全、高效地运行。从功能上看，能源互联网能够有效地进行能源配置。在纵向方面，可以通过智能调度以实现电力供求的灵活互动；在横向方面，可以利用电、气、热、冷综合能源服务来实现各类能源的动态互补。除此之外，储能技术的逐渐成熟也给传统的能源系统带来了革命性的变化。通过能源互联网各节点广泛存在的储能系统，发电、输电、供电和用电等各环节将不再受同时性的制约。电力供应与一次能源供应在时空上解耦，能源的瞬时转移和按需供应对于能耗终端来说将成为可能，能源的生产、供应、储存及销售体系将得到深入改造，并有可能按照互联网思维对能源系统进行管理和改造。储能技术是发展能源互联网至关重要的一个环节，它的大规模应用将支撑新电力体系的建设和"碳达峰""碳中和"目标的实现。由此观之，我国要想促进能源转型，就必须坚持发展能源互联网。

经过近几年的发展，我国能源互联网的建设已经具备较好的基础，但仍存在一些短板。一方面，我国能源互联网的建设尚未突破核心技术瓶颈。中国建设能源互联网的起步较晚，缺乏足够的技术支持及创新能力，在能源储存技术和稳定的能源产出方面仍面临较大的难题。另一方面，能源互联网的建设缺乏竞争力。尽管我国部分能源行业处于领先地位，但大部分能源行业的知名度仍旧比较低。此外，能源消耗者对清洁和可再生能源的问题没有给予足够的重视。同时，由于前期的能源互联网建设需要大量资金和设备的投入，新能源的开发成本提高了，使得用户面临更大的投资风险。因此，参与我国能源互联网建设的用户较少，造成缺乏竞争力的局面。面对这些问题，可以采用以下四点措施，从而推动能源互联网的建设。

首先，要着力推进能源技术革命，用先进的技术为能源互联网的构建提供支撑。提高信息技术和能源产业紧密融合的速度，为传统能源产业智慧升级、创新业态、拓展服务和构建生态提供全新的可能。在能源的生产方面，建立能源互联网的系统平台和数据中心，保障清洁低碳能源的联通安全和顺畅消纳。在能源的消耗方面，以用户肖像等大数据技术为基础，灵活收集需求侧的信息，并通过支持综合能源服务等新模式，为用户提供更多的消费选择，提高用户的网络黏性。在储能技术方面，扩大储能技术路线的比选范围，提供更多储能技术的实践运行方案，积极推广微小型抽水蓄能等储能技术的运用。在系统的运行效率方面，以"云大物移智链"的创新应用为基础，借助数据控制台、能量路由器、能源大数据等技术，实现工业互联网与能源电力系统的紧密融合，促进能源系统从差异化、松耦合向标准化、紧耦合转变。在能源的交易方面，探索利用区块链、趋势跟踪等技术进行点对点能量交易和绿证交易，创新电力市场的交易模式，激发能源互联网的市场活力。

其次，要深化能源体制的改革，为构建能源互联网营造良好的政策环境。继续推动相关产业体制机制的改革与创新，为构建能源互联网和创新商业模式提供动力。破除传统能源产业的"竖井"，兼顾油、气、电、煤等多种能源类型的发展战略，促进供电、供热、供冷、供气等基础能源服务的一体化审批，打破能源互联网建设的行业壁垒。打造可再生能源和分布式能源并网"快车道"，使得第三方能够公平地使用油气管网，为大用户直接供应天然气，提高创新能源互联网商业模式的积极性，减少终端用户的能源消耗成本。

再次，开展试点工作，探索建设能源互联网的可行路径。在"碳达峰""碳中和"目标下要实现我国的能源转型，需要建立能源互联网，以低碳能源互联互通、智能转型升级、安全性能提升、市场机制完善等重大能源转型课题为中心，分不同领域、不同阶段进行能源互联网建设试点示范。在长江经济带上游、黄河流域、新疆能源富集区等富含清洁能源的地区，建立一批以新能源为主的能源基地并对其进行科学规划，通过示范项目引领低碳能源替代项目，推动高比例、高质量、低成本的新能源互联互通。在东部和中部的能源负荷密集地区，进行就地开发和利用分散能源和需求侧响应的试点。根据因地制宜的原则，建立一批能源综合服务试点项目，利用多种类型能源之间的协调互补、优化利用和联合供应，有效提高终端能源的使用效率。

最后，要更大程度地开放能源领域，为能源互联网走向世界创造有利条件。中国要主动融入全球能源的治理过程，提倡通过能源互联网的建设促进能源新模式的转化，努力成为未来能源发展的主导力量。能源国际合作如"一带一路"，通过亚洲基础设施投资银行（AIIB，简称亚投行）、金砖国家新开发银行（NDB）等国际金融平台，建立国际智慧能源产业基金，促使中国能源互联网技术和商业模式"走出去"，携手促进国际能源转型。

4.3.3 数字技术与新能源发展

由于化石能源的枯竭及环境污染问题的不断加剧，以化石能源为核心的传统能源不再适合经济的可持续发展，而"碳达峰""碳中和"目标的提出使得传统的能源生产消费体系更加难以持续。面对严峻的国内外形势，我国早在《2000～2015年新能源与可再生能源产业发展规划要点》中便指出要大力发展新能源。我们通常所说的新能源是指利用新技术开发和利用的可再生能源，主要包括太阳能、风能、生物质能、地热能、波浪能、海流能、潮汐能、海洋表层和深层之间的热循环、氢能、沼气、酒精及甲醇等。

新能源的发展具有重要意义。首先，它可以帮助摆脱国内能源危机。西方国家的不断调控提高了石油的价格，与此同时，国内相关行业对石油的需求也在增加，此外，由于国际贸易具有不确定性、石油能源具有不可再生性，我国的石油能源在一定程度上存在短缺，这使我国的能源安全面临风险。因此，通过发展新能源取代传统的石油能源，有望化解国内能源危机。其次，发展新能源能够促进国内产业结构转型升级。国内产业结构的现状使得我国严重依赖传统能源。因此，改变企业现有的经营模式，推动企业产业结构升级便显得尤为重要。新能源的发展可以降低国内重工业对传统能源的依赖程度，调整产业结构，从而促进企业的快速发展，助力国内经济增长。因此，大力发展新能源不仅能够促进国内产业结构的转型，还能增强我国的经济实力和综合国力、加快建设环境友好型社会。最后，发展新能源有助于"双碳"目标的实现。能源产业改革及向可再生能源转型是实现"碳达峰""碳中和"目标的关键举措，其中要以电力为主，着力发展太阳能、风能等新能源。建立以新能源为主体的新电力系统，可以有效降低二氧化碳的排放量，从而助力"碳达峰""碳中和"目标的达成。

得益于国家政策的支持以及市场需求的推动，我国新能源迎来了快速发展时期，越来越多的新能源汽车、电动汽车、风力涡轮机、太阳能照明等新能源产品逐渐进入人们的视野。然而，尽管我国新能源的发展前景十分广阔、市场需求巨大，但在互联网时代背景下仍存在一些缺陷阻碍其发展。如何清扫发展障碍，引领自身行业成功实现数字化高效升级，获取更多的线上资源，已成为我国新能源行业里众多企业急需解决的问题。

要突破新能源的发展瓶颈，实现更好的发展，需要探索出新的可行方案。在所有发展路径中，营造良好的生态环境、将数字技术融入新能源的发展过程、构建新的产业生态系统，是最适合我国新能源的发展路线。在新能源产业链中，政府、电网企业、发电企业、投资机构、设计服务企业、装备制造企业等利益相关者众多。高质量发展新能源可以借助新能源云，汇聚行业中的各方主体，打破专业壁垒和行业壁垒，破除"数据烟囱"，共建线上与线下全面相互扶持的新能源产业生态圈，形成跨行业、跨专业、跨区域融合的新发展模式等方式实现。消费领域已验证了这种市场逻辑的有效性。例如，餐饮企业海底捞利用数字技术，建立了企业中间平台，实现"千人千面"。消费者只需打开应用软件，便可以找到自己喜欢的菜肴、锅底等信息，甚至可以享受专属的打折促销优惠。此外，海底捞以消费者的偏好、消费能力等数据为基础，合理规划布局新店的开设，实现高速盈利、持续裂变，成为熟练玩转数字技术的餐饮企业。由此可知，如果企业拥有先进的云计算基础平台，运用大数据、人工智能、区块链、物联网等新技术，抢占细分市场，提高培育新的商业业态和模式的热情，新的商机和体验将会如潮水般涌来，让企业优先享受数字技术带来的"红利"。

除了餐饮业的企业海底捞，中国新能源5G商城也利用数字技术获得了成功。中国新能源5G商城创始人朱艳华在谈到如何成功实现与互联网的高效融合，以实现数字化升级时表示，这一过程需要有不断创新和大胆探索的精神、要寻找一个专业可靠的互联网平台并与之合作，此外，顺应时代潮流，牢牢抓住行业短板，利用互联网的优势探索出一套不同于其他企业和电子商务平台的新方案很关键。创始人朱艳华以高瞻远瞩的眼光和对行业市场的敏锐洞察力，通过与5G云平台的全面融合发展，以原有的实体产业为基础，将5G云平台的先进互联网技术作为驱动力，突破线上、线下渠道的壁垒，最终建立起了"中国新能源5G商城"这个多功能的智能商城。此外，为了挖掘潜在的线上用户，中国新能源5G商城的创始人有效利用云计算、互联网、大数据等先进的数字技术，在平台上建立了一个以用户需求数据为核心的大数据库，形成了大数据分析能力，并以此作为指导进行了深入的收集、挖掘和分析。中国新能源5G商城在深入了解与分析用户的有效需求、提高目标交付和用户销售的准确性后，也成功实现了以用户为中心的精细化运营模式，增强用户与平台、企业之间的黏性。在创始人朱艳华的引领下，中国新能源5G商城不仅成功实现了数字化转型升级，还通过差异化的运营方式，成功发起了网络市场争夺战，占领了更大的市场份额。

目前，我国新能源技术开发自主创新能力不足，尚未掌握发展新能源的核心技术，使我国在这一方面很容易陷入受制于人的局面，在很大程度上阻碍了新能源的发展。因此，提高自主创新能力，将数字技术融入新能源发展进程，掌握核心技术显得尤为重要。不同于传统能源，新能源是一种更先进、污染更小的资源，这将大大推动未来社会和经济的可持续发展。

4.3.4 能源企业的数字化转型

能源数字化是指利用数字技术引导能源有序流动，构建更高效、更清洁、更经济的现代能源系统，提高能源体系的生产能力、安全性、可达性和可持续性。在能源领域中，数据、分析和连接的使用无处不在，使运营效率能够得到大幅度提高，并且能削减1/10的能源使用量。对能源系统进行数字化可以准确定位能源的需求者，并且明确如何在适当的时间及适当的地点以最低的成本提供能源，全新的能源商业模式正在形成。

数字化是能源企业进行能源转型的重要方式。首先，全球的能源转型过程遇到了新的挑战。尽管能源消费结构在不断优化，以电力系统为基础的光伏、风电等二次能源正逐步替代以煤炭、石油、天然气等一次能源为主的传统能源，全球气候变暖以及环境污染问题变得日益严重，而"碳达峰""碳中和"目标的提出更是加大了这种压力。国际主要能源公司正有选择地进行适度开发新能源，试图抓住机遇。当前，新能源主要用于电力系统，数字化转型更符合电力系统发展的需要。其次，能源数字化与能源转型中降低成本和提高效率的核心要求相适应。在互联网时代背景下，从能源勘探、生产、运输、销售到服务的整个能源产业链必将与数字平台紧密融合在一起，这迫切需要高效计算、海量数据、即时通信和其他技术来降低能源成本、提高使用效率，以推动能源的绿色发展，加速能源产业的转型。据IEA发布的《数字化与能源》预测，大规模运用数字化技术将降低油气生产成本的10%~20%，并且增加5%的全球油气技术可采储量，页岩气有望获得最大效益。仅在欧盟，扩大存储和数字需求响应便可以在2040

年使太阳能光伏发电和风力发电的减少率从7%降低到1.6%，从而在2040年减少3000万吨的二氧化碳排放量。除此之外，某些清洁能源技术，如碳捕获和储存，也可以受益于能源的数字化转型。最后，传统能源产业的发展模式已不再适用于经济数字化时代，这要求传统的油气企业从只提供油气产品转变为提供"产品+服务"的综合服务企业。优先进入数字领域、实现数字化转型的企业带来的竞争优势迫使能源从业者进行转型，数字化也开始融入传统的能源企业。

从实现路径方面来看，能源企业可以从以下三条路径中选择一条以实现数字化转型。第一条路径是优化能源企业资产设备的全寿命周期体系，这条路径在未来将延伸到负荷侧，能源用户的内部能源系统与负荷设备相连，并与部分工业互联网整合到一起。第二条路径是围绕源网荷储，以数字化为基础，实现优化运行、节能调度、优化交易。第三条路径是优化面向居民用户和企业客户的服务流程。就服务的产品、方式及流程而言，面向居民用户的服务流程与消费类企业类似，而面向企业的服务流程则更接近于阿里巴巴（2B），但在细节上又存在许多差异。在选择具体的发展路径时，能源企业要综合考虑自身的特点以及市场的需求状况，走出正确的数字化转型之路。

在当前的时代背景下，越来越多的企业顺应潮流，积极利用数字技术为自身谋求发展。能源企业亦是如此，它们在数字化转型过程中主要表现出以下五个趋势。

第一，通过建设传感网络，提升数据感知能力。数字化转型促使数据从生产经营的副产品向参与生产经营的关键要素转变，数据成为企业发展的重要资源，数据感知成为推动数字化转型的基本能力。数据感知提高了能源企业掌握设备运行情况、洞察客户需求的能力。对于能源企业来说，不仅仅需要部署多种类型的传感器，更需要制定统一的数据和技术标准，形成互联的数据感知网络。例如，在搭建企业级物联网平台时，爱迪生联合电气公司（Consolidated Edison）利用数据集成技术，将来自13个源系统的数据汇集起来，从而完成了对整体业务运营的数据整理。

第二，利用数据挖掘实现运营决策的精益化。通过数据感知网络采集到的数据，需要进行分析挖掘，以释放其价值。能源企业的业务运营效率将受益于积累的海量产业数据而得到提高。壳牌在阿根廷瓦卡穆尔塔油田的工程就是依靠数字化手段进行"虚拟钻井"，加拿大卡尔加里的工程师使用实时数据回传对钻井速度和压力进行远程控制，这使得开采成本由原先的 1500 万美元降至现在的 540 万美元。通过分析变电站的运维历史数据，意大利国家电力公司对风险点进行有效定位，运维成本得到了降低，完成了对 16000 个变电站的预测性维护。牙买加公共服务有限公司每年约有 25% 的电能被盗，每年进行密集人工巡检的成本超过 1000 万美元。为了改变这种局面，牙买加公共服务有限公司通过机器学习，对电表数据进行自动分析和挖掘，从而有效降低了窃电损失。对海量业务运营数据进行分析挖掘改变了能源企业原有的经验驱动决策管理模式，借助多维数据分析，大幅提高管理效率，压缩管理链条，在不同场景下采用不同的决策，提高了决策管理的客观性、精益性和敏捷性。

第三，从优化产品质量转变为改善消费者体验。随着全球能源监管力度的逐渐加大，仅靠能源供应难以增加利润。此外，如今的消费者不仅关注产品本身，也越来越关注消费体验。因此，越来越多的能源企业开始依赖数据来改善消费体验。当前，几乎所有能源企业都开发了在线服务应用，通过新的数字渠道实现对客户的全方位服务，使客户可以通过移动终端实现在线查询、支付、管理等操作。这样能源企业能够实现线上、线下服务渠道的整合，提高对客户的理解力，并在此基础上拓展其他服务模式。例如，EDF 与亚马逊进行合作，借助亚马逊的智能扬声器 Alexa 实现语音服务；德国意昂集团结合手机定位数据，实现对家庭恒温系统的智能控制，完善智能家居的服务体验；Vertuoz 是法国燃气集团用于建筑能源管理的数字服务平台，通过安装温度传感器、光敏传感器和 CO_2 传感器，收集建筑物的能耗数据，在数据监测和分析的基础上制定节能方案，通过智能远程能效监控系统优化建筑能耗。如今已有不少的能源企业推动其价值创造核心从提供能源产品转变为提供能源服务，而能源服务的核心便是数据服务。

第四，促进能源企业商业模式的创新。数据已成为数字时代模式创新的主要动力，能源企业也在不断探索新的商业模式。能源企业在传统业务的基础上，充分发挥行业技术和数据的优势，开辟和培育新的业务领域。德国意昂集团和谷歌公司联合推出了一个基于机器学习算法的"照明屋顶"项目，该项目结合了房屋的气象数据、屋顶面积、地理位置、客户能源消费习惯等，为客户准确计算和安装光伏电池板，节约了能源成本、扩大了分布式光伏业务领域。电网公司越来越多地利用行业技术和数据优势为智慧城市的建设服务。例如，爱迪生联合电气公司将伊利诺伊州的14万盏路灯升级为智能路灯，这种路灯可以通过收集亮度和物体运动的数据进行自我调节。仅在芝加哥，每年就能节省大约1000万美元的费用。除此之外，在各种能源技术成本降低之后，涌现出了越来越多的新能源商业模式，技术手段和商业模式也得到不断创新和发展。例如，STEM公司建立了储能运营的商业模式，通过实时分析电力供需数据，控制储能电池参与需求侧响应，从峰谷差价中获取利润。能源在许多行业中具有很强的渗透性，围绕能源开拓商业模式可以获得非常广阔的发展空间。未来，更多的数字技术将被应用于能源商业模式，能源消费结构将朝着更清洁、更高效的方向发展。

第五，以需求为导向，携手建立协同创新网络。旧文化与新发展之间的矛盾严重阻碍了能源企业的数字化转型进程。数字化转型对于能源企业来说是一个全新的发展路径，毫无可供复制的对象，因此需要我们在不断地探索中总结实践经验。与其他先进的科技企业合作建立一种基层创新激励机制，有助于加快能源企业的数字化转型进程。能源企业通过合作的方式，可以引进新型技术企业的新技术，为数字化转型提供技术支持。此外，能源企业通过建立创新和容错机制，提高基层创新创业的激情，为数字化转型提供内部动力。总体而言，能源企业已经进行了一些成功的数字化转型探索，但在挖掘能源数据资源的价值方面仍缺乏实践经验，数字化文化仍制约着能源企业的数字化转型，商业模式仍具有巨大的创新潜力。

第5章　能源与人工智能

5.1　人工智能简介

5.1.1　人工智能的起源和发展

人工智能（Artificial Intelligence，AI）是一门边缘学科，是属于自然科学和社会科学的交叉学科。2017年，中国人工智能学会与罗兰贝格联合发布的《中国人工智能创新应用白皮书》对人工智能的概念进行了解析，将其定义为利用计算机模拟人类一系列诸如自主学习、决策、判断等智能行为的科学。人工智能基于机器学习、计算机视觉、自然语言处理（NLP）、生物特征识别、机器人等技术，使得以前单纯由人类体力和脑力完成的任务逐步实现自动化，提高了生产效率。

1956年，John McCarthy、Marvin Minsky等学者在美国达特茅斯学院主办了一场研讨会，主题为"通过机器模拟人类智力行为"，并在会议上首次提出了"人工智能"这一概念，人工智能相关研究进入黄金时期。直至1973年，人工智能研究首次遭遇低谷。法国数学家James Lighthill指出，许多人工智能的相关研究毫无意义，该领域并未出现重大的技术突破，并且一些项目也未能达到预期目标。舆论压力的不断上升迫使政府及科研单位大量减少相关领域的科研经费。

20世纪80年代，日本研制第五代智能计算机以失败告终，人工智能发展陷入第二次低谷。1984年，斯坦福大学试图编撰一本包含人类社会常识的百科全书，但受限于当时的技术能力，这一计划虽然以失败告终，却促进了数据挖掘、机器学习等现代人工智能技术的发展。

此后，以知识为基础的专家系统、深度学习技术进一步推动了人工智能的技术发展。专家系统指的是一个智能计算机程序系统，其内部含有大量某领域专家水平的知识与经验，能够利用人类专家的知识与解决问题的方法来处理问题。这段时期，许多知名的专家系统，如地质勘探专家系统（PROSPECTOR）、钻井数据分析系统（ELAS）等在世界各地得到了一定程度的开发与应用。

21世纪初，基于神经网络的深度学习技术开始崭露头角。2012年，Hinton教授及其团队将最新的神经网络技术应用于大型图像识别的竞赛。此后，基于神经网络的深度学习技术开始得到广泛认可，其中最著名的事件是2016年的人机对抗赛。当年，Google公司开发的AlphaGo系统（主要工作原理为"深度学习"）与世界顶级职业棋手李世石进行围棋人机大赛，并以4∶1的总比分获胜。该事件引发了公众对人工智能的关注。

如今，全球主要经济体把人工智能视为未来综合国力竞争的重要因素，纷纷出台多项人工智能的专项规划与支持政策，力图在国际科技竞争中掌握主导权。2017年，我国发布了《新一代人工智能发展规划》，用以指导人工智能产业的发展，确立了到2030年使我国成为人工智能全球创新中心的目标。2020年7月，国家标准化管理委员会、中央网信办、国家发展改革委、科技部、工业和信息化部五个部门联合印发了《国家新一代人工智能标准体系建设指南》，提出2021年完成人工智能标准化顶层设计，2023年初步建立人工智能标准体系，为我国人工智能发展水平的监测和评估提供了重要参考依据。

5.1.2 人工智能的基本特征

人工智能技术不仅具有信息与通信技术（ICT）所具有的渗透性与替代性特征，还具有与各生产要素协同配合以提升经济效率的协同性特征和替代人类脑力工作的创造性特征。

1. 渗透性

作为一种兼具通用性和基础性的技术，人工智能具有与经济系统各行业、生产生活各环节相互融合的属性，这种广泛应用于经济社会各领域的特征被称为渗透性。在发展初级阶段，人工智能只能应用于简单场景，解决一些抽象概念性的游戏问题，但随着技术的发展，人工智能被越来越多地应用于多元场景与复杂场景，解决问题的边界也在向实际应用方向拓展。这种应用复杂化的趋势是对人工智能技术渗透作用的印证。渗透作用是通用型技术最基本的技术经济特征，也是计算技术领域重大创新能够引发技术革命，从而带来技术经济范式转换的技术基础。渗透性特征决定了人工智能具有对经济增长产生广泛性、全局性影响的潜力。在可预见的未来，人工智能技术将更加全面地融入日常社会活动之中，成为经济社会中不可替代的一部分。

2. 替代性

随着设备设施与技术研发的持续发展，信息与通信技术产品相对价格持续下降，从而出现ICT产品对其他投资的大规模替代。如芯片领域的摩尔定律预言集成电路晶体管数目约18个月便会增加1倍，这使得芯片在能够解决更多问题的同时成本持续下降，实现对非ICT资本的不断替代。人工智能除了对非ICT资本的替代外，还能实现对劳动要素的直接替代，但人工智能对就业的影响并非意味着实际岗位数量的减少，人工智能完全替代人类劳动的极端情形在中短期不会出现，但人工智能技术将会持续发挥其替代效应，在作为独立要素不断积累的同时，对资本要素、劳动要素进行替代，对经济发展的支撑作用也会由此不断强化。

3. 协同性

人工智能的协同性在一定程度上是其渗透效应的具体实现。人工智能技术作为通用型技术渗透到经济社会各个方面。在生产领域，人工智能技术的应用可以提升资本、劳动、技术等要素之间的匹配度，加强上游技术研发、中游工程实现与下游应用反馈各个生产环节之间的协同，从而提高生产效率。在消费领域，人工智能技术可以实现对用户消费习惯与消费需求的自动画像，完成需求与供给的智能匹配，更好地描述客户需求。总的来说，人工智能的协同性特征体现在对经济运行效率的提升方面。

4. 创造性

在当今社会，人工智能技术已经被广泛应用于药物发现及筛选、材料识别及模拟等科研活动，在金融、数字建模、应急救援、音乐、绘画等多个领域被广泛赋予分析决策甚至是创造创新的能力。人工智能的创造性可以生产出额外的知识，增加人类整体智慧总量，从而促进技术进步，提高经济效益。

5.1.3 人工智能与经济社会发展

随着工业机器人、云计算和物联网等技术的兴起，人工智能近年来发展势头强劲，并日益渗透到人类社会的各个领域。

1. 人工智能与经济发展

Hansen（2001）较早地从理论层面上论证了人工智能对经济的影响。假设智能机器与人类劳动同时存在替代效应和互补效应，这种替代效应或互补效应的大小受工作种类的影响；并且假设智能机器技术比一般技术进步更快，从而批量使用智能机器将经济增长率提高一个数量级或更多。Acemoglu 和 Restrepo（2016）的研究发现，生产自动化同时具有替代效应和生产力效应，替代效应本身会降低劳动力需求，而生产力效应则通过使用更便宜的资本替代劳动从而提高生产力，并提高对尚未自动化任务中劳动力的需求。此后，Acemoglu 和 Restrepo（2018a，2018b）的研究发现，在人工智能技术应用过程中，存在多种因素会限制劳动生产率的提高。例如，人工智能技术应用所需的技能与劳动力能够提供的技能不匹配。新技术倾向于使用新技能，但若教育体系未能及时提供新技能的培训，经济转型将会受到阻碍。再如，过快的自动化可能会阻碍劳动生产率的提高。由于当前的税收优惠往往针对资本而不是劳动力，并且劳动力市场尚不完善、存在摩擦，使得均衡工资会高于劳动的社会机会成本，从而导致自动化技术被过度采用，资本与劳动的配置效率低下，阻碍劳动生产率的提升。

随着理论模型的发展与完善，针对人工智能对经济增长或生产率影响的实证研究逐渐增多。Kromann 等（2011）基于跨国、跨行业的面板数据，发现工业机器人的使用在短期和长期内对生产率有显著的积极影响，如果一国将自动化程度提高到自动化程度最高国家相应行业的同一水平，那么样本中国家的制造业总生产率可提高 8%～22%。Graetz 和 Michaels（2015）运用 17 个国家的面板数据研究发现，工业机器人的使用使得经济增长速度提升了 0.37%，全要素生产率也有提升。但同时，该研究也发现工业机器人的使用存在"拥挤效应"，即机器密度增多的边际效应正在快速下降。

2. 人工智能与就业

人工智能技术的发展会导致生产自动化的成本逐渐下降，从而引起机器对劳动力的替代效应。实际上，人工智能取代人类劳动的担忧从 18 世纪后期工业化开始产生。从现有文献来看，人工智能对就业的影响包括负向的抑制效应和正向的创造效应两个方面（Aghion and Howitt, 1994）。

一方面，人工智能技术发展通过提高劳动生产率产生替代效应，从而减少就业机会。早在 1911 年 Schumpeter 研究了技术进步对劳动力的负面影响，认为技术进步将引起对生产新产品的生产要素需求的短暂提升，但技术变化的节约效果将导致劳动力需求的下降，从而提高失业率。Jung 和 Lim（2020）基于 42 个国家的国际面板数据证实了这种劳动力替代效应。Dauth 等（2017）基于 1994～2014 年德国的面板数据发现，一个工业机器人替代了制造业的两个工作岗位，使得制造业就业岗位下降了 27.5 万个，占德国制造业就业总体下降的 23% 左右，但工业机器人确实提高了劳动生产率。

另一方面，人工智能技术发展也会通过创造效应提供工作岗位。例如，根据国际机器人联合会数据，仅机器人产业就在世界范围内创造了 17 万～19 万个工作岗位。Pissarides（2000）认为资本深化产生的就业机会成本在最初已经支付，技术进步将会导致未来收益的有效贴现率降低，从而使得收益的现值更高。此时企业为实现利润最大化，会扩大生产规模，并提供更多工作机会。Acemoglu 和 Restrepo（2016）通过任务模型发现，人工智能虽然会替代传统岗位的劳动力,但同时会伴随新产业创造就业机会的增加。Dauth 等（2017）基于 1994~2014 年德国的工业机器人数据进行研究发现,工业机器人虽然降低了制造业的就业,却促进了服务业的就业增加,使得总体就业水平并未发生明显变化。

总体来说,人工智能对就业的影响取决于上述两种效应的合力,但其净影响在学术界尚未达成一致意见。纵观过去两个多世纪,尽管失业率仍存在周期性波动,自动化和技术进步并未显著提高失业率（David, 2015）。

5.1.4 中国人工智能发展的现状

长期以来,中国在世界科技发展史中扮演着追赶者的角色,但人工智能是我国在新一轮技术革命中率先取得领先优势地位的少数领域之一。根据《2019 年中国人工智能产业研究报告》,2019 年中国人工智能产业（包括计算机视觉、智能语音、人机交互、机器学习、知识图谱与 NLP、AI 芯片等核心产业）规模达到 1088.6 亿元,预计 2025 年产业规模将超过 4500 亿元。无论是社会资本还是政府补贴,人工智能都获得了大量的资本支持。根据《中国科创企业展望 2020》,连续三年人工智能在一级市场吸收超过千亿元资金,各级政府出台的企业税收优惠政策成为标配,起到突出支撑和带动作用的项目补贴达到千万元。人工智能正加速与实体经济融合发展,助力产业转型升级、提质增效。

1. 中国人工智能研究成果居于世界前列

从学术论文来看,中国科学技术发展战略研究院、科技部新一代人工智能发展研究中心联合发布的《中国新一代人工智能发展报告 2020》显示,2019 年中国发表的人工智能相关论文成果达 2.87 万篇,比 2018 年增长 12.4%,是美国发表人工智能论文规模的 1.5 倍。2014~2019 年,全球前 100 篇高被引人工智能论文中有 21 篇由中国学者发表,比 2018 年增加 5 篇。

从专利申请来看,中国人工智能学会吴文俊人工智能科学技术奖评选基地、中国工程院清华大学知识智能联合研究中心、清华大学人工智能研究院联合发布的《中国人工智能发展报告 2020》显示,2011~2020 年全球人工智能专利申请量超 52 万件，其中中国的专利申请量达 389571 件，占全球总量的 74.7%，位居世界第一。在人工智能领域各顶级国际会议上，中国的活跃度和影响力都不断提升，在异构融合类脑计算、神经网络可解释性方法、自动机器学习等领域涌现出一批具有国际影响力的创新成果。

从产业发展来看，深圳市人工智能行业协会发布的《2021 人工智能发展白皮书》显示，2020 年中国人工智能核心产业规模达 3251 亿元，同比增长 16.7%；人工智能领域融资规模达 896.2 亿元，单笔人工智能领域融资额达 1.9 亿元，同比增长 56.3%。2020 年中国人工智能相关企业数量达到 6425 家，同比增长 25.37%，企业数量位居全球第二。此外，中国在国际人工智能开源社区的贡献度已仅次于美国，成为第二大贡献国。

2. 中国人工智能技术处于关键突破期

作为引导新一轮产业变革的先进技术，人工智能对经济社会的变革动力来源于一系列技术创新。根据中国信息通信研究院的划分标准，人工智能技术的创新程度和突破难度分为四个层级，由高到低分别是颠覆、阶跃、创新优化和工程实现。当前，尽管我国在创新优化与工程实现方面处于全球领先位置，但在颠覆与阶跃方面相对薄弱。

根据中国信息通信研究院的测算，现阶段我国在语音、视觉等方面的工程实现水平处于世界领先地位，算法模型的二次创新同样位于世界前列。创新优化与工程实现方面的优势得益于中国广大的市场规模，一大批人工智能研发机构通过人工智能算法进行场景应用方面的训练，在此基础上，通过丰富的场景、用户数据对模型进行创新优化。

中国科学院大学人工智能学院开发了大规模知识图谱构建关键技术与应用、联网机器翻译核心技术及产业化等项目。北京极智嘉科技股份有限公司构建了国内机器人数量最多、出货能力最大的机器人拣选仓库产品和解决方案系统，应用场景包括订单拣选、自动搬运、包裹分解等方面，并且提供环境地图构建、动态环境适应、混合场景多传感器融合、自适应运动等一系列技术服务。上海依图网络科技有限公司、上海交通大学与上海熠知电子科技有限公司合作建立了"视觉计算与应用"实验室，具体应用场景包括安防、海关总署、中国边检等单位的人像比对服务，招商银行、浦发银行等互联网金融业务等。

尽管中国在语音、视觉、自然语言处理等基础应用任务的算法开发上技术完成度高、处理能力强、迭代速度快，但在颠覆层级的基础理论开发与阶跃层级的模型原创方面缺乏明显优势。主要原因有两个方面：一方面，深度学习、神经网络、知识工程等人工智能基础理论开发需要统计学、认知学、神经学等多个基础学科作为理论基础，而中国现代基础学科的教育与发展长期以来落后于欧美发达国家；另一方面，人工智能热点发展方向的决定权由欧美国家掌控，技术标准、数据标准体系长期对标国际标准，导致中国在人工智能领域的技术研发话语权偏弱。

3. 中国人工智能产业形成"三点、一线、一片"的空间发展格局

自国务院发布《新一代人工智能发展规划》以来，全国各地逐步形成符合地方定位、具有地方特色的人工智能战略规划布局，央地共治助推人工智能发展成效显著。目前，中国形成了以京津冀、长三角、粤港澳大湾区三大城市群为重要引擎，沿海线地区快速增长，中西部片区稳步增长的"三点、一线、一片"人工智能空间发展格局。

其中，京津冀城市群形成以北京为绝对核心的单核发展态势，长三角城市群形成以上海、杭州为正副核心的双核发展态势，粤港澳大湾区城市群形成以深圳、香港、广州为核心的发展态势。除三大城市群外，成都、武汉、长沙、合肥等城市也联合推动了内陆地区人工智能领域的发展。

人工智能研发机构为三大城市群人工智能发展提供了有效支撑。根据深圳市人工智能行业协会的数据，2020年中国人工智能企业数量达到6425家，其中京津冀、长三角、粤港澳大湾区三大城市群的人工智能企业数量占据了企业总数量的80%以上。2020年人工智能领域从业人员超过60万人，其中北京、上海、深圳、杭州四地拥有80%以上的人工智能人才。广东、北京、上海、浙江等地在企业人工智能专利申请量方面领先全国，分别达28.32万件、10.28万件、6.13万件、3.67万件。2019年人工智能领域相关论文发表活跃度由高到低依次为北京、江苏、广东、湖北。北京拥

有北京大学智能科学系、清华大学神经网络结构研究中心、百度深度学习研究院、微软亚洲研究院等一系列颠覆性与阶跃性技术研发机构，还拥有北理工仿生机器人与系统国际合作联合实验室、中科院模式识别实验室、旷视科技计算机视觉研究院等一批创新优化与工程实现技术研发机构。上海与杭州拥有聚焦于颠覆性与阶跃性技术开发的机器认知计算研究中心、上海交通大学人工智能研究院数学基础研究中心、深兰科学院、复旦大学类脑智能教育部重点实验室等校企机构，创新优化与工程实现技术研发机构则包括多源感知与机器智能研究所、浙江大学计算智能与信号处理研究所、上海智能机器人工程技术研究中心、之江实验室等。粤港澳大湾区则聚集了华为云计算异构系统关键技术工程实验室、无人系统研究所、中山大学大数据与计算智能研究所、香港中文大学智能系统实验室、深圳人工智能与大数据研究院、大疆智能无人系统开放创新平台、云从科技-中国民航共建智慧民航研究中心（广州）等一大批校企研发机构。

5.2 能源与人工智能

5.2.1 人工智能对能源的影响

1. 人工智能与能源的关系

随着人工智能的快速发展，人工智能技术已经影响人类经济社会的方方面面。人工智能的渗透性使得能源产业与其他产业的生产方式发生改变，能源消耗也因而受到影响。人工智能对能源消耗总体上分为积极影响和消极影响两个方面。

人工智能与能源产业的深度融合大大改善了能源系统的运行与管理效率。例如，能源信息学中的机器学习和深度学习可以用来建立精确的模型，用于解决能源问题，包括能源分配、防止能源浪费和盗窃、减少污染等问题，从而促进能源的动态和经济管理（Heghedus et al., 2018）。在提高机器人的能源效率方面，路径重设、机器人运动的重新编程以及使用节能设备可以有效降低工业机器人在制造系统中的能耗（Brossog et al.，2015）。通过改变机器人的运动曲线，避免峰值扭矩并遵循系统的特征频率，可以实现30%~70%的能源收益（Pastras et al.，2019）。

尽管人工智能可以在一定程度上降低能源消耗，但人工智能也可能会增加能源消耗。与机器学习和工业机器人等高耗能技术相比，人类的体力和脑力效率惊人，能耗也少得多，而人工智能研究和深度学习平台等应用需要大量能源（Wang et al.，2021）。训练通用自然语言处理模型所需的能源消耗和二氧化碳排放量是生产和使用汽车所需能源消耗和二氧化碳排放量的5倍。这一环境成本在中国甚至更高，云计算提供商65%的能源消耗来自煤炭，22%来自可再生能源，而德国和美国的相应值分别为38%和40%以及27%和17%（Strubell et al.，2019）。

工业机器人的应用同样增加了能源消耗。一方面，不同于一般的自动化机器（如纺织机、运输带和起重机），工业机器人依赖ICT特别是机器学习和深度学习进行编程和控制，这产生了大量的能源消耗（Vinuesa et al.，2020）。另一方面，驱动工业机器人的硬件设备将直接导致电力消耗的增加（Pastras et al.，2019）。有研究显示，工业机器人的能源消耗几乎占到了制造业企业总能耗的8%（Brossog et al.，2015）。

2. 人工智能对能源影响的计量模型——以工业机器人为例

（1）基本模型

人工智能对能源的影响在经济社会活动中是否真的发挥了作用，还需要通过模型进行定量分析。因此，本部分将以工业机器人为例，验证人工智能对能源的影响，对人工智能与能源强度的关系进行计量分析。在进行回归前，需进行相关检验以确定估计方法。第一，运用Modified Wald Test方法进行组间异方差检验，结果显示模型存在组间异方差。第二，运用Wooldridge Test方法进行组内自相关检验，结果显示模型存在一阶自相关。因此，模型需要扩展为动态面板模型，即模型中需要加入被解释变量的一阶滞后项。然而，动态面板模型普遍存在内生性问题，静态面板模型中常用的组内估计量也是不一致的，且模型中存在异方差现象。因此，本书选

第 5 章
能源与人工智能

定能够同时解决异方差、自相关以及内生性的两阶段系统广义矩估计法（Two–Step GMM）进行参数估计。GMM 的核心思想是：在随机抽样中，样本统计量会以概率收敛到某个常数。这个常数也是分布中未知参数的函数，即在不知道分布的情况下，利用样本矩构造一个方程（包括总体的未知参数），利用这个方程求出整体的未知参数，推导过程如下。

在线性回归中，样本矩条件为：

$$g_n(\hat{\beta}) = \frac{1}{n}\sum_{i=1}^{n} z_i(y_i - x_i'\hat{\beta}) \tag{5-1}$$

此时，用一个权重矩阵 W 构成二次型，$\hat{W}$ 是一个对称正定矩阵（该矩阵是一个依赖样本的随机矩阵），而 $\plim_{n\to\infty}\hat{W} = W$，其中 W 是一个非随机对称正定矩阵。定义最小化的目标函数为：

$$\min J(\hat{\beta}, \hat{W}) = n[g_n(\hat{\beta})]'\hat{W}[g_n(\hat{\beta})] \tag{5-2}$$

定义"GMM 估计量"作为这个无约束二次最小化问题的解：

$$\hat{\beta}_{GMM}(\hat{W}) = \arg\min_{\beta} J(\hat{\beta}, \hat{W}) \tag{5-3}$$

其中，argmin 函数表示能使 $J(\hat{\beta}, \hat{W})$ 最小化的 $\hat{\beta}$ 的取值。此时，$\hat{W}$ 决定了 GMM 估计量。根据方程（5-1），$g_n(\hat{\beta})$ 是 $\hat{\beta}$ 的一次函数，因此 $J(\hat{\beta}, \hat{W})$ 是 $\hat{\beta}$ 的二次函数，通过向量微分可以得到其最小化问题的解，即：

$$\hat{\beta}_{GMM}(\hat{W}) = (S_{ZX}'\hat{W}S_{ZX})^{-1}S_{ZX}'\hat{W}S_{ZY} \tag{5-4}$$

其中，$S_{ZX} = \frac{1}{n}\sum_{i=1}^{n} z_i x_i'$，$S_{ZY} = \frac{1}{n}\sum_{i=1}^{n} z_i y_i$。$\mathrm{rank}[E(z_i x_i')] = K$ 的秩条件与 $\hat{W}$ 为正定矩阵的条件保证了在大样本条件下 $(S_{ZX}'\hat{W}S_{ZX})^{-1}$ 必然存在，从而解得 $\hat{\beta}_{GMM}$。

根据上述 GMM 的求解过程，本节模型设定如下：

$$EI_{i,j,t} = \alpha EI_{i,j,t-1} + \beta IR_{i,j,t} + \gamma C_{i,j,t} + \delta_i + \mu_j + \theta_t + \varepsilon_{i,j,t} \tag{5-5}$$

其中，$EI_{i,j,t}$ 为能源强度（能源消耗与产出之比），$EI_{i,j,t-1}$ 为上期能源强度。$IR_{i,j,t}$ 表示工业机器人的运营库存数量。$C_{i,j,t}$ 由一系列控制变量组成，如人均实际产出（$PCRO$，取对数）、从业人数（NE，取对数）、外商直接投资（FDI）和贸易开放度（TO）。δ_i、μ_j 和 θ_t 分别是国家固定效应、制造业固定效应和年份固定效应。i（$i=1, 2, \cdots, 38$）、j（$j=1, 2, \cdots, 17$）和 t（$t=2000, 2001, \cdots, 2014$）分别表示国家、制造业部门和年份（Wang et al., 2022）。

然后，通过一阶差分变换消除特定国家和特定部门的影响，可以得到以下方程：

$$\Delta EI_{i,j,t} = \alpha \Delta EI_{i,j,t-1} + \beta \Delta IR_{i,j,t} + \gamma \Delta C_{i,j,t} + \Delta \theta_t + \Delta \varepsilon_{i,j,t}$$
$$\text{for } i, j = 1, 2, \cdots, N \text{ and } t = 3, 4, \cdots, T \quad (5-6)$$

一阶差分转换可以消除不可观测的个体效应产生的估计偏差。通过方程（5-5）和方程（5-6）构成的方程组，构建有效的工具变量来处理内生性问题。一方面，使用方程的一阶差分值作为水平方程中的工具变量。另一方面，使用解释变量的滞后值作为差分方程中的工具变量。换言之，方程系统中使用 $\Delta EI_{i,j,t-1}$、$\Delta IR_{i,j,t}$ 和 $\Delta C_{i,j,t}$ 作为水平方程的工具变量，采用 $EI_{i,j,t-1}$、$IR_{i,j,t}$ 和 $C_{i,j,t}$ 的滞后值作为差分方程的工具变量，并采用了有限样本修正标准误差（Windmeijer, 2005）。随后，通过以下矩条件获得无偏估计（Arellano and Bond, 1991）：

$$E(EI_{i,j,t-s} \Delta \varepsilon_{i,j,t}) = 0 \text{ for } i, j = 1, 2, \ldots, N, t = 3, 4, \ldots, T \text{ and } s \geq 2 \quad (5-7)$$

$$E(IR_{i,j,t-s} \Delta \varepsilon_{i,j,t}) = 0 \text{ for } i, j = 1, 2, \ldots, N, t = 3, 4, \ldots, T \text{ and } s \geq 2 \quad (5-8)$$

$$E(C_{i,j,t-s} \Delta \varepsilon_{i,j,t}) = 0 \text{ for } i, j = 1, 2, \ldots, N, t = 3, 4, \ldots, T \text{ and } s \geq 2 \quad (5-9)$$

$$E[\Delta EI_{i,j,t-1}(\delta_i + \mu_j + \varepsilon_{i,j,t})] = 0 \text{ for } i, j = 1, 2, \ldots, N, \text{ and } t = 3, 4, \ldots, T \quad (5-10)$$

$$E[\Delta IR_{i,j,t-1}(\delta_i + \mu_j + \varepsilon_{i,j,t})] = 0 \text{ for } i, j = 1, 2, \ldots, N \text{ and } t = 3, 4, \ldots, T \quad (5-11)$$

$$E[\Delta C_{i,j,t-1}(\delta_i + \mu_j + \varepsilon_{i,j,t})] = 0 \text{ for } i, j = 1, 2, \ldots, N \text{ and } t = 3, 4, \ldots, T \quad (5-12)$$

(2) 数据来源与变量选取

计量分析的数据集主要来源于两个数据库——工业机器人数据库和世界投入产出数据库（WIOD）①，其中工业机器人数据库由国际机器人联合会编制。数据集包括 2000~2014 年的 38 个国家和 17 个制造业部门，几乎涵盖了世界上的主要经济体，如美国、中国、日本和德国等。在数据集的基础上，分别构建了两种能源强度。一种是总能源消耗与实际总产出的比率（$EI1$），另一种是总能源消耗与实际产出增加值的比率（$EI2$）。控制变量分别为人均实际产出（$PCRO$，取对数）、从业人数（NE，取对数）、外商直接投资（FDI，外商直接投资与 GDP 的比率）和贸易开放度（TO，进出口与 GDP 的比率）。部门层面的控制变量来自 WIOD 数据库，而国家层面的变量来自世界发展指标数据库（WDI 数据库）。变量的描述性统计如表 5-1 所示。

表 5-1 变量的描述性统计

变量	样本数	均值	标准差	最小值	最大值
能源强度（$EI1$，取对数）	9690	0.5812	1.6781	-6.9219	8.6759
能源强度（$EI2$，取对数）	9690	1.8169	1.9108	-5.5267	10.5315
工业机器人数量（IR，取对数）	9690	2.5080	2.9266	0	11.8428
人均实际产出（$PCRO$，取对数）	9690	5.0696	1.2103	0	9.3381
从业人数（NE，取对数）	9690	4.0404	1.8953	0	10.5328
外商直接投资（FDI）	9690	0.0765	0.3053	-0.1599	4.5172
贸易开放度（TO）	9690	0.8829	0.4925	0.1980	3.2578
工作效率（$WE1$，取对数）	9690	0.8293	2.3189	-5.4558	7.0565
工作效率（$WE2$，取对数）	9690	0.9783	2.3006	-5.0878	7.1983
机器人暴露度（$ER1$）	9660	3.8287	13.3540	0	198.1299
机器人暴露度（$ER2$）	9405	4.1112	13.8966	0	207.2148
全要素生产率（$TFP1$）	9025	1.0210	0.1495	0.4721	1.8823
全要素生产率（$TFP2$）	9025	1.0187	0.1885	0.0485	5.7959
能源消耗量（TEC，取对数）	9690	9.5984	2.7263	1.6052	16.1904
实际总产出（TRO，取对数）	9690	9.0155	2.1078	0	14.3882

---

① 下文计量分析的数据集与此处一致。

续表

变量	样本数	均值	标准差	最小值	最大值
实际产出增加值（$TRVA$，取对数）	9690	7.7828	2.0635	0	12.9063
可再生能源强度（$REI1$，取对数）	9690	−3.0645	3.6052	−21.9642	2.9023
不可再生能源强度（$NREI1$，取对数）	9690	0.4992	1.6531	−6.9219	8.6759
可再生能源强度（$REI2$，取对数）	9690	−2.2603	3.2748	−20.7061	5.6266
不可再生能源强度（$NREI2$，取对数）	9690	1.7349	1.8897	−5.5267	10.5315

注：$EI1$、$WE1$、$ER1$、$REI1$、$NREI1$ 以实际总产出计算，$EI2$、$WE2$、$ER2$、$REI2$、$NREI2$ 以实际增加值计算。

人均实际产出（$PCRO$）。生产活动过程中往往伴随能源消耗的变化，一般来说，产出的增加会带来能源消耗的增加，在技术水平不变的情况下，能源强度也会因此上升。例如，人工智能产业发展促进了产出的增加，与此同时人工智能技术的应用也会伴随大量的电力消耗，从而影响能源强度。

从业人数（NE）。一方面，从业人数的增加会直接影响总体的生活能源消费量。另一方面，更高的就业水平可能意味着更高的经济发展水平，导致经济活动过程中能源需求的上升。

外商直接投资（FDI）。外商直接投资补充了投资流入国的生产要素，改变了投资流入国的产业结构与技术水平，从而改变了投资流入国的能源强度。例如，外商直接投资带来的技术转移能够促进生产率的提高，从而提升能源利用效率，降低能源强度。

贸易开放度（TO）。对外开放的水平往往会影响一国的经济增长，经济规模的不断扩大会提升能源需求，从而影响能源强度。

（3）基准回归结果

表 5-2 报告了系统 GMM 的估计结果。在分析估计结果之前，需要对模型进行序列相关与过度识别检验，以保证参数估计结果是一致的。表 5-2 底部报告了 Arellano-Bond 检验（AR 检验）和 Hansen 检验的结果，结果显示模型均通过了这些检验，表明系统 GMM 的估计结果是有效且一致的。

表5-2 能源强度的系统GMM估计

变量	(1) ln$EI1$	(2) ln$EI2$
ln$EI1$(-1)	0.8740*** (0.0930)	
ln$EI2$(-1)		0.9203*** (0.0445)
lnIR	-0.0316*** (0.0107)	-0.0332** (0.0133)
ln$PCRO$	-0.0541 (0.1611)	0.0535 (0.0601)
lnNE	-0.0353 (0.0606)	-0.0074 (0.0454)
FDI	-0.0190 (0.0483)	0.0132 (0.0207)
TO	-0.0941 (0.1564)	-0.0363 (0.1093)
工具变量个数	32	32
Hansen Test	0.176	0.121
AR(1)	0	0
AR(2)	0.322	0.412
观测值	9044	9044

注：括号内的稳健标准误差是按国家（或地区）分组，*、**和***分别表示在10%、5%和1%的水平下显著，下同。

由表5-2可知，第（1）列和第（2）列中lnIR的系数分别为-0.0316和-0.0332，分别在1%和5%的水平下显著，表明工业机器人的应用可以显著降低制造业的能源强度，并且随着工业机器人运行存量的连续增加，能源效率进一步提高。此外，从滞后解释变量的估计系数来看，发现滞后的能源强度对当前能源强度有明显的正向影响，这意味着能源强度具有路径依赖性。

（4）稳健性检验

为确保上述结果的稳健性，本部分进行内生性问题处理、异常值处理和排除制造业特殊部门的影响三个稳健性检验。

第一，内生性问题处理。Acemoglu 和 Restrepo（2020）的研究选定了三个工具变量（即美国、日本和德国工业机器人的运营库存数量），分别构造附加矩条件的系统 GMM 估计。选定这三个工具变量的原因为：从相关性来看，由于制造业的国际竞争激烈，各国工业机器人的应用存在趋同。换言之，工业机器人应用尚未广泛的国家，倾向于利用工业机器人在世界范围内的竞争中获得更多的相对优势，这为在机器人应用程度较高的经济体中使用工业机器人的数量增加提供了支持。从外生性来看，美国、日本和德国工业机器人的数量只会分别影响本国的制造业能源强度，不会影响其他国家的能源强度。

表 5-3 中的第（1）~（6）列报告了各类工具变量的估计结果，结果显示 $\ln IR$ 的所有系数均在 1% 的水平下显著为负，与前文的基准回归结果一致。

表 5-3 附加工具变量的系统 GMM 估计

变量	(1) USA $\ln EI1$	(2) JPN $\ln EI1$	(3) DEU $\ln EI1$	(4) USA $\ln EI2$	(5) JPN $\ln EI2$	(6) DEU $\ln EI2$
$\ln EI1$（-1）	0.9171*** (0.0352)	0.9567*** (0.0180)	0.9105*** (0.0430)			
$\ln EI2$（-1）				0.9248*** (0.0297)	0.9524*** (0.0199)	0.9194*** (0.0343)
$\ln IR$	-0.0394*** (0.0141)	-0.0382*** (0.0116)	-0.0399*** (0.0138)	-0.0365*** (0.0122)	-0.0430*** (0.0142)	-0.0364*** (0.0112)
控制变量	Yes	Yes	Yes	Yes	Yes	Yes
工具变量个数	33	33	33	33	33	33
Hansen Test	0.395	0.158	0.347	0.251	0.164	0.223
AR（1）	0.003	0.005	0.003	0	0	0
AR（2）	0.323	0.341	0.320	0.414	0.396	0.413
观测值	8806	8806	8806	8806	8806	8806

注：USA、JPN、DEU 分别为美国、日本、德国的缩写。

第二，异常值处理。为避免异常值对结论的影响，将解释变量和被解释变量分别在上下 1% 处进行缩尾处理，然后重新估计基准模型。结果如表

5-4第（3）、（4）列所示。显然，可以发现工业机器人数量对制造业能源强度具有显著的负面影响，与前文结果一致。

表 5-4 附加工具变量的系统 GMM 估计并排除异常值

变量	(1) ln*EI*1	(2) ln*EI*2	(3) ln*EI*1	(4) ln*EI*2
ln*EI*1（-1）	0.9350*** (0.0239)		0.9624*** (0.0309)	
ln*EI*2（-1）		0.9352*** (0.0221)		0.9391*** (0.0188)
ln*IR*	-0.0329*** (0.0096)	-0.0339*** (0.0125)	-0.0254*** (0.0087)	-0.0501*** (0.0129)
控制变量	Yes	Yes	Yes	Yes
工具变量个数	33	33	28	29
Hansen Test	0.242	0.188	0.214	0.166
AR（1）	0.005	0	0	0
AR（2）	0.330	0.409	0.298	0.215
观测值	9044	9044	8735	8733

第三，排除制造业特殊部门的影响。为了确保研究结果的普遍性，避免研究结果可能由特定部门驱动的情况，在剔除工业机器人数量最多的制造业（即机动车、拖车和半拖车制造业）后，再进行系统 GMM 估计，结果见表 5-5。同样，随着工业机器人应用的增加，能源强度也有所下降，与基准模型的结果一致。

表 5-5 不包括机动车等制造业的样本的系统 GMM 估计

变量	(1) ln*EI*1	(2) ln*EI*2
ln*EI*1（-1）	0.8564*** (0.0904)	
ln*EI*2（-1）		0.9203*** (0.0411)

续表

变量	(1) ln$EI1$	(2) ln$EI2$
lnIR	−0.0298 ** (0.0117)	−0.0295 ** (0.0139)
控制变量	Yes	Yes
工具变量个数	32	32
Hansen Test	0.138	0.125
AR（1）	0.003	0
AR（2）	0.308	0.425
观测值	8512	8512

5.2.2 人工智能对各类能源的影响

1. 理论分析

（1）人工智能与电力系统

智能电网是如今世界电力系统发展的最新形态，人工智能技术在电力系统中的应用最为广泛。

一是负荷预测。负荷预测对电力系统制定经济、可靠、安全的运行策略起着关键的作用。传统上使用工程方法和统计方法进行负荷预测。工程方法的不足之处在于它的复杂性，使其难以实际应用，且缺乏信息输入；统计方法在负荷预测的准确性和灵活性上具有不足之处。统计方法有时间序列、相似日法和回归方法等线性模型方法，而负荷预测通常为外生变量的非线性函数。近年来，深度学习等人工智能技术在负荷预测领域取得了很好的效果。此外，模糊逻辑、遗传算法和SVM等也广泛地应用到了负荷预测中。

二是检测与诊断。人工智能技术在电力系统故障诊断方面发挥着关键作用。主要使用的AI技术包括：模糊逻辑模型、广义回归神经网络方法、多核支持向量机（多核SVM）、免疫神经网络、分布式机器学习、人工神经网络（ANN）、神经模糊和小波神经网络、隐马尔可夫模型。计算和通信智能的应用有效地提高了智能电网的监控质量。但是，对信息技术的依赖也增加了恶意攻击的危害性。人工智能则在攻击检测方面发挥了重要作用。用于攻击检测的人工智能方法主要是深度学习技术、高斯混合模型、无迹卡尔曼滤波和基于加权最小二乘法的状态估计算法等。

三是需求侧管理。需求侧管理是智能电网中重要的功能之一，它允许客户对其能源消耗做出明智的决策，并帮助能源供应商减少高峰负荷需求，重塑负荷曲线，由此提高智能电网的可持续性，降低整体运营成本和碳排放量。传统能源管理系统中现有的需求侧管理策略大多采用系统特定的技术和算法。此外，现有的策略只能处理有限数量和有限类型的可控负载。人工免疫算法、标准差偏置遗传算法等人工智能技术大大提升了电力系统需求侧的管理质量。

四是调度。能量调度策略可用于向消费者提供实时反馈，以鼓励其更有效地使用电力。例如，针对建筑能源管理系统调度的在线优化，采用深度 Q 学习和深度策略梯度两种方法在大型 Pecan Street 数据库上进行验证，可用于向消费者提供实时反馈。针对控制器决策，二进制回溯搜索算法为分布式发电机的开关控制提供了最佳的调度方案，最大限度地降低了发电成本，减少了电力损耗。

五是用户分类。在智能电网中，对不同类型的用户进行分类是一项非常重要的任务，因为不同类型的用户可能会在不同的条件下被处理。此外，电力供应商可以使用消费者的类别信息来更好地预测他们的行为，这也是负载平衡的相关任务。深度学习技术在用户分类中的应用取得了很好的效果。多核极限学习机在分类问题上的应用也得出了相当准确的结果。

除了以上应用外，在电压稳定性评估、电流共享和电压恢复、延长电池寿命、性能仿真、变频器智能控制策略、风力发电稳定性、插入式电动汽车最优通用控制等方面都有人工智能技术的用武之地。

(2) 人工智能与煤炭

在煤炭领域，传统的生产运营模式与安全隐患严重制约了煤炭产业的生存与发展，人工智能为煤炭产业智能化提供了新思路。

一是仪器仪表改造。将微处理器等微型芯片技术应用到仪器中，设置特定的程序，利用模糊控制技术对机械工程进行精细控制。相较于传统控制技术需要手动输入各项数据建立清晰的数据模型，在新兴的模糊控制技术操作下，工作人员只需要确保正确的数据输入，就能得出准确的调查数据，数据误差一般不会超出提前确定的合理范围，对工程控制效果影响较小。另外，通过计算机构建覆盖全部矿井的信息网络，可以快速高效计算各处参数，实时掌握机器运动的状态，同时实现远距离精准操控，指挥多个机器共同作业。

二是开采自动化。煤矿开采过程中存在多方面因素影响，具有复杂性特点，需要技术人员掌握坚实的理论基础和实践经验。将人工智能与煤炭产业相结合，能够推动产业机械化、自动化、精密化（如综合机械化采煤）。利用智能系统代替人力劳动，可以降低操作失误率，节约经济成本。比如，利用人工智能可将开采过程的复杂操作简单化，通过远程监控设备及时解决各种程序问题。

三是智能监测。基于集成技术、软件工程技术、数据库等多项人工智能技术的综合应用，能够实现信息管理数据集成和监测功能，形成通过智能手机和网上报警对生产系统全程监控的分布式预警系统。在井下利用网络摄像机等设备，通过与现有安全系统的集成，建立网络数字化视频监测系统。在原有安全监测的基础上，人工智能可以构建集通风在线监测、顶板压力状态监测、火灾瓦斯等灾害监测、电网情况监测、生产监控和信息管理等多个次级系统于一体的煤炭企业综合监测系统。

四是生产方案优化。基于人工智能中专家系统的作用，可根据实际情况智能选择最佳截煤方案、可智能选择最佳爆破方案并优化参数等。以煤矿事故现场处置方案为例，专家系统能够整合应急预案、安全规章制度、领域专家和事故案例的救援方法及经验，发生事故时可根据现场信息及时提出处理方案，并提供最相似的历史事故案例作为经验支持。

（3）人工智能与石油

油气公司可通过人工智能新技术实现数据自动采集、实时监控、智能生产优化与智能决策，其应用正以不可阻挡的力量推动油气行业向高质量跃升。

一是数据收集。油气行业迫切需要在井下地层参数采集、测井数据传输等方面探索新的测量方式和工作模式，因储集层有非均质性、探测对象十分复杂以及测井作业环境的多样化、复杂化的特点，引入人工智能可以实现更精准、更高效、更安全的作业和地质信息探测。

二是石油地震勘探。在油气资源的勘探过程中，一旦掌握油田分布区域的地下地质情况就可以使用地震勘探的方式。依托人工智能的实时监测技术，地震专家能够快速判断地壳活动的地震波变化情况，并运用自身的专业知识对这些地震波变化情况进行分析，之后便依据分析来推测地下岩层的性质和形态。

三是油田设备维护。石油分布的环境十分恶劣，而油田生产领域所使用的设备非常多，设备长期处于恶劣条件，可能会导致故障。而人工智能和大数据在油田生产领域的应用，可以有效对井下环境加以全面分析并预测钻井时出现的异常情况。分析和预测过程十分重要，可以有效减少计划外停机的次数，进而对设备运行、维修成本实现有效控制。

四是油田产出最大化。如果人工智能技术合理应用在石油工程进行油田开采、开发，可以不断优化油田生产历史数据的整体开发效果。人工智能优化模型的采用，也会提升整体石油工程的石油产量。同时，采用人工智能技术的方式，合理选择层位、施工井，逐渐优化压裂施工设计方案，可以确保石油工程作业方式更加精确。

（4）人工智能与核能

核电是一个非常长的产业链，包括核燃料勘探和采集、核电设计和装备制造、核电建设、核电运营和核电检修诸多环节，而人工智能可以应用于它的各个环节。

一是核燃料勘探和采集。利用大数据、人工智能、概率技术建立铀矿专家系统，使铀矿在勘探、开采设计、矿山生产等环节有机结合、相互衔接，从而提高勘探效率、减少采矿时间、化解采矿过程中的高危险和避免接触高危害元素。当前中国有 MORPAS、MRAS 等找矿预测等人工智能系统。

二是核电设计和装备制造。核装备制造是核工业领域的重要环节，利用大数据、AI 技术逐步形成对大量结构化和非结构化数据的分析处理能力，基于此能力之上，通过专家系统和神经网络等最优化技术，为核装备制造在设计、生产、运行等方面提供最优的、自动化的智能分析和决策系统。

三是核电建设。核电工程设计建造过程中存在施工周期长、涉及专业广、参与人员多、项目难度大、安全要求高等问题，核反应堆设备结构设计、核反应堆辐射屏蔽设计等也是核电工程设计的难点。整个核电工程的数据主要包括工程项目数据、工程进度数据、安全数据、监控数据、人员数据、奖惩记录数据等，将收集到的数据存入数据仓库，利用大数据技术对数据进行预处理、过滤、分布式存储，然后使用模式匹配、无监督学习等算法对数据进行建模分析，研究当前影响工作效率、工作质量的原因，及时采用智能决策系统制定管控措施、解决方案等。

四是核电运营。一般情况下，核电站可以连续运行 18 个月而无须添加核燃料，大部分的运行成本在于运营、调试、检查、安全等方面，因此通过大数据、人工智能等技术手段可达到降本增效的目的。例如，美国普渡大学开发的一套系统有望帮助操作人员检测核反应堆的裂缝及严重程度。该系统通过计算机完成裂缝检测工作，然后向操作人员提供有关裂缝的定量信息，如裂缝的深度和长度。操作人员可以根据视频中的数据和参考帧数做出初步判断。

五是核电检修。在核工业领域，由于核设施或运行环境具有放射性，因此往往存在人员无法操作或者风险较大的问题，这种情况下利用机器人进入辐射性高或者操作难度大的区域进行类似关键核设施维护检修、放射性废物处置、核应急响应等工作，一方面可降低防护设备的成本和人员受辐照剂量，另一方面可解决人工操作受限的问题，保证核工业的安全运行。

（5）人工智能与可再生能源

随着电气化的发展，更多的能源将会从分散式可再生能源中产生，如微电网、风力发电场、私人太阳能电池板和电池。尽管从可持续性的角度来看，它们是受欢迎的，但也将增加全球能源网的复杂性。借助人工智能软件，分散式能源可以将产生的多余电能发送到电网，而公用事业则将电能引导到需要的地方。同样，当需求低迷时，工业设施、办公楼、房屋和汽车的能源存储器可以储存多余的能量，而当发电量不足或无法发电时，人工智能可以使用这些存储的能量。

2. 人工智能对各类能源影响的计量分析

由于不同类型的能源特点存在差异，人工智能将对能源存在异质性影响。因此，为检验人工智能对不同种类能源的影响，同时考虑数据收集的困难，将数据集中能源总消耗量分为两个子样本：不可再生能源消耗量（除可再生能源消耗之外的其余能源消耗）和可再生能源消耗量（地热、水电、核能、太阳能和其他可再生能源消费）。然后基于能源强度的定义，分别计算出不可再生能源强度（$NREI$）和可再生能源强度（REI）。实证结果见表5-6。

表5-6 不同种类能源强度的系统 GMM 估计

变量	(1) lnREI1	(2) ln$NREI$1	(3) lnREI2	(4) ln$NREI$2
lnREI1（-1）	0.7503*** (0.0448)			
ln$NREI$1（-1）		0.8545*** (0.1032)		
lnREI2（-1）			0.7439*** (0.0474)	
ln$NREI$2（-1）				0.9131*** (0.0479)
lnIR	0.0112 (0.0427)	-0.0309*** (0.0112)	0.0123 (0.0360)	-0.0319** (0.0135)
控制变量	Yes	Yes	Yes	Yes
工具变量个数	32	32	32	32
Hansen Test	0.386	0.147	0.416	0.121
AR (1)	0	0	0	0

续表

变量	(1) ln*REI*1	(2) ln*NREI*1	(3) ln*REI*2	(4) ln*NREI*2
AR（2）	0.880	0.315	0.979	0.415
观测值	9044	9044	9044	9044

表5-6第（1）列和第（2）列显示了基于实际总产出计算的能源强度的系统GMM估计结果，而第（3）列和第（4）列显示了基于实际增加值计算的能源强度的系统GMM估计结果。从表的底部可知，四个模型都通过了Hansen检验和AR检验。

由表5-6可知，工业机器人和不可再生能源强度之间存在显著的负相关关系，而对可再生能源强度的影响则不显著，表明工业机器人能够改善不可再生能源强度，而不能改善可再生能源强度。一个可能的解释是，广泛使用工业机器人的制造业部门，如计算机、电子和光学产品的制造，机动车、拖车和半拖车的制造，其能源结构主要依赖不可再生能源而不是可再生能源。

5.2.3 人工智能对不同部门能源的影响

1. 人工智能对不同部门能源影响的理论分析

清华大学全球产业研究院和百度大学Alpha学院联合发布的《产业智能化白皮书》显示，当前我国人工智能商业化刚刚起步，处于早期阶段。不同行业在产业智能化落地基础的完备程度上有所不同，从而导致产业智能化水平存在显著性差异，人工智能对能源强度的影响也由此存在异质性。根据要素投入份额的分类，从劳动密集型部门和资本密集型部门两个方面进行说明。

（1）劳动密集型部门

劳动密集型部门是指在投入的劳动力和资本（或资金）两种要素中，单位劳动占用的资本（资金）数量较少的那一类部门。传统的劳动密集型产业在很多领域依赖视觉方面的检查，而人工智能产品对计算机视觉等方面的应用能力迅速提升，当前许多自动化的检测系统已经初具规模并应用在生产一线中。同时，人工智能可以多方面地对产品质量进行监测，较之人为的监测更加准确、更加严格。总之，人工智能技术可以大大提升企业的生产效率，而生产效率的提升往往也伴随能源利用效率的提高。

（2）资本密集型部门

资本密集型产业是指需要较多资本投入的部门，又称资金密集型产业，如冶金工业、石油工业、机械制造业等重工业。技术装备多、投资量大、容纳劳动力较少、资金周转较慢、投资效果也慢。由于资本密集型行业往往利用更多的投资和固定资产进行生产，因此采用工业机器人等人工智能技术的可能性更高。

2. 人工智能对各部门能源影响的计量分析

根据实际资本存量与劳动力数量比值的中位数，将数据集分为两个子样本。若特定部门的比值高于中位数，则将该部门定义为资本密集型部门，否则为劳动密集型部门。

表 5-7 报告了不同部门的估计结果，模型通过了 AR 检验与 Hansen 检验。结果显示，工业机器人主要影响劳动密集型部门的能源强度，而不影响资本密集型部门，为劳动力在工业机器人和能源强度之间的关系中的作用提供了证据。

表 5-7 劳动密集型和资本密集型部门的系统 GMM 估计

变量	(1) 资本密集型部门 $\ln EI1$	(2) 劳动密集型部门 $\ln EI1$	(3) 资本密集型部门 $\ln EI2$	(4) 劳动密集型部门 $\ln EI2$
$\ln EI1\ (-1)$	0.9321*** (0.0679)	0.7679*** (0.0925)		
$\ln EI2\ (-1)$			0.9901*** (0.0452)	0.9505*** (0.1117)
$\ln IR$	0.0215 (0.0312)	-0.0496* (0.0290)	-0.0169 (0.0139)	-0.0479*** (0.0161)
控制变量	Yes	Yes	Yes	Yes
工具变量个数	32	32	32	32
Hansen Test	0.550	0.324	0.259	0.548

续表

变量	(1) 资本密集型部门	(2) 劳动密集型部门	(3) 资本密集型部门	(4) 劳动密集型部门
	ln*EI*1	ln*EI*1	ln*EI*2	ln*EI*2
AR（1）	0	0	0	0
AR（2）	0.316	0.308	0.422	0.380
观测值	4599	4445	4599	4445

5.3 人工智能对能源影响的传递机制

5.3.1 直接效应

1. 理论基础

直接效应是指人工智能应用直接导致额外电力消耗的增加和更高的能源强度（在总产出不变的假设下）。随着人工智能的普及，人工智能消耗的能源正在成为工业过程中整体能源消耗的重要组成部分，并对部门能源效率产生影响（Scalera et al., 2020; Gadaleta et al., 2019; Carabin et al., 2017）。以工业机器人为例，与没有工业机器人的企业相比，有工业机器人的企业在生产过程中会使用更多的电力（Meike and Ribickis, 2011），因此能源强度更高（在总产出不变的假设下）。相关研究发现，工业机器人应用所产生的电力消耗几乎占到了制造业企业总能耗的8%（Brossog et al., 2015）。因此，在总产出不变的情况下，人工智能对能源强度的直接效应为负。否则，能源强度的变化取决于产出的变化和能源强度的增加之间的权衡。只要人工智能带来的总产出增量较高，其便不会给能源强度的直接效应带来负面影响。

2. 直接效应的计量分析

人工智能对能源强度直接效应的检验步骤分为两个部分：一是考察人工智能对能源消耗量（*TEC*）是否产生显著影响；二是考察人工智能是否对实际总产出（*TRO*）和实际产出增加值（*TRVA*）产生显著影响（验证总产出不变的假设）。结果见表5-8。

表 5-8 能源强度子成分的系统 GMM 估计（直接效应）

变量	(1) lnTEC	(2) lnTRO	(3) ln$TRVA$
lnTEC(-1)	0.9389*** (0.0351)		
lnTRO(-1)		0.6436*** (0.2178)	
ln$TRVA$(-1)			0.8733*** (0.0655)
lnIR	-0.0097 (0.0076)	0.0103* (0.0060)	0.0166*** (0.0043)
控制变量	Yes	Yes	Yes
工具变量个数	32	32	32
Hansen Test	0.110	0.383	0.556
AR(1)	0	0.057	0
AR(2)	0.493	0.266	0.128
观测值	9044	9044	9044

表 5-8 底部显示模型均通过了 AR 检验与 Hansen 检验。第（1）列至第（3）列中 lnIR 的系数分别为 -0.0097、0.0103 和 0.0166，其中 lnIR 的系数在第（1）列中不显著，说明工业机器人的应用不会增加能源消耗量，这一发现与前文的理论分析相反，即工业机器人可能会增加能源消耗量。第（2）列和第（3）列显示工业机器人对实际总产出和实际产出增加值均具有显著的积极影响，这意味着总产出（或增加值）不变的假设是不合理的。综上，工业机器人可能不会通过直接效应提高能源强度。

5.3.2 工作效率效应

1. 理论基础

人工智能的发展会导致自动化的成本逐渐下降，从而引起机器对人类劳动的替代，导致社会就业和工资的下降（Acemoglu and Restrepo，2020）。有关技术性失业的担忧从 18 世纪后期工业化开始即产生，之后众多经济学家对此问题展开了持续而深入的研究。从现有研究来看，人工智能对就业可能同时具有负向的抑制效应和正向的创造效应。

（1）抑制效应

职位体系与产业结构的改变。人工智能的发展势必会造成一些岗位数量的减少甚至消失，职位体系随之改变。对于一些劳动密集且低技术型的行业，如零售业，主要从事体力劳动，工作难度低，很容易被低成本、高效率的人工智能替代；对于一些流程化的行业，如制造业，企业更倾向于依托人工智能技术，采取自动化流水生产线，管理简单、成本低；对于一些工作重复性高、创造性低的职业，如基层会计、财务、保险行业，从业门槛低，经过较短时间知识与技能的培训即可上岗，未来也有可能被人工智能逐渐取代。另外，人工智能对传统的服务性职业已经产生了冲击与挤出，比如银行柜台的一部分业务，医院的预约挂号、自助缴费、健康诊断的运用等。

由于抑制效应的存在，一方面，在人工智能引入所引起更高被解雇风险的背景下，员工有很强的动机去提高工作效率以避免被解雇。同时，考虑到人工智能更高的生产力带来的收益，可能会出现这样一种情况：雇员可以获得更高的工资，从而付出更多的努力（高工作效率）。另一方面，就雇员而言，人工智能造成的工资下降意味着失业成本的降低，从而导致工作效率的下降。而就企业而言，工资的降低也可能导致员工的频繁流动，从而导致员工的不稳定性，这可能会抑制企业层面关于工作能力的人力资本投资的积累，导致工作效率的降低。

（2）创造效应

人工智能的出现一方面会减少原有的传统岗位，另一方面也会创新性地补偿新的岗位，促成新兴部门与行业，主要通过以下三种方式。一是产生新的产业链，发展与人工智能相关的行业，增加一些以新技术为基础的工作岗位。比如，人工智能相关设备的研发、维修人员、利用新的生产资料与生产手段工作的技术应用型人才以及对智能设备进行操控的高技能人才等。二是产业结构的改变引发服务体系的改变，消费者产生新的需求，一些新兴的行业应运而生，从而增加就业机会。三是伴随新技术的成熟与规模化应用，产品市场的生产能力增强，消费者需求增加，劳动力市场中相关职业的需求也随之增大,并且增量大于劳动力市场中被替代的岗位。

2. 工作效率效应的计量分析

为验证工作效率效应是否存在,本部分分别计算了每个员工每小时的实际总产出(工作效率,$WE1$)和每个员工每小时的实际增加值(工作效率,$WE2$),结果见表 5-9。

表 5-9 工作效率效应的系统 GMM 估计

变量	(1) ln$WE1$	(2) ln$WE2$
ln$WE1$(-1)	0.5419** (0.2163)	
ln$WE2$(-1)		0.4979* (0.2550)
lnIR	-0.0058 (0.0086)	-0.0092 (0.0078)
控制变量	Yes	Yes
工具变量个数	32	32
Hansen Test	0.358	0.136
AR(1)	0.036	0.075
AR(2)	0.494	0.664
观测值	9044	9044

表 5-9 报告了关于工作效率效应的系统 GMM 估计结果,表中显示模型通过了 AR 检验与 Hansen 检验。在第(1)列和第(2)列中,工业机器人对工作效率的影响均不显著,意味着工业机器人对能源强度的工作效率效应可能并不起作用。

5.3.3 技术创新效应

1. 理论基础

学术界普遍认为人工智能的渗透对技术进步有积极影响(Bard,1986;Aghion et al.,2017;Brynjolfsson et al.,2017;Camiña et al.,2020;Ballestar et al., 2020),即人工智能催生了技术革新。人工智能能够促进创新生态系统的建设,形成相应的研发创新、消化、吸收和再创新能力,并以智能技术和设备的引进和改造为载体,真正促进生产力的发展(Li et al., 2020)。人工智能的应用能够鼓励企业增加研发费用,刺激创新活动,以改善产品工艺,提高生产力。Yang 等(2020)发现实施人工智能对中国制造企业的创新绩效有显著的促进作用。Liu 等(2020)基于工业机器人的数据发现,人工智能通过加速知识创造和技术溢出,增强人们的学习和吸收能力以及增加研发和人力资本投资,促进技术创新。更重要的是,人工智能,尤其是机器学习,通常被认为有可能成为"通用技术",此类技术长期以来是技术进步的重要推动力(Brynjolfsson et al., 2017)。同样,Liu 等(2020)揭示了工业机器人可以通过加速知识创造来促进创新活动,同时研发和人力资本的费用也得到了增加。技术创新带来的能源强度的大幅度降低已被广泛证实(Huang and Chen, 2020;Conti et al., 2018;Stucki, 2019;Voigt et al., 2014),且已广泛运用于经济社会中,如新能源的利用、综合煤气化联合循环和地下煤气化开采技术等。

2. 技术创新效应的计量分析

以工业机器人为例,本部分分别使用两种方法(即 SBM 和 DDF 模型)计算全要素生产率($TFP1$ 和 $TFP2$),进一步检验人工智能对能源的技术创新效应是否发挥作用。

表 5 – 10 显示模型通过了序列相关与过度识别检验。第(1)列和第(2)列显示工业机器人的估计参数均显著为正,表明人工智能能够通过技术创新影响能源强度。

表 5 – 10 技术创新效应的系统 GMM 估计

变量	(1) $TFP1$	(2) $TFP2$
$TFP1$（-1）	0.2990 (0.3276)	

续表

变量	(1) TFP1	(2) TFP2
TFP2（-1）		0.0026 (0.1165)
lnIR	0.0100* (0.0054)	0.0115** (0.0045)
控制变量	Yes	Yes
工具变量个数	32	32
Hansen Test	0.789	0.789
AR（1）	0.011	0.011
AR（2）	0.330	0.330
观测值	8378	8378

5.3.4 技术互补效应

1. 理论基础

在产品生产过程中，工业机器人的引入可以补充和提高人力在体力和脑力方面的能力，从而提高总生产率，进而降低能源强度，这种效应被定义为工业机器人与劳动力之间的技术互补效应。在自动化制造系统中，工业机器人的速度、效率和其他优势表明，在生产过程（如运输、装配以及其他程序化工作）中采取工业机器人和劳动力的组合补充可以大大提升制造业企业的生产力（Brossog et al., 2015）。

需要注意的是，技术互补效应并不等同于替代效应。技术互补效应强调的是工业机器人的使用可以补充人力在体力和脑力方面的能力，以改善工业流程，而替代效应侧重于劳动力和工业机器人之间的替换（即劳动力份额的减少）。无论替代效应是否发生，工业机器人的引入都可以通过协助员工以更有效的方式完成制造业车间常见的重复性工作来改善生产过程，从而降低能源强度。即使在发生替代效应的情况下，工业机器人的应用也可以通过降低低技能员工的比例，并以更高的效率完成属于低技能员工的任务，从而提高部门生产力（Graetz and Michaels, 2018; Kromann et al.,

2020；Camiña et al.，2020），这也可以被视为技术补充效应。

2. 技术互补效应的计量分析

为了考察工业机器人是否能通过技术互补效应的渠道影响制造业的能源强度，效仿 Acemoglu 和 Restrepo（2020）的研究，构建各制造业部门的机器人暴露度（ER），见方程（5-13），以反映工业机器人普及对劳动力的技术互补效应。机器人暴露度越高，技术互补效应就越强。如果 ER 的系数为负数，则可以推断，工业机器人可以通过技术互补效应来降低制造业的能源强度。

$$ER_{i,j,t} = \frac{IR_{i,j,t}}{Labor_{i,j,t=2000}} \quad (5-13)$$

表 5-11 报告了技术互补效应的系统 GMM 估计结果，表的底部显示模型均通过了 AR 检验与 Hansen 检验。第（1）、（2）列显示 ER1 的系数分别为 -0.0069 和 -0.0048，并且均在 10% 的水平下具有统计学意义，表明提高机器人暴露度将改善能源强度、提高能源效率。而在采用另一种衡量机器人暴露度的方法后，可以在第（3）、（4）列中获得类似的结果。综上，工业机器人的普及确实补充和提高了人力在体力和脑力方面的能力，从而提高了生产率，降低了能源强度。

表 5-11 技术互补效应的系统 GMM 估计

变量	(1) lnEI1	(2) lnEI2	(3) lnEI1	(4) lnEI2
lnEI1（-1）	0.8066*** (0.1074)		0.7994*** (0.1053)	
lnEI2（-1）		0.9068*** (0.0503)		0.9009*** (0.0622)
ER1	-0.0069* (0.0040)	-0.0048* (0.0029)		
ER2			-0.0067* (0.0037)	-0.0054* (0.0031)
控制变量	Yes	Yes	Yes	Yes
工具变量个数	32	32	32	32

续表

变量	（1） lnEI1	（2） lnEI2	（3） lnEI1	（4） lnEI2
Hansen Test	0.194	0.136	0.218	0.138
AR（1）	0.005	0	0.005	0
AR（2）	0.323	0.406	0.324	0.398
观测值	9016	9016	8778	8778

人工智能对能源影响的研究对于降低高能耗、提升能源效率具有十分重要的意义，尤其是人工智能对能源影响的机制分析、异质性分析有助于人工智能驱动能耗降低的实现路径，对于制定国家人工智能支持政策和发展规划，实现人工智能应用与能源效率提升的协同发展具有重要意义。另外，当前关于人工智能对能源影响的研究十分匮乏，少部分相关研究也仅以工业机器人为研究对象。但人工智能的意义广泛，仅以工业机器人为代表进行研究存在一定的局限性，这也是未来人工智能研究的重点与难点。

第6章 能源与绿色金融

6.1 绿色金融的概念

6.1.1 绿色金融的概念发展和我国绿色金融的发展

全球各组织、政府及学术单位为应对环境气候问题和促进可持续发展，探讨不同途径的应用，绿色金融在此背景下于1991年出现。1992年，环保和减排在《里约环境与发展宣言》、《21世纪议程》、《联合国气候变化框架公约》和《生物多样性公约》里变为被关注的重点。2000年《美国传统词典》第四版论述到环境金融，并且陈述绿色金融是被涵盖在环境经济内，深究环境能否通过不同金融工具来维护。2003年，世界十大银行需要遵守"赤道原则"，即在规范融资过程中高度重视环境和社会风险，"赤道原则"就是在实践绿色金融。商业银行能自动地将环境因素和社会问题纳入融资项目评估与管理中，此原则为项目融资中生态环境和社会风险评估提供了框架，这意味着企业为顾及生态环境与社会评价，会很在意企业社会责任的提升（Wen and Lee, 2020）。截至2016年，绿色金融已普及全球，"赤道原则"推广至36个国家和82家银行、金融机构，其中以花旗银行最为出色，其花费2000多亿美元在绿色基础建设等项目上。

国内外对于绿色金融的概念尚无规范，到目前为止还没有一个统一的定义，绿色金融研究最先出现在西方国家。Salazar（1998）指出绿色金融可以作为环境与金融之间的机制，通过金融创新达成保护环境的目标。Cowan（1999）认为绿色经济发展理论与金融学理论的结合则是绿色金融。Marcel（2001）认为银行对绿色金融开始是保持抵制态度，然后是规避，再后来是积极，最后是持续的态度。持续态度的表现是许多绿色金融产品诞生，如绿色信贷、绿色资产证券化、绿色基金、绿色债券、绿色保险、碳交易、碳金融等。Gray（2002）将绿色金融定义为与金融政策、绿色信贷、绿色债券、绿色保险、环境保护、污染控制、资源节约和其他绿色项目有关的金融活动。Labatt和White（2002）指出，绿色金融是一个有效管理企业环境风险的工具，可以利用金融创新来保护环境。Scholtens（2006）认为绿色金融能帮助金融达到可持续目标。

相对而言，我国绿色金融实践起步落后于国外，但在逐步探索的过程中，我国的政策推动决心和意志非常强。绿色金融在1995年出现在中国人民银行发布的《关于贯彻信贷政策与加强环境保护工作有关问题的通知》中；绿色金融于2007年在《关于落实环保政策法规防范信贷风险的意见》中开始被落实；"绿色保险、绿色证券、绿色信贷"等新政在2008年相继出台；"绿色信贷"评估研究项目于2011年正式被启动，并建立"中国绿色信贷数据中心"，为商业银行提供绿色信贷管理和风险评估的资料；2012年银监会借着《绿色信贷指引》来规范银行的绿色信贷的流程，2013年接着推进其制度，2014年提出绿色信贷评价指标；2015年在《生态文明体制改革总体方案》中提出建构中国绿色金融体系；2016年提出建立现代金融体系支持绿色金融发展；2016年《二十国集团绿色金融综合报告》明确要增加绿色投融资，支持环境可持续发展。

6.1.2 绿色金融的作用、影响与趋势

1. 绿色金融的作用

绿色金融的作用：助推经济的可持续发展、促进金融行业自身的发展和有助于节约资源。

第一，绿色金融助推经济的可持续发展。绿色金融的绿色理念引导大

众资金与社会资金的流向，同时我国绿色和传统企业也将资金投入绿色产品和其产业经营中，带动我国经济向节能、环保和可持续的方向发展。

第二，绿色金融促进金融业自身的发展。绿色金融除了助推经济的可持续发展外，也对金融业自身的发展有益。通过绿色信贷和绿色债券等金融工具可增加金融业的经济收益，并且从绿色金融概念延伸出的服务，也提高了金融业的重要附加价值。绿色金融助推企业的转型。绿色金融鼓励企业将资金投入能源消耗低、污染低的产业，企业获得银行贷款可提升产品的品质，在转型过程中降低能耗及减少废物排放，提升生产效能。所以，技术和设备的升级是在绿色金融出现后必然会发生的。

第三，绿色金融有助于节约资源。对绿色金融的倡导不仅可以最大限度地吸引企业向绿色环保的方向发展，还在一定程度上约束了企业的不当行为。比如，绿色信贷的出现，通过给予资源友好的绿色产品生产企业优惠政策支持，而对能源消耗大、污染严重的企业进行惩罚这一办法，极大地促进了对资源的节约和对环境的保护。

2. 绿色金融的影响

绿色金融的影响分为以下几类。

（1）金融投资与可持续发展

金融投资一般定义为以下这些投资：银行储蓄、商业保险、证券投资以及包括其他金融工程在内的全部金融服务产品的投资。可持续发展的定义则是既能满足现代人的需求，又不对后代人的需求产生危害，有时为了满足其需求可能造成对经济、社会、环境的伤害。金融投资与可持续发展似乎是两个毫不相干的问题，实则不然，风险分析是金融投资理论中重要的一环。财务报表并不能反映在生产过程中可能造成的严重污染，这也是传统金融分析师所忽略的。站在投资者角度来说，可持续发展成为他们投资标的物前所必须学的功课。当资源配置有效时，可持续发展能发挥到极致；当资源配置不当时，可能造成生产效率低下、盈利不高、污染严重、企业倒闭等。由此看来，投资可持续发展的产业是聪明之举。金融投资与可持续发展两者应该有某种程度上的互为因果关系。这就是可持续金融的由来，有时又被称为绿色金融。

(2) 环境风险与绿色金融

绿色金融与各类金融机构都有关，银行、保险公司或基金公司都可以实施相应的绿色金融举措。但在不同类别的金融机构中，绿色金融的作用机理、重点和方法大不相同。银行业是通过绿色信贷间接管理环境与社会风险；保险公司通过金融创新产品提供污染责任险。越来越多的大型银行及国际金融公司关注环境风险，人们关注的焦点也逐渐从规避风险转向管理风险。如世界银行制定的《污染预防与消除手册》，国际金融公司办的研讨会产生的"赤道原则"，花旗银行、荷兰银行纷纷跟进推动"赤道原则"。

(3) 融入主流金融机构

进入21世纪，绿色金融开始被更多的主流机构引入，从小众思维变成大众潮流。早在1999年，知名指数公司道琼斯就率先推出了道琼斯可持续发展指数（DJSI），该指数不仅考察上市公司的财务绩效，还考察上市公司的环境绩效。2002年富时社会责任指数（FTSE4Good Index）、约翰内斯堡证券交易所、圣保罗证券交易所、上海证券交易所、深圳证券交易所、恒生指数有限公司也如法炮制。因此绿色金融逐步融入主流金融机构，发达国家的绿色金融总额日益增长。

3. 绿色金融的趋势

绿色金融的趋势可归纳为以下论述。

(1) 助力实体经济转型升级

大力发展绿色金融，向支持科技创新、环境改善、发展清洁能源、应对全球气候变暖等经济活动提供优质的金融服务，为我国走出一条生态优先、可持续发展的道路，为构建起高科技含量、低资源消耗的绿色经济新业态提供充分的资金支持，为我国实体经济转型升级提供重要的资源保障。大力发展绿色金融是金融供给侧结构性改革的重要突破口，原因在于发展绿色金融有利于发展和完善金融市场。

绿色信贷是指通过信贷干预减少污染和提高能源效率的一系列政策、制度和实践。具体而言，绿色信贷政策通过贷款产品、贷款期限、贷款利率、信贷额度等影响企业的环境行为。一些经过高度认证的国际公约，如"赤道原则"、"联合国环境规划署金融倡议"和"国际金融公司框架"等要求商业银行采取绿色信贷政策。Wen等（2021）考察中国绿色信贷政策对高耗能企业升级的影响，发现2012年《绿色信贷指引》（GCG 2012）下的绿色信贷政策降低了银行信贷在能源密集型行业的配置效率。另一项鼓励企业投资节能的绿色信贷政策（EECG 2015）增加了银行信贷和固定资产投资。

构建完善的绿色金融市场体系，充分发挥金融市场的资金融通、价格发现、风险管理、成本降低等功能，将为支持我国绿色经济、实体经济发展提供充足的动力。

随着绿色经济的持续快速发展，以支持环境保护、节能减排、清洁能源、资源优化等绿色经济活动为目的的绿色金融也不断发展壮大。大力发展绿色金融，是深入践行绿色发展理念、推动生态文明建设的内在要求，是实现经济可持续发展的重要举措，也是"双循环"新发展格局下金融促进实体经济转型升级的重要手段。

（2）助力保护环境和实现可持续发展

伴随环境污染、资源短缺等一系列的问题，居民环境意识的提高和对更好的生态环境的呼吁，推动了全球各国越来越重视企业在环境保护中的作用。国外学者最初开始研究绿色金融，多围绕着保护生态和实现可持续发展相关主题（Labatt and White，2002；Linnenhiecke et al.，2016；Shahbaz et al.，2020）。

（3）助力创新金融产品

荷兰学者Marcel Jeucken提到当前发达国家金融机构对可持续发展所保持的态度正从积极迈向可持续，此时最明显的特征是绿色金融产品创新增加，例如美国银行、联合利华、丰田汽车、美国佛罗里达州房地产投资信托公司等发行绿色债券，已大大提高可再生能源使用率。

（4）助力金融改革政策创新

金融海啸引发人们思索过去华尔街文化和现有金融政策、国际金融体系与经济秩序造成的不健康经济。因此可持续发展应该是消耗自然资源越少,碳排放也越少才是。不是联合国环境规划署来解决国际金融的政策和秩序问题,而是要金融体系(世界银行、国际货币基金组织)与一个健康经济更好地结合起来才行。目前联合国环境规划署将通过 UNEP Inquiry 项目,提炼出顶层的金融政策设计改革建议,并与 10 多个国家建立合作伙伴关系,探索未来绿色金融发展的路径。

(5)助力核算体系改革

传统的财务核算体系无法估量自然资本的价值,甚至有时自然资源的价值被严重低估。另外,许多对环境或社会造成负面影响的企业难以被量化,也被忽略,从而未纳入财务报表中。因此,自然资本的不可替代性,将支配着资源分配效率的高低。国际综合报告委员会(IIRC)提倡在财务分析上除列出财务、社会资本变动外,还需要列出自然资本的价值。

6.2 能源效率与绿色金融

6.2.1 能源效率与绿色金融衡量指标

1. 能源效率衡量指标

国内外学者分别用不同的变量来衡量能源效率,具体衡量能源效率的指标通常有三种。一是能源投入与产出之比。二是全要素能源效率,Hu 和 Wang(2006)在数据包络分析(DEA)的基础上构建了全要素能源效率(TFEE)的指数,描述了 1995~2002 年中国 29 个行政区的能源效率。三是采用能源强度(也被称为单要素能源效率),即能源消费与国内生产总值的比值衡量能源效率。能源强度越低,表示能源利用效率越高。然而史丹(2006)认为将某些生产要素纳入产出可能会高估能源效率。

2. 绿色金融衡量指标

关于绿色金融即绿色金融发展水平的衡量指标,国内外学者用不同的变量来衡量。Li 和 Hu(2014)、Clark 等(2018)用"赤道原则"的商业银行数量占所有商业银行的比例和绿色信贷数量作为绿色金融发展水平的衡量指标。徐胜等（2018）采用节能环保贷款作为绿色金融发展水平的替代变量，研究了绿色金融对产业结构升级的影响。王凤荣和王康仕（2018）从微观企业的角度出发，以投资-现金流、现金-现金流模型，将外源资金变动对企业污染的敏感性用于衡量绿色金融的配置效率。其他学者衡量绿色金融发展水平则使用金融资源从污染行业的净流出量（王康仕等，2019）、金融增加值（雷汉云、王旭霞，2020）、绿色环保产业的金融资源占所有产业金融资源的比例（文书洋等，2021）。此外，国内目前较为全面的衡量绿色金融的指标来自由中央财经大学绿色金融国际研究院所构建的地方绿色金融发展数据库，数据库中有绿色信贷、绿色债券、绿色基金、绿色保险等数据，充分体现了各级政府为绿色金融所做的贡献，同时全方位展现各省份绿色金融的实施成效。在此基础上，尹子擘等（2021）采用主观权重法和熵权法从绿色信贷、绿色证券、绿色保险、绿色投资和碳金融五个维度构建了衡量绿色金融发展水平的指标体系，研究其对绿色要素生产率的影响。绿色金融指标构建主要是基于四个维度：绿色信贷、绿色债券、绿色投资、绿色保险。

（1）绿色信贷

衡量绿色信贷最常用的指标有以下几个。一是绿色信贷占比，其涵盖2013~2017年国内2121家银行绿色信贷数据；或中国人民银行自2018年起在《金融机构贷款投向统计报告》中披露的本外币绿色信贷余额。二是节能环保项目贷款比率，可以在中国银行业协会发布的《中国银行业社会责任报告》中找到前期资料（徐胜等，2018）。前两个都是全国层面的数据，没办法进行省域分析。三是工业污染治理投资中的"银行贷款"，数据自2010年之后就中断了。四是六大高耗能产业利息支出占比（方向指标），《中国工业统计年鉴》以及各省份的统计年鉴里会有相关数据。

（2）绿色债券

绿色债券最早皆由国际开发机构，如世界银行、亚洲开发银行、欧洲投资银行等发出，目的是引导资金投入更有利于环境友好的项目，避免资金投向污染环境的项目。这样可以以金融为杠杆支持可持续发展，为维护整个人类社会的生存环境提供资金支持。目前我国监管层和学术界对绿色债券也有所关注，中国农业银行在伦敦证券交易所发行中资金融机构首单绿色债券、中国银行伦敦分行在境外发行绿色资产担保债券。

（3）绿色投资

绿色投资是指在企业发展理念当中，加大对节能减排、清洁生产等可持续发展领域的投资，同时考虑经济利益、社会责任与环境保护。目前全球绿色债券市场有两大特征：一是资产支持证券（ABS）的主权和次主权绿色债券；二是可再生能源行业占主导地位，低碳建筑和节能行业创纪录地增长。

（4）绿色保险

绿色保险意指具有绿色性质或元素的保险活动或商品服务，它支持国家绿色经济及社会可持续发展。绿色在不同国家的定义及范围不同。发达国家相对较关注气候变迁议题而非环境污染公害；发展中国家较为关心环境污染及治污议题。绿色保险功能：其一，在保险商务活动中结合环保、社会、治理议题，主动考虑资金运用对生态环保的效益，将资金投资在节约资源技术开发及生态环境保护产业上；其二，透过保险营业活动减少对环境的破坏、脆弱性的资产投资，以带来自然生态平衡，使产业生产更加关注绿色环保，使消费者形成绿色消费思维，以促进社会可持续发展。

6.2.2 能源效率与绿色金融的关系

早期对能源影响因素的研究主要集中于经济因素（张志辉，2015；史丹，2006）、环境因素（汪克亮等，2013）、人口因素（孔群喜等，2011）、企业特征（唐玲、杨正林，2009）、开放度（董利，2008）以及运输因素，之后能源效率与绿色金融的关系逐渐为学者所关注。

绿色金融可以激发企业的节能减排潜力，提高能源效率（杨慧慧，2019；申韬、曹梦真，2020）。例如，Wen等（2021）通过中国上市公司数据研究发现2012年《绿色信贷指引》（GCG 2012）下的绿色信贷政策降低了银行信贷在能源密集型行业的配置效率。作为一项完善的绿色信贷政策，鼓励企业投资能够提高能源效率。申韬和曹梦真（2020）采用双重差分模型分析绿色金融政策对能源强度的影响，从绿色金融试点的政策与绿色金融的中介效应的观点切入。研究结果表明：绿色金融试点政策有效地降低了单位GDP的能源消耗。马骏（2015）认为中国的绿色金融体系，通过绿色信贷、绿色债券、绿色股票指数和相关产品、绿色发展基金、绿色保险、碳金融等金融工具和相关政策，可以推动能源、产业和经济结构的转型升级，实质性地改善中国高污染的能源结构。苏冬蔚和连莉莉（2018）指出绿色金融通过金融资源的配置提高了能源效率，而"三高"产业，由于其与可持续发展的目标相违背，面临的环境风险大大提高。

另外魏楚和沈满洪（2007）发现调整产业结构对能源效率有助益。陈经伟等（2019）发现绿色金融通过产业结构优化升级对能源效率产生影响，即随着各国对绿色可持续发展的大力支持，社会预期也会偏向绿色产业，因此绿色金融会引导社会资金流向成长型和创新型产业。

绿色金融又被称为环境金融或者可持续金融，结合我国的具体实际发展情况来看，绿色金融是为了促进经济、社会与环境协调可持续发展而进行的信贷、证券、保险、基金等金融服务（李晓西等，2015；王修华、刘娜，2016）。绿色消费作为一种全新的消费模式，日益成为当今世界消费的潮流，它反映了当代人与自然可持续发展、经济社会发展与环境保护相协调的关系。杨煦等（2011）指出在市场经济条件下，金融机制的作用与影响是极其重要和不可替代的，作为一种重要的经济工具或市场手段，金融适应和促进了绿色消费的发展。闫旭（2021）在其研究中指出绿色消费在绿色发展理念中起到了载体和中介的作用，能够促进生态文明和可持续发展的建设，并且能够促进能源的高质量发展。绿色消费，从需求的角度来看，消费者购买和使用绿色产品的行为对企业进行绿色生产有着良好的激励作用，企业因此会减少高污染、高耗能领域产品的生产，虽然这些产品可能会带来较大的收益。结合杨煦等（2011）和闫旭（2021）的研究可知，绿色金融能够促进绿色消费，绿色消费倒逼企业进行绿色技术创新，从而提高能源效率。

从供给的角度来看，企业要供给绿色产品，就要进行绿色生产，而绿色生产必须拥有先进的绿色技术以减少产品生产过程中对环境造成的污染，提高对环境的友好程度，尽可能把环境污染物消除在生产过程中。绿色消费激励着企业和生产者不断创新以及对绿色产品的研发生产。另外，随着环境污染问题日益严重、能源耗竭问题不断加剧，基于绿色产品特点体现的环保节能也在消费者群体中形成共识，消费者对环境问题的关注和重视、对绿色产品的需求、对环保行为的支持，都会推动绿色消费市场的兴起，促进绿色企业的发展，形成绿色生产和绿色消费的良性循环。企业会加大对零污染排放、回收处理及循环利用等技术的创新研究和投资，深入对可再生能源或无污染能源（太阳能、风能等）的开发，实现技术创新，发展循环经济，从而发挥良性促进作用，实现绿色分配，改善公众社会福利，促进社会和谐。创新作为高质量发展的第一动力，共享作为高质量发展的根本目的，绿色消费充分体现了绿色是高质量发展的理想形态，以节能环保、清洁生产、清洁能源、生态环境、基础设施绿色升级和绿色服务为主线，节能减排、循环利用的"绿色运营"模式使得社会向生产要素投入低、资源配置效率高、资源环境成本低、经济社会效益好的质量型社会发展（闫旭，2021）。也就是说，绿色消费增加带动绿色产品供给增加，从而倒逼企业进行绿色技术创新，提高能源的利用效率，实现低投入、高产出、低污染。

杨慧慧（2019）、王修华和刘娜（2016）的研究表明，绿色金融带动绿色消费、促进居民生活方式绿色化，并且引导居民形成绿色消费观和绿色消费模式，同时也推动了企业生产方式绿色化，改变以环境污染为代价的发展方式。充分发挥绿色消费的引领作用，通过增加末端绿色消费带动前端产业转型升级，加大对绿色产品研发和制造的投入，增加绿色产品的有效供给，提高能源效率，倒逼供给侧结构性改革。加强全民绿色消费的宣传普及教育，将绿色低碳理念融入家庭、学校以及社会教育中，为绿色金融的发展创造良好的社会舆论氛围；发展绿色消费金融，将节能指标纳入贷款人信用评价体系，为购买绿色建筑、新能源汽车、节能电器等绿色产品的消费者提供针对性强的绿色金融产品和服务，促进居民生活方式的绿色化。另外，生产方式是决定经济发展模式的主要因素，要从根本上缓解经济发展和资源环境之间的矛盾，需要推动生产方式绿色化，改变以环境污染为代价的传统生产模式。企业要将环保技术创新升级作为新的利润增长点，正确运用绿色金融工具，加大对绿色产品研发和制造的投入，增加对绿色产品和服务的有效供给，不断提高产品和服务的环境效益；推行绿色供应链建设，将履行社会责任作为企业的核心理念和价值导向。也就是说绿色金融带动绿色消费，通过末端绿色消费需求、市场化激励影响企业行为，倒逼前端产业转型升级，增加对绿色产品的有效供给，提高能源效率。苏任刚等（2019）指出通过把绿色债券、绿色基金等多种绿色金融产品，投放于环保、清洁能源等项目，可以实现节能减排和资源的有效利用等多种目标。通过这些金融操作实现经济与环境的可持续发展，亦有助于能源效率的提升。

6.2.3 能源效率与绿色金融的计量分析

本部分在分析能源效率与绿色金融之间的关系时，首先使用传统DEA方法测算中国各省区市的能源效率；其次对能源效率与绿色金融之间的关系进行实证分析；最后探讨互联网在其中的调节作用。具体运用以下研究方法。

1. 测算中国各省区市的能源效率

数据处理和实证分析法如下。

（1）数据处理

从历年《中国统计年鉴》、《中国环境统计年鉴》和《中国能源统计年鉴》收集了中国各省区市2004~2017年的投入和产出样本数据，运用传统DEA方法测算了2004~2017年各省区市的能源效率。根据数据的可得性，本部分选择除了西藏和港澳台地区以外的其他30个省区市。劳动力、资本、能源被视为投入变量。产出变量是预期产出和非预期产出。表6-1是所有投入及产出变量的定义及来源。

表 6-1 能源效率的变量定义及来源

变量名称		变量定义	来源
投入	劳动力	当年员工人数（万人）	《中国统计年鉴》
	资本	资本（万元）	《中国统计年鉴》
	能源	各省区市能源消费总量（万吨标准煤）	《中国能源统计年鉴》
产出	预期产出	实际生产总值（亿元）	《中国统计年鉴》
	非预期产出	二氧化硫排放量（万吨）	《中国统计年鉴》
		二氧化碳排放量（万吨）	《中国环境统计年鉴》

（2）实证分析法

我们使用传统 DEA 方法来测算 2004~2017 年各省区市的能源效率。该方法可消除外部环境对地区能源效率的影响，并且可以更科学地评价各地区能源效率的水平。一些省区市（例如西藏）的数据不完整，因此被排除在外，另外，也不含港澳台地区，所以最后选取了 30 个省区市作为样本。表6-2是 2004~2017 年中国各省区市的能源效率。

从表 6-2 可以看出，中国能源效率总体水平较高，2004~2017 年的平均水平仅为 0.9481。在 30 个省区市中，河北、山西、上海、江苏、山东、广东、海南、贵州、青海的平均效率值最高，为 1；黑龙江最低，为 0.7683。高于全国平均效率值的 19 个省区市分别是宁夏、青海、陕西、云南、贵州、海南、广东、湖南、河南、山东、江西、福建、上海、江苏、安徽、河北、山西、内蒙古和北京。低于全国平均效率值的 11 个省区市为天津、辽宁、吉林、黑龙江、浙江、湖北、广西、重庆、四川、甘肃和新疆。华北、华东、中南地区 2004~2017 年的平均效率值分别为 0.9857、0.9770、0.9708，皆是高于全国平均效率值，而低于全国平均效率值的是东北、西南、西北地区。这显示了中国区域的能源效率有差异。这一结论与大多数学者的结论是一致的。如 Pan 等（2019）发现中国各省区市能源效率具有空间依赖性。能源效率较高的省区市主要集中在东部经济发达地区，能源效率较低的省区市主要集中在西部经济欠发达地区。

现代能源经济学

表6-2 2004～2017年中国30个省区市的能源效率

区域	省区市	2004年	2005年	2006年	2007年	2008年	2009年	2010年	2011年	2012年	2013年	2014年	2015年	2016年	2017年	平均
华北	北京	0.995	1	1	1	1	1	1	1	1	1	1	1	1	1	0.9996
	天津	0.957	0.946	1	0.995	1	1	0.923	0.934	0.947	0.99	0.946	0.888	0.853	0.789	0.9406
	河北	1	1	1	1	1	1	1	1	1	1	1	1	1	1	1
	山西	1	1	1	1	1	1	1	1	1	1	1	1	1	1	1
	内蒙古	0.936	1	1	1	1	1	1	1	1	1	1	1	0.944	0.953	0.9881
华北平均		0.978	0.989	1	0.999	1	1	0.985	0.987	0.989	0.998	0.989	0.978	0.959	0.948	0.9857
东北	辽宁	0.780	0.730	0.738	0.768	0.764	0.784	0.725	0.726	0.716	0.767	0.755	0.745	1	1	0.7856
	吉林	0.817	0.740	0.802	0.805	0.847	0.856	0.848	0.869	0.856	0.845	0.839	0.840	0.861	0.801	0.8304
	黑龙江	0.913	0.904	0.785	0.741	0.781	0.679	0.650	0.670	0.707	0.764	0.741	0.795	0.821	0.805	0.7683
东北平均		0.837	0.791	0.775	0.771	0.797	0.773	0.741	0.755	0.760	0.792	0.778	0.793	0.894	0.869	0.7948
华东	上海	1	1	1	1	1	1	1	1	1	1	1	1	1	1	1
	江苏	1	1	1	1	1	1	1	1	1	1	1	1	1	1	1
	浙江	0.988	0.944	0.957	0.948	0.935	0.976	0.924	0.941	0.938	0.888	0.887	0.883	0.693	0.79	0.9066
	安徽	1	0.761	1	1	1	1	1	1	1	1	0.998	0.981	0.924	0.941	0.9718
	福建	1	1	1	1	1	1	0.973	0.948	0.972	0.971	0.89	0.928	0.863	0.942	0.9634
	江西	0.962	1	1	1	1	1	1	1	1	1	1	1	1	1	0.9973
	山东	1	1	1	1	1	1	1	1	1	1	1	1	1	1	1
华东平均		0.993	0.958	0.994	0.993	0.991	0.997	0.985	0.984	0.987	0.980	0.968	0.970	0.926	0.953	0.9770

178

第6章 能源与绿色金融

续表

区域	省区市	2004年	2005年	2006年	2007年	2008年	2009年	2010年	2011年	2012年	2013年	2014年	2015年	2016年	2017年	平均
中南	河南	1	1	1	1	1	1	1	1	1	1	1	1	0.85	0.84	0.9779
	湖北	0.911	0.896	0.89	0.882	0.886	0.919	1	1	1	0.991	0.972	0.965	0.919	0.958	0.9421
	湖南	1	1	1	1	1	1	0.926	0.92	0.935	0.941	0.946	1	1	1	0.9763
	广东	1	1	1	1	1	1	1	1	1	1	1	1	1	1	1
	广西	1	1	1	0.98	0.973	0.96	0.986	0.858	0.866	0.907	0.873	0.875	0.873	0.85	0.9286
	海南	1	1	1	1	1	1	1	1	1	1	1	1	1	1	1
中南平均		0.985	0.983	0.982	0.977	0.977	0.980	0.985	0.963	0.967	0.973	0.965	0.973	0.940	0.941	0.9708
西南	重庆	1	1	1	1	0.941	0.951	0.93	0.946	0.94	0.99	0.918	0.905	0.868	0.879	0.9477
	四川	0.938	1	0.991	0.936	0.932	0.918	0.866	0.772	0.83	0.835	0.805	0.78	0.726	0.743	0.8623
	贵州	1	1	1	1	1	1	1	1	1	1	1	1	1	1	1
	云南	1	0.949	0.951	0.951	0.974	0.972	0.933	0.934	0.936	0.956	0.966	0.982	0.974	0.983	0.9646
西南平均		0.985	0.987	0.986	0.972	0.962	0.960	0.932	0.913	0.927	0.963	0.922	0.917	0.892	0.901	0.9437
西北	陕西	0.869	0.948	1	0.981	0.975	0.993	0.958	0.943	0.968	0.963	0.946	0.946	0.903	0.892	0.9489
	甘肃	0.898	0.898	0.89	0.898	0.86	0.828	0.864	0.925	0.899	0.883	0.914	1	0.821	0.808	0.8847
	青海	1	1	1	1	1	1	1	1	1	1	1	1	1	1	1
	宁夏	1	1	1	1	1	1	0.97	1	1	1	1	1	1	1	0.9979
	新疆	0.694	0.697	0.707	0.727	0.752	0.787	0.775	0.906	1	1	1	1	1	1	0.8604
西北平均		0.892	0.909	0.919	0.921	0.917	0.922	0.913	0.955	0.973	0.969	0.972	0.989	0.945	0.940	0.9384
全国平均		0.955	0.947	0.957	0.954	0.954	0.954	0.942	0.943	0.950	0.958	0.947	0.950	0.930	0.932	0.9481

2. 绿色金融对能源效率的作用机制

基于梳理绿色金融内涵与绿色金融对能源效率作用机制的已有研究，本部分整理的内容涉及绿色金融与能源效率相关理论，构成对后文理论和实证分析的基础，之后对绿色金融与能源效率之间的关系进行实证分析。因此，本部分将以能源强度度量能源效率，运用 OLS（Ordinary Least Square）回归分析探讨绿色金融对能源效率的影响，对绿色金融与能源强度的关系进行计量分析。

首先，从信贷配给和环境风险管理两个角度，分析绿色金融对能源效率的作用机制。其次，通过对作用机制的分析，提出初步的研究假说。最后，对假说进行实证检验。

信贷配给机制。信贷配给理论实际上并不是一种新理论。只要信贷资金供不应求，就必须实行信贷配给。1973 年，美国斯坦福大学经济学家罗纳德·麦金农和爱德华·肖分别出版的著作中有金融抑制论和金融深化论。其中提到在发展中国家信贷配给不均，乃是因为其先天不足、后天失调，即发展中国家的金融体系本来就不发达，再加上政府不断地干预金融体系，因此，信贷配给不均在所难免。而信贷配给不均导致了投资效率低下，不利于经济的增长和发展。鉴于此，我国绿色信贷政策是由政府主导的，其让银行把企业环境行为和环境表现当作信贷配给的约束条件，这将会优化企业的金融资源配置，灵活调整能源技术投资方案，实现能源的高效配置。

环境风险管理机制。银行环境风险管理理论就是商业银行如何管理环境与社会风险。通过信贷资金杠杆，商业银行一方面帮助环境友好型企业得到更多资金，另一方面也帮助产业转型与升级。银行参与绿色信贷，除了承担社会责任以外，其压力来自三个方面。一是来自政府环境规制的压力。企业导致的环境污染会带来信贷风险，商业银行要对所提供的信贷做环境风险评估。二是市场压力。被发现违法的贷款企业，会导致给其贷款的商业银行遭受声誉风险。三是来自先进技术的压力。银行参与绿色信贷，为能源技术的资金来源提供支撑，提升能源利用效率。

假说一：绿色金融能提升中国各省区市的能源效率。

鉴于上述理论和实证研究,我们通过计量模型(6-1)的变量来实证研究绿色金融与能源效率之间的关系。

$$effc_{i,t} = \alpha_0 gc_{i,t} + \beta_0 X_{i,t} + \varepsilon_{i,t} \tag{6-1}$$

其中 $effc_{i,t}$ 为能源强度,$gc_{i,t}$ 表示绿色金融。$effc_{i,t}$ 表示中国 i 省区市(i=1,2,…)第 t 年的能源强度,用总能源消耗与实际生产总值的比率($effc$)来解释各省区市的能源强度,而其对数值($\ln effc$)用作稳健测试。能源强度值越大,表示该省区市能源效率越低。$gc_{i,t}$ 为中国 i 省区市第 t 年的绿色金融。绿色金融数据来源于《中国统计年鉴》、各省区市的统计年鉴以及《中国保险年鉴》。采用熵权法进行测算,综合对绿色信贷、绿色投资、绿色保险、政府支持评估。[①] $X_{i,t}$ 由一系列控制变量组成,如雇员人数(employee)、外商直接投资(fdi)、实际生产总值(lngdp)和贸易开放度(trade)。控制变量数据均来自《中国统计年鉴》。$\varepsilon_{i,t}$ 是误差项。为避免异方差的问题,分别将雇员人数和贸易开放度取对数。在方程(6-1)中,α_0 的正(负)系数表明绿色金融对能源强度有正(负)向影响。我们检验不同的子样本,它们可能决定不同结果的可能性。我们将整个样本分成东部地区、中部地区、西部地区和有金融危机、无金融危机的子样本。单独研究上述因素的影响是很重要的,因为当把这些因素放在一起时,可能会得出有偏的结论。

表6-3是主要变量的描述性统计,数据集涵盖了 2004~2017 年的中国 30 个省区市。从表6-3可以看出,能源强度1的平均值为1.120,最大值是4.466,最小值是0.208,标准差是0.693。这表明中国各省区市之间存在不同能源效率。在表6-4中,绿色金融与能源强度1(effc)之间的相关系数在1%的水平下显著为负,这大体上符合我们的假说一。绿色金融与能源

---

① 绿色信贷是高耗能产业利息支出占比(六大高耗能工业产业利息支出/工业利息总支出),绿色投资是环境污染治理投资占 GDP 比重(环境污染治理投资/GDP),绿色保险是农业保险深度(农业保险收入/农业总产值),政府支持是财政环境保护支出占比(财政环境保护支出/财政一般预算支出)。

强度呈负相关，这与我们的预期一致。绿色金融可能会导致能源效率提升，尤其是绿色金融能优化能源技术效率投资（Geddes et al., 2018）。在控制变量中，外商直接投资（fdi）、雇员人数（lnemployee）、贸易开放度（lntrade）、互联网（netrate）与能源强度呈负相关。控制变量与能源效率增长之间的方向与文献一致。例如，Wei 等（2020）、Doytch 和 Narayan（2016）发现外商直接投资可以成为提高能源效率的创新来源。Baran 等（2020）也发现离开矿业部门的工人转移到绿色部门，绿色部门创造了新的就业机会，进而提高了能源效率。Tajudeen（2021）支持贸易开放是驱动能源效率提升的主要因素。

表 6-3　主要变量的描述性统计

变量	个数	平均值	标准差	最大值	最小值	定义
能源强度1（effc）	480	1.120	0.693	4.466	0.208	总能源消耗与实际生产总值的比率
能源强度2（lneffc）	480	0.706	0.293	1.699	0.189	将能源强度1（effc）取对数
绿色金融（gc）	480	0.151	0.097	0.793	0.043	对绿色信贷、绿色投资、绿色保险、政府支持进行综合评估
外商直接投资（fdi）	475	0.004	0.003	0.019	0	外商直接投资占GDP比重
雇员人数（lnemployee）	480	5.330	0.967	7.523	2.874	当年员工人数（万人）
贸易开放度（lntrade）	420	6.443	1.826	9.616	0.999	进出口总额占GDP比重
互联网（netrate）	450	35.085	19.726	78	2.510	互联网普及比例

表 6-4　主要变量的相关性统计

变量	能源强度1（effc）	绿色金融（gc）	外商直接投资（fdi）	雇员人数（lnemployee）	贸易开放度（lntrade）	互联网（netrate）
能源强度1（effc）	1					
绿色金融（gc）	-0.561***	1				
外商直接投资（fdi）	-0.245***	0.244***	1			
雇员人数（lnemployee）	-0.525***	0.159***	-0.132***	1		
贸易开放度（lntrade）	-0.491***	0.471***	0.592***	0.130***	1	
互联网（netrate）	-0.577***	0.707***	0.164***	0.279***	0.324***	1

注：*** 表示在1%的水平下显著。

关于绿色金融与能源效率之间的关系，基础模型的结果如表 6-5 所示。

模型（1）表明绿色金融的估计系数在1%的水平下显著为负。为了进行稳健性测试，使用了模型（2）中的能源强度2（lneffc）作为代理变量。我们观察到模型（1）和模型（2）中绿色金融的估计系数均是负的，在1%的水平下具有统计学意义。我们发现，绿色金融对各省区市能源强度的减小有积极的影响，也就是说，绿色金融可以被视为一种工具，帮助企业从贷款机构获得贷款或信贷，从而改善能源技术，提升能源效率（Song et al.，2021；Raberto et al.，2019）。因此，上述指标的结果与假说一一致。对于控制变量，模型（2）的结果表明，外商直接投资（fdi）、雇员人数（lnemployee）、贸易开放度（lntrade）与能源强度的关系都是积极的，具有统计学意义，也与上述文献中的发现一致。

表6-5 绿色金融与能源效率之间的关系

变量	（1）能源强度1（effc）	（2）能源强度2（lneffc）
绿色金融（gc）	-0.6152*** (-2.78)	-0.7200*** (-9.77)
外商直接投资（fdi）	-11.6187** (-2.08)	-4.5945** (-2.47)
雇员人数（lnemployee）	-0.6251*** (-22.79)	-0.2660*** (-29.09)
贸易开放度（lntrade）	0.0169 (1.03)	-0.0151*** (-2.75)
常数项	4.4390*** (23.90)	2.3345*** (37.69)
观测值	415	415

注：括号里是T统计量，*、**、***分别表示在10%、5%、1%的水平下显著。

为检测不同子样本是否影响绿色金融与能源效率之间的关系，将样本区分为：东部地区、中部地区、西部地区；有金融危机、无金融危机。东部地区省市包括：北京、天津、河北、辽宁、上海、江苏、浙江、福建、山东、广东、海南。中部地区省市包括：山西、吉林、黑龙江、安徽、江西、河南、湖北、湖南。西部地区省区市包括：内蒙古、广西、重庆、四川、贵州、云南、陕西、甘肃、青海、宁夏和新疆。如表6-6所示，本部分考察了地区不同（东部地区、中部地区、西部地区）是否影响绿色金融和能源效率之间的关系。在表6-6的模型（1）~（3）中，我们发现在加入了区域变化后，不同地区绿色金融对能源效率的影响可能不同。在东部地区的子样本中，绿色金融的估计系数显著为负，而在中部地区和西部地区的两个子样本中，估计系数不显著。研究结果表明，在东部地区，绿色金融与能源效率之间的积极联系更为明显，与Fafchamps和Schündeln（2013）的发现一致，本书认为中国区域能源高效利用具有明显的空间效应。Wang等（2021）也发现区域能源效率存在显著差异，且由西向东呈上升趋势。在所有区域子样本所示的控制变量对能源效率的影响系数基本与表6-5的结论一致。

表6-6 区域分析

变量	（1）东部地区	（2）中部地区	（3）西部地区
绿色金融（gc）	-1.4181*** (-5.16)	2.2627 (0.86)	-1.3332 (-0.90)
外商直接投资（fdi）	3.5176 (0.37)	-60.7710*** (-3.31)	44.7231 (0.99)
雇员人数（lnemployee）	-0.2501*** (-4.08)	-0.8245*** (-4.14)	-0.7004*** (-4.81)
贸易开放度（lntrade）	-0.0288 (-1.00)	-0.0567* (-1.94)	0.0189 (0.86)
常数项	2.6471*** (4.67)	6.0158*** (6.35)	4.9118*** (7.95)
观测值	152	109	154

注：括号里是T统计量，*、**、***分别表示在10%、5%、1%的水平下显著。

回到有金融危机和无金融危机的子样本，将2007~2011年样本视为有金融危机样本，其间发生美国次贷危机及全球金融危机，将其余样本视为无金融危机样本。表6-7的报告表明，在有金融危机和无金融危机的子样本中，绿色金融的估计系数都显著为负，且在1%的水平下具有统计学意义（无金融危机的系数大于有金融危机），这意味着各省区市因发生金融危机，能源使用减少（Zhu et al.，2020；Mimouni and Temimi，2018），并且因银行加强环境风险管理（Mundaca et al.，2013）而提高能源效率。控制变量的估计方向基本与表6-5相同。

表6-7 金融危机分析

基本变量	（1）有金融危机	（2）无金融危机
绿色金融（gc）	-2.6042*** (-3.25)	-1.4814*** (-5.99)
外商直接投资（fdi）	-9.3213 (-0.69)	-16.5804* (-1.67)
雇员人数（lnemployee）	-0.5002*** (-4.23)	-0.5616*** (-7.29)
贸易开放度（lntrade）	0.0092 (0.26)	0.0033 (0.08)
常数项	4.0787*** (8.50)	4.3517*** (9.97)
观测值	150	265

注：括号里是T统计量，*、**、*** 分别表示在10%、5%、1%的水平下显著。

3. 互联网、绿色金融和能源效率

提升能源效率已经成为全球关注的议题。提升能源效率的贡献根据文献可以归纳为三点：环境治理、可持续发展、经济发展。许多学者提出有效优化能源供应结构、提高能源效率，可减少温室气体排放量（Alajmi，2021；Niu et al.，2019；Wesseh and Lin，2018）。Banhidarah等（2020）和Lv等（2020）指出能源消耗对国家和地方的可持续发展起着至关重要的作用。Santos等（2021）认为总体能源效率是格兰杰的全要素生产率的原因，这被认为是经济增长的主要驱动力。在此趋势下，国内外学者积极探究提升能源效率的因素，包括创新及能源技术（Trianni et al.，2013），政策（Martinez-Zarzoso et al.，2019；Bi et al.，2014），控制碳排放（Kokosalakis et al.，2021）

和能源价格、外国直接流入、贸易开放、人口增长、温度等（Tajudeen，2021）。近年来绿色金融和互联网盛行，许多学者开始关注绿色金融对能源效率的影响。例如，Wen 等（2021）、Song 等（2021）、Raberto 等（2019）和 Geddes 等（2018）指出，从信贷配置效率视角看，绿色信贷政策降低了能源密集型行业的银行信贷配置效率，因为完善的绿色信贷政策能够鼓励企业提高能源效率。许多研究发现互联网的发展可以显著提高能源效率（Wu et al.，2021），但绿色金融和互联网的相关研究还是不充分的。

假说二：在中国各省区市，互联网可能会阻碍绿色金融对能源效率的提升。

由于 Wu 等（2021）的研究表明互联网发展提高了中国绿色全要素能源效率，所以本章也考虑了互联网的影响。本章研究了绿色金融和互联网对中国各省区市能源效率的交互作用。因此，本章的扩展模型为：

$$effc_{i,t} = \alpha_1 gc_{i,t} + \beta_1 gc_{i,t} \times netrate_{i,t} + \gamma_1 netrate_{i,t} + \delta_1 X_{i,t} + \varepsilon_{i,t} \quad (6-2)$$

其中 $netrate_{i,t}$ 表示 i 省区市 t 年的互联网水平。根据《中国互联网络发展状况统计报告》收集中国各省区市的互联网普及率。《中国互联网络发展状况统计报告》是由中国互联网络信息中心（CNNIC）发布的最权威的互联网发展数据之一。其他变量已经在前面定义过。若 $\alpha_1 < 0$ 且 $\beta_1 > 0$，则绿色金融负向影响能源强度，而互联网正向影响绿色金融与能源效率之间的关系；反之，如果 $\alpha_1 < 0$ 且 $\beta_1 < 0$，则绿色金融负向影响能源强度，而互联网也对绿色金融与能源效率之间的关系产生负向影响。

表 6-8 是在考虑互联网后，绿色金融对能源效率的影响的结果。绿色金融的估计系数均为负，而互联网与绿色金融交互项的估计系数均显著为正，这在总体上支持假说二。研究发现，绿色金融降低能源强度，但互联网会抑制这种影响。表 6-8 的模型（2）表明，无论是互联网还是绿色金融都对能源效率有积极的影响，但如果将这两个变量结合在一起，那么积极的影响将会减弱。

表 6-8 互联网的调节作用分析

变量	(1) 能源强度 1（effc）	(2) 能源强度 2（lneffc）
绿色金融（gc）	-2.9651 (-1.39)	-2.0645*** (-3.24)
互联网×绿色金融（netrate×gc）	0.0403* (1.81)	0.0201*** (2.86)
互联网（netrate）	-0.0164*** (-7.81)	-0.0062*** (-9.39)
外商直接投资（fdi）	-2.3031 (-0.30)	-0.2074 (-0.07)
雇员人数（lnemployee）	-0.2351*** (-2.79)	-0.1139*** (-3.70)
贸易开放度（lntrade）	0.0011 (0.05)	-0.0160** (-2.06)
常数项	3.1250*** (7.64)	1.8128*** (11.58)
观测值	387	387

注：括号里是 T 统计量，*、**、*** 分别表示在 10%、5%、1% 的水平下显著。

6.3　绿色金融提升能源效率的政策建议

我国绿色金融实践较外国慢，国务院发展研究中心金融研究所发现，我国绿色产业的年均投资在 2 万亿元以上，其中财政资源只占 10% ~ 15%。《中国低碳金融发展报告 2014》也指出，国内绝大多数银行的绿色信贷占总资产的比例低于 2%。马中等（2016）通过实证研究证实了现有绿色金融体系（供给侧）小于绿色投资资金（需求侧）。

对于发达国家发展绿色金融的经验，国内学者有许多的讨论。李致远和许正松（2016）指出发达国家政府高度重视绿色金融，通过各种手段推动绿色金融发展。张云（2016）重点分析了发达国家构建绿色金融相关法律体系的经验，指出能够立法助力绿色金融政策实施，因为立法可以明确环境责任，明确相关利益人的责任范围。同时，他也指出发达国家为金融机构提供了绿色金融实施标准。此外，发达国家政府注重制定各种扶持绿色金融发展的优惠政策，营造有利的外部激励环境。例如利用贴息、优惠利率等措施调动各方积极性等。多数发达国家的实践证明，国家对绿色信贷项目予以贴息贷款，具有显著的杠杆效应。

发达国家金融机构将绿色金融视为自身可持续发展的重要途径，非常重视绿色金融产品，主要归纳为以下几种。一是商业银行的绿色信贷产品。如澳大利亚 Bendigo 银行的家居绿色节能贷款、美国 Wells Fargo 银行的绿色商业建筑贷款、加拿大温哥华银行的清洁空气汽车贷款等。二是针对环保技术的绿色金融产品。如德意志银行推出的环保技术租赁、加拿大帝国商业银行为温室气体排放公司提供的 IPO 服务等。三是保险公司的绿色保险。如通用汽车保险服务公司为客户提供的与混合燃料汽车和节能型汽车相关的具有优惠性的保险产品、瑞士银行的汽车零件回收保险、加利福尼亚保险基金有限公司推出的绿色建筑保险等。

马秋君和刘璇（2013）重点分析了发达国家商业银行发展绿色信贷业务的经验，指出发达国家的经验对我国有如下三点启示。第一，商业银行应加强社会责任意识，促进自身可持续发展。第二，商业银行应尽快完善可量化的评估指标，健全绿色信贷业务的准入机制。第三，商业银行应将可持续发展理念引入绿色信贷业务的各个环节，完善信贷流程。

另外，本章具体建议如下。

第一，应大力扶持金融机构探索绿色金融模式。不论是在绿色金融意识上还是在技术上，我国金融机构尚缺乏相关经验，需要政府大力提供培训与技术辅导，或是对金融机构采取税收、罚款、奖励并行的措施。人才、中介机构的配套相对缺乏也制约着绿色金融的进一步发展（王红珠，2013；张藏领、王小江，2015；叶秀，2016；刘传岩，2012）。

第二，应加强执法使企业环境成本内部化。绿色金融要想长期发展需要加强执法。金融机构因环境违法而导致内部成本增加，这个机制能抑制企业违法，促进绿色金融长期发展。我国于 2014 年通过新修订的《环境保护法》，相关的配套政策也都陆续出台，这对我国绿色金融与可持续发展是一大福利。胡春生（2013）认为中央与地方政府是我国绿色金融成功的关键所在。周道许和宋科（2014）认为目前绿色金融产品应更注重社会与经济效益。王军华（2000）提出实施绿色金融政策时，需要侧重避免污染环境和保护生态环境，必要时通过资金供给侧结构性改革，协调供给与需求配置，提高能源配置效率，促进绿色金融稳定持续发展（马中等，2016）。

第三，应加强政策制定的可行性及准确性研究。我国政府制定政策欠缺事前考察，常常没有配合实际情况来做量化分析，可能出现考虑不周的问题，也没有配套措施，光伏产业补贴欠账就是一个明显的例子。

第四，绿色信贷深化发展亟待进一步攻坚。从银行角度，我们可以从3个方面改进。①布局绿色金融战略。商业银行应当在总行一级设立绿色金融发展部门，统筹规划绿色金融战略，负责绿色政策审核和政策执行的落地与监督；银行根据自身规模和业务量可在各级分行建立绿色金融发展中心，设置专业绿色金融岗位，配置专业绿色金融人才，形成垂直的绿色金融管理结构，集中管理和组织绿色金融业务。②商业银行首先要健全环境和社会风险管理体系架构，由绿色发展部门的专业团队负责风险审核、风险标准制定、企业环境信息收集等工作，以提高风险管理的专业性和管理效益。其次（有标准）要健全内部审贷准则，实行融资项目的风险分类管理，给予对环境和社会产生正效应或减少负效应的项目优惠的信贷支持；对环境和社会产生负效应的项目，应当运用各种措施减缓其对环境和社会的影响，再决定是否授信。③完善绿色金融产品和服务体系。在绿色产品创新上，中国工商银行、中国农业银行、中国银行领头发行了绿色金融债券，华夏银行、兴业银行等也开始跟进。绿色金融产品和服务涵盖广，包括节能减排技改项目融资、CDM项目融资、节能服务商融资、绿色买方信贷、公共事业服务商融资、绿色融资租赁、排污权质押融资等。

第 7 章 能源金融化

7.1 能源金融化和能源金融

7.1.1 能源金融化和能源金融的内涵

能源是国民经济的命脉，能源的获取与保障能力已成为彰显现代国家政治力量的"硬通货"。能源作为一种重要的生产要素，需要通过金融这样一种有效率的制度与市场引导进入关键生产部门，实现要素配置效率和利用效率的最大化。后金融危机时代，国际能源市场发生深刻变化，能源金融化已经成为世界能源发展的大趋势。

人类对能源金融的研究始于运用远期合约等金融工具对煤炭交易进行风险管理和市场运作。20世纪70年代两次石油危机的爆发直接导致了石油期货的产生，并在随后的20多年中发展成为全球交易量最大的商品期货交易品种。当然，能源金融不局限于石油、煤炭等传统能源领域，随着与能源领域相关的诸如全球气候变化等环境问题的日益凸显，旨在应对各种环境风险的能源金融衍生品也应运而生，能源金融的研究范围拓展至碳金融、能源效率市场、新能源投融资等新领域。目前对能源金融的概念还没有一个明确统一的界定。

国外研究文献中，学者们把"能源金融"等同于"项目融资"（Project Finance），Buckley（1996）将"项目融资"界定为为一个特殊的任务而建立的高杠杆融资工具，其信誉和经济合理性是基于该任务期待的现金流和资产担保。从能源产业的具体融资问题来看，20世纪30年代，美国西南部石油行业兴起的项目融资作为管理风险、分配风险的新型融资方式促进了能源产业的发展。Dunkerley（1995）以石油行业为例指出传统的融资方式已不能满足发展中国家能源领域发展的资金需求，很多国家逐渐向私有资本融资过渡。Pollio（1998）指出能源项目融资过程需兼顾项目承办者、商业银行及东道国政府的利益，详细分析了项目承办者、商业银行、东道国政府存在的具体的项目融资风险以及需采取的有效防范措施。Painuly（2003）则提出适当放松金融对能源产业发展的限制，发展能源期货进行套期保值，发挥世界银行集团和第三方融资在能源项目融资中的作用，重视利用外资，成立专业性的服务公司，以及发展落后地区的金融服务，以此推动能源产业的持续发展。

    国内学者大多认为能源金融的概念有广义和狭义之分。从广义视角上看，能源金融一体化协同发展是经济全球化的普遍现象。能源金融是能源与金融两种经济业态的有机融合，本质上来说它是一种新的金融形态（贺永强等，2007），是在开放经济环境下，国际能源市场和国际金融市场相互融合与渗透和发达国家能源战略体系不断深化的结果（林伯强、黄光晓，2011），能源金融应该成为国际能源市场发展的一种基本战略，以此保障国家能源安全。从狭义视角上看，能源金融的内涵表现为金融支持能源工业发展、能源企业参与金融市场、能源市场与金融战略结合等方面（佘升翔等，2007），并且能源与金融在各个方面相互融合渗透、相互促进影响（肖钢、左瑛，2011）。就目前而言，能源已经不仅仅是一种可以为人类提供能量的基础物质，随着能源这种生产要素的应用范围不断向外扩大，加上金融工具对能源产业的影响，能源在人类经济活动中的"准金融属性"日益显现。

    结合上述观点，本书认为能源金融化是能源的金融属性产生、发展并不断深化的动态过程。能源金融是通过能源资源与金融资源的整合，实现能源产业资本与金融资本不断优化聚合，从而促进能源产业与金融业良性互动、协调发展的一系列金融活动。

随着世界能源产业的飞速发展，经济全球化格局已初步形成，能源金融的内涵和边界也在不断延伸，能源金融的范围从石油、煤炭等传统能源领域逐步扩展到能源金融产品、能源市场和新能源投融资等新领域。

首先，能源产品正不断地金融化。根据布雷顿森林体系规定，美联储唯一发行美元，各国货币与美元挂钩，而美元与黄金挂钩。自20世纪70年代起，美元的发行就不再与黄金挂钩，美元发行完全由美联储相机决定。但是，能源产品并没有跟美元脱钩，尤其是石油，其计价是以美元为基础。美元主导下的能源体系不稳定，能源价格随着美元以及各种金融资产而发生改变，再加上汇率的波动以及随之产生的美元资产的波动，使石油产品越来越具有金融产品的特征。

其次，能源市场在不断地金融化。能源衍生品市场的金融投机是能源市场金融化的最典型表现。传统金融标的是货币、矿产品、股票等，而新兴的金融投机标的则集中到了能源等大宗商品。能源价格除了受供需等基本面因素影响外，还在很大程度上受到金融投机影响，这就会增强能源市场与金融市场风险的相关性以及传导性。从积极的层面上看，能源市场的金融化极大地拓宽了能源企业融资的渠道，为能源企业提供了风险控制和管理的途径。

最后，能源产业也在不断地金融化。能源产业开发金融投资与融资模式是其金融化最集中的表现。当前，世界油气资源主要掌握在跨国石油公司（如壳牌石油、美孚石油、英国石油）和国家石油公司（如中石油、中石化、Gazprom）手中。这些大型石油公司有着先进的勘探开发技术和雄厚的资金，对产油国政策有极大的影响力，它们通过多种多样的融资手段，对世界各地的能源进行投资。这些大型石油公司借助其在国际市场良好的信用，通过发股、发债、国际借贷等各种途径取得流动资金，通过项目投资等各种方式投资油田、气田，并通过能源金融衍生品市场最大限度地规避风险。

7.1.2 能源金融化的起源与发展

能源金融是传统能源与现代金融相互结合与渗透的一个新的研究领域，近年来其逐渐成为学者们研究的一个热点问题。但能源金融作为一个集合概念，其范畴并非才出现。从国际视角来看，能源金融发展起步早，相关市场也更加完善。1886年，位于威尔士卡迪夫的煤炭交易所开始运用远期合约等金融工具对煤炭交易进行风险管理和市场运作。到20世纪70年代，在两次石油危机影响下，石油价格大幅波动（Lee et al., 2021a），石油期货市场伴随市场参与者的强烈避险需求应运而生。

1978年纽约商业交易所开始进行燃料油交易，1980年和1983年伦敦国际石油交易所和纽约商业交易所先后开始原油期货交易，到1990年4月，纽约商业交易所开始天然气期货合约的交易。发展至今，以英国布伦特原油、美国西得克萨斯中质原油、美国亨利枢纽天然气期货等为代表的合约已经成为全球能源价格的重要参考和风险管理的重要工具。围绕这些基础产品，能源金融领域衍生出指数交易、互换合约和期权等多种形式，交易对象也从石油、煤炭和天然气等大宗能源商品拓展到碳排放权和节能性指标等创新能源金融商品。

亚太地区的能源金融衍生品交易始于1989年新加坡国际金融交易所推出的石油期货合约——高硫燃料油期货合约。而日本作为石油的消费大国（95%以上的石油需要进口），于1999年推出第一张石油期货合约，2001年推出中东石油期货合约。日本石油期货的快速发展改善了其能源现货市场分割、垄断的局面，与改制后的新加坡交易所（SGX）推出的中东石油期货合约之间形成联动，共同推动了亚洲石油期货的活跃。

我国国内能源金融起步较晚。由于我国对能源产品进口需求持续攀升，国际能源市场参与者中逐渐出现中国企业和个人。与此同时，他们对相关能源金融避险工具的需求也日益增加。因此，国内许多机构开始大力推进能源金融的发展，而且近几年明显提速。2016年11月，上海石油天然气交易中心正式运行；2017年12月，全国碳排放交易体系正式启动；2018年3月，中国原油期货正式在上海期货交易所上市；2021年7月，全国碳市场正式启动。多种与能源化工相关的期货品种在上海期货交易所、大连商品交易所、郑州商品交易所上市。这对引导相关行业企业转型升级，建立健全绿色低碳循环发展的经济体系，构建市场导向的绿色技术创新体系，促进我国绿色低碳和更高质量发展，将起到积极的推动作用，是我国实现碳达峰与碳中和目标不可或缺的重要抓手和有效的政策工具。尽管如此，我国能源金融市场的发展仍与我国作为全球第一大能源消费国和第二大经济体的地位不符。

7.1.3 能源金融化发展现状

放眼全球，世界能源产业蓬勃发展，能源市场急剧扩张，能源的政治经济地位进一步加强，能源金融一体化逐渐成为全球经济的普遍现象。

1. 金融支持能源产业的发展

作为资本密集型行业，能源的开发建设需要巨额资金，而且能源的勘探与技术研发具有高风险、高回报的特征，因而，能源行业对融资的要求是规模大、渠道广、机制活。能源产业的传统融资来源主要是银行信贷和政府扶持。20世纪30年代，美国西南部石油业兴起的项目融资作为管理风险、分配风险的新型融资方式促进了能源产业的发展。随着金融资本市场的发展、金融业务的丰富和金融手段的创新，能源企业拓展了资金来源的方式：在股票市场公开上市、发行债券、吸收国际战略投资与风险投资等。同时，能源产业的发展情况以及预期也反过来直接或间接地影响股市行情、利率和汇率水平。

立足整个世界来看，能源产业融资存在巨大的缺口，而能源行业蕴藏的巨大机遇也吸引了金融投资机构的进入。金融投资机构对能源产业的投资领域主要包括能源产权市场以及能源期货市场。前者使金融投资机构可享有由能源的"稀缺性"、战争和突发事件带来的溢价，后者使涉及能源生产或交易的金融投资机构能够借助衍生品工具套期保值。但是，由于投资能源产权市场有较高的门槛，且能源实物资源也有限，因而大量资金投向能源虚拟资产，而且能源市场因易受突发事件影响而备受投机资金青睐。在全球流动性过剩的背景下，金融投资者不仅在商品期货市场（例如金属、能源、农产品等）之间套利，还在商品期货市场和金融证券市场之间跨市套利。资本的逐利性决定了巨额资金在不同市场间快速流动，驱使能源与金融一体化。

近年来，伴随能源金融一体化的深入，建立能源基金逐渐成为国际通行的做法。能源基金包括产业投资基金、金融投资基金与综合基金。产业投资基金一般由政府以及大型能源公司建立，主要目的是向风险勘探、油田开采权收购、下游项目投资、重大项目评估等提供专项资金，为实施中长期战略进行基础性铺垫。金融投资基金以较高的中短期投资收益和资本积累为目标，由专业投资机构利用各种手段在石油期货和期权市场、国际货币市场以及与石油相关的证券市场上进行套利交易与投机操作。综合基金是通过资本运营将能源产业项目培养壮大，获取利润，目的是促进产权市场和资本市场实现有机联系。能源基金不仅供个人投资者投资，还可以成为机构投资者组合资产中不可或缺的一部分。

在过去的100多年里，金融资本主要流向传统的能源产业，如煤炭、石油、天然气以及电力。随着化石能源的逐步消耗和可持续发展观念的兴起，在各国政府和国际组织的推动下，世界可再生能源投资增长迅速。联合国环境规划署（UNEP）发表的《2020年全球可再生能源投资趋势》表明，2019年，新增可再生能源发电装机（不含大型水力发电）创有史以来最高纪录，并且可再生能源发电装机的投资规模再度远超传统电源，可再生能源发电可实现的二氧化碳减排量高达21亿吨。但是由于全球能源结构中化石能源的份额太大，可再生能源（不含大型水力发电）依旧增速缓慢，2009年，可再生能源发电量的全球占比仅为5.9%，到2018年升至12.4%，2019年升至13.4%。对比可再生能源在发达国家和发展中国家的发展概况可得，发展中国家的可再生能源投资规模仍比发达国家大。2019年，发展中国家的可再生能源投资达1522亿美元，发达国家为1300亿美元。在发展中国家里，中国和印度的投资占比均有下降；而其他发展中国家的投资则增长了17%。尽管如此，发展中国家仍面临能源需求快速增长与资本市场不成熟的挑战，必须继续在设计金融工具上进行创新工作，以鼓励投资并管理风险。部分年份全球可再生能源投资量、相关占比情况如表7-1、图7-1至图7-3所示。

表 7-1 2019 年全球各种类可再生能源投资量

单位：10 亿美元，%

可再生能源种类	投资量	较 2018 年增长率
风电	138.2	6
光伏	131.1	-3
生物质能和废弃物	9.7	9
小型水电	1.7	-3
地热	1.0	-56
生物燃料	0.5	-43
海洋能	0.0	0

资料来源：联合国环境规划署（UNEP）发表的《2020 年全球可再生能源投资趋势》。

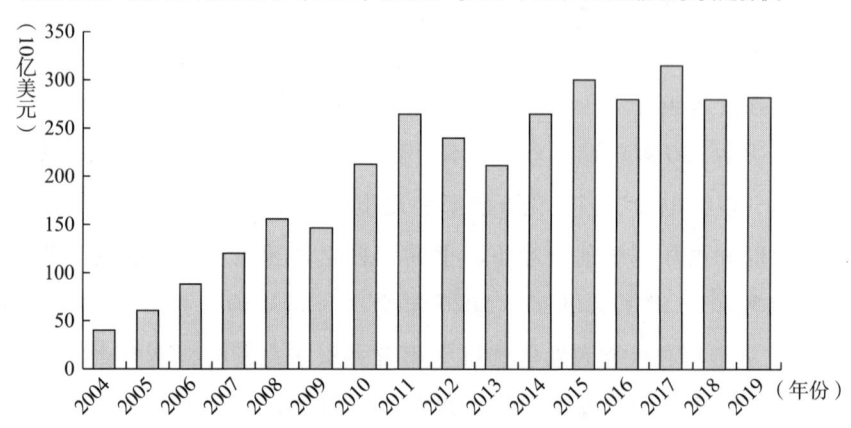

图 7-1 2004~2019 年全球可再生能源投资总量

资料来源：联合国环境规划署（UNEP）发表的《2020 年全球可再生能源投资趋势》。

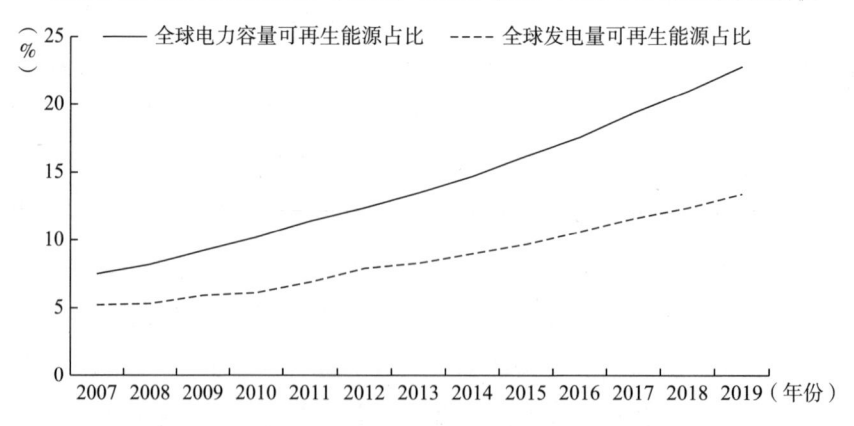

图 7-2 2007~2019 年全球电力容量和发电量可再生能源占比

资料来源：联合国环境规划署（UNEP）发表的《2020 年全球可再生能源投资趋势》。

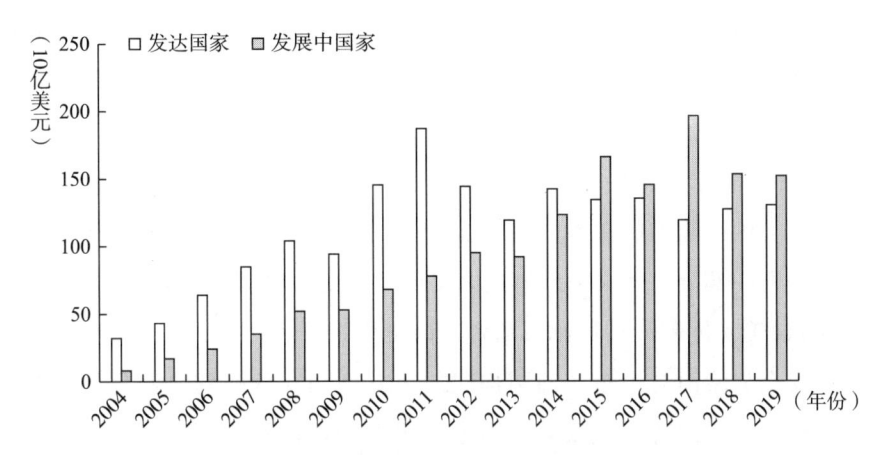

图 7-3 2004~2019 年发达国家与发展中国家可再生能源投资量

资料来源：联合国环境规划署（UNEP）发表的《2020 年全球可再生能源投资趋势》。

2. 能源企业积极参与世界能源市场

世界能源市场自 20 世纪以来发生了巨大的变革，从受管制到自由化，从计划体制到市场化，从区域市场到全球化，从单纯的商品到金融化，能源产业更具有竞争性和效率。能源产业的自由化以及能源市场化发展的直接后果是能源流动与价格具有更大的不确定性，给经济主体带来了更多的风险。因此，从 20 世纪 80 年代开始，各种衍生工具，如能源期货、期权、互换（掉期）等与交易市场争相发展。在如今国际金融环境动荡的背景下，能源企业可以适当地使用衍生金融工具规避由商品价格变动、利率变动和汇率变动带来的风险。衍生金融工具对于石油公司的重要意义体现在大型国际石油公司使用衍生金融工具的活动中。BP、壳牌等跨国能源企业每年参与金融衍生工具交易的合约面值达到数千亿美元，交易对象包括商品市场、利率市场以及外汇市场的期货、期权、远期、互换等合约。能源企业参与金融市场的最初目的是管理风险，后来随着能源产业资本的壮大，金融投资越来越普遍，在产业资本变为金融资本的过程中，能源企业的目的可能就会发生改变，有的是为了单纯的投资回报，有的是为了达到战略目的进行多元化经营，有的是为了更好地融资。在欧美发达国家，产业资本涉足金融十分普遍。世界上大型的跨国石油公司，如埃克森美孚、BP 等，都有自己的金融投资公司。产业公司通过金融投资，一方面让自己闲置的资产增值，另一方面可以弥补主业经营增长过慢带来的不足，分担和平衡企业风险。

3. 利用能源市场实施金融战略

能源与国际金融的关系现在已经密不可分。能源市场实质上已经成为金融市场的一部分，并成为世界大国实现金融战略意图的武器。

"石油美元体制"即国际石油贸易以美元计价和结算，是美国为实现中东石油安全战略而与中东产油国构建的一系列相互依赖的机制化经济制度之一，而这一体制背后隐藏着资本家深远的金融战略意图。通过影响国际石油价格，可以影响世界对美元货币的需求。

脱离"金本位"的美元走势疲软是20世纪70年代石油危机出现的其中一个原因。当时，中东国家石油工业的上、中、下游产业链基本上由代表英美金融资本利益的跨国公司控制，因此油价的涨跌对这些跨国公司的利润不会有实质性的影响。但是，对于其他石油进口国而言，油价的上涨会增加对美元的需求，这对于美国来说，就是保持美元世界货币地位的必需之举。20世纪70年代美元的贬值直接导致产油国蒙受巨大经济损失，因而油价的上涨符合石油出口国的利益，而中东石油出口国获得的财富大部分投向了以美元计价的资产，最终以"石油美元"的形式回流到美国。

从这一时期开始，石油从一种纯粹的商品一跃成为一种能够实现金融目的的准金融资产，而石油期货与衍生品市场的出现标志着石油金融市场的崛起。石油金融市场与外汇市场、黄金市场的联动成为新的金融现象，扩大了传统金融市场的内涵。

美元作为最主要的国际性货币，长期以来是世界各国主要的外汇储备币种，也是外汇市场主要的交易品种。从长期来看，当美元发展潜力较小时，资金流向石油期货市场，推动石油价格上升；而当资金撤出石油市场时，外汇市场则出现波动。国际热钱的投机行为更是加强了这种联系。油价走势与美元汇率的走势相背离，衍生出新的投机机会，这已经成为石油商品市场与金融市场联结的运行规律。只要国际石油贸易继续以美元标价与结算，美元汇率与石油名义价格之间的这种负相关性就会长期保持。近年来，国际市场上美元泛滥，而欧元背后隐藏的战略意图之一就是挑战美元的国际地位。美元的贬值和石油价格的攀升却如同剪刀的"双刃"，无情地蚕食着发展中国家的财富。

4. 能源效率金融市场发展迅速

能源效率金融特指能源效率改进项目的融资。解决世界能源问题的重要手段之一就是"节流"，特别是发展中国家，能源效率亟待提高。在20世纪，发达国家就已经认识到节能的重要性，开始大力发展节能技术。但是，在能源效率设施与技术的推广应用环节，政府从法律、产业政策、财税政策的层面加以推动的作用是有限的，而真正的驱动力来自金融市场。显然，如果能够让能源效率成为一种可以逐利的资产，那么金融资本就会毫不犹豫地进入这个领域。自20世纪70年代中期以来，节能服务公司（Energy Service Company，ESCO，国内简称 EMCO）在北美和欧洲逐步发展成为一种新兴产业。ESCO 作为一种市场机制，对提高美国、加拿大等发达国家的能源效率已发挥了积极作用。而 ESCO 在很多发展中国家尚处于初级发展阶段，面临很多障碍，如市场、金融及制度上的障碍，不完善的能源价格政策以及高额交易费用等（Lee et al.，2003）。随着经济的发展，政府、信息提供者、政策制定者都意识到促进 ESCO 发展的重要性。此外，在某些金融机构中发展专门能源效率融资窗口，发展能源效率评价工具，发展金融衍生品，也可以进一步促进能源效率提升。

7.1.4　能源金融化的特征

第一，由于能源商品自身的稀缺性和分布上的地域性，能源被赋予了强大的战略属性，因此能源金融主导权成为各国必争之地。

第二，欧美垄断全球主要能源交易市场。国际能源金融交易市场主要包括纽约商业交易所、伦敦国际石油交易所和东京工业品交易所三大场内交易所。其中，纽约商业交易所的能源期货和期权交易量占全球能源场内衍生品交易量的一半以上，美国西得克萨斯中质原油（WTI）和英国布伦特原油（Brent）是全球石油市场最重要的定价基准。

第三，全球石油金融市场交易几乎全部以美元定价。"石油美元体制"建立在美国一系列的战略布局和金融发展基础之上。早在20世纪70年代，美国与中东石油国签订的一系列协议使大部分中东石油出口以美元计价。两伊战争开始，欧佩克成员国之间的长期分歧使得美元进一步统治了欧佩克组织的石油标价权。

第四，欧美大型金融机构是市场交易的主导力量。欧美投行、基金公司等金融投资机构逐步成为能源金融市场的交易主体，能源产品与股票、债券、房地产衍生品等一起成为金融投资产品。

总体来说，能源金融化是一把"双刃剑"。一国能源金融化的适度发展有利于拓宽能源产业融资渠道，完善能源价格发现机制，满足不同类型市场参与者的产品需求。能源金融衍生品的发展如能源期权、期货等也可以作为套期保值的工具，以规避能源价格波动带来的市场风险。但是，随着能源金融产品的交易量和持仓量持续增加，能源现货与衍生品价差波幅增大，弱化了能源衍生品套期保值的功能，影响能源市场的价格稳定。当前，发达经济体推行量化宽松货币政策，全球流动性泛滥，这助推了能源金融化的发展。未来发达国家与新兴市场国家对能源金融定价权的争夺将更加激烈，全球能源金融市场新秩序亟待形成。

7.1.5 能源产业与金融市场相互关联的传导路径

在能源金融关联机制的研究中，学者们通常从能源产业与金融市场两端的契合展开讨论。一方面，有学者认为能源产业的变革，如传统能源结构的调整、产业技术层面的升级以及新能源产业的发展均需要大量资金支持，而金融市场的融资功能可以解决这一问题，包括发行有价证券、担保下的发债和行业内贷款等直接融资，以及通过商业银行的信用贷款和开发性政策贷款等间接融资；另一方面，有学者认为金融市场中的资金基于自身的逐利特征会以各种投资方式（能源金融衍生品、能源信托等）流转向更具发展潜力的行业。就国家层面而言，金融工具的运用以及合理有效的制度安排能保障国家能源安全和金融的稳定。上述两个方面融合形成了现阶段被广泛认可的解释机制：能源金融关联的原因在于产业发展和资本利得的相互促进效应，表现为能源产业与金融市场的彼此需求，强调在两者不断深化和依赖的过程中，能源与金融的相互关联提高了资金流转和信息传递的效率，同时也具备了影响两个产业的能力。

1. 能源产业与金融市场的关联机制

从理论上讲，能源产业和金融市场存在相互作用的两条路径，这两条路径在不同的条件下会产生两种结果，这两种结果是能源金融发展的目标和所要控制的重点问题。

（1）在合适的经济环境和条件下，能源产业和金融市场相互促进

金融支持能源发展的同时获取利润，并在这个过程中有效防范风险，这也是能源金融发展的目标。在这个互动发展的过程中，能源产业发展促进了金融市场的创新，也因此产生了多元化的金融服务需求。这种需求又使金融市场面临对能源产业发展的支持力度和金融服务方式、金融产品乃至整个金融市场面向能源产业创新等诸多问题，并最终促进能源产业与金融市场的协调发展。

（2）在经济环境和条件不稳定的情况下，能源产业和金融市场的潜在风险可能会通过产业关联机制造成风险传染

能源产业和金融市场间的信息传递会影响能源金融安全。金融危机是指包括金融资产、金融机构、金融市场等金融方面的危机，能源是危机由金融层面传播到实体方面的一个传导体，因此金融的安全直接影响能源的安全。从实际情况来看，20世纪70年代石油价格上涨引发全球通货膨胀，导致全球陷入了因经济衰退而形成的低迷滞胀的格局，主要表现为持续上涨的通货膨胀、高居不下的油价以及疲软的劳动力市场，这是能源危机向金融层面的传递。反过来，金融危机又会波及能源产业，导致能源危机。其中很典型的例子就是2008年的全球金融危机，美国次贷危机引发金融危机，导致石油价格动荡，这也是金融危机通过能源向实体经济传导的体现。

以石油为例，两者间相互的作用路径主要包括：①能源危机—原油价

格等上涨—运输、化工等关联产品价格上涨—价格总体上涨—通货膨胀—价格危机；②金融危机—股价、大宗商品市场价格下降—国际投机资金涌入—油价上涨（短期）—政府调控—投机资金撤离—油价下跌—能源产业不稳定；③金融危机—能源交易的计价货币波动—能源价格波动—能源危机。在以上的作用路径中，当能源危机发生导致金融危机时，必然引发金融体制的改革；相反，当金融危机引发能源危机时，必将引发能源产业的改革，其中一个重要的表现就是新能源产业在危机中借势而起。改革的结果将是良好金融生态的形成和能源政策支持，从而最终促进能源产业和金融市场的协调发展。

2. 金融支持能源产业的路径

金融支持能源产业的路径可以从两个层面分析（见图7-4）。第一个层面强调"金融参与性"，即金融资本如何直接进入能源产业发展过程中，强调两个产业关联行为本身；第二个层面强调两个产业关联的"介质"，即能源金融产品。

（1）金融参与性层面

一是体现能源产业的主动性，包括能源企业上市、能源企业发行债券、能源企业吸引海外投资三个方面。①能源企业上市，以股权换资金。能源企业属于资本密集型企业，进入资本市场直接融资能够提高企业再扩张的能力，同时在能源企业上市过程中，通过资本市场的监督和规范也可以改善企业治理结构，提高企业盈利水平，最终促进产业发展。②能源企业发行债券。能源企业大多为垄断行业，企业规模大，盈利能力较强，因此可以通过发行企业债券的方式进行短期融资，且发行企业短期融资债券的程序较为简单，成本也较银行信贷低。③能源企业吸引海外投资。主要是来自国外大型的能源企业通过国内外能源企业合作，以"市场换资金"和争取国际金融机构的金融支持（如向世界银行等开发性国际金融组织贷款）等方式融资。

二是体现金融产业的"间接主动性"。这里的"间接主动性"主要是指通过政策引导金融支持能源产业，主要包括以下几点。①引导创投资本进入能源领域投资。能源企业融资其中的一个有效路径就是创投资本进入能源领域投资。一般而言，国家会给予创投行业许多政策优惠，当创投资金进入能源领域时，投资者和能源企业就可以利用这些政策增加盈利。创投资本和产业资本不同，它的经营对象不是某个具体的产品，而是将企业作为一个整体，从产品、营销、组织管理等方面综合考察。创投资本一般关注企业的创业阶段，很少将关注点停留在一个相对成熟的企业上。因此，在能源产业发展的阶段，可以引导创投资本进入新能源开发过程。这样创投企业一方面能在新能源企业发展过程中获得企业经营的垄断利润，另一方面能获得企业快速增长的资本增值。②开放民企投资能源。能源基础设施建设、新技术开发、新能源开发等能源产业的发展需要大量的资金支持。在银行信贷等融资渠道受限的条件下可以考虑引入民间资本。自由性和活跃性是民间资本的重要特征，这就意味着民间资本不易受到政治等其他因素的干扰，因此，其可以通过与政府合作、购买股票或其他资本运作方式参与到能源开发和技术开发领域。③建立政策性的能源金融机构。能源金融的核心在于在满足能源信贷资金的同时有效解决能源金融安全问题。基于此，建立政策性的能源金融机构是必要的。一方面，能源金融机构为能源企业服务，将其资金用于企业内的新能源开发和自主创新，同时其也可以因地制宜，根据各地区能源产业发展的特点，制定有区别的信贷政策，解决商业银行信贷支持能源产业的地域局限性问题，因此其具有政策性银行性质；另一方面，能源产业建设周期较长，所需的资金量较大，与其相关的环境治理、循环经济等贷款具有较大的风险，因此政策性能源金融机构中除了建立能源银行以外，还需要成立与能源企业相匹配的能源企业担保公司，并在一定程度上进行市场化运作，故政策性能源金融机构又具有商业性质。根据中国实际，在政府指导下，有能力的金融家和企业家应联手申办政策性能源金融机构，由财政和企业共同注资、担保，吸取存款，集中财力，主要用于能源开发、能源企业创新等，推动能源产业的向好变革。

（2）介质层面

介质层面主要是指能源金融创新产品，这是能源金融研究的重点。能源金融创新产品在能源行业运用推广，能使能源产业发展与金融业务拓展形成密切的互动关系。如果将能源金融分类为能源实体金融和能源虚拟金融，能源金融创新产品应属于能源虚拟金融层面的创新产品，包括传统意义上所指的石油期货、煤炭期货、天然气期货等，以及目前所探讨的电力期货、碳排放权期货、温度期货等；还包括开发的多种贷款业务以及为能源企业提供财务顾问、发债承销、担保、项目融资方案设计等中间业务。从目前来看，能源投资基金应属能源创新产品范畴。许多学者认为，设立能源投资基金可以满足中国提高能源产业集中度的资金需求，也将是中国产业结构调整和能源基地可持续发展的主要资金来源之一。在未来的能源产业发展中，中国将有大量的能源企业面临重组和布局调整。而在目前银行间接融资不畅、股票市场低迷、直接融资受限的情况下，能源投资基金设立十分迫切。能源投资基金不仅可以解决能源企业的资金缺口问题，同时也可以促使战略投资者成为企业的股东，在帮助企业建立现代化的治理结构方面发挥一定的作用。

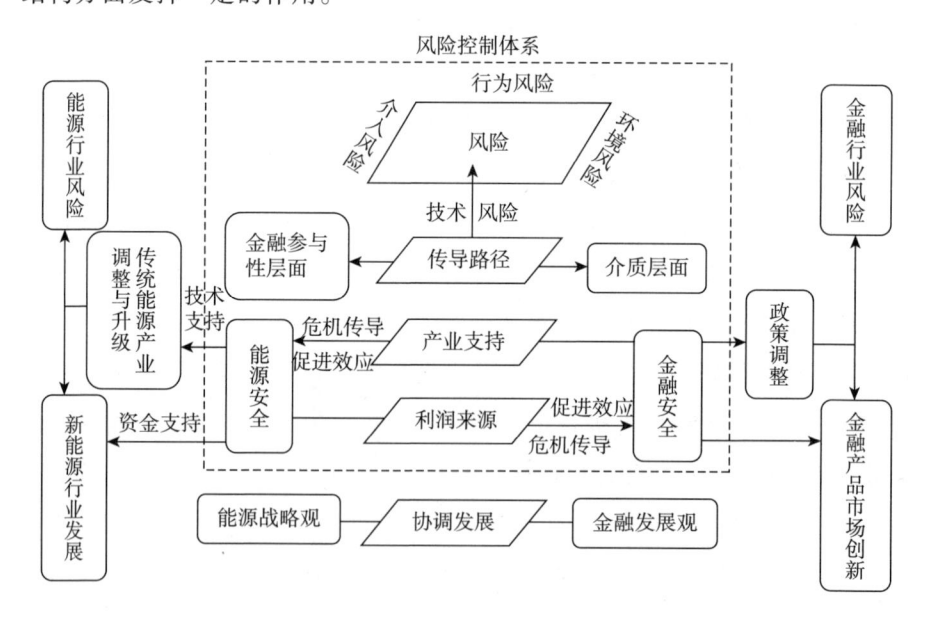

图 7-4 能源产业和金融产业的关联机制

资料来源：汲昌霖和韩洁平（2018）。

7.2 能源金融风险及控制

7.2.1 能源金融风险来源

能源金融风险的来源可以依据不同的视角进行划分：一是基于能源战略观的金融促进能源产业发展的实体产业虚拟化风险；二是基于金融发展观的资本依托能源产业试图谋求更多利得的金融产品创新风险。从能源发展战略的角度来看，传统能源发展中的技术创新与新能源的开发都意味着行业有巨大的资金需求，面对转型期间政府供给制度的不确定性，能源产业在发展过程中会逐步累积风险（Lee et al., 2021b）。而就金融发展的视角而言，能源产业的巨大资金需求来源正逐步从银行类金融机构的间接融资向资本市场的直接融资转变，这种转变在刺激能源产业自身发展的同时也推动了产品定价权的转移，从而会滋生大量的金融风险。能源金融风险可概括为以下四种：环境风险、技术风险、行为风险和介入风险。这些风险会通过能源与金融的关联路径，以及两大系统之间的资金、实物、信息等形成风险传染，而这种跨系统的风险传染机制也是能源金融风险的重要特征之一。

1. 环境风险

能源产业与经济周期的相关性很大，因为其生产的产品供求周期性变化较大。如果出现整体经济运行周期性调整、相关产品供求关系发生变化等经济周期性转变或其他因素干扰的情况，就必然会影响金融体系的稳定，也难以保障已投入能源产业的信贷资金的安全性。此外，在能源总体紧缺的背景下，信贷资金大量进入能源产业可以提升银行的盈利空间。但当能源供给紧张局面得到有效缓解时，银行资金的持续注入必定会放大金融风险。

2. 技术风险

技术风险包括两个层面。第一，货币风险，即能源产品以哪种货币计价。以石油为例，20世纪70年代，美国与欧佩克达成协议，将美元作为石油的唯一结算货币，使得美元的动向和石油市场紧密联系在一起。从实践来看，虽然油价的波动是各种因素综合作用的结果，但美联储的行为在很大程度上决定了油价走势。如今国际风险加大，尤其在2008年全球金融危机影响下，各国股市股价、大宗商品价格全线滑落，而美元指数与原油价格负相关，这是大多数国际大宗商品用美元计价的结果。从能源价格的层面来讲，计价特性导致了其价格的下跌，可见单一的计价方式必然导致风险的产生和扩散。因此，要在全球范围内寻求多元化的货币计价方式。第二，能源金融产品风险。能源金融研究的一个重要层面就是金融支持能源的路径，其中能源金融产品创新是一个重要的方面。能源金融产品是衍生金融工具的一种，衍生金融工具的运用必然伴随风险。

3. 行为风险

由于体制等各类因素的影响，金融机构可能在短期收益效应的诱导下，放贷给高污染、高耗能的能源行业，或者是资源型企业的基本建设项目和一次性资源开发项目。这不仅无法实现资源的优化配置，同时也伴随较大的金融风险。此外，从能源信贷投放结构来看，一方面，能源金融强调要建立两者的互动关系；另一方面，如果信贷资源向能源产业过度倾斜，由此形成银行资金与能源产业间的深度依赖关系，那么一旦资金链条中的任何一环出现问题，不仅会危及两大产业，甚至可能危及整个宏观经济的平稳与均衡。而对于能源企业来说，轻易获得的信贷资金容易助推粗放式能源开发，不利于能源产业的可持续发展以及绿色、低碳发展，同时也不利于国家产业结构调整和宏观政策调控的有效实施。

4. 介入风险

这里的介入风险主要指金融支持新能源的开发与能源产业创新，带有"金融投资"性质。能源产业的可持续发展在很大程度上需要依靠能源产业技术创新能力的提高以及新能源的开发与利用。由于我国缺乏有力的金融支持，能源产业自主创新能力相对较弱。具体表现在：①资金来源渠道不畅，研究开发经费严重不足；②有限的研究开发经费利用效率不高；③"资金投入—自主创新—资金增值—再投入"的循环提升模式有待完善；④能源产业自主创新的宏观金融保障机制不完善。能源企业强调金融创新，金融创新需要大量的资金支持，而创新的前期投入比较大，周期长，难以在短期内发挥作用。在投入—产出这个过程中，银行信贷成本相对较大、时间长、风险大、安全性不高。

7.2.2 能源金融风险传染与度量

1. 能源金融风险传染

早期金融风险传染被定义为市场参与者会根据金融系统中某一个市场价格的波动情况，进而推断其他金融市场价格的波动情况。因此，金融风险传染发生与否取决于不同金融市场间的相关性是否在一个市场受到外部冲击后显著增强（王献东、何建敏，2016）。然而，将所有波动或是冲击传递都看作金融市场之间的风险传染是片面的（Forbes and Rigobon，2002）。无论是金融动荡期还是经济稳定期，金融市场间皆存在来自各市场之间的资金流动等经济基本面联系，这类由经济基本面联系产生的"溢出效应"或"相互依赖性"为"真正传染"；而剔除实体经济与金融关联、投资者理性投资决策后的"非理性协同运动"和过度相关才是"纯粹性传染"。其中"非理性"行为是指由于投资者情绪和对信息掌握不充分而造成的羊群效应、金融恐慌、风险厌恶增加等；"真正传染"在一定程度上影响"纯粹性传染"（朱菲菲等，2019；李佳宁、钟田丽，2020）。

如何有效测度金融风险传染一直是该领域研究的重点。早期而言，概率分析（Calvo and Mendoza，2000）、相关系数法（Poterba，1990）是用以捕捉市场间风险传染关系的方法。但在现实中，收益时间序列存在的异方差性会导致估计结果存在偏差，在这样的情况下，设置一定假设条件，对偏差进行调整以保证所得相关系数的准确性就显得尤为必要。随后，由于能较好解决变量内生性及异方差问题的 VAR 模型被广泛地运用于金融市场联动性及风险传染的测度中，因此它被用于检验市场波动性之间的因果关系（张志波、齐中英，2005；Yang and Zhou，2013）。但是由于 VAR 模型在动态相关性等方面解释不足，因此之后的学者在 ARCH 模型的基础上引入 GARCH 模型、Copula 函数、MSV 模型等。目前，基于复杂网络和空间计量的金融风险传染测度成为研究热点（李立等，2015；Yang and Zhou，2013；黄玮强等，2018）。由于复杂网络模型在描述市场间、机构间关联结构时具有无法替代的优势，故常用于识别系统重要性金融机构和风险传导机制，而空间计量方法用于研究金融风险的传染问题。

随着能源与金融行业的发展，二者深度依赖的关系使跨行业的风险传染机制成为国内外学者高度关注的问题。对于能源金融市场的深入研究涉及市场参与者对资本市场价格发现能力的识别与考量。从辅助金融市场及投资政策的角度来看，它们还可以降低能源金融市场的信息流转成本，为投资者和监管者提供有效信息，引导能源金融资本的高效配置，从而降低能源金融体系的系统性风险。复杂的风险源和形成机制使学者们更有必要厘清能源金融系统中的风险传染机制以及跨行业市场的风险联动机制。以往学者研究的注意力多集中于金融市场风险，通过观测特定区域内的能源投资效率或使用金融的区位熵来进行较为粗糙的资本流转频率或方向特征的考察，缺乏将能源产品市场风险纳入能源金融共生系统的跨行业风险识别意识。然而，能源与金融行业的关联机制使二者在发展过程中的市场联动效应越发明显，在实现能源产业高速发展的同时，也提供了通过产品市场将风险传染给实体行业的渠道。因此，就现在的发展阶段而言，涉及两个行业的预警体系构建是合理评估能源金融系统性风险的有效手段之一，现有学者已对煤炭行业和石油行业的金融风险预警系统进行了构建，通过神经网络、遗传算法以及基于两者结合的基因遗传 BP 网络模型构建能源金融安全预警系统，对能源金融的安全进行预警管理（黄玮强等，2018；惠春琳，2019）。

2. 能源金融风险度量

（1）风险转换

多数学者对风险转换的研究集中在运用 MS-VAR 模型，MS-VAR 模型结合了马尔可夫链和 VAR 模型，它的突出特点在于能处理包含结构突变的时间序列。MS-VAR 模型可识别模型变量状态的转变，并刻画各变量在不同状态间的动态转变特征。MS-VAR模型近年来被广泛用于研究时间序列之间的非线性关系，特别是在经济或金融动荡期间（孔群喜等，2011；雷汉云、王旭霞，2020；黎文靖、路晓燕，2015）。

马尔可夫状态转换向量自回归模型（MS-VAR模型）最早是由Hamilton（1989）提出的，其基本思想是允许内在要素所处的状态发生变化。相比于线性VAR模型，MS-VAR模型能将样本分成不可观测的若干区间，分析不同区制下变量间的相互关系。

MS-VAR模型依据不可观测的区制变量s_t刻画可观测的时间序列变量y_t参数的时变特征，其中区制变量s_t为离散、齐次的马尔可夫随机过程。

假定MS-VAR模型中区制个数是m，滞后的阶数是p阶，则模型MS(m)-VAR(p)的表达式可以写为：

$$y_t = c(s_t) + \beta_1(s_t)(y_{t-1}) + \cdots + \beta_p(s_t)(y_{t-p}) + \mu_t, t = 1, 2, \cdots, N \quad (7-1)$$

其中，y_t代表时间序列变量，β_p代表自回归系数矩阵，μ_t代表随机扰动项，$\mu_t \sim NID[0, \Sigma(s_t)]$，$c(s_t), \beta_1(s_t), \cdots, \beta_p(s_t), \Sigma(s_t)$具有区制转移特征，跟随区制变量$s_t$改变而变化，$s_t$代表经济处于不同的状态。

MS-VAR模型的特殊点是假设不可观测的状态$s_t \in \{1, 2, \cdots, M\}$由一个离散时间、离散状态的马尔可夫随机过程控制，该过程由转移概率定义：

$$P_{ij} = Pr(s_{t+1} = j \mid s_t = i), \sum_{j=1}^{m} P_{ij} = 1, \forall i,j \in \{1,2,\cdots,m\} \quad (7-2)$$

其中，P_{ij}为区制间转移概率，i, j为不同区制的代号。更准确地来说，该模型认为s_t服从一个不可约的、遍历的M个区制的马尔可夫过程，其转移矩阵如下：

$$P = \begin{bmatrix} P_{11} & \cdots & P_{1m} \\ \vdots & & \vdots \\ P_{m1} & \cdots & P_{mm} \end{bmatrix} \quad (7-3)$$

其中，$P_{im} = 1 - P_{i1} - \cdots - P_{im-1}, i = 1, 2, \cdots, m$。

MS-VAR 模型与一般的 VAR 模型的区别是其截距、均值、变量系数、残差项的方差可以固定不变，也可以随着区制状态变化而变化。如果用 M 表示马尔可夫区制转换均值，I 表示马尔可夫区制转换截距项，A 表示马尔可夫区制转换自回归系数，H 表示马尔可夫区制转换异方差性，根据模型的截距、均值、参数是否取决于状态以及 VAR 误差项的异方差性，可以得到不同的模型（见表 7-2）。

表 7-2 MS-VAR 模型分类

		均值变化	均值不变	截距变化	截距不变
自回归系数变化	方差不变	MSMA-VAR	MSA-VAR	MSIA-VAR	MSA-VAR
	方差变化	MSMAH-VAR	MSAH-VAR	MSIAH-VAR	MSAH-VAR
自回归系数不变	方差不变	MSM-VAR	线性-VAR	MSI-VAR	线性-VAR
	方差变化	MSMH-VAR	MSH-VAR	MSIH-VAR	MSH-VAR

（2）风险转移

第一，动态条件相关的广义自回归条件异方差模型（Dynamic Conditional Correlation Generalized Autoregressive Conditional Heteroscedasticity Model, DCC-GARCH）。DCC-GARCH 是近年来研究市场间风险转移较为有效的方法。该方法旨在以动态、稳健和简约的方式捕捉收益序列的协同运动，通过计算动态条件相关（DCC）系数揭示收益序列的关系。

DCC-GARCH 是由 Engle（2002）提出，该模型描述的是两个金融机构 i 和 j 在 t 时刻的收益率之间非线性的时变相关关系，其模型表达式为：

$$X_t = \mu_t + e_t \tag{7-4}$$

$$e_t = H_t^{\frac{1}{2}} \varepsilon_t \tag{7-5}$$

$$H_t = D_t R_t D_t \tag{7-6}$$

$$R_t = (Q_t^*)^{-1} R_t (Q_t^*)^{-1} \tag{7-7}$$

$$Q_t = (1 - \theta_1 - \theta_2)\bar{Q} + \theta_1(\varepsilon_{t-1}^z \varepsilon_{t-1}^n) + \theta_2 Q_{t-1} \tag{7-8}$$

其中，X_t 表示金融机构 i 或者金融机构 j 在 t 时的收益率，$\mu_t = (\mu_t^i, \mu_t^j)$，$e_t = (e_t^i, e_t^j)$。$\varepsilon_t$ 为随机误差项，它可能满足正态分布，学生 t 分布或者 GED 分布等。H_t 表示条件协方差矩阵。R_t 表示两个金融机构间动态条件相关系数矩阵。$D_t = \mathrm{diag}\left\{\sqrt{h_t^i}, \sqrt{h_t^j}\right\}$ 表示条件方差标准化后得到的对角矩阵，h_t^i、h_t^j 是单个金融机构 i，j 通过 GARCH 模型估计得到的条件方差，$Q_t = \begin{bmatrix} q_t^{ii} & q_t^{ij} \\ q_t^{ji} & q_t^{jj} \end{bmatrix}$，$Q_t^* = \begin{bmatrix} \sqrt{q_t^{ii}} & 0 \\ 0 & \sqrt{q_t^{jj}} \end{bmatrix}$ 为条件标准差矩阵，$\bar{Q}$ 为 ε_t 标准化之后的无条件方差矩阵，q_t^{ij} 为 t 期两个变量之间的协方差。θ_1 和 θ_2 均为非负的标量参数，且满足 $\theta_1 + \theta_2 < 1$。

DCC – GARCH（1，1）模型下的两个金融变量之间的动态相关系数定义形式如下：

$$\rho_{ij,t} = \frac{(1-\theta_1-\theta_2)\bar{q}_{ij} + \theta_2 q_{ij,t-1} + \theta_1 \varepsilon_{i,t-1}\varepsilon_{j,t-1}}{[(1-\theta_1-\theta_2)\bar{q}_{ii} + \theta_2 q_{ii,t-1} + \theta_1^2 \varepsilon_{i,t-1}]^{\frac{1}{2}}[(1-\theta_1-\theta_2)\bar{q}_{jj} + \theta_2 q_{jj,t-1} + \theta_1^2 \varepsilon_{j,t-1}]^{\frac{1}{2}}} \quad (7-9)$$

DCC – GARCH 模型具有以下几方面的优点。首先，能够对较大的相关系数矩阵进行估计，对于参数的计算有一定的优势。这是因为在 DCC – GARCH 模型中利用了长期协方差矩阵，这样就能够减少待估参数的数量，从而更好地拟合结果。其次，DCC – GARCH 模型是通过两步法进行估计的，这样不仅能简化运算过程，还能让待估参数与时间序列相互独立。最后，DCC – GARCH 模型运行结果具有十分显著的经济含义，有利于研究机构之间的风险相关关系，还有助于在金融数据随时间变化而变化的规律下，刻画市场风险传染及波动的影响。

第二，波动溢出指数。VAR 模型、Granger 因果检验、多元 GARCH 模型等研究方法，虽然能很好地分析时间序列间溢出效应的存在性、对称性以及变动趋势问题，却无法量化溢出效应的大小。为此 Diebold 和 Yilmaz（2012）基于 N 维向量自回归（VAR）模型，根据预测误差方差分解的信息，提出了一种用于度量金融市场溢出效应的溢出指数模型。方差分解可将每个变量的预测误差归因于系统内各变量的信息冲击,溢出指数方法通过计算每个交叉变量误差方差占总预测误差方差的比例来衡量溢出,然后将各变量间的溢出加总得到总溢出指数(Total Spillover Index)。

Diebold 和 Yilmaz(2009)使用 Cholesky 分解来计算方差分解,在这种方法下产生的方差分解通常会取决于变量的排序。具体来说,由于 Cholesky 分解中需对扰动项协方差矩阵正交化,排序在前的变量不会受到来自排序在后的变量信息冲击的影响,所以不同的变量排列顺序可能会导致不同的结果,这与金融市场的实际情况不是很匹配。

因此,Diebold 和 Yilmaz(2012)通过应用广义 KPPS 方法的一般化 VAR 框架构建了广义溢出指数。此外,他们还提出了方向性溢出指数(Directional Spillover Index)、净溢出指数(Net Spillover Index)和两两市场间的配对净溢出指数(Net Pairwise Spillover Index),以对不同市场间的溢出研究提供更多的信息。Diebold 和 Yilmaz(2012)的溢出指数构建方法可以总结如下。

首先,建立具有平稳协方差的滞后 p 阶的 N 维 VAR 模型,

$$x_t = \sum_{i=1}^{p} \varphi_i x_{t-i} + \varepsilon_t \tag{7-10}$$

其中,$x_t = (x_{1,t}, x_{2,t}, \cdots, x_{N,t})'$,$\varepsilon_t$ 是一个大小为 N 的独立同分布向量,它遵循一个均值为零、方差矩阵为 Σ 的高斯分布。

假设该 VAR 模型具有平稳的协方差,则式(7-10)的移动平均形式为:

$$x_t = \sum_{i=1}^{\infty} A_i x_{t-i} \tag{7-11}$$

其中,$N \times N$ 维系数矩阵 A_i 服从:

$$A_i = \varphi_1 A_{i-1} + \varphi_2 A_{i-2} + \cdots + \varphi_p A_{i-p} \tag{7-12}$$

当 $i < 0$ 时,$A_i = 0$。A_0 为 $N \times N$ 维的单位矩阵。

其次,分解预测误差方差。在分析信息冲击对不同市场的影响时,

Cholesky 分解需要先将扰动项协方差矩阵正交化,而在 KPPS 框架下,直接对扰动项协方差矩阵进行广义预测误差方差分解,避免了时间序列排序不同导致结果不同的弊端。这一点特别重要,因为几乎不可能在现实中确定出各市场变量间溢出传导的特定顺序,优化后的溢出指数能更精准地分析存在同期影响的各金融市场间的溢出效应。$\theta_{ij}^g(H)$ 表示来自变量 x_j 的信息冲击对 x_i 的向前 H 步预测误差方差的贡献比例。基于 KPPS 框架,将向前 H 步预测误差方差分解为:

$$\theta_{ij}^g(H) = \frac{\sigma_{jj}^{-1} \sum_{h=0}^{H-1} (e_i' A_h \sum e_j)^2}{\sum_{h=0}^{H-1} (e_i' A_h \sum A_h' e_i)} \qquad (7-13)$$

式(7-13)中,Σ 是随机扰动项的方差矩阵,σ_{jj} 是第 j 个方程扰动项的标准差,e_i 是单位矩阵的第 i 列向量且其第 i 个元素为 1,其他元素为 0。为更好地利用方差分解矩阵对溢出效应进行分析,对其进行如下标准化处理:

$$\tilde{\theta}_{ij}^g(H) = \frac{\theta_{ij}^g(H)}{\sum_{j=1}^{N} \theta_{ij}^g(H)} \qquad (7-14)$$

其中,$\sum_{j=1}^{N} \tilde{\theta}_{ij}^g(H) = 1$,$\sum_{i,j=1}^{N} \tilde{\theta}_{ij}^g(H) = N$,可用其计算出系统的总溢出指数、方向性溢出指数、净溢出指数以及两两市场间的配对净溢出指数。

最后,构建溢出指数。总溢出指数用于表示 N 个变量的收益或波动溢出对总预测误差方差的贡献比例,衡量系统内各金融市场的总体相关性,其构建如下所示:

$$S^g(H) = \frac{\sum_{\substack{i,j=1 \\ i \neq j}}^{N} \tilde{\theta}_{ij}^g(H)}{\sum_{i,j=1}^{N} \tilde{\theta}_{ij}^g(H)} \cdot 100 = \frac{\sum_{\substack{i,j=1 \\ i \neq j}}^{N} \tilde{\theta}_{ij}^g(H)}{N} \cdot 100 \qquad (7-15)$$

方向性溢出指数将总溢出量分成了来自(或到达)特定信息的溢出量,具体包括市场 i 对系统内所有其他市场的方向溢出量 $[S_{\cdot i}^g(H)]$ 以及市场 i

从所有其他市场接受的方向溢出量 $[S^g_{\cdot i}(H)]$，具有方向性，其构建如下所示：

$$S^g_{\cdot i}(H) = \frac{\sum_{\substack{i,j=1 \\ i \neq j}}^{N} \tilde{\theta}^g_{ji}(H)}{\sum_{i,j=1}^{N} \tilde{\theta}^g_{ij}(H)} \cdot 100 = \frac{\sum_{\substack{i,j=1 \\ i \neq j}}^{N} \tilde{\theta}^g_{ji}(H)}{N} \cdot 100 \qquad (7-16)$$

$$S^g_{i\cdot}(H) = \frac{\sum_{\substack{i,j=1 \\ i \neq j}}^{N} \tilde{\theta}^g_{ij}(H)}{\sum_{i,j=1}^{N} \tilde{\theta}^g_{ij}(H)} \cdot 100 = \frac{\sum_{\substack{i,j=1 \\ i \neq j}}^{N} \tilde{\theta}^g_{ij}(H)}{N} \cdot 100 \qquad (7-17)$$

净溢出指数可以分析某个市场 i 是不是其他所有市场信息冲击的接收者或者传播者，并对净溢出进行度量，它由上述两个方向性溢出指数相减得来：

$$S^g_i(H) = S^g_{\cdot i}(H) - S^g_{i\cdot}(H) \qquad (7-18)$$

配对净溢出指数对系统内所有可能的两两组合以相同的方式进行配对，可以判断特定市场之间信息冲击的净接收者和净传播者，市场 i 和市场 j 的配对净溢出指数为：

$$S^g_{ij}(H) = 100 \times \frac{[\tilde{\theta}^g_{ji}(H) - \tilde{\theta}^g_{ij}(H)]}{N} \qquad (7-19)$$

（3）风险预测

建立科学风险预测模型，准确地识别并有效地防范和控制风险，对维护金融经济安全，促进经济社会和谐稳定有十分重大的意义。

事实上，波动率的不可观测特性对风险预测是一个挑战，即寻找对实际波动率的适当度量。由于金融市场波动率无法从数据中直接观察到，且高频数据与传统的低频数据具有不同的特征，使得低频数据的 GARCH 类和 SV 类模型不能直接用来刻画高频数据的波动率。因此，学者们开始对适用于高频数据波动率的度量方法展开了研究和探索。随着日内数据可用性的增加，已实现波动率（RV）理论产生了，该理论认为，以足够高的频率计算日内收益的平方和实现的度量比其他非参数实现的度量更有信息量，噪声更小。因此利用日内数据预测波动性是近期研究的重点。

第一，已实现波动率的异质自回归（Heterogeneous Autoregressive Model – Realized Volatility, HAR – RV）模型。Corsi（2009）基于异质市场假说提出了已实现波动率的异质自回归模型。该模型考虑了金融资产波动中的一些典型事实，如长记忆性和多尺度行为，是预测高频数据波动率的经典模型。Corsi（2009）将交易者分为日交易者、周交易者及月交易者三类，分别表现出短期、中期和长期的交易行为。因此 HAR – RV 模型包含三个解释变量：滞后平均日已实现波动率、滞后平均周已实现波动率和滞后平均月已实现波动率。这三个解释变量能更好地捕获已实现波动率的长记忆性特征。HAR – RV 模型表达式如下：

$$RV_{t+1}^d = \beta_0 + \beta_1 RV_t^d + \beta_2 RV_t^w + \beta_3 RV_t^m + \varepsilon_{t+1} \qquad (7-20)$$

其中，RV_{t+1}^d 是预测变量的次日已实现波动率，RV_t^w 是 $t-4$ 日至 t 日的已实现波动率平均值，RV_t^m 是 $t-21$ 日至 t 日的已实现波动率平均值，计算方程如下：

$$RV_t^w = \frac{1}{5}(RV_t + RV_{t-1} + RV_{t-2} + RV_{t-3} + RV_{t-4}) \qquad (7-21)$$

$$RV_t^m = \frac{1}{22}(RV_t + RV_{t-1} + \cdots + RV_{t-19} + RV_{t-20} + RV_{t-21}) \qquad (7-22)$$

第二，已实现广义自回归条件异方差（Realized GARCH）模型。将 RV 加入传统的 GARCH（Generalized Autoregressive Conditional Heteroscedasticity）模型中，构建已实现的 GARCH 模型以及相应的扩展模型也是常用的建模方法。Hansen 等（2012）提出了一个新的框架，即已实现 GARCH（Realized GARCH）模型，该模型将已实现波动率引入条件方差方程中。实证结果表明，与使用日收益率的标准 GARCH 模型相比，已实现 GARCH 模型具有更好的拟合效果。已实现 GARCH 模型的表达式如下：

$$y_t = a_0 + a_1 y_{t-1} + u_t, u_t = \sqrt{h_t}\,\varepsilon_t \qquad (7-23)$$

$$var(y_t \mid \Omega_{t-1}^{LF,HF}) = h_t = \exp[\alpha_0 + \alpha_1 \ln(h_{t-1}) + \beta_1 \ln(RV_{t-1})] \qquad (7-24)$$

$$\ln(RV_t) = \xi + \varphi \ln(h_t) + v_t, v_t \sim N(0, \sigma_v^2) \quad (7-25)$$

其中，$\Omega_{t-1}^{LF,HF}$ 和 RV_t 分别表示第 $t-1$ 日的低频与高频信息的集合和第 t 日的已实现波动率；扰动项 u_t 和 v_t 相互独立。

第三，混频数据抽样（Mixed Data Sampling，MIDAS）模型。更有学者尝试采用 MIDAS 模型对已实现波动率进行预测（Lu et al.，2020）。MIDAS 回归能够处理不同频率采样的数据，而且不存在传统时间序列分析方法中模型失真和信息损失这两个主要问题。研究指出 MIDAS 模型的预测表现并不会弱于 HAR-RV 模型甚至会优于 HAR-RV 模型。Ghysels 等（2004）提出的混频数据抽样模型很好地解决了研究中非同频数据同频化处理过程存在的不足。该模型的主要优点在于，一方面在最大限度地保持数据信息的准确性和真实性的同时，能够在很大程度上提高模型估计和预测的精度；另一方面能够避免数据在进行频率转换时可能出现的信息缺失、混乱等一系列问题，使得估计或预测结果更具有说服力。

一个简单的 MIDAS 模型可表示为：

$$y_t = \beta_0 + \sum_{j=1}^{K} B(j;\theta) y_{t-j} + \varepsilon_t \quad (7-26)$$

为了更直接地运用日内高频信息进行波动率预测，Liu 和 Lee（2021）对 MIDAS 模型进行如下改进：

$$y_t = \beta_0 + \sum_{i=1}^{N} \beta_i y_{t-i} + \lambda_1 \left[\sum_{j=1}^{K} B(j;\theta) x_{t-(j-1)/m}^m \right] + \varepsilon_t \quad (7-27)$$

y_t 为低频变量（日实现测度），x_t 为高频变量（日内实现测度），m 为混频数据 y_t 和 x_t 间频率的倍差，$B(j;\theta)$ 为权重函数，K 为预测日实现测度的日内实现测度数，N 为自回归的滞后数。ε_t 是独立同分布的误差项。

7.2.3 能源金融风险传导机制

能源金融风险传导机制在于二者在市场中的联动效应，即能源产业在融合金融产业后呈现更为显著的实体经济虚拟化特征，集中表现为能源期货、现货价格与股票市场的强因果关系及高同步性。部分学者研究表示，衍生品市场是能源政策不确定性对实体产业发展的极端事件冲击传递到资本市场的媒介，相反，能源上市公司的行为造成的股票市场剧烈波动也会通过该媒介影响实体产业的发展。现在，除了市场内部因素，政治经济环境、气候环境、金融投机等市场外部因素都会引发能源价格波动。能源产品金融化使能源价格波动因素更加复杂。

金融对能源市场的风险传导可以概述为如下几个方面：①信息溢出效应，即能源商品的特有战略属性使其对经济波动的信息更为敏感；②资金溢出效应，即货币市场的流动性过剩使大量游资转向能源商品市场，其高投机性和流动性给能源市场造成巨大冲击；③波动溢出效应，即资本市场的高速发展使投资者可以低成本地游走于不同市场或不同交易品种之间，跨市场的风险传染往往难以预期且容易形成蔓延式的危机。

7.2.4 能源金融风险监控机制

由于能源和金融关联机制的存在，风险会在两大产业之间传染，并有可能导致危机的蔓延。为保障能源金融安全，需要建立起风险的监控机制。从广义上来讲，在能源市场和金融市场形成的共生系统中，风险的监控机制即是要有效监测和控制能源风险和金融风险的传递路径。根据风险的来源，其主要包括以下几个模块。

1. 宏观经济基本面信息监控模块

能源产业和金融产业的发展与宏观经济基本面有密切的关联，尤其是能源产业更大地受到宏观经济的影响。当宏观经济出现波谷时，就会引发行业风险，行业风险表现为周期性风险。因此，在风险监控中，要密切关注宏观经济基本面的变化，金融机构与能源企业之间的贷款、还款机制也要根据宏观经济体现动态性，主要解决能源产业周期与能源信贷投放结构的匹配性问题。

2. 能源产业景气及市场信息监测模块

除了监控宏观经济基本面信息外，还要对能源产业景气进行有效监测。

能源价格与资金利率一样存在尖峰风险,且比资金价格的波动更为复杂。当市场上出现能源供给短缺,能源价格就急剧上涨,形成能源价格的尖峰风险。因此,要对能源生产、供给、运输及关联性产业景气状况进行跟踪和监测,从而防止由能源价格风险引发的金融风险。

3. 行为监督和政策诱导模块

行为监督包含对金融机构行为的监督和对能源企业行为的监督两个层面。前者主要是针对资金错配等问题,关键在于选择怎样的政策诱导资金流向有助于延长能源产业链、提高能源附加值、提高能源行业长期收益的领域以及能源工业企业的技术改造项目和能源深加工项目。在这个过程中,要重点解决信贷政策、产业政策、能源财税政策等的对接问题以及监督机制的构建问题,需要有合理有效的政策配套和支持,着力点在于采取金融调控措施遏制信贷资金投向资源浪费型和环境污染型的低水平开发项目,加大对资源节约型和环境友好型项目的支持,促进能源产业由粗放式增长向集约式增长的转化。这个层面的政策配套与支持主要体现在商业银行信贷政策上。此外,要运用金融杠杆,合理配置金融资源,促进能源产业由以依赖耗竭性资源为主的直线型发展模式逐步向以充分利用可再生能源为主导,以克制和节约利用耗竭性资源为补充的多元化环状型发展模式转化,从而实现能源产业的可持续发展。后者即监督能源企业对所获资金的使用效率。其中最主要的是能源项目风险监督和控制,包括银行通过积极与地方政府和行业主管部门合作,向其提供技术援助贷款、跟踪了解行业政策等对项目政策进行的风险控制和引入行业专家参与项目评审机制进行的项目技术风险控制、项目资金风险控制、项目财务风险控制。

7.3 能源金融衍生品市场

7.3.1 世界能源产业传统融资模式

1. 贷款

在很多国家,能源企业运用最早的融资方式就是贷款。但是由于能源产业规模大，需要长期资金，贷款不仅无法作为资本金使用，而且作为建设投资也往往难以满足长期限要求，因此在很多国家特别是资本市场发达的国家，贷款在能源产业融资中占比十分有限。

2. 债券

债券包括公司类债券和政府类债券。公司类债券是能源企业发行，约定一定期限后还本付息的融资方式。公司类债券规模可达数十亿美元甚至上百亿美元，时间最长可达 30 年，能够较好地满足能源行业需求，成为一些大型能源企业主要的融资工具。政府类债券筹集的资金一般用于基础性能源设施建设，这种方式最大的优点是政府担保，融资成本相对较低。

3. 股权融资

除了增发融资外，近年来有些项目在融资时直接安排项目公司上市，通过发行项目公司股票的方式，筹集项目所需股本和准股本资金。

4. 资产证券化

资产证券化是指发起人（资金需求方）在未来产生稳定、可预测现金流的基础上，将资产经过一定汇集组合，通过信用评级手段，以资产预期现金流为支持，在资产有效隔离后，向投资人（资金供给方）发行证券，筹集资金。

5. 融资租赁

融资租赁是指实质上转移与资产所有权有关的全部或绝大部分风险和报酬的租赁。资产的所有权最终可以转移，也可以不转移。这种融资方式适合能源行业技术、资金密集的特点。这种方式有利于防范设备过时的风险，比贷款和债券的限制条件更少，可低成本为企业更换设备、技术等。发达国家电力、电网企业广泛运用租赁方式融资。

6. 项目融资

项目融资包括 BOT（Build – Operate – Transfer）、BT（Build – Transfer）、PPP（Public – Private – Partnership）、PFI（Private – Finance – Initiative）等模式。早在 1987 年，土耳其政府就采用了 BOT 模式，分别与澳大利亚 SEA – PAC 公司、美国 Bechtel 公司、日本电力开发公司和三菱重工业公司达成 3

个火电厂的建设协议，利用外资30亿美元。PPP模式是公共部门采用与私人部门建立伙伴关系的模式来提供能源项目或者设施的过程。在这种模式下，政府、营利性企业和非营利性企业应共同参与项目并形成多方合作关系。该模式最突出的特点就是项目所在国政府和项目投资者、经营者之间相互协调，并在项目建设中发挥巨大作用。PFI作为民间主动融资的模式，最早由英国政府于1992年提出，是私营企业参与公共基础设施建设的方式，之后在西方国家逐步推广。具体做法是，政府部门根据基础设施需求提出建设项目，后通过招投标给予私营部门特许权，由其负责基础设施项目的建设和运营，并在特许期（15~30年）结束前，将所经营的项目完好无债务地交还政府，私营部门通过向政府收费回收成本。目前，世界上火电项目用BOT模式的最多，水电项目采用PPP模式的最多，能源管网设施运用PFI模式的最多。

7.3.2 能源金融衍生品发展现状

根据上海期货与衍生品研究院整理的数据，总体来说，近年来能源类衍生品交易量呈现上升趋势。能源类衍生品自2010年以来年增长率大多超过10%，2013年更是同比大涨36.700%，在全球衍生品总成交量中比重上升到6.103%。但2014年，受国际原油价格暴跌影响，能源类衍生品交易量同比下跌11.771%，占全球衍生品总成交量的5.322%。2016年能源类衍生品交易十分活跃，全年共计成交约22.14亿手，同比猛增56.932%（见表7-3）。

表7-3 2013~2019年全球衍生品交易量

单位：手，%

类别	2013年	2014年	2015年	2016年	2017年	2018年	2019年
利率与债券	3331697537	3274743406	3251058673	3514907620	3967995478	4554195669	4763396117
农产品	1209776849	1387015937	1639673085	1931906582	1306068499	1487755287	1767723532
能源	1315276356	1160459647	1410908886	2214163491	2171206765	2237728622	2541587692
外汇	2504516572	2124088175	2797204200	3077836847	2984103489	3928907250	3938526772

续表

类别	2013年	2014年	2015年	2016年	2017年	2018年	2019年
股票指数	5371235117	5824550611	8339604232	7117487070	7515995962	9982559310	12452951448
单个股票	6393041483	6436545884	4944753556	4557878357	4754265481	5787981798	6099205159
贵金属	433546150	370884929	316685335	312137035	279133944	317927192	582304410
非贵金属	646349077	872614515	1280935517	1877347155	1740499534	1523423150	1439765240
其他	347106196	355107035	820045791	616262160	479729598	489018266	889168670
总计	21552545337	21806010139	24800869275	25219926317	25198998750	30309496544	34474629040
能源占比	6.103	5.322	5.689	8.779	8.616	7.383	7.372
能源同比	36.700	-11.771	21.582	56.932	-1.940	3.064	13.579

注：数据涵盖在全球76家交易所交易和清算的期货、期货期权、证券期权合约；能源包括碳排放产品。

资料来源：以上数据主要由上海期货与衍生品研究院根据FIA最新公布的统计资料整理而成。

2019年，成交手数排名全球前3位的能源类衍生品分别为莫斯科交易所（MOEX）的Brent原油期货、芝加哥商品交易所集团（CME Group）的WTI原油期货和洲际交易所（ICE）的Brent原油期货。尤其是上海期货交易所（SHFE）的燃料油期货，相比于2018年增长了350.025%，排名从全球第16位上涨到第4位（见表7-4）。这表明中国的能源金融市场发展更为成熟。

表7-4 2019年交易量排名前10位的能源类合约

单位：手，%

2019年排名	2018年排名	合约	交易所	2019年	2018年	同比增长
1	1	Brent Oil	莫斯科交易所（MOEX）	616575153	441379480	39.693
2	2	WTI Light Sweet Crude Oil（CL）	芝加哥商品交易所集团（CME Group）	291465320	360613007	-19.175
3	3	Brent Crude Oil	洲际交易所（ICE）	221331490	235001152	-5.817
4	16	Fuel Oil	上海期货交易所（SHFE）	176719415	39268835	350.025
5	4	North American Natural Gas	洲际交易所（ICE）	137178580	156488955	-12.340
6	7	Crude Oil Mini	印度大宗商品交易所（MCX）	135579815	69941785	93.847
7	5	Henry Hub Natural Gas（NG）	芝加哥商品交易所集团（CME Group）	103394504	1114256078	-90.721

续表

2019年排名	2018年排名	合约	交易所	2019年	2018年	同比增长
8	8	Bitumen	上海期货交易所（SHFE）	102908784	69802079	47.429
9	6	Gas Oil	洲际交易所（ICE）	80009445	82672960	-3.222
10	17	Crude Oil	印度大宗商品交易所（MCX）	60194186	36629307	64.333

注：数据涵盖在全球76家交易所交易和清算的期货、期货期权、证券期权合约。
资料来源：以上数据主要由上海期货与衍生品研究院根据FIA最新公布的统计资料整理而成。

7.3.3 能源金融衍生品

能源金融衍生品市场是以石油、原油、天然气、煤炭等能源性产品为基本标的，通过金融工具进行即期和远期金融衍生交易的新型金融市场，主要包括能源远期合约、能源期货合约、能源期权以及能源互换协议。

1. 能源远期合约

远期合约是交易双方约定在未来的某一确定时间，以确定的价格买卖一定数量的某种金融资产的合约，是现金交易或现付自存交易的简单延伸。在一个标准的现金交易中，所有权和对商品的实际占有同时转换，而远期合约的交割活动被延期到未来执行。

能源远期合约可以使能源商品原价格和加工企业的成本锁定在某一特定水平上。价格水平可以是合约双方确定的固定价格，也可以是按特定公式计算的价格。通过锁定的价格，可以预期原来不确定的价格，从而规避能源价格风险。为了有效地利用远期合约规避能源价格波动风险，必须协调好远期合约交易和现货交易之间的关系，充分考虑到市场价格的不确定性和需求的不确定性，确定最优的期货与现货交易比例及合约价格。

2. 能源期货合约

期货合约的买卖对象或标的物是由期货交易所统一制定的，是规定了在某一特定的时间和地点交割一定数量和质量商品的标准化合约。期货价格则是通过公开竞价而达成的。

能源期货合约是基于原油、天然气等能源产品开发的标准化金融合约，期货交易所会规定标准化合约的每手数量、交割地点和交割方式、合约的存续时间以及底层能源产品的质量标准，因此能源期货市场中标准化合约唯一能够变动的就是价格。能源期货合约是能源金融市场中最重要也是交易规模最大的产品，对于国际能源的定价有重要意义。

期货市场的交易者一般包括套期保值者、投机者和套利者。套期保值者参与期货市场的目的不是盈利，而是锁定现货可能有的价格变动风险；投机者一般进行短期交易，通过价格的变动获利并承担相关的价格风险；套利者希望通过对不同合约间的价差进行交易以获取接近无风险的利润。在能源期货市场，包括采掘、加工和贸易公司在内的能源上下游企业一般作为套期保值者。个人交易者等则作为投机者和套利者。

期货市场是全球最具流动性的金融市场之一，广大投资者通过交易期货合约实现金融市场的价格发现功能。石油、天然气行业具有上游开发、运输、液化、气化、存储、加工、批发零售、装备制造、工程技术等门类齐全的产业链，拥有高流动性的金融产品将更进一步推动全产业链中的企业参与产品定价，形成产业与金融的良好互动。

20世纪70年代，纽约商业交易所推出了燃料油期货，这是世界上最早的能源期货合约，由于满足了市场需求，一经推出它就受到了市场上的广泛关注，其成交量和交割量急剧上涨，但后来随着原油期货合约的发展，其重要程度有所下降。目前，全球流动性最强和交易量最大的原油期货品种包括洲际交易所布伦特（ICE Brent）原油期货合约、芝加哥商品交易所西得克萨斯中质（CME WTI）原油期货合约。全球天然气领域最具代表性的期货合约为美国亨利枢纽（Henry Hub）天然气期货合约和英国国家平衡点（National Balancing Point，NBP）天然气期货合约。

当前国际上主要的能源期货品种包括原油期货（燃料油期货、汽油期货、煤油期货）、煤炭期货、天然气期货等，其中原油期货是最为重要的能源期货品种。新兴的能源期货包括电力期货、碳排放权期货以及温度期货等，其中碳排放权期货市场发展最为迅速，电力期货市场和温度期货市场因为受到交割方式和技术问题的限制发展相对比较缓慢。

（1）原油期货

原油期货是能源期货市场上最重要的品种，全球目前上市的影响最大的两个原油期货合约分别为纽约商业交易所的 WTI 原油期货和洲际交易所的 Brent 原油期货，其影响程度体现在它们是全球现有的原油定价基准。我国在 2018 年上海国际能源交易中心（INE，由上海期货交易所设立）上市了上海原油期货。

WTI 原油期货较 Brent 原油期货上市时间更早。WTI 原油期货早于 1983 年在芝加哥商品交易所挂牌，其标的物是中质低硫原油，合约一般通过实物交割。合约交割地点位于美国俄克拉荷马州的库欣镇，库欣镇拥有数量巨大的原油储存设施，同时也有密集的输油管道连接上游的产油区以及下游的炼油设施，这为交割和储存提供了方便。WTI 期货合约到期后可以通过输油管道网络以及储罐设施进行交割，除标准的实物交割方式外，WTI 期货合约也允许使用其他交割方式，包括 EFP（期货转现货）、EFS（期货转掉期）。2018 年，WTI 期货合约日均成交量达到 150 万手，得益于在美国原油市场的巨大影响力，WTI 期货合约成为北美原油市场的定价基准。

1988 年，Brent 原油期货由伦敦国际石油交易所（IPE，后由 ICE 收购）推出。Brent 原油期货没有确定的交割和库存地点，主要的交割方式为 ETF（交易型开放式指数基金，通常又被称为交易所交易基金，是一种在交易所上市交易的、基金份额可变的开放式基金。原油 ETF 指跟踪原油价格或原油相关指数的 ETF 或杠杆 ETF）和现金交割。Brent 原油期货交易机制灵活，在上市后获得了极大的关注，成交量一度跃居世界第一，虽然之后又落后于 WTI，但仍旧是全球除美国外，特别是欧洲及中东原油市场最重要的定价基准。

国内原油期货于 2018 年 3 月 26 日在上海期货交易所子公司上海国际能源交易中心挂牌交易。据美国期货业协会（FIA）统计，上海原油期货已成为规模仅次于 WTI 和 Brent 原油期货的第三大原油期货。中国版原油期货担负着期货市场国际化的重要历史使命，将在助力国内期货市场改革等方面发挥多重功能。国内原油期货上市，对于国内众多的地炼企业来说，是一个重大利好。原油期货上市后，地炼企业的盈利模式将逐步转化为在提高资金利用率的前提下，尽可能降低自身的用油成本。地炼企业可以在国内原油期货市场买入一部分原油，锁定一部分用油成本，而且交割地点也在国内，运输也很方便。同时，可以每个月随行就市地开立仓位，规避油价大幅波动带来的生产不确定性。除了利用原油期货套期保值进行风险管理，地炼企业还可以将自己的库存注册为仓单，再用仓单进行融资，这样可以大大提高企业的资金利用效率，这对于资金占用一直较高的地炼企业来说意义重大（Liu and Lee，2021）。

相较于原油现货市场，原油期货市场具有以下几个特点。

第一，低买卖差价。由于交投活跃，原油期货的买卖差价可低至0.01美元。

第二，更大的灵活性。通过提供与现货市场相对应的期货合约，原油产业可以利用期货转现货和基差交易锁定价格以及安排生产，这样就可以更好地控制实物交易的时间。

第三，小批量交易。期货交易为进行小批量（1000桶的倍数）交易提供了可能，而现货市场数量标准较高。

第四，高杠杆买卖。由于期货合约以保证金形式交易，且保证金只占合约总值的一小部分，这种低保证金、高杠杆的特性令买卖和对冲更具资本效应。

第五，弹性交易时段。原油期货交易时段近24小时，投资者投资和交易更加便利、更有弹性。

第六，高效率及透明度。稳健的交易系统及结算系统能让客户及时掌握市场变动，实时价格可以通过主要的数据提供商得到，因此所有参与者均可实时了解原油价格变动情况。

（2）煤炭期货

相较于原油期货，煤炭期货存在的历史较短，直到2001年芝加哥商品交易所才推出了CAPP（阿巴拉契亚中心山脉动力煤）期货合约。洲际交易所则在2006年针对欧洲市场开发了两种现金交割煤炭期货合约。

由于与原油相比煤炭的品种较为多样，因此在确定煤炭质量等级时有一定困难，这就为煤炭实物交割带来了一定的困难，阻碍了实物交割合约的发展。对比之下，使用现金交割能够避免实物交割的困难，降低成本。现金交割的煤炭期货合约一般基于某种煤炭价格指数。例如洲际交易所上市的 Rotterdam 煤炭期货合约，其现金交割的对象是基于由荷兰阿姆斯特丹、鹿特丹及比利时安特卫普三个港口的煤炭价格编制形成的指数。

郑州商品交易所于 2013 年推出了动力煤期货，尽管上市时间较短，但是我国作为全世界最大的煤炭生产和消费国，交易的需求相当大，因此与国际上其他主要交易所动力煤期货（洲际交易所的鹿特丹动力煤期货、芝加哥商品交易所的阿巴拉契亚中心山脉动力煤期货等）相比较，其交易规模和金额表现也非常突出。

（3）天然气期货

天然气是仅次于石油和煤炭的全球第三大能源。1990 年芝加哥商品交易所率先推出 Henry Hub 天然气期货并将其发展为最重要的天然气期货合约。Henry Hub 天然气期货合约是全球成交量最高的天然气期货合约，2017 年每日平均交易量超过 40 万手，其流动性非常大，市场参与者开仓或平仓较为便利。与 WTI 原油期货的交割地库欣镇类似，亨利枢纽主要处于美国陆上产气区，离海上产气区也很近，同时其与储气设施和输气管道的连接也非常便利。这些优点使得亨利枢纽成为芝加哥商品交易所天然气期货合约的交割地，而亨利枢纽天然气的价格也成为全球天然气的最重要参考价格。

1997 年由洲际交易所推出英国 NBP 天然气期货合约，NBP 建立于 1996 年，与亨利枢纽不同，它是一个虚拟的交易中心，反映的是一个区域而不是一个地点的价格。NBP 天然气期货推出后迅速成为英国乃至欧洲的天然气定价标杆。

（4）碳排放权期货

在目前的碳排放权市场中，欧盟市场处于核心地位。欧洲气候交易所（ECX，属于洲际交易所）是欧洲碳排放权期货的主要交易场所，主要包括 3 个碳交易产品：EUA（碳排放配额）、CER（核证减排量）和 CES（清洁能源支持）。其中，EUA 期货是欧盟碳排放交易体系中交易量大且流动性好的碳交易产品。EUA 期货是 ECX 基于 EUA 开发的期货合约，到期后实物交割，具体交割方式为通过交易所将 EUA 从卖方账户转移至买方账户。

3. 能源期权

期权是指在特定的期限内，以事先给定的价格购买或者出售某项标的物的权利。基本的期权有两种：看跌期权和看涨期权。看跌期权持有者有权在某一确定时间以某一确定价格出售标的资产；相反，看涨期权的持有者有权在某一确定时间以某一确定价格购买标的资产。利用期权工具能够规避能源价格风险，可利用的期权工具有价格上限或价格下限及领子期权。

（1）价格上限、价格下限与双限价格

价格上限是实物资产多头与看涨期权空头的组合，适合于能源购买者对作为原料的能源进行价格风险管理，它可以使原料成本得以控制；价格下限是实物资产空头与看跌期权多头的组合，适用于能源生产商对销售价格进行风险管理，它使企业售价的最低水平得到保证。双限价格协议则是价格上限和价格下限的组合，这种组合通过限制超长能源市场价格波动为能源生产商和用户提供价格保护，可以将合同价格控制在某个范围之内。

（2）领子期权

领子期权实际上是价格上限与价格下限的组合，即在拥有或将拥有实物资产的同时，持有不同执行价格的看涨期权空头和看涨期权多头，这种组合交易基本上不需要占用过多资金，买卖双方在期权交易上也不发生资金转移。通过领子期权的交易，可以将能源价格控制在一个范围内，减少了由能源价格波动给企业生产经营带来的影响。

4. 能源互换协议

互换协议（亦称掉期、差价合同）是金融领域的一项创新。创造互换是为了以比期权费用更低的成本提供价格。互换协议是一种私下缔结的协议，协议中双方同意在一定期限内互换特别的价格风险。互换协议作为场外交易市场最为灵活和交易量最大的产品，可以通过连接不同计价标的及其组合构建出价差、时间差、地区差等多种衍生组合产品，将不同区域、时间和场内外的金融产品建立起关联，是商业银行和投资银行向金融衍生品交易者提供的重要定制化产品。

能源企业可以与金融机构签订互换协议，可以是纯粹的金融活动而不涉及实物交割。金融机构作为互换协议的买方，也就是固定价格的支付方或者浮动价格的接受方，则能源企业可以将由能源价格波动导致的风险转移到金融机构，而金融机构从中获取收益并承担风险。同时，金融机构可以通过资产组合使其所承担的风险能够有效地分散。能源企业也可以与能源用户签订互换协议来锁定销售能源时的价格，而用户则锁定购买能源时的价格，从而使双方能在更大的程度上控制经营活动中的成本和收入。

通过场内外能源金融产品的组合，投资者能从传统的追求价格绝对差的盈利模式转变为绝对差和相对差组合的交易模式。传统的价格绝对差盈利模式使能源企业专注于自身所处的细分行业，而无法关注到消费者需求的变化。价格绝对差和相对差组合的交易模式使企业不仅专注于主业，还能根据行业的生产经营状况以及行业供需等因素实时跟踪其他能源相对价值的变动，并以此来规避能源企业在该层面可能遇到的风险。

7.3.4 能源金融衍生品与能源定价

能源价格向来是西方学者最关心的问题之一，受到资源稀缺和边际理论的影响，能源价格的波动性成为研究能源金融问题的核心因素。1931年，著名数理经济学家Hotelling在经典文献《可耗竭资源经济学》中首次研究石油价格走势（Hotelling，1931），他利用不可再生资源理论来求取石油价格的最优路径。他把资源当作一种埋在地下的资产，目标是寻找一种最优的定价方法使得净现值（NPV）最大。当今世界是经济全球化竞争的时代，经济全球化下的竞争是现货市场与虚拟市场联动的全方位的竞争，现货市场与以期货为主的衍生品市场已是密不可分。能源金融的核心仍是能源价格，焦点是世界各国围绕能源商品尤其是石油定价权的争夺。

1. 国际原油定价机制

国际原油市场的油价体系包括多种价格指标[①]，目前期货市场价格对国

[①] 目前国际原油价格指标包括欧佩克官方价格、非欧佩克官方价格、现货市场价格、期货市场价格、易货贸易价格、净回值价格和价格指数等。

际原油价格的指导意义愈加增强，成为国际原油定价机制中最具影响力的价格指标。欧佩克官方价格在2005年1月引进新标准后，采用了新的一揽子价格①。截至2020年3月，欧佩克官方价格共包括13国油价平均价的参考值。而非欧佩克官方价格则是非欧佩克成员国参考官方价格所制定的油价。现货市场价格即世界主要现货市场的交易价格。国际主要现货市场的油价通常与期货市场价格一起作为国际原油定价的基准价格参考。

自原油期货推出后，交易量始终快速增长，对现货市场的价格影响越发深刻。目前世界上最大的原油期货交易中心是芝加哥商品交易所和洲际交易所，分别对应美国西得克萨斯中质原油期货和英国布伦特原油期货，这两个期货合约在美国和欧洲原油定价中发挥着重要作用。另外，迪拜商品交易所（DME）上市的阿曼（Oman）原油期货也是重要的原油期货基准合约。中国作为全球最大的原油进口国，自2012年一直在酝酿推出原油期货，在2018年3月26日推出了第一个以人民币计价的原油期货——上海原油期货。在价格代表性方面，我国上海原油期货已基本能够代表中国甚至亚太区的原油供需变化，特别是在最近，上海原油价格走势体现了投资者对中国未来经济看好的信心，甚至可以说是引领并安抚全球油气行业的锚。

原油期货价格指数在国际原油定价中的指导意义与日俱增。发展一国的国际化期货市场，推动国际原油现货、期货交易者参与交易和交割，有助于提升该国的能源话语权。

2. 国际天然气定价机制

1990~2000年，国际天然气价格的变化与国际油价的波动存在较强的相关性，国际油价对天然气价格影响较为明显。进入21世纪后，天然气价格与国际油价的相关性降低，国际天然气价格变化与国际油价波动之间的关

---

① 欧佩克一揽子价格涉及13国原油价格，具体为阿尔及利亚撒哈拉混合油、安哥拉吉拉索尔原油、刚果杰诺原油、赤道几内亚扎菲罗原油、加蓬拉比轻质原油、伊朗重质原油、伊拉克巴士拉原油、科威特出口油、利比亚锡德尔原油、尼日利亚邦尼轻质原油、沙特阿拉伯轻质原油、阿联酋穆尔班原油和委内瑞拉马瑞原油。数据来自OPEC官网，https://www.opec.org/opec_web/en/data_graphs/40.htm。

系相对减弱。这是由于不同天然气消费市场中的定价机制发生了显著变化。

相比石油,天然气储备分布不均,因此天然气主要消费国家和天然气出口国家呈现地域上不对称的特点。由于地理位置的不同和运费的差异,在北美市场、英国市场、欧洲市场和亚太市场等各大天然气消费市场形成了具有区域性特征的天然气价格体系。在北美与英国市场,天然气定价通过市场作用来进行;欧洲市场将气价与油价进行挂钩,天然气价格随着油价波动而变化;日本液化天然气定价机制与几大国际原油平均价格指数进行挂靠;部分天然气消费市场中还存在政府定价、垄断定价的定价机制。

在欧洲和亚太天然气消费市场中,天然气价格与油价相关联,国际原油的价格指数通常被作为天然气价格制定的参考基准,通过国际原油价格的涨跌波动来调整天然气价格。选择国际原油价格指数作为天然气定价的参考基准,有以下三个原因:①天然气的可替代能源产品是石油;②作为能源商品,石油在国际范围内不仅具有广泛的接受度,而且具有市场性的竞争价格;③受欧亚区域的天然气市场发展状况影响,欧亚市场的天然气发展还不够完善,市场内部缺乏天然气供应者与储运设备供应者,供应链建设不够完善。

在金融市场发达的北美和英国市场,天然气管网建设已较为完善,天然气定价采取市场化机制,不再实行与国际油价挂钩的可替代能源价格定价法,基本实现了"以气价定气价"。北美和英国市场的天然气定价机制的改革很大程度上是由于天然气的市场改革激发了市场活力,市场内进入大量供应商和买家。国际三大主要天然气消费市场之间的定价机制差异反映着各市场发展状况之间的差异,主要体现在天然气市场的完善程度和自由化程度上。

我国天然气行业目前仍处于发展初期阶段,天然气行业呈现垄断化的特点,垄断企业提供的数据成为国内天然气定价的基准。天然气厂家可以根据自身情况,在政府制定的天然气基准价格的基础上,进行上下10%的幅度调动来最终确定天然气产品的出厂定价。

3. 国际煤炭定价机制

世界煤炭市场主要由动力煤市场和炼焦煤市场组成。从国家煤炭贸易的区域结构来看,国际煤炭的生产和消费具有相对集中性。世界煤炭出口的主体包括澳大利亚、印度尼西亚、中国、美国、南非、加拿大、哥伦比亚等 9 个国家，占世界煤炭出口贸易的 90% 以上；煤炭进口的地区是以日本、韩国、中国台湾、中国香港为主体的太平洋地区和以欧盟为主体的大西洋地区，合计进口量占世界煤炭进口量的 75% 左右。

由于动力煤的生产及出口国家较为分散，供给市场竞争比较激烈，再加上动力煤的部分用途可以用电力和石油来替代，因此其需求受电力和石油的价格波动影响较大。近年来电力工业用户致力于追求低成本，这导致动力煤的长期协议有所减少，转而使用短期协议、现货、套期等组合。

由于炼焦煤的生产集中在少数几个国家，因此炼焦煤贸易的长期协议所占比例较大。一般情况下，澳大利亚炼焦煤供应商与日本钢铁公司之间达成的炼焦煤价格对市场上其他煤种价格的确定具有指导性。

4. 碳排放权定价机制

碳排放权定价机制主要有以下两种：一是政府对碳含量（碳当量），即由企业生产或生产投入直接或间接引起的二氧化碳排放征税或收费；二是政府或者其他管理机构建立配额体系，配额覆盖的总排放水平等于政府确定的总排放水平，并且个体的配额可以交易，即总量控制和交易管制体系。

欧盟形成了覆盖范围最广的跨国碳定价体系。七国集团中的德国、法国、意大利都是欧盟的重要成员，其碳减排主要执行欧盟碳定价机制。欧盟在小布什 2001 年退出《京都议定书》后，坚定地建立起 29 个成员国参与的欧盟碳定价体系，并于 2005 年 1 月 1 日运行，将《京都议定书》的排放贸易机制、联合履约机制、清洁发展机制分别应用于发达国家之间、发达国家和转型国家之间、发达国家和发展中国家之间，实现了碳资源在全球范围内的帕累托最优配置。七国集团中的法国采用"市场定价与政府定价"的混合定价机制。

2002 年，英国政府自发建立英国碳排放交易体系（UK ETS），这是世界上最早的碳排放交易市场，也为后来欧盟碳排放交易市场的构建提供了经验。英国碳排放交易的潜在参与者主要有两类，分别是"直接参与者"和"协议参与者"。直接参与者是 2002 年 3 月参与政府拍卖的 32 家公司。

这些公司必须于 2002～2006 年分阶段达成承诺的温室气体减排量，以换取 53.37 英镑/吨二氧化碳当量的补贴。直接参与者可以购买市场上流通的配额来兑现减排承诺，如果减排超过了承诺的目标，也可以在市场中出售剩余配额。协议参与者是气候变化协议（CCAs）涵盖的 6000 家公司，气候变化协议是英国工业界和环境署为减少能源使用和二氧化碳排放而达成的自愿协议。签署协议的公司可以在气候变化税（CCL）上获得折扣。签订 CCAs 的公司可自愿参与碳排放交易，如果实际排放量大于协议规定的排放量，企业可以在碳排放交易系统中购买配额来替代其部分或全部减排义务；如果超额完成减排目标，则可以存储或出售配额。2020 年是欧盟碳市场覆盖英国的最后一年。随着英国正式脱欧，英国碳市场由英国政府与苏格兰政府、威尔士政府和北爱尔兰行政部门共同设计，新的碳排放交易计划于 2021 年 1 月 1 日生效。碳排放总量在最初设定为比英国在欧盟碳市场中的总量份额低 5%，并将逐年下调，与英国法定净零目标保持一致。①

2014 年，美国西部气候倡议（WCI）与加拿大魁北克省、安大略省、曼尼托巴省和英属哥伦比亚省联结，形成了北美碳排放定价机制。定价工具以强制配额交易的市场定价机制为主，以碳税工具的政府定价机制为辅，以混合定价机制为补。

日本在地方层面已经有成熟的市场定价减排机制。东京都强制型碳排放市场定价体系于 2010 年 4 月启动。埼玉县强制型碳排放市场定价体系在 2011 年 4 月开始运行。从国家层面，政府定价型碳税工具纳入了环境资源税强制征收范畴。从国际层面，2016 年中日韩三国首次就碳定价机制及未来合作的路线图展开研讨。

从世界其他地区和国家来看，澳大利亚新南威尔士州定价体系于 2003 年 11 月 1 日正式启动，是世界最早的区域性市场定价强制减排机制。新西兰、韩国、哈萨克斯坦、瑞士、印度、乌克兰等国家启动了国家级的碳市

---

① https://www.sohu.com/a/406737912_99899283；2021 年 3 月国际碳行动伙伴组织（International Carbon Action Partnership，ICAP）发布的《全球碳市场进展 2021 年度报告》；世界银行于 2021 年 5 月发布的《碳定价机制发展——现状与未来趋势 2021》。

场定价机制，其中，在《2002年应对气候变化法》（2001年通过，于2008年、2011年、2012年、2020年进行修订）的框架下，新西兰碳交易体系自2008年开始运营，是覆盖行业范围最广的碳市场，覆盖了电力、工业、国内航空、交通、建筑、废弃物、林业、农业等行业。

7.3.5 能源金融衍生品风险

1. 价格风险

能源商品本身具有战略物资和物质金融二重特性，因此造成的能源价格波动的因素非常复杂，自然条件、政治、供求、库存、金融操作等都会引发能源价格的波动。通常来说，能源价格的波动有利于能源的优化配置，但是能源的市场竞争程度和价格的波动幅度才是决定这种配置效率的关键要素。按照市场结构理论，完全竞争市场的资源配置效率最高，市场越是垄断，资源配置效率越低。而目前的能源市场垄断状况不同。燃料油是中国目前石油产品中市场化程度较高的一个品种，其流通和价格完全由市场调节，国内价格与国际市场基本接轨，产品的国际化程度较高。由于资源的配置效应是在价格的适度波动幅度内产生的，如果价格波动幅度过大，超过经济体的吸收能力，就会对能源企业的风险管理形成极大的挑战。目前许多能源企业在进行价格风险控制和管理的时候一般会选择对冲工具，其中对冲基金成为它们的新宠。

2. 现金流风险

现金流风险是指由价格波动造成的期货交易头寸的账户盈亏与头寸所需的保证金不相匹配的风险，与对冲工具的使用有关。对冲交易利用无套利原理，使市场价格的涨跌对产品组合的影响互相抵消。通常是依赖技术分析进行交易，运用复杂的计算机程序在几毫秒内做出反应。在正常的条件下，对冲交易是一种有效的风险管理工具，不过，一旦市场条件发生变化，能源的物质与金融就会发生时间上的脱节，此时的对冲交易就会引致极大的现金流风险。随着能源金融商品的衍生程度不断加深，这种现金流风险也有不断增加的趋势。例如，中国的一些燃料油贸易商在新加坡和国内进行燃料油的套期保值交易的时候,往往会因为没有充足的美元而被迫斩仓,痛失仓位和盈利。

3. 信用险露

信用险露是以交易对家为顺序逐个计算,并随时与信用额度相比较的风险暴露。在市场价格巨幅变动,或某个交易对家的信用级别降低的时候,信用险露的波动性就会加大。美国能源巨人安然公司的破产就是典型例证。由于其策略性的账外金融操作以及由此所引发的信用崩盘殃及数百个交易对家,这些公司所持有的对安然的应收款项大多付诸东流。安然的破产几近成为金融业界的地震。近年来能源市场价格扶摇直上,信用险露也随之水涨船高,一笔信用损失很可能冲销许多企业的整年利润。

4. 持仓错位

持仓错位主要包括实物仓位错位和金融仓位错位两方面,是指买卖数量不能相抵消,或供应与需求不平衡。因为能源价格涨跌显著,任何一种错位都可能酿成巨大损失。比如,2004年的中航油事件。根据普华永道的调查报告,挪盘被视为罪魁祸首。由于错误判断油价走势,三次挪盘实际上均使风险成倍增加,这种风险在油价上升时的几何级数扩大使公司无力支付不断高涨的保证金,最终导致财务困境。挪盘所造成的结果就是看跌期权和看涨期权之间的持仓错位。当然持仓错位有时也可能带来丰厚的利润。持仓错位到底是天使还是魔鬼,其中的玄机多半取决于操盘手的职业操守和技术水平。

据上文分析可得,能源金融衍生品市场作为一种新型的风险管理平台和投融资渠道,其风险是以价格风险为核心,与金融衍生品交易方式密切相连的组合式风险。只有把握这一关键,才能更好地进行能源金融衍生品交易的风险控制和管理。

7.3.6 能源金融衍生品实际运用

1. 石油企业

能源金融本身既包括能源金融市场层面的运作,又包括在其中避险的石油公司层面的运作。宾夕法尼亚大学 Wharton 商学院对美国非金融公司使用金融衍生工具的调查发现，油气公司中有 49% 使用金融衍生工具；对 92 个油气公司用来管理价格风险的工具类型所做的调查发现，53% 使用了期货，49% 使用了互换。面对经营中的汇率、利率以及石油价格波动的风险，跨国石油公司多采用金融衍生工具进行风险规避，主要是采用远期、期货、期权和掉期四种金融衍生工具。

埃克森美孚石油公司使用金融衍生工具进行利率、汇率和价格风险的规避与套期保值，严禁利用金融衍生工具投机套利，德士古和菲利普斯石油公司也基本上是采取这种稳健的做法。而英国石油公司不但利用金融衍生工具进行市场风险的规避和套期保值，还通过大量的掉期、期权衍生工具进行投机和一体化操作，为此还专门设立了由皮肯斯领导的 BP 投资公司，进行投机活动以牟利。尤其是 2004 年以后，皮肯斯 BP 投资公司将投资转向石油期货市场，在国际石油能源金融市场上投机套利。通过与现货市场相配合，再加上近年的石油价格飞涨，叱咤风云的皮肯斯也在业内享有"油神"的美誉。雪弗隆和壳牌公司则不仅利用金融衍生工具进行利率与汇率的风险规避，在原油、天然气和成品油市场上防范价格风险，而且将金融衍生工具用于商品贸易活动。

2. 能源金融衍生品市场的风险控制案例

中国航油（新加坡）股份有限公司（简称中航油）是中国航空油料集团有限公司的海外控股公司，是 2001 年 12 月依托母公司的支持以中国航油垄断采购的概念登陆新加坡资本市场的上市公司。从发展历史背景来看，其母公司从 1997 年起在经历了两年亏损休眠期后，又经历过两次战略转型：第一次是从一家船务经纪公司重新定位为以航油采购为主的贸易公司；第二次是从一个纯贸易型企业发展到集石油实业投资、国际石油贸易和进口航油采购于一体的工贸结合型的实体跨国石油企业。

中航油从上市伊始就涉足除了油品的现货贸易外的石油期货。为规避石油价格波动带来的风险，中航油采用了互换、期货和期权等金融衍生工具，在石油的采购和销售业务中进行套期保值，以减少公司的市场风险。

很快中航油就开始从事金融衍生工具的投机交易，公司从 2003 年开始进入石油衍生品期权交易，同日本三井住友银行、法国兴业银行、英国巴克莱银行、新加坡发展银行和新加坡麦戈利银行等签订合同进行 OTC 场外交易。2003 年 10 月，中航油预测油价下跌，公司因此建立空头头寸，大量卖出石油看涨期权，买入看跌期权，赌注在每桶 38 美元，按照中航油的合约持仓量，油价每桶上涨 1 美元，中航油需向银行和金融机构支付 5000 万美元的保证金，随后国际油价一路攀升，结果导致中航油现金流枯竭。2004 年 11 月 29 日，中航油对外披露在石油期权交易中出现巨额亏损，账面实际亏损和潜在未平仓合约的亏损总计约 5.54 亿美元，公司净资产约为 1.45 亿美元，资不抵债的状况使公司向新加坡最高法院申请破产保护。[①]

根据普华永道对中航油期权交易巨额亏损事件进行调查后公布的第一期调查报告资料，在 2003 年底和 2004 年初，中航油错误地判断了石油价格的走势，卖出了看涨期权并买入看跌期权，导致所持期权头寸到期时面临亏损。为避免亏损，中航油在 2004 年 1 月、6 月和 9 月先后进行了三次挪盘，即在平仓买进期权的同时，卖出交易量更大的新的看涨期权，每次挪盘均成倍地扩大了风险，该风险在油价上升时呈几何级数扩大，直到公司没有能力支付不断增加的保证金而被迫平仓导致巨额亏损。

7.4 中国能源金融市场

7.4.1 中国能源金融发展现状

1. 我国能源金融理论体系不断发展

习近平总书记提出了"推动能源生产与消费的革命"的能源战略思想。中国能源金融理论的指导方针是加快能源发展，推动能源变革。基于此，我国学者在金融支持能源发展、能源价格形成机制、能源金融风险管理、

---

① http://finance.ce.cn/sub/jrysp/01/news/200809/27/t20080927_13674252.shtml

区域能源金融合作以及绿色能源金融等方面展开了研究。能源金融理论体系的完善为推动能源行业与金融行业不断融合与变革提供理论支持。

2. 能源金融进入我国国家治理体系

党的十八届三中全会提出要推进我国"国家治理体系和治理能力现代化",能源金融则是我国能源行业改革和能源治理的重要手段。2016年国务院印发的《关于煤炭行业化解过剩产能实现脱困发展的意见》指出要"加大金融支持","运用市场化手段妥善处置企业债务和银行不良资产,落实金融机构呆账核销的财税政策,完善金融机构加大抵债资产处置力度的财税支持政策"。国内很多地区通过构建能源金融平台,通过为金融机构提供贷款信息服务,解决金融机构和能源企业信息不对称的问题,更好地为中小微能源企业提供便利。

3. 我国能源金融市场起步晚、发展快

相较于国外能源金融市场,我国的能源金融市场的建设起步较晚,但发展速度较快。首先,能源金融产品品种不断创新,除能源股票、能源债券等传统能源金融产品外,能源远期、能源期货、能源互换、能源基金、能源权证、能源保险等新的能源金融产品逐渐成为投融资标的,投资者也可参与能源项目、能源PPP建设等投资项目。其次,金融资本的投资重点发生转变,从传统的能源工业领域以及能源的勘测与开采环节转向节能技术研发与应用、新能源与综合能源服务、能源大数据采集等能源的利用与服务环节。最后,我国可再生能源市场发展迅速,自2016年起连续四年位居"可再生能源国家吸引力指数"排行榜榜首,对投资的吸引力强。

4. 人民币积极参与国际能源定价

人民币正在积极争取国际能源定价话语权。在原油定价方面,2018年3月我国建立了上海原油期货交易市场,并推出以人民币计价结算的"原油人民币"期货。截至2018年底,上海原油期货交易所已经跃升成为亚洲最大的原油期货交易市场。在天然气定价方面,我国提出了建设区域性天然气交易中心和"天然气人民币"的整体构思,期望以中国庞大的能源消费市场为依托,加速亚洲能源基准价格体系的形成,提高中国乃至整个亚太地区的能源定价话语权。

5. 我国能源企业积极开展各类金融业务

我国能源企业积极开展各类金融业务，金融市场参与度不断提高。主要能源企业开始建设金融公司、布局金融业务，积极注入金融资产和获取金融牌照，拓展金融业务至证券、保险、融资租赁和支付清算等多个领域。

6. 能源安全成为我国能源金融监管重心

我国通过控制能源投资扩张规模，维持能源结构平衡和国内能源价格，从而维护能源安全。为了稳定国内能源价格和市场，维护能源安全，2019年国家电网发布《关于进一步严格控制电网投资的通知》，严禁超过核价投资规模和范围的投资，防止由过度投资引发产能的无序扩张从而导致能源产业结构失衡。

7.4.2 "一带一路"能源金融发展的中国实践

1. 国内清洁能源金融体系辐射至"一带一路"能源合作领域

2010年国务院办公厅出台了《关于加快培育和发展战略性新兴产业的决定》，国家对能源金融支持政策开始向清洁能源领域倾斜，推进清洁能源合作成为国际能源合作的重要领域。在此基础上，2014年6月国务院办公厅正式出台了《能源发展战略行动计划（2014—2020年）》，在该计划中要求银行、非银行金融机构按照审慎、风险可控的原则，加大对中国企业投资共建"一带一路"国家清洁能源项目的支持力度，鼓励中国环保节能产业"走出去"。经过几年的发展，我国对共建"一带一路"国家清洁能源的投资取得了巨大成就。2015年3月，国家发改委在新兴产业融资指引政策中，要求企业通过债券融资的方式加大对清洁能源产业的投资力度，为清洁能源产业发展提供了巨大的资金支持。随后2015年4月，财政部在可再生能源融资支持政策中明确规定了政府基金支持清洁能源的方式与模式，奠定了清洁能源金融体系的基本框架。2016年8月，国家发改委等7部门在《关于构建绿色金融体系的指导意见》中进一步确立了我国绿色金融发展原则、框架和监管模式，提出要全面启动绿色金融市场，并鼓励绿色金融企业进入"一带一路"市场。

我国在推进清洁能源金融体系建设中,在扩大国内市场规模的同时,也将清洁能源金融相关产品对共建"一带一路"国家和企业开放,对"一带一路"能源金融体系的发展产生了正向支持效应。一方面,国内清洁能源金融企业在过去 7 年多时间内投资了 25 个共建"一带一路"国家的清洁能源项目,累计投资额超过了 15 亿美元,为共建"一带一路"国家的能源转型提供了强有力的融资支持;另一方面,国内碳金融市场对共建"一带一路"国家在中国的投资以及中国企业与其他国家在共建"一带一路"国家开展的第三方市场合作起到了导向作用,随着中国能源金融制度的完善,未来可能会形成沿线碳金融市场,辐射整个"一带一路"区域。

2. 亚投行与丝路基金对"一带一路"沿线能源项目建设的融资

截至 2021 年 11 月,亚投行作为基础设施融资机构,累计投资额达到了 296.8 亿美元,批准了沿线 151 个项目的融资计划,其中包含能源类项目 30 个,几乎占到融资项目的 20%(见表 7-5),并且能源类项目投资额约占亚投行累计投资总额的 17%。亚投行在 2021 年的计划和中国推动与共建"一带一路"国家的能源合作目标一致,计划指出,把建立一个可持续性的投融资体系作为支持"一带一路"建设的主要目标。丝路基金自成立以来就把投融资重点放在共建"一带一路"国家的基础设施建设、能源开发、产能合作等领域。2014 年,我国出资 400 亿美元成立的丝路基金,是"一带一路"沿线经济合作的重要融资机构。丝路基金从 2015 年开始在巴基斯坦投资水电项目,截至 2019 年底,该基金共发放各类贷款 65.3 亿美元,单独投资"一带一路"沿线绿色能源项目资金达到 145.5 亿美元,其中在中亚及俄罗斯地区累计发放贷款 30.5 亿美元,投资 52.1 亿美元,分别占丝路基金贷款总额及投资总额的 46.7% 和 35.8%。此外,丝路基金还与中国出口信用保险公司签订了战略合作协议,加大了投资的风险保障力度,降低了投资风险,为中国企业在共建"一带一路"国家的能源投资保驾护航。

表 7-5　2016~2021 年亚投行投资项目数量

单位：个

项目类别	数量
经济韧性	17
能源	30
金融流动性	13
金融机构	25
通信技术	5
公共健康	13
交通	23
水	11
城市	11
农村基础设施与农业发展	1
其他	2

注：2021 年为 1~11 月的数据。
资料来源：亚洲基础设施投资银行官网。

除了亚投行和丝路基金之外，中国进出口银行、国家开发银行等政策性金融机构在推进"一带一路"能源合作中也扮演了重要角色，在共建"一带一路"国家开展了能源合作项目的投融资。在 2019 年全年，这两个机构对中国与共建"一带一路"国家能源合作类项目的投资就达到了 462 亿美元，是世界银行、亚洲开发银行等机构投融资规模的 3 倍。

3. 人民币能源期货市场的启动

2018 年 3 月，以人民币作为计价货币的原油期货在上海期货交易所正式上市。截至 2020 年底，上海人民币原油期货交易量就达到了 1.8 万亿元，跻身于世界三大期货交易市场行列。随着人民币原油期货市场体系的不断完善，人民币在原油交易中的计价结算地位将不断提升，在国际市场上能够形成与石油美元、煤炭英镑呈鼎立之势的"原油交易中国定价机制"，进而改变中国甚至是亚洲地区在全球能源交易中缺乏定价话语权的尴尬局面。

2017 年 5 月，中国财政部与俄罗斯、哈萨克斯坦等 26 个国家的财政部共同签署了《"一带一路"融资指导原则》。这是推进中国与共建"一带一路"国家在基础设施、能源、农业等领域融资合作的指南，要求各国政府承担融资主体责任及规范融资环境。其中,该文件中专门一章是"能源合作融资",呼吁各国政府要充分利用政府基金、对外援助资金、政策型金融机构、出口信用保险机构、商业银行、股权投资资金、期货及股票市场等为能源合作提供融资支持。因此,上海人民币原油期货市场的启动,不仅为共建"一带一路"国家之间的能源合作提供了融资平台,还为"一带一路"能源金融体系建设提供了多元化的探索模式。

4. 中国与共建"一带一路"国家开展货币互换

石油美元制是全球能源金融的核心体系,也是能源具备金融属性的制度支撑。然而石油美元制在全球能源贸易中的地位开始动摇,原因有以下两方面:①美元汇率波动较大,容易成为美国政府操控国际油价的手段;②石油美元制过度突出其背后的金融属性,成为美国与石油出口国进行金融战的工具,难以全面反映全球能源供需状况(Liu and Lee, 2020)。故此,摆脱国际能源交易对美元的依赖,是很多能源产出国的共同要求。因此中国与共建"一带一路"能源产出国积极开展货币互换,推进"一带一路"人民币原油计价体系建设。截至2018年,中国人民银行已经与21个共建"一带一路"国家签订46笔货币互换协议,占货币互换协议总数的55.42%;货币互换规模突破1万亿元,占货币互换协议总额的31.72%(见表7-6、表7-7)。总体而言,中国与共建"一带一路"国家的货币互换合作具有数量多、资金规模小的特点。从近几年的实践来看,大多数国家在与我国签署的货币互换协议到期后选择续约,一方面是对我国国际地位的肯定,另一方面更是稳固了双边货币合作的基础,也在一定程度上强化了我国与共建"一带一路"国家的能源合作关系。

表7-6 2018年中国与共建"一带一路"国家的货币互换合作情况

单位:亿元,次

国家	货币互换规模	签订次数	国家	货币互换规模	签订次数	国家	货币互换规模	签订次数
新加坡	3000	3	巴基斯坦	200	3	白俄罗斯	70	3
印度尼西亚	2000	3	埃及	180	1	哈萨克斯坦	70	3

续表

国家	货币互换规模	签订次数	国家	货币互换规模	签订次数	国家	货币互换规模	签订次数
马来西亚	1800	4	蒙古国	150	4	塔吉克斯坦	30*	1
俄罗斯	1500	2	乌克兰	150*	2	阿尔巴尼亚	20	2
泰国	700	3	土耳其	120*	2	塞尔维亚	15	1
卡塔尔	350	2	匈牙利	100	2	亚美尼亚	10*	1
阿联酋	350	2	斯里兰卡	100*	1	乌兹别克斯坦	7*	1

注：*表示截至2018年已失效的货币互换合作。
资料来源：王喆和张明（2020）。

表7-7　2009~2018年中国与共建"一带一路"国家人民币货币互换规模

单位：亿元

时间	金额	时间	金额	时间	金额	时间	金额
2009Q1	2000	2011Q3	3627	2014Q1	7497	2016Q3	8615
2009Q2	2000	2011Q4	4427	2014Q2	9420	2016Q4	8795
2009Q3	2000	2012Q1	4727	2014Q3	7570	2017Q1	8795
2009Q4	2000	2012Q2	4877	2014Q4	9490	2017Q2	8795
2010Q1	2000	2012Q3	4877	2015Q1	7250	2017Q3	8695
2010Q2	2000	2012Q4	4877	2015Q2	9120	2017Q4	8525
2010Q3	3500	2013Q1	6377	2015Q3	9270	2018Q1	8515
2010Q4	3500	2013Q2	6377	2015Q4	9620	2018Q2	6855
2011Q1	3500	2013Q3	6497	2016Q1	8620	2018Q3	8505
2011Q2	3627	2013Q4	7497	2016Q2	8635	2018Q4	10155

注：2009Q1表示2009年第一季度，其余含义相同。
资料来源：王喆和张明（2020）。

7.4.3　中国发展能源金融存在的现实问题

1. 我国能源禀赋和要素分配制度存在特殊性

（1）我国能源禀赋的特殊性

总体来说，我国的常规能源储备种类不平衡，呈现"煤炭多、油气少"的特点。尽管中国石油、天然气探明储量不断增长，但石油、天然气储量占全球比重仍然低。2020年，我国石油探明储量约为260亿桶，仅占全球的 1.5%，我国天然气探明储量为 8.4 万亿立方米，仅占全球的 4.4%（见图 7-5、图 7-6）。与常规能源相比，我国非常规油气能源由于受到复杂的地质条件限制而难以实现量产，难以在短期内满足能源消费需求。由于我国火力发电和炼钢产业的耗煤量大，因此形成了能源消费结构中煤炭消费占比大、其他能源消费占比小的"一大三小"结构（见表 7-8）。目前我国油气对外依存度不断上升，2020 年我国原油对外依存度达到 73.5%，而新增探明油气地质储量降至近 10 年来最低点。反观世界众多国家已根据自身的能源禀赋形成了独特的能源消费结构。美国的"页岩气革命"基本实

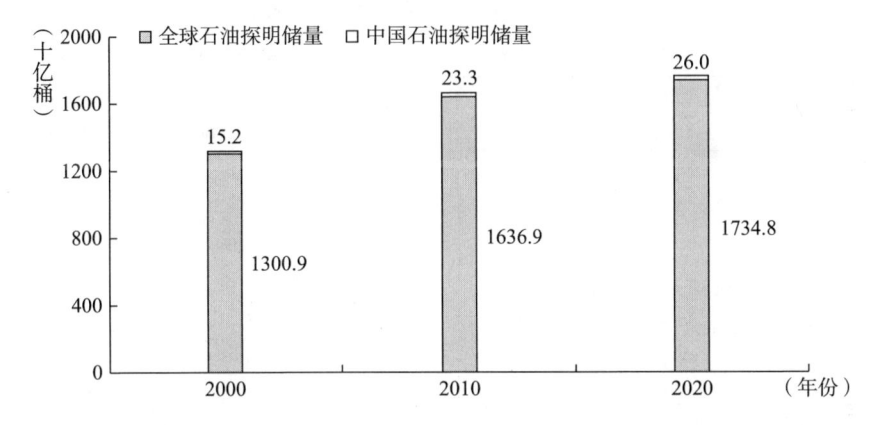

图 7-5　2000 年、2010 年和 2020 年全球及中国石油探明储量
资料来源：《BP 世界能源统计年鉴》。

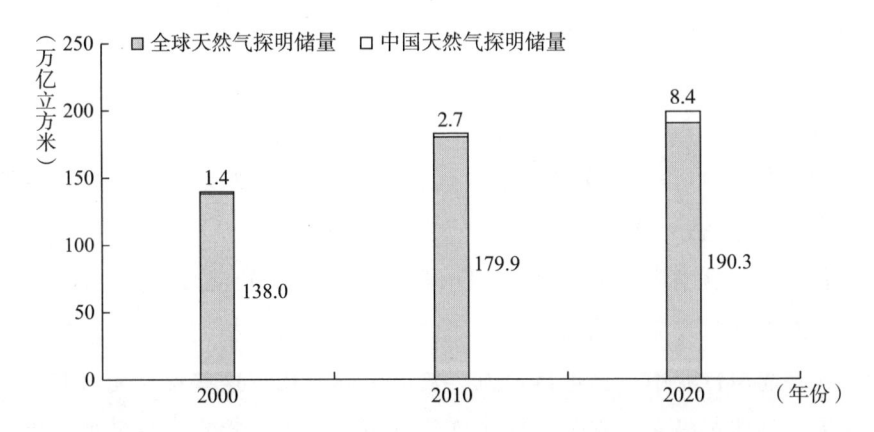

图 7-6　2000 年、2010 年和 2020 年全球及中国天然气探明储量
资料来源：《BP 世界能源统计年鉴》。

现了其能源独立,从根本上降低了美国能源的对外依存度。欧洲能源储量虽小,但为达到经济振兴和环境保护的双重目的,欧洲国家大力发展和使用清洁能源。根据全球燃煤电厂追踪器(The Global Coal Plant Tracker)的数据,英国燃煤发电量在国内总发电量中的占比从2012年的39%下降到2018年的5%;据《卫报》报道,2016年3月24日,位于苏格兰爱丁堡北部的隆加尼特(Longannet)燃煤电站关闭最后四台机组,标志着苏格兰长达115年的燃煤发电史的终结,苏格兰地区实现无煤发电。

表7-8 2011～2020年我国能源消费总量及构成

单位:亿吨标准煤,%

年份	能源消费总量	煤炭消费占比	石油消费占比	天然气消费占比	一次电力及其他能源消费占比
2011	38.7	70.2	16.8	4.6	8.4
2012	40.2	68.5	17.0	4.8	9.7
2013	41.7	67.4	17.1	5.3	10.2
2014	42.8	65.8	17.3	5.6	11.3
2015	43.4	63.8	18.4	5.8	12.0
2016	44.1	62.2	18.7	6.1	13.0
2017	45.6	60.6	18.9	6.9	13.6
2018	47.2	59.0	18.9	7.6	14.5
2019	48.7	57.7	19.0	8.0	15.3
2020	49.8	56.8	18.9	8.4	15.9

资料来源:国家统计局。

(2)我国能源要素分配制度的特殊性

我国主要的能源政策工具是管制型政策工具(如法律、监管、规制等),严重缺乏指导型政策工具(如意见、计划、规划等)和激励型政策工具(如考核、优惠等)的调用。我国在能源领域实施混合所有产权制度,采取垄断经营,政府对能源要素市场的影响力较大、控制性较强。国有能源企业在能源行业中占据主体地位、发挥主导作用。这些特点使得我国与其他国家的能源要素分配制度存在显著差异,这也导致我国与其他国家能源要素交易市场的明显差别。例如,美国实行自由产权制度,其自然资源产权行使有偿使用制度，私人或公司对土地及其之下的自然资源拥有"完整和永久的所有权"，这保障了能源市场的充分竞争。英国产权制度的主要特点是"以利用定归属"，即土地使用者拥有附属于土地之上的各类自然资源使用权。此外，英国政府为保障自然资源的合理利用，还专门设立了自然资源资产管理机构，明确自然资源使用权人承担的权利和义务。鉴于我国与发达能源国间能源要素产权制度的差异，我国政府不能完全照搬其能源要素分配与管控方式。

2. 我国能源金融市场发展尚不完善

（1）我国能源价格形成缺乏市场化

目前，政府加成定价依旧是我国能源价格的形成方式，动力煤价格和成品油价格遵循国家指导价。这种定价方式并未反映市场实际的供求状况，仅仅覆盖了开发成本、运营成本、政府税费和企业利润。受管制的能源价格难以激励能源企业勘探开发和技术升级，企业甚至会为了政府的高定价而主动扩张成本，这不仅无法保证能源产品的稳定供应，还会影响能源行业的资源配置效率。相比之下，发达能源国的能源价格完全由市场形成，其能源市场基本是完全竞争的，资源配置的效率极高。例如，美国共有23个交易中心为天然气市场交易提供信息交换和需求匹配，有效保障了美国天然气价格形成机制和市场化体系的运行。自20世纪80年代中期起，英国政府逐渐转变角色，将职权范围缩小至能源基本政策、法律的制定，退出了能源企业的直接经营，英国逐步完成了国有天然气企业与电力企业的私有化、市场化改革。

（2）我国金融市场对能源企业的支持力度小

一方面，能源企业受银行的信贷支持力度不均。因规模小、前景不明，我国中小微型民营能源企业以及新能源企业被挡在银行的风险测试之外，加之部分新能源民营企业因杠杆率过高而存在不良贷款记录，直接影响了银行对其项目贷款的态度和力度。另一方面，能源企业融资受资本市场的支持有限。2017年，在我国A股市场上市的新能源公司的融资来源中，银行贷款占比41.77%，股权融资占比23.16%，政府补贴占比0.05%，新能源企业仍旧依赖传统的信贷融资渠道。

（3）我国能源金融产品的品种供给单一

我国能源金融市场上产品种类较少，尤其是能源金融衍生品，难以满足能源企业的融资、套期保值需求以及不同类型投资者的避险与获利需求。气候衍生品是能源企业管理气候风险的重要选择。迄今为止，我国尚未在国内期货交易所上市天气指数型合约产品，难以满足国内能源企业对风险的管理需求。2020年4月21日的负油价事件导致国内中国银行"原油宝"产品出现大面积穿仓。自此之后四大国有商业银行都宣布停止原油账户的新仓操作，居民投资者难以找到与其风险承受能力相匹配的能源金融投资产品。

3. 能源金融风险隐患较大

（1）国际能源定价规则影响我国能源和经济安全

目前，极少数发达能源国制定全球油气资源等能源的定价规则，潜在威胁"中国制造2025"计划的顺利实施。首先，能源成本波动会增加全社会的生产成本，使生产要素价格提升，造成通货膨胀。其次，能源成本波动会带来汇率风险。当美元汇率波动造成能源价格涨跌时，为保障能源进口，我国不得不相应地增持或减持美元资产，这会冲击我国的人民币汇率以及外汇储备结构的稳定。

（2）我国在国际能源治理体系中地位被动

一国获取和开发海外能源、管理能源市场等能力的综合体现是在国际能源治理体系中的话语权。由于我国国内尚不具备市场化的能源价格机制再加上缺乏国际能源定价权，因此我国在国际能源组织中影响力弱。在全球能源治理架构中，欧美发达能源消费国始终占据主导地位，主要体现在国际议程设置、决议的投票权、执行的行动权以及国际能源问题处理等方面。尽管我国已经成为世界上最大的能源消费国，但在国际能源组织的能源政策与机制制定上依旧缺乏相匹配的影响力，仍旧要被动接受发达能源国家在能源治理等政策制定上的强势现实，这不利于我国的能源安全和经济安全。

(3) 能源金融行为风险较明显

能源金融行为风险主要是指金融机构和能源企业间的行为选择所产生的风险,包括逆向选择风险。由于受经济体制以及金融机构营利性等因素的影响,我国很大一部分的银行信贷资金集聚于资源型企业的基本建设项目和一次性资源开发项目,这些项目就是通常意义上的高污染、高耗能的能源产业代表。而我国对能源产业企业的新技术开发、改造升级项目、能源深加工转化项目以及新能源企业的资金需求则明显缺乏支持力度。同时,大量闲散的社会资本由于缺乏有效的整合平台,纷纷涌向了地方小煤窑、小火电企业,产生了严重的逆向选择风险,给整个能源市场以及社会带来了负面影响。

7.4.4 中国能源金融发展路径选择

中国能源对外依存度越来越大,已成为能源消费大国,但我国能源金融发展仍存在诸多困境,能源金融化程度依旧较低。因此,需要各方主体通力解决,从构建完整理论体系、加强市场建设、实施政策支持、推进新能源开发、控制能源金融风险等方面展开研究,保障能源经济的稳定运行和金融安全。

1. 构建中国特色的能源金融理论体系

(1) 构建要素质量协同升级的新型能源金融生产关系

第一,应当在完善和健全公有制产权制度的同时,提升非公有制经济的地位,扩大产权流转范围,引导信息技术要素进入我国生产函数。随着中国经济逐渐进入"次高速增长"阶段,有形要素的边际生产率已趋于饱和,需要在社会生产中吸引更多优质的无形要素。从生产要素的视角来看,我国的能源革命就是在第三次科技革命和能源革命的背景下,提升生产要素供给质量和配置效率的系统性,利用信息技术等新的生产要素带动能源等传统生产要素升级,以数字化生产关系作为支撑的协同调整过程。第二,强调数字化生产关系的重要性,把数字化生产关系作为市场主体对信息要素生产利用的基础。能源企业可通过应用信息基础设施,共享能源产业链内的数据与知识，形成全行业的技术创造和知识共享，实现能源产业生态价值增值。而数据与信息权属的界定是这一过程的重要支持与保障，因此，应明确数据的所有权、使用权以及分配权，保护全行业的智力成果，防止数据滥用和能源浪费，维护能源安全。同时，在数字化生产关系下，各市场主体的活动都应自觉接受数字化环境的监督，实现信息披露的常态化。

（2）构建"政府机构协调、企业经营自主、个人投资消费"的要素配置框架

第一，政府应充当"协调员"的角色，保障要素配置市场化。在我国能源金融的发展过程中，要发挥以市场为基础的能源要素、资本要素、数字要素和信息要素的作用，各要素要实现符合市场规律的自由流动。其中能源要素应在全国统一的要素市场中形成其价格，并且应保证数字和信息要素的安全、高效配置，杜绝数字和信息资源的浪费和私利化。第二，能源企业应是能源金融市场的投资经营主体和技术创新主体，应当赋予能源企业更大的能源金融市场准入和经营自主权，满足其自主决定日常经营活动和部分发展战略的需求。同样，民间资本也应拥有进入能源领域开展投资经营的权利。第三，金融机构应是能源金融市场的信息中介和融资中介。能源金融市场上的银行、非银行金融机构首先应掌握能源行业资金供求变化情况，分析能源企业的经营管理状况，为监管部门决策的形成提供信息支持。其次还应将资金流入技术水平高、创新潜力大的企业和生产环节，形成高效的资源配置局面。第四，居民部门应是能源投资者、消费者和市场监督者。居民部门一方面可以积极参与投资小额能源金融产品和绿色金融产品，将居民储蓄转化为对能源行业的投资资本；另一方面可以选择绿色的出行方式以支持节能行业发展，形成全社会支持能源技术革新、崇尚绿色生活方式的良好风气。居民部门还可以担当能源企业信用履行情况的监督者，在专业监管机构之外，发挥社会监督和舆论监督的作用。

2. 构建中国特色的能源金融市场

（1）大力推进能源金融市场供给侧结构性改革

引导能源合理分配，优化能源企业融资结构，丰富能源金融产品种类，

提升金融机构服务质量与效率是我国能源金融市场供给侧结构性改革的主要目标（Jiang et al. , 2020）。切实落实金融服务实体经济，将能源金融的融资服务、资产定价服务、风险评估服务送达小微能源企业、能源服务企业、新能源企业甚至农村能源扶贫项目，缓解金融行业马太效应，平衡金融市场中"强者愈强，弱者愈弱"的局面，使得各类能源企业、机构公平地获得金融资源与服务，纠正市场失灵和金融排斥，平衡金融市场主体之间的资源配置。

（2）完善能源金融市场的结构

以全国统一的能源交易市场为基础，建设与之相应的能源金融市场，为能源产品打造与之匹配的能源金融产品体系。利用好前期各地交易市场试点的建设经验，监测并分析国际能源交易价格、国际能源价格波动对国内碳交易价格和国内能源价格的冲击效应，掌握能源价格与金融投机之间相互联系的程度和传导渠道。

（3）增加能源金融产品与服务供给

丰富能源避险产品和能源投资产品的种类，提供完善的能源交易结算、融资清算等金融服务，推动石化产品的线上交易，打造具有协同效应的能源金融交易与服务体系。拓宽能源企业的融资渠道，大力发展除银行信贷之外的直接融资渠道，提高能源企业对金融服务的可及性，破除"金融排斥"。

（4）以能源金融促进国际合作，带动人民币"走出去"

鼓励中海油、中石油等能源企业参与到国际能源市场建设中，鼓励金融机构参与国际能源金融交易和能源市场的深度发展。与共建"一带一路"国家，特别是与我国签署了双边货币互换协议的国家，进行能源金融交易中心的试点建设，开发以人民币为交易和结算货币的能源金融产品，加速人民币国际化进程，树立中国能源国际化的新品牌、新形象。

3. 构建市场化的国内能源价格机制

（1）减少价格干预，建立市场化的能源价格形成与调节机制

减小行政力量对电煤市场、天然气上游市场和石油上游市场干预的力

度，调整补贴发放形式，减小补贴的规模与力度，真正发挥市场在能源配置中的基础性和决定性作用。推进动力煤期货品种的开发和交易，熨平煤价波动，为正在进行的电力市场改革提供稳定的煤炭价格信号。引导社会资本进入天然气、页岩气的勘探和开发领域，培育天然气供应端的卖方市场，增加卖方市场的参与者个数，加大油气资源的勘探开发力度，提高其供应水平。引导社会资本进入能源基础设施建设领域，为管网、接收站等设施建设提供资金支持，提升管道运输环节建设的质量和效率。

（2）形成"中国价格"，提升国际能源市场议价权

构建全国统一的天然气现货和期货市场，引导天然气市场在公平竞争中提升行业效率，实现天然气价格的全面市场化。开发更多与天然气市场相适应的金融产品与工具，供城市燃气公司进行风险管理，保持其采购价格的竞争力。推动区域性能源消费市场之间进行深度融合，逐步建成以我国为中心的亚洲能源定价系统。加速人民币的国际化进程，推出一系列以人民币为计价和结算货币的能源金融产品，将人民币作为海外能源交易的主要支付手段，通过人民币贷款交换能源等措施提高我国能源企业在交易中的议价权，进而提高我国金融企业在能源价格谈判活动中的参与度。

4. 构建我国能源大数据结构框架

（1）搭建能源大数据信息系统

能源大数据信息系统是能源金融交易体系、预警系统、储能系统建设的基础。通过搭建能源大数据采集—传输—存储—应用体系，收集和分析能源的供需与交易数据，各个能源子市场的交易信息就能够集中统一地与金融市场进行对接，实现能源数据与金融数据的跨界融合、互联互通与协同应用。因此，我国应在能源数字化治理的总体框架下进行能源大数据信息系统建设。

（2）设立能源数据采集和处理的专门机构

通过设立专门的能源数据采集和处理机构，改善目前能源数据统计部门繁多、数据分散的状况。建设统一渠道，确立统一口径，通过能源数据联网实施能源数据的统一采集与管理，充实国家能源数据库，实现对我国

能源供需状况的准确掌握。将能源行业管理相关的资质认定工作收归政府部门进行统一监管,掌握行业企业的能源管理情况,录入统一的专门数据库,提高能源行业管理的质量。

(3) 重点分析能源市场运行状况

在掌握能源供需数据的基础上,提高分析工作的比例,重点做好对能源市场运行状况的反映检测、对能源技术趋势的分析、对能源效率的统计等重要工作。重点掌握大宗商品市场波动和联动的特征,了解能源市场信息传播机制,为能源金融风险控制提供操作路径。

(4) 与国际规则相对接

建立与国际能源效率统计标准接轨的能源数据统计与分析规则,对我国污染物排放的具体来源与路径进行分品种、分地区、分行业的细化统计,推动我国环保工作逐渐达到国际标准,推动能源消费与能源管理的智慧化、互联化和大数据化,为相关研究工作提供支持。

5. 构建完善的能源金融风险管理体系

(1) 构建能源金融风险监测指标体系

能源金融风险监测指标体系中不仅应包含学界已有共识的宏观经济、能源行业和金融行业运行状况的指标,还应涵盖描述能源行业和金融市场的关联机制、跨市场风险传染路径、时变风险因子等指标。同时应将环境风险、生态风险纳入能源金融风险监测范围,编制反映中国能源金融市场实际运行状况的新闻语调指数、市场情绪指数等,从而进行更全面有效的风险识别。

(2) 完善能源金融风险监管体系

加强与能源金融风险预警相关的立法工作,建立中国特色能源金融风险监管法律体系,设立专门的监督机构,加大执法力度。同时,加强对能源金融风险的理论研究和能源风险管理的学科建设,培育具有国际视野的风险管理专门人才。

第 8 章　能源安全

8.1　能源安全的内涵

8.1.1　能源安全的重要性

能源是经济发展的命脉，是国民经济发展和人民美好生活的重要保障，在社会经济体系中占据着重要的地位。英国著名经济学家舒尔茨在 1964 年指出，能源是无可替代的，现代生活完全是架构于能源之上。能源安全问题从 1973 年第一次石油危机开始为人们认识，20 世纪 70 年代爆发的第四次中东战争，导致世界石油短缺和油价暴涨，引发了第二次世界大战后最严重的全球经济危机。

1974 年，国际能源署（International Energy Agency, IEA）成立，第一次正式提出了以稳定原油供应和价格为中心的能源安全概念，西方国家据此制定了以能源供应安全为核心的能源政策。20 世纪 80 年代中期以后，随着全球化进程加快、能源需求和价格快速增长以及对环境问题的担忧，国家能源安全还包括对生态环境、可持续发展战略等问题的关注。能源安全的内涵也拓展为：以增强经济竞争力和减少环境恶化的方式，保证充足和可靠的能源供应。

进入 21 世纪以来，随着世界各国经济的发展、新型能源的开发和利用、非国家行为体的加入，以及自然灾害、人为灾害和网络攻击等威胁手段的出现，能源安全的概念在不断扩大。"核安全"、"网络安全"和"能源弹性"等概念正在不断地被纳入能源安全范围之中。目前，能源安全早已成为全球大部分国家的安全核心问题之一。能源安全中需要保护的对象也不再局限于石油供应，而是包括天然气、电力、核能及其他能源基础设施。

能源安全是一个涉及国家安全和对外战略等多层面的问题，也是一个关乎国际能源供应和能源地缘政治的问题。能源安全是全球性问题，每个国家都有合理利用能源、促进自身发展的权利，而绝大多数国家不可能离开国际合作而获得能源安全保障。要实现世界经济平稳有序发展，需要国际社会推进经济全球化向着均衡、普惠、共赢的方向发展，树立互利合作、多元发展、协同保障的新能源安全观。

8.1.2 能源安全的概念

关于能源安全的概念，国际能源署（IEA）认为，能源安全是"能够以可承受的价格持续获取能源"；亚太能源研究中心（Asia Pacific Energy Research Centre，APERC）认为，能源安全是指"一个经济体以可持续和及时的方式保证能源供应的能力，同时其能源价格水平不会对该经济体的经济表现产生不利影响"；欧盟委员会（European Commission）把能源安全定义为"以所有消费者（私人和行业）都能承受的价格，向市场上持续供应能源产品的能力，同时尊重环境问题并寻求可持续发展"。由此可见，对于能源安全的定义，尽管表述不同，但内涵比较一致。国际能源署、亚太能源研究中心与欧盟委员会对于能源安全的描述聚焦在三个方面：①能源供应的可获得性；②经济上的承受能力；③环境发展的可持续性（Gasser，2020）。

关于国家能源安全，主要有三种理解：①国家能源安全是能源供应安全和能源使用安全的有机统一；②国家能源安全是指防止能源价格大幅度变动（上涨或下降）、能源供应突然中断以及能源污染对经济发展与社会环境造成危害；③国家能源安全是一个很广泛的概念，不仅包括石油供应安全，而且包括其他能源的供应安全，特别是天然气和电力，还包括能源与环境的协调发展。总的来说，就是要保证随时随地都有充足的、价格合理的、符合用户和环保要求的能源供应，以保障国民经济的可持续发展。

进入21世纪以来，国际环境与地缘政治发生了较大的变化，"9·11"事件和2002年以后国际油价出现大幅度的攀升，使发达国家对能源风险的认识扩展到能源基础设施。能源安全是一个综合性概念，是一个国家或地区可以持续、稳定、及时、足量和经济地获取所需能源的状态或能力。它不仅是指以合理的价格为经济发展提供各类能源，而且要求把对自然环境的损害程度降到最低；不仅要满足当代人的基本能源需求，而且要使后代人免于遭受潜在的能源风险和威胁。

具体而言，能源安全主要包含两个部分（见图8-1）。

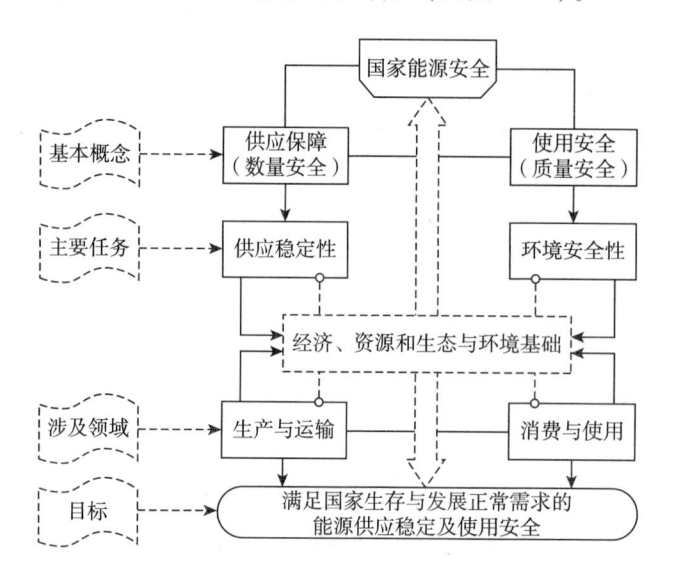

图8-1 能源安全的概念及构成

注：供应稳定性 = 经济安全性。
资料来源：房树琼等（2008）。

第一，能源供应的稳定性（经济安全性），指满足国家生存与发展正常需求的能源供应，主要包括：①保障供应，指在任何情况下，对于国民经济发展和人民生活所需要的各类能源都能够保障供应；②随机应变，指对于影响能源有效供给的各种突发事件，如战争等，能够进行有效防御，并能够在一定时期内满足国民经济发展的需求；③可持续利用，从长远的角度来看，能源安全不仅指保障当前的供应，还要满足未来经济与社会的发展需求，即要保证能源供应能够持续。

第二，能源使用的安全性（环境安全性），指能源消费及使用不应对人类自身的生存与发展环境构成任何威胁，主要涉及能源消费和环境保护领域。

考虑到能源安全形势的新变化，当今能源安全的概念可进一步拓展为以下六个方面的内容。

第一，物质安全，即能源资产、基础设施、供应链和贸易路线的安全以及紧急情况下必要和迅速的能源资产、基础设施、供应链和贸易路线的替代。

第二，能源获取能力最为关键，不论是物质上的，还是合同上的，抑或是商业上的开发和获取能源供应的能力。

第三，能源安全是一种系统或体系，由国家政策和国际机制构成，旨在面临供应中断、油价暴涨等紧急情况，以合作和协调的方式迅速做出反应，以维持能源供应的稳定性。

第四，能源安全与投资安全紧密相关，需要足够的政策支持和安全的商业环境，需要鼓励投资，确保充足和及时的能源供应。

第五，能源安全与气候变化或环境安全问题密切联系。当今气候变化和环境政治的困境在于能源的生产和消费方式，节能减排、低碳经济以及清洁能源发展等已经成为能源技术革命和全球能源结构变化的主要趋势。

第六，能源安全不局限于石油供应和油价安全。能源供应暂时中断、严重不足或价格暴涨对一个国家经济的损害，主要取决于经济对能源的依赖程度、能源价格、国际能源市场以及应变能力（包括战略储备、备用产能、替代能源、能源效率、技术力量等）。

以上关于能源安全的解读，主要是指能源消费及使用不应对人类自身的生存与发展环境构成威胁，侧重于将能源安全理解为一种"安全状态"。而这只是揭示了"安全"一个层面的含义，它还应包含另一层面或者说是还有更深层次的内涵，那就是能源安全涉及的主体必须具有抵御不安全因素（包括外界的危险和自身受到的潜在威胁等）的能力，此处将其表述为"安全能力"。从这个意义上来说，若某一主体只是目前处于没有危险、不受威胁的状态，而没有具备应对将来危险、威胁的能力，那么只能称其是"准安全"或"疑似安全"的。因为形成这种安全状态的内部和外部环境一旦发生变化，影响这种安全状态的外部扰动或自身潜在的威胁因素被激活，则原来的安全状态将会被"有危险"或"受威胁"的状态所取代。而若该主体具有"安全能力"，当其面对威胁这种安全状态的内部和外部安全因素时，就能够尽最大能力去消除这种不安全因素。因此，更确切地说，安全不仅表明某一主体处于免受危险和威胁的状态，还应具有免除危险和威胁的能力。从复杂适应系统的角度来理解，国家能源安全应指从国家利益的高度保障国民经济和社会和谐发展，以及人民正常生活所需的能源（特别是重要战略能源）免受威胁的状态和能力，即能源安全是静态体系（安全状态）与动态体系（安全能力）相互作用的复杂适应系统。

8.1.3 能源安全的基本特征

当前世界所面临的能源安全问题呈现与历次石油危机明显不同的新特点和新变化，它不仅是供应安全问题，还包括能源供应、能源需求、能源价格、能源运输以及能源使用等在内的综合性风险与威胁。能源安全主要有四个基本特征：国际化、市场化、多元化和低碳化。

第一，国际化。当今世界的能源安全问题已经不是一个国家，也不是一个地区的能源安全问题。不论是发达国家还是发展中国家，不论是能源出口国还是能源进口国，能源安全都会影响经济命脉和国计民生，在高昂的能源价格和动荡的能源市场中，谁也无法独善其身。寻求基于市场机制的能源价格，确保充足的、可靠的和环境友好的能源供应，已成为各国和全体人类共同面对的挑战。展望未来，能源安全的国际化将变得更加重要。

第二，市场化。能源供应和能源价格对能源安全产生重大影响，政府干预和市场调节是确保能源安全的重要手段，能源市场化改革将是长期保证能源安全的有效手段，而政府干预仅在短期内可以确保能源供应，从长远来看，开放的能源市场是能源供应安全的有力支撑。

第三，多元化。能源安全多元化包括国际能源供应多元化和国内能源品种多元化。为了确保能源的可靠供应，主要能源消费国积极开展国际合作，寻求多来源、多途径进口油气资源。"9·11"事件后，美国开始减少对中东能源的依赖，加大对非洲和加拿大能源的进口力度，同时提高国内能源供应能力。欧盟积极从俄罗斯、中东和美国进口油气，保障能源安全供应。

第四，低碳化。自20世纪90年代初以来，随着全球气候变暖和大气环境质量的急剧下降，能源的使用安全也逐渐被关注。国际社会开始以可持续发展的眼光重新审视能源安全问题，更多地关注由能源使用造成的全球气候变化问题。为了减少全球温室气体排放，联合国在1997年通过了旨在限制温室气体排放以抑制全球变暖的《京都议定书》。2015年巴黎气候变化大会通过了《巴黎协定》，为2020年后全球应对气候变化做了安排。《巴黎协定》提出：各方将加强对气候变化威胁的全球应对，把全球平均气温较工业化前水平升高控制在2摄氏度之内，并为把升温控制在1.5摄氏度之内而努力。全球将尽快实现温室气体排放达峰，21世纪下半叶实现温室气体净零排放，温室气体净零排放要求将对化石能源利用方式产生重大影响。

8.1.4 能源安全的判定标准

能源安全的判定标准主要有可靠的供应、合理的价格、充分的石油战略储备、畅通的运输通道以及合理的能源结构，这些因素共同构成能源安全的基础。

1. 可靠的供应

能源供应包括国际供应和国内供应。在国际供应方面，能源安全供应主要是油气的安全供应。自20世纪60年代以来，世界上发生过10余次石油供应中断事件，1973年和1979年的两次中断造成了世界范围的石油危机。在今后较长时期内，能源消费国之间、消费国和生产国之间、生产国和生产国之间的矛盾将更为复杂，石油安全问题在一定条件下还会加剧，全球短期石油供应中断甚至出现石油危机的可能性依然存在。国内能源安全供应与各国的资源条件、基础设施有关，能源丰富的国家需要加大投入，提高能源的探明储量，维持合理的生产水平。减少对外能源依存度是能源丰富的国家需要采取的能源发展战略。

2. 合理的价格

石油作为当今世界最重要的能源，其价格安全就是在全球石油供求总量平衡的前提下，能把油价的波动控制在一个合理的范围内，避免石油价格剧烈波动影响经济的健康发展。造成石油价格大幅度波动的因素主要来源于石油输出国政府的策略改变、区域性冲突、石油供应链中断和石油投机。在未来二三十年内，随着全球经济一体化，石油危机对任何国家都没有好处，全球石油供应链将不会出现较大的问题。但是，政治因素，特别是战争因素会使世界石油价格出现剧烈波动。煤炭、天然气对石油具有一定的替代能力，其价格将随着石油价格的变化而变化。同时，化石能源是不可再生能源，随着储量的减少和开采成本的增加，其价格将呈现不断上升的趋势。

3. 充分的石油战略储备

要确保能源供应的长期安全与持续，最重要的措施之一就是建立石油战略储备机制。石油战略储备是工业经济的中枢神经，是应对紧急能源冲击的重要措施。国际能源署的成员国按照统一要求建立本国的石油战略储备，共同防范国际石油市场可能出现的石油供应中断危机。自建立石油战略储备以来，全球范围内再也没有发生过类似1973年的石油危机。国际能源署规定的石油战略储备库存量的"达标线"为90天。

4. 畅通的运输通道

由于能源生产和消费在地域上的分离，能源运输成为必需，而能源运输通道是能源进口国的生命线。能源运输通道的安全性成为能源是否安全的判断标准。能源运输通道的重要性不亚于能源蕴藏和生产中心。这是因为未来国际冲突和战争不一定在中心区发生，而是更有可能在能源运输通道上采用封锁、截留或迫使其改变流向的行动，这样往往比直接进攻重点防卫的能源中心更容易和更有效。目前，世界主要的能源海路运输要道包括直布罗陀海峡、霍尔木兹海峡、马六甲海峡、波斯湾、巴拿马运河与苏伊士运河。

5. 合理的能源结构

限制温室气体排放、缓解全球变暖将成为限制化石能源消费的主要驱动力。发达国家为了实现温室气体减排的承诺，将积极提高能源效率，开发和利用可再生能源，千方百计减少能源消费排放的二氧化碳。发展中国家也将面临更大的减排压力，尤其是以煤炭为主的能源消费国，温室气体减排的压力更大。从长远来看，稳定和降低大气中的二氧化碳浓度最终要依靠可再生能源，但在近期仍以油气资源为主，未来将转向以可再生能源为主。

8.2 能源安全的主要影响因素

影响能源安全的因素很多，归纳起来主要有以下六个方面：能源因素、政治因素、运输因素、经济因素、军事因素以及可持续发展因素。

1. 能源因素

能源因素是影响能源安全的最直接、最重要的因素之一。一般来说，一个国家自身的能源越丰富，对经济发展的保障程度越高，能源供应的安全性就越高，如果不考虑其他因素，本国能源受外界不安全因素影响的可能性就越小，本国能源也越安全。相反，能源越贫乏国家的能源安全问题可能越严重。例如，日本在经历了第一次石油危机的沉重打击后，通过建立庞大的石油战略储备系统和其他一系列风险防范机制，其能源供应的风险得到了有效的控制，石油战略储备约为180天。对于中国而言，虽然我国是一个能源大国，有着丰富的能源，但能源可开采总量相对于人口而言偏少。同时，我国能源安全还存在可探明储量分布不均衡，能源结构中多煤、少气、贫油等问题，因此能源生产不能满足能源需求。

2. 政治因素

政治因素对能源安全的影响主要有两个方面：一是能源进口国与出口国之间政治关系恶化而造成的对能源安全供应的影响，如第一次石油危机就是因为阿拉伯国家与西方国家政治关系紧张所致；二是能源生产国国内的政治因素对能源安全供应的影响，如第二次石油危机主要是由伊朗国内政治和宗教因素造成的。

随着各国经济的不断发展，能源大国之间对能源的争夺日益加剧。总体而言，西方各能源消费大国控制了全球的大部分能源。自20世纪90年代以来，储量超过4亿桶的50个大项目中，45%的储量被西方七大石油公司控制，全球4/5已探明的优质石油储量被全球排名前20的大型石油公司垄断。美国为了争夺能源控制伊拉克石油，发动伊拉克战争。同时，美国还在全球各产油国布置了蜘蛛网式的能源战略和路线，与俄罗斯展开了在中亚里海地区的能源争夺。日本与中国、韩国展开了争夺俄罗斯油气的竞争。能源消费大国之间的竞争使我国企业在国际能源市场上勘探、开发投资均受到限制，对我国的能源安全形成了挑战。

3. 运输因素

能源供应链的安全与控制资源、建立储备同等重要，供应链的安全是能源安全的前提和保障。秦晓（2003）以2002年中国石油运输为例，在中东东行的航线上，中国船只所承运的石油进口量为130万吨，占该航线石油进口量的3.78%；在西非东行的航线上，中国船只所承运的石油进口量为零；在东南亚航线上，中国船只所承运的石油进口量为550万吨，约占该航线石油进口量的52.43%。显然，中国船只在中东东行和西非东行的航线上所占的份额很少，而这两条航线恰恰是中国原油进口的主要航线，从供应链的角度来看，这两条航线也是风险最大的航线。

自2010年以来，中国对外石油进口的1/2来自中东，1/3来自非洲，对中东和非洲能源的严重依赖导致了我国能源运输路线单一，缺少选择性。目前，我国海军力量相对薄弱，能源运输主要依靠外国船队，马六甲海峡成为能源运输必经路线，而马六甲海峡自身的缺陷（如海盗猖獗、交通秩序混乱、事故多等）以及美国对马六甲海峡的控制和威慑，使中国对外能源运输存在风险。近几年，为保证国内能源供给，我国开始发展海上油田，海上油田是大陆油田最可靠的接替区。但海上油田在开采过程中的油井爆炸以及海啸飓风等自然灾害导致的泄漏，会造成海洋污染。

4. 经济因素

经济因素对能源安全的影响是一种间接的影响。对于能源进口国来讲，最主要的影响就是经济能否提供进口能源所需要的外汇。经济因素还涉及能源价格变动问题，对于进口国来说，主要是能源价格上涨对其进口能力和进出口平衡的影响。在和平时期，能源价格的剧烈波动是能源安全的最主要问题之一。此外，当前我国的能源价格由于政府的宏观调控和大型能源企业的垄断经营而没有市场化，不能反映国际期货市场的真实供求状况。国际油价剧烈波动，国内成品油定价机制受到挑战，能源价格体制改革迫在眉睫。

5. 军事因素

军事因素对能源安全的作用是多方面的。从运输方面来说，拥有强大、反应快速的海上军事力量，能源海上运输线就会得到很好的保护。对关键海峡的控制能力也是保障能源运输安全的重要方面。军事因素对能源安全的影响还表现在对主要能源生产地的军事干预能力上。海湾战争就是美国等以强大的军事干预能力，避免石油供应受制于伊拉克而发动的战争，其有效地保障了美国及其盟国石油的安全供应。伊拉克战争后，新的国际能源格局形成，欧佩克的能源地位受到冲击，俄罗斯在中亚里海地区异军突起，非洲、北美、拉美、伊拉克等的能源地位稳步提升并越来越受到重视。我国对外石油进口的80%以上集中在中东和非洲，目前中东局势的不稳定，美国对中东、非洲及伊拉克的控制增加了中国能源安全的风险。

6. 可持续发展因素

能源安全需要重视能源的开发效率，强调能源的可持续利用。能源持续利用的实质是要努力做到经济发展与能源利用的协调，最终使经济发展与人口、资源、环境达到整体协调。可持续发展因素还应考虑技术进步和能源替代方面的影响，要积极开发新能源。新能源又被称为非常规能源，是对环境造成污染和破坏的化石能源的替代，在使用过程中不排放污染物，在我国主要是指风能、太阳能、生物质能、核能等。目前，我国在风能、太阳能、核能等能源领域均取得了较大的发展。"十四五"规划中特别强调风能和太阳能的跨越式发展，但由于各种原因生物质能仍被边缘化。对于中国来说，如果洁净煤技术能有重大突破，中国能源安全形势就会明显好转。此外，太阳能等可再生能源技术的进步也会改变各国能源安全的态势。

8.3 能源安全的测度指标和方法

8.3.1 能源安全测度框架

建立能源评价理论体系，对于确保与国家发展阶段相适应、反映国家能源可持续发展的能源安全与可持续发展具有重要的理论和现实意义。目前，有许多学者研究如何对一个国家的能源安全进行评估和衡量。传统概念上构建的指标大多集中在如何以合理的价格提供充足的能源供应上。单一能源安全指标如能源强度或能源价格波动，综合能源安全指标如能源多样性，都仅被用来衡量能源安全的一个特定方面。然而，正如传统的能源安全概念不能提供全面的观点一样，传统指标无法准确衡量一个国家的整体能源安全状况。

经济合作与发展组织提出的反映可持续发展机理的框架，即"压力-状态-响应"（Pressure-State-Response，PSR）框架，为阐述能源安全机理提供了较好的思路。该框架是从指标产生的机理方面着手构建评价指标体系的方法，使用"压力-状态-响应"来描述可持续发展的调控过程和机理。"压力"指造成发展不可持续的人类活动、消费模式等，是影响可持续发展的负效应，如消耗能源和产生污染；"状态"反映可持续发展中各系统的状态，表示发生了什么，是问题的核心；"响应"过程表明人类在促进可持续发展进程中所采取的有效对策。"状态"的变化与许多因素有关，各因素间相互作用的过程和程度是相当复杂的，利用 PSR 框架有利于简要和概念化地揭示这一过程。基于 PSR 框架的构建方法和思路，结合能源安全的自身特点，有助于解释影响能源安全的各类因子的相互作用过程以及所产生的结果，从而揭示能源安全的机理。

能源安全机理的 PSR 框架从总体上反映了能源、环境、人口、社会经济发展目标与能源安全研究、管理决策之间相互依存、相互制约的关系。人口增长、经济社会快速发展对能源的需求量大幅增加，再加上国际能源分布不均，影响能源稳定供应的因素复杂多变，给保障能源供需平衡带来了巨大的压力（Pressure）。人类耗竭性地取得自然资源，通过各种活动排放污染，改变了环境的质量和自然资源存量的状态（State），也影响了人类自身的发展与后代的福利。能源安全研究和管理决策需要寻找应对压力和能源环境问题的方法（Response）。

综上所述，首先要对能源环境状况和开发潜力、能源供求态势、能源政策、科技发展水平和社会经济状况等做出精确的诊断和评价；其次要依照社会经济可持续发展目标制定实现能源最优配置和代际公平的开发、利用和保护政策；最后要对能源安全状况进行动态监测和评估，对政策执行效果实时跟踪，以便适时调整能源管理政策，确保能源安全和经济持续发展。

8.3.2 能源安全测度指标体系的构建

在考虑能源安全影响因素的基础上，从每个领域选择相关指标，构建能源安全测度指标体系。其中，每个领域的指标根据 PSR 框架分为压力指标、状态指标和响应指标（见表 8-1）。由于压力指标、状态指标和响应指标间具有因果关系，即由压力指标可派生出对应的状态指标和响应指标，但这些分类指标间并不是完全一一对应的关系，所以各分类指标中将存在相关关系，指标层相互之间会有协同效应。

表 8-1 能源安全测度指标体系

影响因素	压力指标	状态指标	响应指标
能源因素	能源对外依存度 能源价格波动系数	能源保障度 能源进口份额	能源储备率 能源进口集中度
政治因素	国际冲突格局变化 能源地缘政治格局变动	对外关系稳定度 政治稳定度	能源外交
经济因素	国际收支变动指数 世界及国内市场景气评价指数	短期能源进口能力指数 长期能源进口能力指数	外汇储备能力 扶持政策变动评价指数
运输因素	能源运输市场份额变动率 运输线的安全度	运输距离 能源运输路线变动	能源管线控制能力 能源运输承载能力
军事因素	突发性军事事件	对主要能源产地控制能力 对重要运输通道控制能力	外交手段 危机控制体制
可持续发展因素	碳排放强度指标 能源强度指标	环境承载能力 环境污染程度	能源利用效率指标 技术进步率

资料来源：迟春洁和黎永亮（2004）。

1. 有关能源因素的指标

能源对外依存度＝（能源进口量－能源出口量）/能源消费量。能源对外依存度主要反映能源总需求中有多少能源是通过贸易方式从国外获取的。

能源价格波动系数＝（一定时间段内的能源最高价－该时间段内的能源最低价）/一定时间段内的能源平均价。能源价格的波动是能源不安全最重要的表现之一。

能源保障度＝能源综合回收率×能源的剩余可采储量/能源消费量。该指标表明在外界能源供应中断的情况下，国内能源的可支撑程度。

能源进口份额＝能源进口量/世界能源贸易总量。能源进口份额主要反映一个国家能源进口量在国际市场上所占的比例。

能源储备率＝能源储备量/能源日均消费量。能源储备率计算出来的是能源储备量可供消费的天数。

能源进口集中度＝前3位或前5位国家的能源进口量的和/总进口量。能源进口集中度主要反映的是能源进口来源地的集中程度和能源供应来源的多样化程度。

2. 有关政治因素的指标

国际冲突格局变化。冷战后取代美苏政治对抗的是由各个国家对石油等能源的争夺引发的各种利益对抗。有的地区能源分布非常集中，由于各国能源战略目的相互重叠而产生利益冲突，加上各国军事力量的集结，使这些地区极有可能因为石油争夺而发生对抗。

能源地缘政治格局变动。世界能源中心的每一次转移都导致了世界能源地缘政治格局的相应变化。伊拉克战争的结束，意味着世界能源地缘政治格局和世界石油市场格局正在发生重大变化，进而导致石油地缘政治格局发生变化。

对外关系稳定度。根据能源进口国与主要能源贸易国的政治关系稳固程度的不同，将之分成五个不同的等级，各种关系对应的评分标准见表8-2。

表8-2 政治关系稳固程度评分

关系类型	盟国关系	战略协作伙伴关系	一般关系	紧张关系	敌对关系
评分等级	5	4	3	2	1

资料来源：迟春洁和黎永亮（2004）。

政治稳定度。政治稳定度可以采用政治制度稳定性指数来评估。由于该评估指数所需的数据难以取得，在评价时把政治稳定度分为非常稳定、稳定、较稳定、不太稳定和很不稳定五个等级。国际能源机构和其他国家合作开拓国际市场，寻求建立稳定的贸易关系和建立利益相关的经济关系，以补充国内资源的不足，是保证能源供给稳定的重要基础。

能源外交。能源外交在协调能源供需国之间的关系、能源需求国之间的关系、能源生产国之间的关系以及能源输出国、进口国和过境国之间的关系中发挥着重要作用。

3. 有关经济因素的指标

国际收支变动指数。能源价格大幅上升，会使能源进口国国际收支中费用支出增大，国际收支平衡因此受到破坏。同时，国内生产成本会大大增加，产品价格上升，从而可能引发通货膨胀。国际市场能源价格下跌，能源出口国国家收入减少，影响财政收支预算，同时也影响能源行业的发展。

世界及国内市场景气评价指数。该指数反映能源行业面临的各种市场景气情况，如果各种市场的景气状况对能源行业的发展比较有利，市场景气评价指数就高，反之，市场景气评价指数就低。

短期能源进口能力指数 = 100 - （能源进口额/出口额）×100，是用能源进口额占能源出口额比重的高低来表示，出口额越高表示进口能源的能力越强，或者说用于购买能源所需的外汇收入就越多。

长期能源进口能力指数 = 100 - （能源进口额/外汇储备额）×100，长期能源进口能力的强弱与国家外汇储备是否充足有关。外汇储备越高，表示长期支付能源进口能力就越强；反之，则越弱。

外汇储备能力。充足的外汇储备是充分利用国际能源的有力保证。

扶持政策变动评价指数。国家经济政策的变动，尤其是能源政策的变动对能源行业生产经营的影响是十分明显的。而如果在价格和财税政策上进行扶持，能源企业面临的风险就变小。

4. 有关运输因素的指标

能源运输市场份额变动率 = 本国承运的石油（煤炭）进口量/该航线的总石油（煤炭）进口量。世界石油、煤炭进出口运输的主要方式是海运。天然气输送主要依靠管道，但管道的建设周期长、风险大，且限于相邻大陆国家输送。

运输线的安全度。运输线的安全度主要考虑受人为因素影响的程度，用通过狭窄海峡的多少或位于重要航线附近的岛屿多少来判断，通过的海峡或岛屿越多越不安全。

运输距离。一般来说，距离越远，影响能源安全的因素就越多，能源的安全性也就越低；距离越近，能源的安全性就越高。能源的安全性与生产国和消费国之间的距离成反比关系。

能源运输路线变动。以中国为例，约86%的中国石油进口必须通过马六甲海峡这条狭窄、繁忙而且又常有海盗出现的航道。为了分散马六甲海峡运输的风险，中国采取的措施之一就是展开三项大工程：泰国管道项目、四大能源通道建设、泰国克拉运河建设。

能源管线控制能力。能源管线控制能力分为完全控制、基本控制、盟国控制、有影响力和无影响力五个等级。

能源运输承载能力。加快本国油轮船队的建设和发展，促进国内油公司和船公司建立紧密的战略合作关系，油公司应给予船公司长期和稳定的订单支持，而船公司也应优先保证油公司的需求。

5. 有关军事因素的指标

突发性军事事件。根据突发性军事事件的影响力，可以将之分为全球性影响、重大影响、区域性影响、一般影响和无影响五个等级。

对主要能源产地控制能力。该指标可以分为完全控制、基本控制、盟国控制、有影响力、无影响力五个等级。

对重要运输通道控制能力。该指标可以根据各个国家对世界主要运输通道的实际控制能力来判断，也可以间接地用海军的远洋作战能力来判别，将之分为完全控制、基本控制、部分控制、单个控制、无控制五个等级。

外交手段。通过有效的外交手段，能够维护本国能源安全和利益，防止能源不安全因素的扩大。

危机控制体制。危机控制体制是一种在不使用武力或遏制使用武力的情况下，通过双方都能接受的谈判方式、协商方式或其他方式避免矛盾激化、防止冲突，从而维护能源安全的一种体制。

6. 有关可持续发展因素的指标

碳排放强度指标＝二氧化碳排放量/GDP，碳排放强度用来衡量一国经济的碳密度。

能源强度指标＝能源总消费/GDP，该指标的含义是单位 GDP 的最终能源需要。能源强度数值越小，说明单位能源的产出越大。

环境承载能力。为了实现可持续发展，能源活动造成的环境变化必须维持在环境的自净容量允许范围内。

环境污染程度。大气中的主要污染物的浓度都与能源消费密切相关。一个国家的能源结构对污染物的排放有很重要的影响。能源强度和碳排放强度越大,环境污染程度就越严重。

能源利用效率指标。能源利用效率和单位产出能源消耗指标决定了某一时期能源消耗水平,能源消耗越高,需求越大,所支付的能源成本也就越高。

技术进步率。加强对石油替代能源的研发,促进能源技术(包括勘探开发加工技术和节能技术)进步是保障能源安全的又一个有力措施。

能源安全评价是一个涉及多学科、综合性、系统性的问题,因而能源安全测度指标体系的构建也是一个复杂问题,要求构建的每一类、每一个指标本身具有不同的性质和特点,从不同的方向来反映问题,同时又要求这些指标之间相互联系,以达到从多方面、多维度综合评价能源安全的目的。

PSR 框架是能源安全测度指标体系构建的一种方法,是从因果关系角度出发构造的框架。根据影响能源安全的六个因素,将指标体系再分解成压力指标、状态指标和响应指标。指标体系将压力指标摆在首位,突出了在能源安全评价中压力指标的重要性,强调了各种活动对能源系统状态的改变,且其涵盖面广,综合性强。

8.4 多维分析能源安全模型[①]

能源安全一直是全球经济增长面临的关键挑战。本节将使用主成分分析方法对能源安全进行多角度分析。在使用主成分分析法之前,首先需要对变量进行标准化处理。

8.4.1 变量标准化处理方法

由于所选指标大多有不同的度量单位和衡量标准,需要将之转换为标

---

① 本章公式均来自 Le 等(2019)。

准化变量,然后才能汇总成一个综合指数。下面介绍三种常用的标准化方法:Z-Score 标准化法、最小最大值标准化法与 Softmax 标准化法。

1. Z-Score 标准化法

在标准化过程中,最典型的 Z-Score 标准化为指标值减去均值除以标准差。用这种方法,可以在不同国家之间进行比较。因此需要有一个足够大的样本容量,并在样本中添加新的数据时重新校准(Ang et al., 2015)。

Z-Score 标准化公式如下:

$$Z_{ee} = \frac{X_i - \bar{X}}{\sigma} \qquad (8-1)$$

其中,X_i 为指标值,$\bar{X}$ 为组平均数,σ 为标准差。

2. 最小最大值标准化法

在最小最大值标准化法中,观察到的最大值和最小值形成一个标尺,再据此放置其他值,该方法的优势在于可以基于最佳和最差表现来调整数据表现。但与 Z-Score 标准化法一样,新数据加入时需要重新校准(Ang et al., 2015)。

用最小最大值标准化法计算标准化值,公式如下:

$$mmx = \frac{X_i - X_{\min}}{X_{\max} - X_{\min}} \qquad (8-2)$$

其中,$X_{\max}$ 为数据最大值,$X_{\min}$ 为数据最小值。

3. Softmax 标准化法

Softmax 函数(标准化指数函数)特别适合处理数据集中的极端值或异常值。同时,数据在标准差内均值的显著性得以保留。该方法可以在不剔除异常值的同时,降低异常值的影响。该方法通过一个 S 型函数(Sigmoid Function)对数据进行非线性变换。

Softmax 标准变换需要用到指数函数、均值和标准差,公式如下:

$$Softmax = \frac{1}{1 + \exp^{-V}} \qquad (8-3)$$

其中，$V = \dfrac{X_i - \bar{X}}{\sigma}$，$\sigma$ 为标准差。

8.4.2 主成分分析法

主成分分析法（Principal Component Analysis，PCA）作为基础的数学分析方法，实际应用十分广泛，比如在人口统计学、数量地理学、分子动力学模拟、数学建模、数理分析中均有应用，是一种常用的多变量分析方法。在主成分分析法中，多变量数据集中的大多数变化可以用称为主成分的较少数变量的不相关向量来解释。在能源安全研究中使用主成分分析法可以量化能源安全的不同组成部分对能源安全水平的影响。

假设有一个随机向量 X，从均值为 μ_X 和协方差矩阵为 ΣX 的实数域 R^m 取值。矩阵 ΣX 的特征值按降序排列（$\lambda_1 > \lambda_2 > \cdots > \lambda_m > 0$），因此 ΣX 的第 i 行特征值为第 i 行最大的特征值。同理，向量 α_i 对应于 ΣX 的第 i 个特征值是 ΣX 的第 i 个特征向量。然后，通过最大化 $var(\alpha_1^T) = \alpha_1^T \sum_X \alpha_1$ 来寻找主成分，$\alpha_1^T \alpha_1 = 1$ 为约束条件，通过拉格朗日乘数解决该优化问题（Jolliffe，2002）：

$$L(\alpha_1, \Phi_1) = \alpha_1^T \sum_X \alpha_1 + \Phi_1(\alpha_1^T \alpha_1 - 1) \quad (8-4)$$

$$\frac{\partial L}{\partial \alpha_1} = 2\sum_X \alpha_1 + 2\Phi_1 \alpha_1 = 0$$

推导可得：$\sum_X \alpha_1 = -\Phi_1 \alpha_1$，$var(\alpha_1^T X) = -\Phi_1 \alpha_1^T \alpha_1 = -\Phi_1$

由于 $-\Phi_1$ 是 ΣX 的特征值，α_1 是相应的标准化特征向量，选择 α_1 作为 ΣX 的第一个特征向量，使得 $var(\alpha_1^T X)$ 最大化。此时，$z_1 = \alpha_1^T X$ 被称为 X 的第一个主成分，α_1 是 z_1 的系数向量，同时 $var(z_1) = \lambda_1$。

为了找到第二个主成分 $z_2 = \alpha_2^T X$，需要在 z_2 与 z_1 不相关的情况下使 $var(\alpha_2^T X) = \alpha_2^T \sum_X \alpha_2$ 最大化。由 $cov(\alpha_1^T X, \alpha_2^T X) = 0$，可推出 $\alpha_1^T \sum_X \alpha_2 = 0$，进而 $\alpha_1^T \alpha_2 = 0$，所以解决这个问题相当于在 $\alpha_1^T \alpha_2 = 0$ 和 $\alpha_2^T \alpha_2 = 1$ 的条件下，使得 $\alpha_2^T \sum_X \alpha_2$ 最大化，应用拉格朗日乘数法：

$$L(\alpha_2, \Phi_1, \Phi_2) = \alpha_2^T \sum_X \alpha_2 + \Phi_1 \alpha_1^T \alpha_2 + \Phi_2 (\alpha_2^T \alpha_2 - 1) \quad (8-5)$$

$$\frac{\partial L}{\partial \alpha_2} = 2\sum_X \alpha_2 + \Phi_1 \alpha_1 + 2\Phi_2 \alpha_2 = 0$$

$$\Rightarrow \alpha_1^T (2\sum_X \alpha_2 + \Phi_1 \alpha_1 + 2\Phi_2 \alpha_2) = 0, \Phi_1 = 0$$

$$\sum_X \alpha_2 = -\Phi_2 \alpha_2$$

$$\alpha_2^T \sum_X \alpha_2 = -\Phi_2$$

由于 $-\Phi_2$ 是 $\sum X$ 的特征值，α_2 是相应的标准化特征向量，选择 α_2 作为 $\sum X$ 的第二个特征向量，使 $var(\alpha_2^T X)$ 最大化。在这种情况下，$z_2 = \alpha_2^T X$ 是 X 的第二个主成分，α_2 是 z_2 的系数向量，$var(z_2) = \lambda_2$。按照类似的方法，通过选择 α_i 作为 $\sum X$ 的第 i 个特征向量，可以构造出第 i 个主成分 $z_i = \alpha_i^T X$，其方差为 λ_i。

简而言之，能源安全指数（EI）的构造如下：

$$EI_{it} = a_1 E_1 + a_2 E_2 + \cdots + a_{12} E_{12} \quad (8-6)$$

其中，E 为构造指数的各种输入指标（转置矩阵中的因子负荷）；$(a_1, a_2, \cdots, a_{12})$ 为标准化变量后的第一个主成分中得到的系数（特征向量）。

主成分分析通过对构成综合指数的每个变量赋予权重来确定结果。第一个主成分被认为是最具代表性的综合指数，该指数基于给定的变量重新构建。得到的权重代表被包含变量和已经形成指数之间的相关程度。根据权重，我们能够确定哪些变量在解释综合指数中起到了重要作用。由于采用标准化方法，所有主成分均值均为零，每个分量的标准差为特征值的平方根。

在进行主成分分析之前，为了检验这些数据对因子分析的适用性，需要进行 Bartlett 球形度检验和 KMO（Kaiser – Meyer – Olkin）抽样充分性检验（Hair et al., 2006; Tabachnick et al., 2007）。用 Bartlett 球形度检验验证主成分分析法中使用的相关矩阵是否为单位矩阵。检验统计量需要具有显著性（$p<0.05$），才能证明因子分析是正确的（Hair et al., 2006; Tabachnick et al., 2007）。此外，采用 KMO 检验评估因子分析数据矩阵的抽样充

分性，该统计量表示变量之间可能由潜在因素引起的共同方差的比例。KMO指数的取值范围为0~1，大于0.5通常表明因子分析是合适的（Hair et al.，2006；Tabachnick et al.，2007）。

主成分分析法包括对因素的识别和解释。第一阶段对相关系数最低的因子进行识别，并计算这些因子对变量的总方差。目的是提取能覆盖原始变量最大化变化的因子。第一个因子占总方差的百分比最高。然后提取第二个因子，继续最大限度地解释剩余方差。第二个因子和第一个因子之间没有相关性。继续该过程，直到识别出的成分个数等于构建的综合指标最初包含的变量个数。最后，我们就能够提取出可以解释超过某个阈值的部分方差的分量。这个阈值通常被设置为1（Mundfrom et al.，2005）。

8.5 能源安全、电力、人口与经济增长模型

经济增长和人口增长正在推动全球发展中经济体对能源的需求，加剧这些经济体对能源安全的担忧，对这些经济体可持续发展目标的实现产生了阻碍。2019年，Nepal和Paija（2019）借鉴与能源安全相关的研究，建立了基于电力消耗和经济产出的能源安全之间的相互关系模型，并包含了资本形成和人口的影响，基于ARDL（Autoregressive – Distributed Lag Model）边界检验和格兰杰因果关系检验等计量经济学方法来分析能源安全、电力、人口与经济增长之间的联系与影响。

8.5.1 能源安全、电力、人口与经济增长的基准模型[①]

电力利用率是用电量数据来衡量的，因此电力消耗可以作为分析能源安全的观察维度。电力消耗是柯布-道格拉斯生产函数中的一个附加因素，在传统的新古典主义生产函数［见式（8-7）］中探讨了电力利用率和经济增长之间的关系，以检验多元框架中变量之间的长期相互关系：

---

① 本章公式均来自Nepal和Paija（2019）。

$$Economic\ Output_t = f(ELEC_t, POP_t, GFCF_t) \qquad (8-7)$$

将这些变量以其自然对数形式表示。上述生产函数可以以数学形式表示，其中$Economic\ Output_t$表示t时期的经济产出；$ELEC_t$表示t时期的电力消耗；POP_t表示t时期的人口总数；$GFCF_t$表示t时期的资本。α、β和γ是经济增长相对于电力消耗、人口和资本来源的弹性。此外，增长模型通过添加常数Φ和误差项ε，可以得到以下对数线性形式：

$$\ln Economic\ Output_t = \Phi + \alpha \ln ELEC_t + \beta \ln POP_t + \gamma \ln GFCF_t + \varepsilon_t \qquad (8-8)$$

接下来分析检验研究中使用的变量是否具有时间平衡关系（包括短期和长期），并检验式（8-9）~式（8-11）所指定的变量之间的因果关系方向。因此，我们采用了ARDL边界检验方法和基于Toda-Yamamoto（TY）的格兰杰（Granger）因果关系检验方法。

$$POP_t = f(ELEC_t, Economic\ Output_t, GFCF_t) \qquad (8-9)$$

$$GFCF_t = f(ELEC_t, Economic\ Output_t, POP_t) \qquad (8-10)$$

$$ELEC_t = f(GFCF_t, Economic\ Output_t, POP_t) \qquad (8-11)$$

1. ARDL边界检验方法

Pesaran提出的ARDL边界检验方法，与Engle、Granger和Johansen提出的协整性检验的标准方法相反。Engle和Granger的协整性检验方法（E-G）是一种双变量检验分析，这意味着排除了多变量分析。Juselius和Johansen（1990）所提出的方法是一种系统的协整性检验方法，比E-G协整性检验方法更有效，因为它提供了多重协整向量。与E-G协整性检验方法不同，Johansen（1991）提出的方法在估计中包括滞后项，以此减小因忽略滞后变量而产生的偏差。然而，因为它对所选择的滞后变量的数量高度敏感，这种方法也受到了批评。此外，当式（8-11）中存在多重协整向量时，经济解释会变得更加困难。在回归变量中存在混合协整向量的情况下，Granger协整性检验方法和Johansen协整性检验方法的有效性都受到了挑战，因为这些方法只在相同的协整顺序下才有效。

相比之下，ARDL边界检验方法通过以下关键特征克服了这些缺点：①使用 OLS 估计协整关系，需要先选择适当的滞后次数；②尽管 Juselius（1990）的方法存在一定的缺陷，但无论变量积分顺序是 I（0）、I（1）还是多重协整，该方法仍然是统计显著的；③重要的一点是，该检验对于小样本容量是必需的，而且是有效的。ARDL 边界检验是一种系数检验，由对非限制误差修正模型（ECM）的 Wald 检验构成：

$$\Delta Y_t = a_0 + \sum_{i=1}^{n} a_{1i}\Delta Y_{t-i} + \sum_{i=1}^{n} a_{2i}\Delta X_{1,t-i} + \sum_{i=1}^{n} a_{3i}\Delta X_{2,t-i} +$$
$$\sum_{i=1}^{n} a_{4i}\Delta X_{3,t-i} + a_5 Y_{t-1} + a_6 X_{1,t-1} + a_7 X_{2,t-1} + a_8 X_{3,t-1} \quad (8-12)$$

其中，Y 为因变量，X 为自变量。如果 Wald 检验拒绝原假设 $H_0:\alpha_5 = \alpha_6 = \alpha_7 = \alpha_8 = 0$，则存在多重协整。一旦多重协整得到确认，我们将使用以下自回归分布滞后（ARDL）（p_1, q_1, q_2, q_3）模型来估计式（8-7）和式（8-9）~式（8-11）的长期和短期关系：

$$Y_t = b_0 + \sum_{i=1}^{p_i} b_{1i} Y_{t-i} + \sum_{i=0}^{q_i} b_{2i} X_{1,t-i} + \sum_{i=0}^{q_i} b_{3i} X_{2,t-i} + \sum_{i=0}^{q_i} b_{4i} X_{3,t-i} \quad (8-13)$$

采用式（8-13）中的 ARDL 估计式（8-7）和式（8-9）~式（8-11）中的长期乘数，公式如下：

$$a_0 = \frac{b_0}{1 - \sum_{i=1}^{p_i} b_{1i}} \quad (8-14)$$

$$a_j = \frac{b_m}{1 - \sum_{i=1}^{p_i} b_{1i}} \quad (8-15)$$

其中 $j=1, 2, 3$；$m=2, 3, 4$。

利用 TY Granger 因果性对协整关系进行假设检验，以证明长期的因果关系是否存在。式（8-16）中的 ECM 估计了协整模型中的短期均衡关系。用累计和（CUSUM）与累计平方和（CUSUMSQ）来检验 ECM 模型的稳定性，并采用序列相关性检验、正态性检验、异方差性检验和不规范检验等标准的诊断测试。

$$\Delta Y_t = a_0 + \sum_{i=1}^{n} a_{1i}\Delta Y_{t-i} + \sum_{i=1}^{n} a_{2i}\Delta X_{1,t-i} + \sum_{i=1}^{n} a_{3i}\Delta X_{2,t-i} +$$

$$\sum_{i=1}^{n} a_{4i} \Delta X_{3,t-i} + \sum_{i=1}^{n} a_5 ECT_{t-1} + e_t \qquad (8-16)$$

2. TY Granger 因果关系检验方法

TY 方法是可行的，无论时间序列协整项的项数有多少该检验都适用，且该方法基于渐近理论，在有限样本的协整变量之间进行因果检验，因此该检验具有吸引力。Toda – Yamamoto and Dolado – Lutkepohl（TYDL）Granger 因果分析过程使用了一个调整后的 Wald 检验来测试 var（k）模型参数的约束条件。当估计 $var(k+d_{max})$ 时，该检验的极限近似服从自由度为 k 的卡方分布，其中 d_{max} 为系统中该序列的最大协整阶数。根据 Dolado 和 Lutkepohl（1996）的研究，让 $d_{max}=1$，因为它的表现优于 d_{max} 取其他阶数。估计 VAR 模型时，用 p 代表 $k+d_{max}$。

根据施瓦茨贝叶斯准则（SBC）选择最优滞后长度 k。然后将标准的 Wald 检验应用于第一个 k 阶 VAR 系数矩阵（但不是所有的滞后系数），来推断 Granger 因果关系的方向。式（8 – 17）显示了基于 TY 检验的估计关系，其中 GDP 为国内生产总值，用于衡量经济产出。

$$\begin{bmatrix} \ln GDP_t \\ \ln ELEC_t \\ \ln GFCF_t \\ \ln POP_t \end{bmatrix} = \begin{bmatrix} \beta_1 \\ \beta_2 \\ \beta_3 \\ \beta_4 \end{bmatrix} + \begin{bmatrix} A_{11,1} & A_{12,1} & A_{13,1} & A_{14,1} \\ A_{21,1} & A_{22,1} & A_{23,1} & A_{24,1} \\ A_{31,1} & A_{32,1} & A_{33,1} & A_{34,1} \\ A_{41,1} & A_{42,1} & A_{43,1} & A_{44,1} \end{bmatrix} \begin{bmatrix} \ln GDP_{t-1} \\ \ln ELEC_{t-1} \\ \ln GFCF_{t-1} \\ \ln POP_{t-1} \end{bmatrix} + \cdots +$$

$$\begin{bmatrix} A_{11,k} & A_{12,k} & A_{13,k} & A_{14,k} \\ A_{21,k} & A_{22,k} & A_{23,k} & A_{24,k} \\ A_{31,k} & A_{32,k} & A_{33,k} & A_{34,k} \\ A_{41,k} & A_{42,k} & A_{43,k} & A_{44,k} \end{bmatrix} \begin{bmatrix} \ln GDP_{t-k} \\ \ln ELEC_{t-k} \\ \ln GFCF_{t-k} \\ \ln POP_{t-k} \end{bmatrix} + \begin{bmatrix} A_{11,p} & A_{12,p} & A_{13,p} & A_{14,p} \\ A_{21,p} & A_{22,p} & A_{23,p} & A_{24,p} \\ A_{31,p} & A_{32,p} & A_{33,p} & A_{34,p} \\ A_{41,p} & A_{42,p} & A_{43,p} & A_{44,p} \end{bmatrix} \begin{bmatrix} \ln GDP_{t-p} \\ \ln ELEC_{t-p} \\ \ln GFCF_{t-p} \\ \ln POP_{t-p} \end{bmatrix} + \begin{bmatrix} \varepsilon_{1t} \\ \varepsilon_{2t} \\ \varepsilon_{3t} \\ \varepsilon_{4t} \end{bmatrix}$$

$$(8-17)$$

由此，Nepal 和 Paija（2019）建立了一个检验耗电量、用电量和经济产出之间长期相互关系的多变量框架模型，并加入了人口和固定资产投资两个变量。分别采用实际国内生产总值（GDP）和实际固定资本形成总额

（*GFCF*）（均以 2010 年美元为基期）作为经济产出和资本的度量。耗电量（*ELEC*）以每千瓦时计量。

总固定资本形成和人口是股本和劳动力的代理变量，与 Nepal 和 Paija（2019）的早期研究一致。尽管经典的经济增长理论认为人口是一个决定因素，但人口增长和经济增长之间的关系仍存在争议（Malthus，1986）。因此，经济增长的经典和新经典理论为其提供了基础（Malthus，1986；Solow，1956；Swan，1956），并支持在经济模型框架分析中包含资本形成变量。

Nepal 和 Paija（2018）采用世界银行的世界发展指标（WDI）中尼泊尔 1975~2014 年的数据得出三个主要结论：①尼泊尔的耗电量与人口之间存在单向的长期关系；②尼泊尔的耗电量与 GDP 之间不存在长期关系；③经济产出的增长对耗电量的正向影响仅在短期内存在。

8.5.2　能源安全与经济发展模型构建

能源是经济社会发展的动力，能源安全是国家安全的重要组成部分。习近平总书记强调："能源安全是关系国家经济社会发展的全局性、战略性问题，对国家繁荣发展、人民生活改善、社会长治久安至关重要。"[①] 为了研究能源安全对经济增长的影响，参考 Thai – Ha 和 Canh（2019）的研究，采用一个 Shahbaz 等（2013）、Le 等（2016）曾研究的扩展柯布－道格拉斯生产函数作为基准模型：

$$Y = AK^{\alpha_1}L^{\alpha_2}ES^{\alpha_3}e^{\mu} \qquad (8-18)$$

其中，Y 为国内实际产出，A 为技术因素，K 表示资本，L 是劳动力，ES 代表能源安全，e 为假定服从正态分布的随机误差项。α_1、α_2、α_3 分别代表产出对资本、劳动力和能源安全的弹性。假设该扩展柯布－道格拉斯生产函数规模报酬不变（$\alpha_1 + \alpha_2 + \alpha_3 = 1$）。

Shahbaz 等（2013）认为，扩展的柯布－道格拉斯生产函数中的技术因

[①] 《有力保障国家能源安全》，"新华网"百家号，2020 年 7 月 10 日，https://baijiahao.baidu.com/s?id=1671829127220223619&wfr=spider&for=pc。

素由于内生性原因，应该包括贸易开放度和金融发展水平。事实上，大量文献强调了财务发展在决定产出方面的作用（Durusu-Ciftci et al.，2017；Ibrahim and Alagidede，2018；Le and Tran-Nam，2018；Le et al.，2016；Ruiz，2018），其通过两个主要渠道传播：①累积渠道通过其对物质资本和人力资本积累的累积效应传播（Pagano，1993）；②分配渠道通过其对资源分配有效性的积极影响传播（King and Levine，1993）。此外，开放经济中较高水平的金融发展为外商直接投资流入创造了更有利的环境，从而导致更高的技术和管理技能转移至国内（Alfaro et al.，2004；Azman-Saini et al.，2010）。同时，贸易开放对技术进步及其扩散存在有利的影响（Le et al.，2016）。

因此，将贸易开放度和金融发展水平放入该扩展柯布-道格拉斯生产函数的技术进步中：

$$A_t = \partial TO_t^\varphi FD_t^\theta \tag{8-19}$$

其中，∂ 是非时变常数，TO 和 FD 分别表示贸易开放度和金融发展水平。φ 和 θ 分别为技术对贸易开放度、金融发展水平的弹性。

将上述两式合并：

$$Y_t = \partial TO_t^\varphi FD_t^\theta K^{\alpha_1} L^{1-\alpha_1-\alpha_3} ES^{\alpha_3} \tag{8-20}$$

将等式两边同时除以人口数，使其转换为以人均计算，劳动力的影响保持不变。同时，往基准模型中再加入两个控制变量：政治稳定性（PS）和平均油价（OP）。如果主要的油气生产国受到政治不稳定的压力或处在国际合作的困境下，油气供应中断的风险可能会增加（Correlje and Van Der Linde，2006）。

基于以上模型，将其线性化可得：

$$GDPpc_{it} = \alpha_{it} + \beta_1 Cap_{it} + \beta_2 Trade_{it} + \beta_3 Credit_{it} + \beta_4 ES_{it} + \beta_5 PS_{it} + \beta_6 OP_{it} + \varepsilon_{it} \tag{8-21}$$

其中，$GDPpc$ 代表实际人均 GDP，Cap 为人均资本形成总值，$Trade$ 是人均贸易总量，$Credit$ 表示金融部门的人均国内信贷，ES 是能源安全级别，PS 代表政治稳定性，OP 为平均油价。除 PS 外，所有变量均取对数形式。ε_{it} 是随机误差项。

实际人均 GDP（以 2010 年美元为基期）为实际产出的代理变量。人均资本形成总值由资本形成总量除以总人口数来计算。人均贸易总量为将贸易占 GDP 的比重（%）乘以 GDP（以美元计算）再除以总人口数。同样的方式也适用于计算金融部门提供的人均国内信贷。对于 PS 变量，采用世界银行的世界治理指数（WGI）中反映政治稳定和无暴力治理维度的指标。数据时间范围为 1996~2017 年，但仅从 2002 年开始为持续数据。对于 OP 变量，使用的是根据美国西得克萨斯中质原油（WTI）现货价格（每桶以美元计，从汤森路透获得的每日现货中间价）计算出来的年均价格，然后按照官方汇率折算成本国货币。

1. 变量选择

在 Thai-Ha 和 Canh（2019）的研究中，选取了 10 个指标，分别从 5 个方面采用 10 个能源安全指标对能源安全进行分析。具体指标的含义和描述见表 8-3。

表 8-3 具体指标的含义和描述

变量	计算	来源
实际人均 GDP（$GDPpc$）	以 2010 年美元为基期	世界发展指标（WDI）
人均资本形成总值（Cap）	全社会资本形成总额/人口	WDI
人均贸易总量（$Trade$）	[贸易/GDP × GDP（以美元计算）]/人口	WDI
金融部门的人均国内信贷（$Credit$）	[金融部门提供的国内信贷/GDP × GDP（以美元计算）]/人口	WDI
平均油价（OP）	[WTI 原油现货价格（美元/桶）-DS 中期价格-每日价格的年均值] × 官方汇率	汤森路透数据库、WDI
政治稳定性（PS）	按等级划分	世界治理指数（WGI）
能源安全（$ES1$）（能源安全的可获得性）	一次能源总产量/一次能源总消耗	美国能源信息管理局（EIA）

续表

变量	计算	来源
能源安全（$ES2$） （能源安全的可获得性）	一次能源总产量/人口（千克/人）	EIA、WDI
能源安全（$ES3$） （能源安全的可接受性）	1－化石能源消耗占总体比例（%）	WDI
能源安全（$ES4$） （能源安全的可接受性）	一次能源的强度水平 （一次能源消费总量与 2011 PPP \$ of GDP 之比）	WDI
能源安全（$ES5$） （能源安全的发展能力）	主要能源消耗量/人口（千克/人）	EIA、WDI
能源安全（$ES6$） （能源安全的发展能力）	二氧化碳排放量 （千克每 2011 PPP \$ of GDP）	WDI
能源安全（$ES7$） （能源安全的发展能力）	二氧化碳排放量/一次能源消耗量	EIA、WDI
能源安全（$ES8$） （能源安全的可接受性）	可再生能源消耗/总能源消耗	WDI
能源安全（$ES9$） （能源安全的可承受性）	WTI 原油现货价格（美元/桶）－DS 中期价格－每日价格的年度标准差	汤森路透数据库
能源安全（$ES10$） （能源安全的可依赖性）	（一次能源消耗－一次能源生产）/一次能源消耗	EIA

注：2011 PPP \$ of GDP 代表以 2011 年美元为基期按购买力平价计算的 GDP。

可获得性（Availability）指石油（其他化石燃料）及核能的可获得性，主要由一次能源禀赋和勘探能力决定。本章由指标 $ES1$ 和 $ES2$ 度量。

可承受性（Affordability）指能源以可承受的和有竞争力的价格安全获得，包括国内能源和进口能源。本章由指标 $ES9$ 度量。

可接受性（Acceptability）则围绕着环境问题，包括能源的生产利用对经济产生的影响。本章由指标 $ES3$、$ES4$ 和 $ES8$ 度量。

可依赖性（Accessibility）反映了运输渠道和地缘政治方面能源供应的可能性。本章由指标 $ES10$ 度量。

发展能力（Developability）则反映了能源系统在低碳、清洁、优化模式下的可持续发展能力。本章由指标 $ES5$、$ES6$ 和 $ES7$ 度量。

ES1 为一次能源总产量除以一次能源总消耗，反映能源供应和能源需求之间的差距。该比值越高意味着一个国家的能源供应（生产）与其本国能源需求（消费）之间的差距越小，即能源安全水平越高。

ES2 为一次能源总产量与人口的比值，代表一个国家的能源供应能力和资源均衡程度，是能源安全的一个积极指标。

ES3 为非化石能源消费占总能源消费的比例，代表一个国家的能源结构，衡量能源安全的可接受性，反映了能源的生产利用对经济和环境的影响，也是能源安全的积极指标，因为非化石能源的发展增强了能源的供应能力，提高了能源系统的安全性和可持续性。

ES4 为一次能源的强度水平（一次能源消费总量与 GDP 之比），表示生产单位产品的能源消耗效率，该指标经常被用于能源安全评估，也可以用于衡量能源安全的可接受性。能源强度下降表明能源效率上升，对能源安全有正向影响，是能源安全的负向指标。

ES5 为人均主要能源消耗量，衡量能源安全的发展能力，反映能源体系在低碳、清洁、优化模式下的可持续发展能力。该指标水平越高，表明能源安全风险越高，是能源安全的负向指标。

ES6 为 CO_2 排放量除以 GDP，衡量能源安全的发展能力，反映能源结构与碳排放之间的关系，是能源安全的负向指标。

ES7 为 CO_2 排放量除以一次能源消耗量，是衡量能源安全发展能力的指标，反映能源结构与碳排放之间的关系，是能源安全的负向指标。

ES8 为可再生能源消费占总能源消费的比例，是衡量可接受性能源安全的积极指标。

ES9 为油价波动率，是根据美国西得克萨斯中质原油（WTI）现货价格（每桶以美元计，从汤森路透获得的每日现货中间价）计算的年标准差。

油价波动不仅会影响石油进口国的公司和消费者，还会影响石油生产国和出口国的公司和消费者。更高的油价波动导致石油需求变得更加不可预测，进而加大了在这些国家投资的不确定性。

ES10 为净石油进口与总石油消耗量的比率。

2. 相关实证分析

Thai-Ha 和 Canh（2019）选取了 74 个国家 2002~2013 年的面板数据进行实证分析，数据来源为 WDI 和 EIA。在研究中，除了分析全部样本外，还按样本国的收入水平把各国分成三个子样本（26 个低收入和中低收入国家、22 个中上收入国家和 26 个高收入国家），研究在不同经济发展水平下能源安全对经济增长的影响。

使用面板校正标准误（Panel Corrected Standard Errors，PCSE）作为主要估计方法（Marques and Fuinhas, 2012；Jönsson, 2005；Bailey and Katz, 2011），可行广义最小二乘法（Feasible Generalized Least Squares，FGLS）作为稳定性检验方法（Reed and Ye, 2011；Liao and Cao, 2013；Zhang and Nian, 2013），得出的结论有以下几点。

（1）全样本分析

从全样本来看，更高的能源供应满足能源需求能力（即更高的能源安全）能够为经济发展带来有利的效益。确保可持续的国家能源供应能力和资源平等对促进经济增长起到关键作用。能源储备和勘探能力是影响稳定和可持续能源供应的关键因素，同时这也是经济活动的重要投入。因此，它们是确保可持续经济增长的基础。更多依赖非化石能源而不是化石能源的国家可能会经历更强劲的经济增长，这意味着使用非化石能源（更环保的能源）的国家是经济发展的受益者。

可再生能源消费对经济增长具有显著的正向影响。因为与化石燃料部门相比，可再生能源部门是劳动密集型部门，每单位可再生能源发电创造的就业机会多于化石燃料发电。例如，太阳能电池板需要人类来安装和运行，而风力发电场需要技术人员来维护和修理风力涡轮机。除了长期有利的环境影响外，可再生能源的增加将有助于减少经济对能源进口的依赖，以及对国际市场上石油和天然气价格波动的脆弱性。所有这些可再生能源的影响都有助于实现可持续的经济增长，即支持了转向环境友好型能源的经济效益。

较高的能源强度、较高的单位产出排放和较高的单位一次能源消耗排放会导致经济增长放缓。能源强度和经济增长之间的负联系反映出全球经济的能源强度已经降低，即使用更少的化石燃料来推动生产力和经济增长。例如，自2012年以来，我国以较低的能源消费增速支撑了经济的中高速增长。特别是，根据EIA的数据，全球能源强度在1990～2015年下降了近1/3，几乎发生在世界所有地区，包括发达国家和发展中国家，这是由于低碳能源使用的增长，如风能和太阳能，以及能源效率的提高。这也说明了碳排放不是经济增长的驱动因素，支持了全球范围内的减排努力。

人均能源消耗越高，经济增长越快，即"增长假设"（能源对增长有正向影响）。严重依赖能源进口在一定程度上会损害经济增长。

能源价格波动也会导致全球经济放缓。因为能源价格波动增加了风险和不确定性，对股票价格产生了不利影响，减少了财富和投资。例如，对于中国来说，近70%的石油和40%的天然气是进口的，因此能源价格的影响是显而易见的。在一个国家内，能源价格波动相对较小，主要受区域经济和价格水平的影响。此外，能源价格波动的增加使能源需求变得更加不可预测，从而增加了投资的不确定性。在这方面，能源价格波动不仅影响能源进口国的公司和消费者，也影响能源生产国与出口国的公司和消费者。世界能源市场和价格的波动不仅对高度依赖能源进口的经济体，而且对主要能源出口的经济体也造成了宏观经济和财政的不稳定，甚至失业率和投资的相当一部分波动都可以用油价波动来解释，即能源价格不确定性会使投资推迟和减少，并最终通过部门结构调整和资源重新分配导致失业率上升。

综上所述，从全球视角来看，更高的能源安全对经济增长具有积极影响。能源安全通过提高能源产消比（生产与消费的比值）、提高人均能源产量、提高非化石能源消费占比、提高可再生能源消费占比、降低CO_2排放强度（人均GDP）、降低一次能源消费CO_2排放水平以及降低能源强度对全球的经济增长产生有利的影响。

（2）低收入和中低收入国家

对于低收入和中低收入国家而言，能源安全对经济发展的作用整体符合全球视角的观点。但在低收入和中低收入国家，能源产消比的提高、人均一次能源产量的提高和非化石能源消费占比的提高对经济增长均有非常积极的贡献，说明能源安全对经济发展的促进效用在低收入和中低收入国家表现得更为显著。同时，较高的人均能源消耗 CO_2 排放对经济增长具有显著的正向影响。这表明，低收入和中低收入国家在利用可再生能源促进经济发展和解决污染方面存在问题，其主要原因是它们的技术发展水平较低。而油价波动和对能源进口的依赖也对低收入和中低收入国家的经济增长产生不利影响。

此外，考虑到地区差异的因素，能源安全的某些维度对低收入和中低收入国家经济发展的影响尚不完全一致。例如，有学者发现，在低收入和中低收入国家，较低的能源强度和较低的人均 GDP 的 CO_2 排放也会导致较高的经济增长。这说明低收入和中低收入国家需要改进技术，以促进其经济增长，尤其需要加强能源消耗技术的进步。但也有学者发现，对于一些低收入和中低收入国家而言，例如伊朗，碳排放对经济增长有积极影响。还有学者通过研究亚太地区中低收入国家发现，GDP 与碳排放之间并不存在显著的关系。

（3）中上收入国家

对于中上收入国家而言，在一些情况下高油价对经济增长具有显著的积极影响。这是因为如果需求侧油价冲击是由经济扩张驱动的，那么较高的油价将对经济活动产生积极的影响。这种解释似乎很适用于中上收入国家，因为在过去几十年里，我们看到这一群体的经济强劲增长。同时，与全球视角相似，对于中上收入国家而言，油价波动和对能源进口的依赖显著影响了经济增长。

在中上收入国家，更高的能源安全水平，即更好的能源生产与能源消费相匹配、更高的能源生产与人均能源需求相匹配，以及更高的人均能源消费对中上收入国家的经济增长具有显著的积极影响。因为相较于低收入和中低收入国家，中上收入国家的技术发展水平已经迈上了一个台阶，高耗能的"野蛮"经济发展模式带来的经济发展增速有限，甚至会带来负面影响，能源安全水平提升至与其技术发展水平匹配的程度是经济发展的最优选择之一。较高的能源强度和单位产出 CO_2 排放水平对经济增长有负面影响。这意味着较高的能源利用效率（较低的能源强度和较低的二氧化碳排放水平）是决定中上收入国家能源安全政策的重要因素之一。

此外，类似于低收入和中低收入国家，可再生能源消费对中上收入国家经济发展的影响也不完全一致。主要原因是低收入和中低收入国家在产业结构、发展模式等方面的差异性较大，不同的机制导致可再生能源发挥的作用不同。

（4）高收入国家

在高收入国家，较高的人均能源产量和能源生产高于消费的能源安全水平对经济发展有积极的贡献，但这些影响不像中低收入国家那么重要。较高的人均能源消费对高收入国家的经济增长有积极的贡献但贡献十分有限。例如，新加坡1965~2011年的能源消费与经济增长没有关系，加拿大、美国和日本的能源消费对经济增长有积极影响，能源消费对沙特阿拉伯的经济增长具有长期的积极影响。主要原因是高收入国家的技术发展水平相较于低收入和中低收入国家、中上收入国家往往处于领先位置，其产业结构也更为合理。

同时，较高的可再生能源消费占比对高收入国家的经济增长有相当大的好处，且发达国家的经济增长已与碳排放脱钩。因为对可再生能源的投资需要时间，在短期内，一个更合适的解决方案可能是增加天然气的使用量。这是因为与煤炭等其他化石燃料相比，燃烧天然气在空气中排放的二氧化碳要少得多（约为一半）。虽然天然气是现有的最清洁的化石燃料能源，但它是一种昂贵的能源，因此这一方案在高收入国家更为可行。

与此同时，石油价格波动和对能源进口的依赖对高收入国家的经济发展有不利影响。例如，日本、韩国、意大利和德国的"能源进口依存度"都在60%以上，为其经济发展增加了成本与负担。

总体而言，能源安全能从不同维度促进全球不同收入水平国家的经济增长，为它们的经济发展注入动力。从全球角度以及低收入和中低收入国家角度来看，以能源产消比和人均能源生产水平为代表的能源安全对经济发展有显著贡献。而较高的能源强度可能会导致低收入和中低收入国家的经济负增长。在宏观经济水平上，提高能源效率不仅可以节省国家财政支出，还可以减少对能源进口的依赖，有助于促进和维持经济增长，而对能源进口的依赖对经济发展有不利的影响。根据以能源供应为基础的绿色增长理论，较高的碳排放强度会降低经济增长，而增加可再生能源的使用则会促进经济增长。此外，发展多样化的可再生能源可能会降低经济的结构性暴露和对大宗商品价格波动的脆弱性，大宗商品价格波动包括石油价格波动，这对经济发展有不利影响。

8.6 中国的能源安全与可持续发展

8.6.1 中国的能源安全问题[①]

能源是社会进步、经济发展和现代文明建设的基础。能源的使用推动了经济的发展，而能源的消耗量也随着经济的发展将越来越大。进入21世纪以来，国际能源供需格局和能源安全环境发生了重大变化。各国向可再生能源过渡的速度各不相同，各国能源安全利益的差异性逐渐加大，能源安全政策也不尽相同。从长远来看，当今世界正经历百年未有之大变局，一些国家逆全球化思潮兴起，保护主义、单边主义抬头，地缘政治风险加剧，国际能源市场剧烈波动。

能源安全是社会稳定可持续发展的重要保障。经过长期发展，中国已经成为世界上最大的能源生产国和消费国，形成了煤炭、电力、石油、天然气、新能源、可再生能源全面发展的能源供给体系，技术装备水平明显提高，生产、生活等用能条件得到显著改善。自2012年以来，我国以较低的能源消费增速支撑了经济的中高速增长。

中国目前正处于工业化、城镇化快速发展阶段，能源消耗仍处于上升

---

① 本小节分析内容均来自 Ang 等（2015）。

趋势。为了保持增长引擎的运转，中国将在未来几十年进口更多的能源。目前，中国的人均生活能源消费量远低于发达国家。随着居民收入的增加，石油、天然气、电力等优质能源需求量将迅速增加。预计从2015年到2035年，中国的能源需求量将增长60%，到21世纪30年代初，中国可能超过欧洲成为世界上最大的能源进口国。中国所面临的能源安全压力逐渐增加，中国的能源计划和战略将日益影响世界能源市场的竞争和对能源安全的担忧。

我国对能源安全问题十分重视。2014年6月13日，习近平总书记主持召开中央财经领导小组会议，就推动能源生产和消费革命提出了五点要求：①推动能源消费革命，抑制不合理能源消费；②推动能源供给革命，建立多元供应体系；③推动能源技术革命，带动产业升级；④推动能源体制革命，打通能源发展快车道；⑤全方位加强国际合作，实现开放条件下能源安全。实践证明，"四个革命、一个合作"的能源安全新战略从全局和战略的高度指明了保障我国能源安全、推动我国能源事业高质量发展的方向和路径。

8.6.2　中国能源安全的可持续发展

1. 中国能源安全可持续发展现状

环境保护和可持续性已经成为国际社会倡导使用更安全、更清洁的能源和更绿色的能源生产与消费方式的突出问题。《中华人民共和国国民经济和社会发展第十四个五年规划和2035年远景目标纲要》首次将"能源综合生产能力"纳入国家安全保障类指标。未来，必须在保障能源安全的前提下，推动能源转型，实现经济高质量发展。能源安全的可持续性是中国社会经济发展的关键因素。可持续的能源安全不仅要考虑长期和短期的能源供需安全，还要着眼于中国能源、环境和经济的协调发展。

近年来，我国能源发展取得历史性成就，能源综合生产能力显著增强。但由于资源禀赋的问题，我国能源安全一直面临很多问题。

一方面，我国能源可探明储量分布极不均衡，能源剩余可开采总量和人均量偏低。我国煤炭和石油资源集中在北方，天然气资源集中在西南地区，华东、中南为能源缺乏地区。64%的煤炭探明储量集中在华北地区，51%的石油分布在东北地区，天然气可采储量的68%位于西南地区。除此之外，我国已探明煤炭储量占世界煤炭量的33.8%，剩余储量可供开采100年，人均储量是世界平均水平的55.4%；石油可供开采14年，人均储量是世界平均水平的11.1%；天然气可供开采32年，人均储量是世界平均水平的4.3%。[①] 我国的能源结构、能源消费不平衡，能源使用率低，污染严重，多煤、少气、贫油等问题突出。能源生产不能满足能源需求，能源对外依存度高。与发达国家相比，煤炭主导的能源结构和低能源效率已经成为制约中国经济发展的主要问题之一。

另一方面，中国在能源安全方面的问题在各地区、各省区市之间存在巨大差异。从省级层面来看，中国各省区市在能源禀赋、经济发展、产业结构、技术发展乃至社会文化习俗等方面存在较大差异，能源流动与服务流动之间存在较大的空间差异。表8-4是基于地区总敏感度，即平均绝对变化率（MACR）计算的不同时期各省区市能源安全状况排名的情况。排名靠前的省区主要分布在西北和东北地区，如陕西、新疆、内蒙古、黑龙江等，这些省区自然资源丰富。此外，随着西部大开发，对能源产业的大量投资进一步促进了这些省区的能源生产，确保了能源安全。排名靠后的省区主要集中在资源匮乏的中西部地区，如湖南、广西等。除上海、浙江和江西外，华东地区的总体表现处于平均水平。东部地区真正的优势在于经济和技术。经济可以促进对能源产业的投资，促进对环境保护和可再生能源发展的研究。先进的技术有助于提高能源效率，开发各种可再生能源。

表8-4　2010~2016年全国30个省区市能源安全状况排名

省区市	2010年	2011年	2012年	2013年	2014年	2015年	2016年
北京	26	20	23	21	21	20	20

[①] 《世界及我国能源储量和分布》，文档之家，http://www.doczj.com/doc/ae6e14ebaeaad1f346933fc7.html。

续表

省区市	2010年	2011年	2012年	2013年	2014年	2015年	2016年
天津	18	21	24	24	26	23	24
河北	25	22	21	18	27	21	16
山西	5	2	1	1	4	1	1
内蒙古	7	10	14	6	14	5	5
辽宁	16	14	12	10	15	16	15
吉林	9	18	18	11	6	13	11
黑龙江	10	7	7	8	8	10	8
上海	13	15	20	23	19	22	26
江苏	14	9	9	16	17	14	14
浙江	27	27	28	29	28	29	30
安徽	21	11	16	20	13	18	10
福建	24	30	26	27	24	27	23
江西	29	28	29	30	30	30	29
山东	11	6	6	7	5	6	6
河南	17	16	10	19	18	15	4
湖北	8	13	13	15	10	19	19
湖南	23	25	25	28	25	28	28
广东	6	19	17	25	23	24	25
广西	28	29	30	26	22	25	27
海南	12	5	5	9	12	12	18
重庆	22	17	11	17	7	7	9
四川	3	4	4	4	2	3	3
贵州	19	24	22	14	16	8	13
云南	15	12	15	13	9	11	17
陕西	1	3	2	2	1	2	2
甘肃	20	23	19	12	20	17	21
青海	4	8	8	5	11	9	12
宁夏	30	26	27	22	29	26	22
新疆	2	1	3	3	3	4	7

资料来源：Jinchao 等（2020）。

2. 中国能源安全可持续发展的对策建议

结合当前中国能源安全形势，本节给出国家能源安全可持续发展的对策建议。

第一，开发可再生电力和替代能源使能源结构多样化。能源的可获得性和多样性是中国整体能源安全面临的最严重威胁，国家和省级规划者需要投入更多的替代能源。如果中国拥有巨大的可再生能源发展潜力，不仅可以维护能源供应安全，促进能源多样化，还可以创造更多的就业机会，减少环境污染。特别是沿海省份，它们既是能源的主要消费方，也是能源的主要进口方，可设法增加其本地的能源供应。长江中游蕴藏着巨大的水电资源和生物燃料资源。西南地区是水电资源和页岩气等非常规燃料最丰富的地区。开发这些资源能够增加中国能源供应结构的多样化。

第二，提高能源效率，优化能源工业生命周期。一方面，中国大部分能源距离消费者较远，分布在遥远的内陆地区，如煤炭储量、现有太阳能光伏部署、已安装在岸风力发电等，仍分布在黄河中游和西北地区；石油和天然气储量位于东北和西北地区；水电资源主要分布在西南地区和长江中游；生物燃料的来源则集中在南方。另一方面，内陆省份在能源技术和使用效率方面的表现远逊于沿海省份，研发支出和基础设施建设较少。

提高能源效率可以优化能源工业的整个生命周期。输电系统运营商作为能源系统中连接能源生产者和用户的主要媒介，在提高能源效率方面发挥着不可或缺的作用。中国主要输电系统运营商（国家电网和中国南方电网）于2009年提出了"坚强智能电网"计划，旨在建设一个可靠、清洁、高效、互动、环保的电网。中国有4/5的水电资源分布在西南地区，而北方拥有大部分太阳能和风能，能源消费者则主要位于中东部地区。智能电网可以用来解决能量流动的空间差异问题，提高电能传输的效率。储能系统则是另一项有前途的技术，它可以用来管理电力供应，以建设一个更有弹性的能源基础设施。

第三，加大对缓解环境问题和改善环境质量的重视和投入。尽管我国二氧化碳排放力争于2030年前达到峰值，努力争取2060年前实现碳中和，但人们仍然面临严重的环境问题，尤其是与煤炭的开采、加工、燃烧和浪费有关的问题。由于煤炭在中国的能源结构中占主导地位，洁净煤化工技术可能是解决环境问题的好办法，有助于提供清洁能源产品，改善糟糕的空气质量。为了应对雾霾，应该加强对燃煤电厂的污染控制，由政府负责公共基础设施项目，如公共绿地和电动汽车充电站，以节约能源和改善环境。

中国的能源结构以化石燃料为主，其中煤炭占主导地位，而核能和可再生能源仅占11%。因此，提供清洁高效的煤炭产品和服务，改善煤炭能源结构，可以在短期内提高我国能源安全。从长远来看，使用天然气、可再生能源等清洁能源是改善我国能源安全的更好途径。事实上，我国在发展清洁能源方面已经迈出了一大步（Wang and Lee，2022）。我国已经建立了全国性和区域性的天然气网络，天然气需求在10年内从467亿立方米扩大到1870亿立方米。此外，我国还大力发展可再生能源，特别是水能、风能、太阳能。2004～2013年，我国新增可再生能源发电量占世界总量的1/3。因此，天然气、水能、风能和太阳能被认为是提高我国能源安全的清洁、高效的替代能源。

第四，调整国家能源战略，实现区域和省份间的均衡发展。首先，资源丰富的省份需要更加高效、合理地利用能源。能源大省要进一步完善能源运输基础设施建设。其次，能源贫乏省份需要加强与周边省份的合作，改善基础设施，开发可再生能源，以弥补能源短缺。最后，各省份应改善现有能源生产结构，增加能源供应来源；重点投资能源行业，提高能源效率；多关注环境问题，努力改善环境。

总之，为了实现"两个一百年"奋斗目标、全面建成社会主义现代化强国，必须贯彻落实习近平总书记提出的"四个革命、一个合作"能源安全新战略，加强国内油气干线管网建设，务实推进"一带一路"能源合作，建立多元供应体系，建设全球能源互联网；构建清洁低碳能源生产新体系，推动能源科技装备创新升级，带动能源产业升级；坚持节能优先方针，把节能贯穿经济社会发展全过程和各领域，抑制不合理能源消费，开创绿色高效能源消费新局面；还原能源商品属性，形成主要由市场决定能源价格的机制，充分发挥市场在资源配置中的决定性作用，更好地发挥政府作用；发挥我国在能源技术、资金、装备、市场等方面的优势，积极参与国际能源治理，实现开放条件下的能源安全。

第十三届全国人大三次会议批准的《2020年国民经济和社会发展计划》，对保障能源安全做出了规划和部署，包括稳步推进煤炭、石油、天然气和电力产供储销体系和石油储备基地建设，健全国内外供需形势发生重大变化的应对预案，继续做好油气勘探开发工作，加快油气管网和储备工程建设，着力推动煤电改造升级、积极稳妥发展水电、安全发展先进核电等。把这些规划和部署落到实处，确保能源安全稳定供应、发挥能源对经济发展的支撑作用。

第 9 章 新能源与可再生能源

9.1 新能源的概念与发展趋势

9.1.1 新能源的概念

新能源是相对于传统能源（或常规能源）而言的，通常是指传统能源之外的各种能源形式的总称。20 世纪 80 年代，联合国将新能源定义为：以新技术和新材料为基础，使传统的可再生能源得到现代化的开发和利用，使用取之不尽、周而复始的可再生能源取代资源有限、对环境有污染的化石能源，重点开发太阳能、风能、生物质能、潮汐能、地热能、氢能和核能（原子能）。由于常规能源的稀缺性特征，以及大量使用常规能源造成的资源困境和日益恶化的生态环境问题，新能源的开发和使用受到世界各国的重视。

新能源与常规能源的区分是相对的，也是动态的，是随着技术变革和社会经济演进不断变化发展的。譬如核能，20 世纪 50 年代初，人类开始把原子能进行开发使用，用于电力生产、生活。此时，相对于传统的煤炭火力发电、水力发电等常规能源发电而言，核能被视为新能源。然而，随着原子能技术的不断进步和成熟，世界上许多国家已经掌握了原子能的开发使用技术，到 20 世纪 80 年代世界上不少国家的核能已经是其能源供给的重要组成部分。因此，在这一阶段，核能被视为常规能源。与此相对应，太阳能和风能被人类认识和利用的历史要早得多，但是由于技术手段落后，太阳能、风能的利用比较分散,缺乏规模经济,至今人们还把太阳能和风能视为新能源。

9.1.2 新能源与可再生能源的产生与发展

能源是人类活动的物质基础。随着人类活动的广度和深度日益提升,常规能源呈现供给越来越少的趋势,其供给不足与不断扩张的人类需求的矛盾日益突出,能源的枯竭和短缺已经成为经济社会可持续发展的桎梏。同时,随着人类社会文明的演变,生态危机引起了人类更为广泛的关注,人类对生存发展与生态环境的可持续发展的要求更加强烈。然而,常规能源,尤其是化石能源带来的空气污染(见图9-1)、森林破坏等一系列的环境问题,严重超出了生态的自净能力,生态危机频频爆发,威胁到人类的生存和经济社会的可持续发展。毋庸置疑,在这种情况下,开发新的技术、寻找替换常规能源的新能源和可再生能源成为人类破解生存与发展困境、实现可持续发展的必然结果。伴随人类社会的发展,能源市场也在不断地发展和演变,从刀耕火种到煤炭的大量使用,再到目前新能源市场的发展,能源市场不断地涌现出新的特征,纵观能源发展历史,能源市场的发展经历了以下三个阶段。

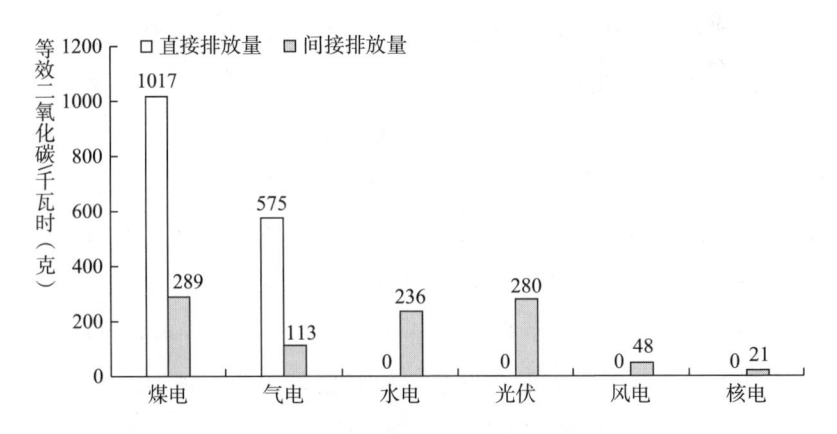

图9-1 主要发电方式温室气体排放量对比

资料来源:《2021年核电行业深度报告》。

第一阶段是单一的能源市场时期,主要是20世纪之前煤炭市场的发展。人类对煤的认识最早可追溯到公元前,中国是世界上采煤和用煤最早的国家之一，早在 6000~7000 年前的新石器时代，中国人民就已掌握和使用煤炭，进入汉唐时期，更是已经掌握使用煤炭冶炼钢铁的技术。但是，由于技术水平的限制，这一时期人们主要是对天然煤炭进行直接使用，对天然煤炭的深加工使用技术还不娴熟，山林的薪材和柴草是封建社会居民最主要的能源。随着资本主义生产方式在西欧的兴起和工业革命如火如荼地开展，资本主义机器化生产对动力燃料的需求不断扩大，天然的木材、柴草的使用难以满足扩大再生产和世界市场的需要。在这种情况下，新技术研发的需求和收益更加明显，促进了对天然资源的深加工使用。煤炭的开采、加工技术得到发展，炼焦化学工业与钢铁工业相互促进、共同发展，使煤炭成为 19 世纪资本主义工业化的动力基础。由于当时尚未充分认识煤炭资源的有限性及其对环境的影响，能源市场相对单纯，主要是能源供需问题，能源市场矛盾并不突出。

第二阶段是能源品种日益丰富时期，石油逐渐成为世界的主要能源。自 19 世纪后期以来，随着人类社会经济的发展，在煤炭发挥作用的同时，石油市场迅速发展起来。到了 20 世纪，石油工业所带动的能源、材料革新使得工业文明高度发展。石油逐渐取代煤炭成为世界能源市场的第一能源。石油是现代工业生产的基础，被视为工业文明的血液，石油的开发和使用对世界政治经济格局的演变产生了重要的影响。由于人类工业生产对石油具有高度依赖性，而石油作为自然矿藏无法被生产出来，石油资源的争夺便成为世界各国竞争的焦点。目前，石油作为世界大宗生产、消费、贸易、流通的商品对世界经济发展和政治格局变化都有着十分重要的影响。这一阶段能源市场的特点有以下几点：一是能源市场在人类社会、经济发展中的地位更加突出，石油危机的爆发就是证明；二是能源市场品种日益丰富，需要考虑能源替代和互补问题；三是人们开始重视化石能源开发和利用的种种不利影响，能源市场日益复杂。

第三阶段是能源市场复杂化时期，20 世纪 50 年代中期，世界石油和天然气的消费便超过了煤炭，成为世界能源供应的主力，这是一场具有划时代意义的能源革命，对促进世界经济的繁荣和发展有非常重要的作用。但是自20世纪70年代以来，随着石油危机的爆发和环境的日益恶化，人们开始充分认识到能源市场的外部影响。这一阶段的能源市场更多的是考虑能源市场发展与经济、环境的协调问题。从京都会议到哥本哈根会议，能源供需平衡下的低碳经济、低碳技术及与之相适应的生产、消费方式的改变等，越来越引起国际社会的广泛关注。这一阶段新能源和可再生能源的发展将成为能源市场发展的主流。太阳能、风能、海洋能、地热能、生物质能、核能、氢能等各种能源在能源市场上的比重将不断增加。未来将有更多清洁、高效、低成本的能源得到应用。能源市场品种日益丰富，不同能源品种之间的替代、互补问题，能源、经济和环境的博弈和协调问题将使得能源市场日益复杂和多变。

总之，随着能源市场的发展，能源市场各要素不断发生着变化，能源市场主客体不断丰富，交易方式和技术逐步现代化，能源市场体系不断丰富，从勘探权和开采权市场到能源商品市场，再到能源服务市场，再辅以能源产品与服务现货、远期、期货、期权等多种交易方式，在世界范围内一个多元化的能源市场体系正逐步形成。同时，伴随能源市场体系的发展，能源市场管理与约束逐步规范化，各国纷纷制定和完善相关法律制度，以规范和管理能源市场，同时，诸如《国际能源方案协定》等国际能源法也在不断完善，以规范和约束国际能源市场。

9.2 新能源的主要类型与特征

化石能源的不可再生性与不断恶化的生态环境促使人们将新能源和可再生能源技术的开发提上日程。本章主要探讨核能、太阳能、风能等新能源。

9.2.1 核能

1. 核能概述

核能是人类20世纪的一项伟大发现，深刻改变了人类的生产、生活方式。1942年12月，科学家费米带领几十位科学家，在美国芝加哥大学成功地启动了世界上第一座核反应堆。1954年，苏联奥勃宁斯克（OBNINSK）核电站成功并网发电，成为世界上第一个核电站，为解决人类的能源需求开辟了一个新的途径。从此，人类进入了和平利用原子能的时代。

核能可以进一步划分为核裂变能和核聚变能两种，前者主要通过重原子核发生链式裂变反应从而释放出巨大的能量，而后者通过两个氢原子核结合释放出可供利用的能量。从现有的技术条件来看，只有通过核裂变产生的能量可以达到工业使用的规模，而通过氢原子核结合产生能量的方式尚不具备成功的条件。从化石燃料中产生能量并不是一个复杂的过程，而要从核物质中产生能量就需要合并燃料原子的组成部分，并从合并中产生能量，这一过程必将改变原子本身的结构，因此这是一个非常复杂的过程。

核子由质子和中子构成，核子越大，这些构成部分（质子和中子）就越容易"分裂"。铀是自然界中一种很重要的元素，因为铀的同位素U-235是自然界中最重也是最复杂的原子，它包含235个"构成部分"，如果再多吸收一个中子，U-235就会变得很不稳定，进而分裂形成2个很轻的原子核，并伴随产生2个或3个中子。原子通过吸收中子再分裂的过程就是核裂变反应。裂变中产生的原子核和中子要少于原来的核子，其中减少的部分转化成了动能，当裂变产物与周围的原子撞击最终安静下来的时候，动能就转化成了热能。其他的U-235原子会吸收前一次裂变中释放出来的中子，它们又会产生新的裂变反应。可见，通过中子的不断释放，原子发生了多次的裂变，这就构成了"链式裂变反应"。

2. 核能的特点

（1）核能能量大

链式裂变反应持续释放巨大的核能，使得核能具有规模优势。通常，1千克的U-235裂变反应释放出的能量相当于2500吨标准煤燃烧产生的能量。可以看出，裂变反应产生的能量具有很高的经济价值。

（2）燃料运输量小，地区适应性强

核裂变反应所需的核电燃料运输量小，对交通运输设施要求不高，而且消耗的核电燃料可以部分回收利用，也降低了对核电燃料数量和运输的要求，所以燃料的运输是微不足道的。对于一座100万千瓦烧煤的发电厂来说，每年至少要消耗200万吨标准煤，平均每天约5500吨，这对煤电厂的燃料运输产生了很高的要求，而且巨量的煤炭开采和燃烧对生态环境的压力也是很大的。在中国东南沿海省份，由于周边和本地能源的短缺，发达的工业对能源消耗的强度很高，核能的开发和使用，一方面可以减轻火力发电的煤炭采掘、运输的压力；另一方面可以减少化石燃料的使用，减少温室气体的排放，这对降低全国碳排放量具有重要的作用。

（3）核电站运行成本低廉，但造价昂贵

相对于火力发电、天然气发电等能源发电方式而言，核能发电是更为便宜的，具有很好的经济前景。同时，核电站的运营成本不容易受到上游燃料市场价格波动的影响，运营成本更为稳定，核能的供给也相对稳定，这是核能区别于其他常规能源的重要特征。

但是新核电站造价比火力发电站的造价高出三倍多。相比于火力发电站，核电站更为庞大，建设周期更长，并经常会面临诸如金融风险带来的调控障碍等问题。在非管制的市场中要求投资能够迅速地得到回报，对于建设成本巨大的核电站来说是十分困难的。而受管制的市场比起非受管制的市场，其投资的回报更有保障。尤其是西方国家，最近的投资都避开了核电站，而青睐于天然气发电站。当然，如果天然气价格持续上涨，这种局面也许会改变。

在衡量核电站巨大建造成本与长期低成本稳定运行的得失时，常依据一个国家对电力需求的增长速度。此外，核电站的增加与否还与一个国家可替代资源拥有量，以及怎样看待长期与短期的关系、怎样看待其他影响因素诸如温室效应等有关。

（4）核废料处理麻烦

核废料通常被分为高放射性、中放射性和低放射性三种，其中第一种最难处理。尽管核能发电的成本低廉，但是核能发电产生的核废料成为制约核能推广使用的重要因素。现今，许多国家对核电站核废料的处理技术仍然不成熟，核废料的处理费用也非常高昂，这使得各国核电站聚集了大量的核废料，这些尚未被处理的核废料成为危害安全的重要隐患。

3. 中国核能使用现状与发展前景

改革开放前，受制于整体经济科技实力，我国民用核工业的研究开发相对落后，但自主掌握的石墨水冷生产堆和潜艇压水动力堆技术为我国核电的发展奠定了基础。20世纪80年代初，中国政府首次制定了核电发展政策，决定发展压水堆核电厂，采用"以我为主，中外合作"的方针，先引进外国先进技术，再逐步实现设计自主化和设备国产化，中国的核电产业开始起步。1991年秦山一期核电站投用，象征着我国核工业的发展上了一个新台阶，使中国成为继美国、英国、法国、苏联、加拿大、瑞典之后世界上第7个能够自行设计、建造核电站的国家；1994年大亚湾核电站的投用，成功实现了中国大陆大型商用核电站的起步，实现了中国核电建设跨越式发展、后发追赶国际先进水平的目标。目前，中国已成为世界上少数几个拥有比较完整的核工业体系的国家之一。

根据国家能源局发布的数据，截至2021年6月30日，全国发电装机容量22.6亿千瓦，比上年末增长9.5%。据中国核能行业协会统计，截至2021年6月30日，大陆运行核电机组共51台，装机容量为5327.5万千瓦（额定装机容量），占全国发电装机容量的2.4%。2021年1~6月，全国累计发电量为38717.0亿千瓦时，运行核电机组累计发电量为1950.9亿千瓦时，占全国累计发电量的5.0%，同比上升了13.8%；累计上网电量为1830.5亿千瓦时，同比上升了14.1%。

根据中国核能行业协会，2020年，国内新投入田湾核电5号机组商运核电机组1台。截至2020年底，全国商运核电机组为48台，总装机容量达4988万千瓦。2012~2020年，全国商运核电机组装机规模均保持增长。全国八大核电装机省份分别是：广东1614万千瓦（中国广核）、浙江911万千瓦（中国核电）、福建871万千瓦（中国核电、中国广核）、江苏549万千瓦（中国核电）、辽宁448万千瓦（中国广核）、山东250万千瓦（国核技术）、广西217万千瓦（中国广核）和海南130万千瓦（中国核电、华能核电）。它们几乎全部是沿海的省区。与省份 GDP 对比来看，山东和江苏的核电装机显然落后了，应该是未来核电发展的主战场。根据国家统计局发布的数据，2020 年全国累计发电量为 74170.4 亿千瓦时，其中商运核电机组总发电量（包含上网电量及厂用电量）为 3662.5 亿千瓦时，约占全国总发电量的 4.94%。2010~2020 年，我国核电发电量持续增长，从 2010 年的 738.8 亿千瓦时增长至 2020 年的 3662.5 亿千瓦时，年均复合增长率达到 17.4%。2021 年 1~8 月，我国核电发电量达 2699 亿千瓦时，约占全国总发电量的 5.0%（见图 9-2），较 2020 年底进一步提高，但仍远低于世界平均水平（10%），未来仍有较大的提升空间。

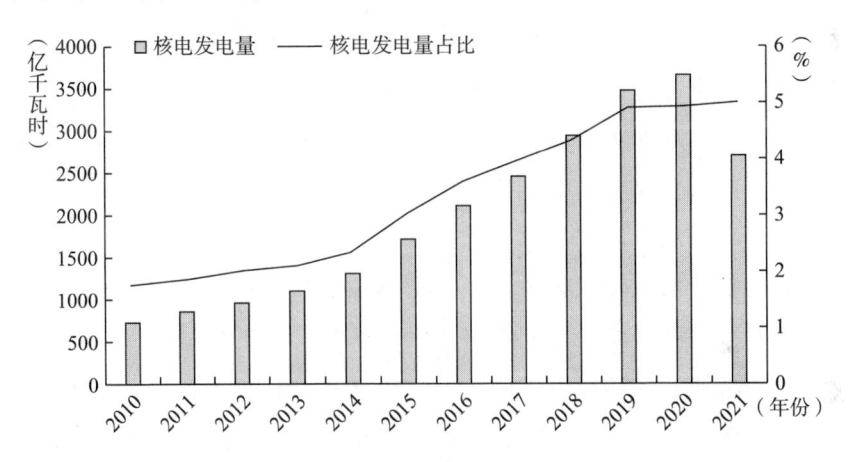

图 9-2 2010~2021 年中国核电发电量

注：2021 年为 1~8 月的数据。
资料来源：国家统计局。

根据 IEA，2019 年全球在建核电装机容量 60.5 吉瓦，其中，经合组织国家、中国和俄罗斯在建核电装机容量占比分别为 33%、17% 和 8%。但是近年来，多个经合组织国家调整核能领域发展计划。其中，德国、比利时、瑞士和西班牙等国家计划逐步淘汰核电；韩国、瑞典、法国等国家则打算降低核电比例；受天然气低成本和可再生资源竞争的影响，美国一些小型、低效核电站也提前关闭。德国是世界上第一个通过立法确定淘汰核电的国家，决定在 2022 年全面淘汰核电。目前，德国已经关闭了 20 座核电站，计划在2022年底之前关闭国内所有核电站。比利时计划在2025年前逐步淘汰核能发电。瑞士明确不再批准新建核电站，对现有核电站实行不延期退役，并于2019年12月永久关闭了其现有五座核反应堆中的第一座。西班牙计划于2030年前关闭国内最后一座核反应堆，并计划不对任何核反应堆40年的运行寿期进行延长。

根据俄罗斯科学院能源研究所，到2035年，发展中国家核电发电量将超过经合组织国家，为全球核电增长贡献最多的增量。其中，中国将是实现核电增长幅度最大的国家。中国大力发展核电最主要的原因是核电能源拥有比其他能源更明显的优势。核能发电不仅环保，还具有经济可靠性及高效性。核电作为低碳清洁能源，能减少温室气体排放量。核电增长受全球不断增长的电力需求、不断加强的环保意识及化石燃料价格及供应波动驱动。尤其对于发展迅速但受限于传统化石燃料资源的中国，核能是其全球具有竞争力的重要能源选择之一。

和煤炭或天然气的发电站相比，核电热源的裂变反应形成闭合回路，没有二氧化硫、氮氧化物排放，间接排放的二氧化碳量极少，所以不会污染空气。另外，和其他可再生能源相比，核能发电更加稳定，核电站较少受天气、季节或其他环境因素的影响。核电站具有较大容量及低成本发电的特点，能满足国内对大量电力的需求。相比光伏、风电、生物质能等清洁能源，核电的发电成本更低，未来随着国内用电需求的不断增长，核电将是国内主要新能源发电方式之一。根据世界核能协会，2019年，核能发电量达到2657亿千瓦时，能够满足世界10%以上的电力需求。中国的核能发电量从2013年的105亿千瓦时增至2019年的330亿千瓦时，增长了超过两倍。2019年，北美、西欧和中欧的核能发电量有所下降，非洲、亚洲、南美、东欧和俄罗斯的核能发电量有所增加，亚洲的核能发电量增长了17%，其中，中国的核能发电量占比过半。

"十四五"期间国家电网新开工核电容量有望大幅增长。2019年，核电项目审核重启，全国首个核电项目在福建开工，这是2015年之后全国首个核电开闸项目。2020年9月2日，国务院常务会议指出，积极稳妥推进核电项目建设，是扩大有效投资、增强能源支撑、减少温室气体排放量的重要举措。该会议核准了已列入国家规划、具备建设条件、采用"华龙一号"三代核电技术的海南昌江核电二期工程和民营资本首次参股投资的浙江三澳核电一期工程。

根据国家电网发布的"碳达峰、碳中和"行动方案，到2030年，国家电网经营区核电装机容量达到8000万千瓦。截至2020年，国家电网核电并网容量为3028万千瓦。根据国家电网的规划，未来核电装机容量仍有巨大增长空间，通常核电建设周期为5年，如果要在2030年之前实现装机目标，则新增核电装机项目预计在2021～2025年陆续开工，国家电网在"十四五"期间新开工核电容量有望达到高峰。根据《我国核电发展规划研究》，在基准方案下，到2030年、2035年和2050年，我国核电机组规模分别达到1.3亿千瓦、1.7亿千瓦和3.4亿千瓦，占全国电力总装机的4.5%、5.1%、6.7%；发电量分别达到0.9万亿千瓦时、1.3万亿千瓦时、2.6万亿千瓦时，占全国总发电量的10%、13.5%、22.1%。为了实现2030年非化石能源占一次能源消费比重在25%左右的目标，核电将持续发挥重要作用。

9.2.2 太阳能

1. 太阳能概述

太阳能是一种取之不尽、用之不竭的绿色能源，太阳每秒钟向天空放射约3.8×10^{20}兆瓦的能量，其中有22亿分之一投射到地球上，一年高达1.05×10^{18}千瓦时，相当于1.3×10^{6}亿吨标准煤。在对空气污染方面，煤炭的消费会产生大量硫化物、氮化物和有毒金属，造成严重的空气污染；石油的消费也会造成很严重的空气污染，它会产生大量粉尘、硫化物、氮化物和有毒金属；而太阳能的消费对空气造成的污染近乎为零。在对气候改变方面，煤炭和石油对气候的影响极大，煤炭的燃烧会产生大量二氧化碳、甲烷，并且在开矿、制造设备以及运输中需要消耗能源；石油的燃烧也会产生二氧化碳、甲烷，制造设备以及运输同样需要消耗能源；相比之下，太阳能的消费对气候的影响就很小，但制造设备同样需要消耗能源。在对土质的污染方面，煤炭中极高的氮化沉淀物对土质的污染很严重；石油对土质的影响主要是源于蒸汽机漏油，这对土质会产生一定的影响；而太阳能的使用对土质的污染近乎为零。在对野生动物物种的破坏方面，煤炭燃烧所产生的硫化物、氮化物和有毒金属等有害物质会通过空气污染、水污染等途径间接对生物产生很大影响；石油在开采和运输过程中，如铺设输油管道及钻井会对生物产生极大的影响；与此相比，太阳能的开发和利用对生物几乎没有任何影响。由此可见，太阳能是真正的无污染、可再生、用之不竭的清洁能源，是一种理想的绿色能源。

2. 太阳能的特点

与常规能源相比，太阳能具有一些独特的优点。概括起来可以归纳为以下四个方面。

（1）太阳能数量巨大

通常，每年到达地球表面的太阳辐射能约为130万亿吨标准煤，相当于全世界一年内所消费的各种能量总和的一万倍，可供开发和使用的太阳能数量巨大。

（2）时间长久

天文学研究表明，太阳系现已存在50亿年左右，太阳系还可以继续维持1011亿年之久。相对于人类产生的年代来说，太阳系运行的时间可谓"无穷无尽"。从这方面来看，太阳能是一种永不枯竭的能源。

（3）普照大地

太阳能通过太阳辐射产生，一般而言，有太阳辐射的地方，或者说有光照的地方就会有太阳能。在太阳可辐射到的地方，无论是陆地还是海洋，无论是平原、盆地还是高山，太阳能都可以被直接利用，不需要运输。而且，一个地区对太阳能的利用并不妨碍其他地区，也不会受到其他地区对太阳能利用的制约，没有负外部性。

（4）清洁安全

太阳能直接来源于太阳辐射，不需要燃料动力，因而也不会存在污染，也不会面临燃料动力枯竭的问题，是一种清洁干净的能源。太阳能的利用直接方便，通常也没有任何危险，是安全的能源。

尽管太阳能具备很多优点，但它也存在一些明显的缺陷。第一，太阳能分布较为分散。虽然每年从太阳到达地球表面的太阳辐射能的总量很大，但是太阳能在某一地区的辐射密度很低。在夏至前后，太阳直射北回归线附近，北回归线附近中午的太阳能辐射密度最大，每平方米约为 1.1~1.2 千瓦，但在冬至前后，太阳能辐射密度大约只有夏季中午的一半。因此，要想增加对太阳能的获取，主要有两种办法：一是扩大采光面积，二是提高太阳能辐射聚焦程度。前者对地形条件、占地面积要求很大，后者对采光面材料等技术要求较高。第二，太阳能具有不稳定性。受昼夜、季节、天气、湿度、地理纬度、海拔高度等条件的制约，太阳能具有间断性或者不稳定性。为了保证人类生产、生活的有序进行，需要提高太阳能供给能量的稳定性。因此，能量储存技术对于太阳能利用来说就显得非常重要。第三，太阳能利用成本高，经济性差。由于太阳光照分布的分散性和供给的不稳定性，太阳能采集、储存和利用就面临规模经济问题。尽管太阳能利用技术已经很成熟，但是太阳能使用效率低、成本高的特点严重制约了太阳能进入工业生产和居民生活，成为限制太阳能应用的一个重要问题。

3. 中国光伏发电现状与发展前景

光伏行业是结合新能源发电与半导体技术的战略性新兴行业，也是受到国家产业政策和财政政策重点支持的新能源行业，光伏发电具有可持续性、清洁性和无地域限制等突出优势。我国光伏行业于 2005 年前后受欧洲市场需求拉动起步，十几年来实现了从无到有、从有到强的跨越式发展，建立了良好的市场环境和配套环境，已经成为我国为数不多、可以同步参与国际竞争并达到国际领先水平的战略性新兴产业。

从图 9-3 可以看出，中国太阳能发电量总体保持高速增长，2020 年达到 1070.6 亿千瓦时。2019 年，受平价上网政策影响，全国光伏新增装机容量有所下滑，维持在 30.1 吉瓦，较 2018 年下降 31.97%。2020 年在未建成的 2019 年竞价项目、特高压项目，以及新增竞价项目、平价项目等拉动下，预计国内光伏新增装机容量将实现恢复性增长。同时，光伏发电占比逐年

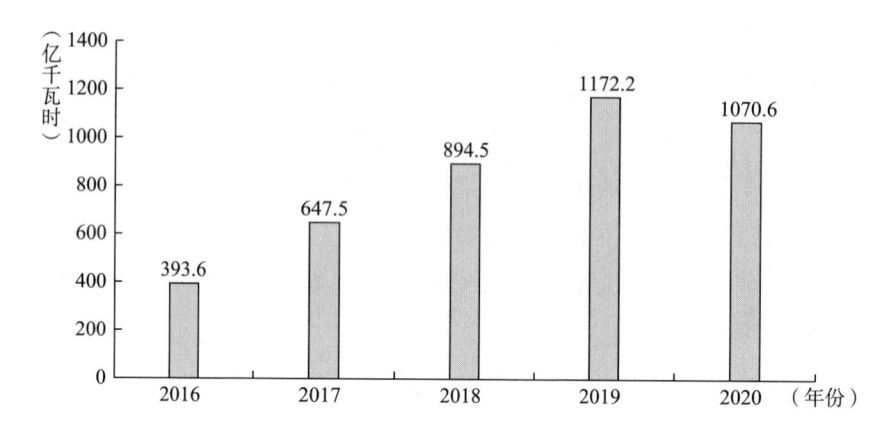

图 9-3　2016~2020 年全国太阳能发电量情况

资料来源：国家统计局。

提升，光伏发电装机容量占全部电源装机总容量的比例由 2011 年的 0.24% 快速提升至 2019 年的 10.18%；2011~2019 年，我国光伏发电累计装机容量年均复合增长率高达 73.44%；截至 2019 年末，国内光伏发电累计装机容量达 204.73 吉瓦。

表 9-1 显示了 2020 年全球光伏组件出货排名，前十大厂家中，除了排第六位的厂家是韩国的，第九位的厂家是美国的，其他厂家全是中国的。中国光伏组件生产商，从原材料到最终产成品，可以说在整个生产上下游都处于全球的绝对霸主地位，没有任何一个国家的任何一个厂商可以叫板中国生产商。

表 9-1　2020 年全球光伏组件出货排名

排名	公司	排名	公司
1	隆基	6	韩华 Q-Cells
2	晶科	7	东方日升
3	晶澳	8	正泰
4	天合	9	First Solar
5	阿特斯	10	尚德

资料来源：PV InfoLink 供需数据库。

中国光伏产品出口面对的国际光伏市场格局也发生了重大变化，中国光伏的国际市场已从发达国家延伸到发展中国家，中国光伏产品出口市场的多元化发展态势明显增强，市场已经遍及亚洲、欧洲、美洲和非洲，其中，在中国、日本、印度、韩国、泰国、菲律宾、巴基斯坦、土耳其、东南亚、拉丁美洲、中东和北美均出现了较快增长。全球光伏应用市场的重心已从欧洲市场转移至中、美、日等市场，中、美、日、英市场合计已占据全球市场的70%左右。新兴市场如印度、拉丁美洲及中东地区则亮点纷呈。欧洲市场已从10年前占中国出口市场的70%以上，下降到2015年的20%以下，亚洲市场快速成长并在2016年占比超过了50%。中国光伏产业历经曲折，在各项政府扶持政策的推动下，通过不断的技术创新，产业结构调整，产品持续升级，重新发掘国内外市场，建立了完整的产业链，产业化水平不断提高，国际竞争力继续增强，确立了全球领先地位。

9.2.3 风能

1. 风能概述

风是空气沿水平方向运动的结果，主要是由太阳辐射引起地球表面受热不均导致的。由于地球不同表面不同纬度的太阳高度角不同，受到的太阳辐射强度不同，日照时间也不同，高纬度地区与低纬度地区就形成了一个温度差。由不同纬度地区的纬度差形成了地区间的气压梯度，从而产生了空气水平运动的基本动力。除了温度差的影响，空气水平运动还受到地球自转的影响，也就是地转偏向力会对空气水平运动产生影响。

实际上，地面风不仅受这两个力的支配，而且在很大程度上受到海洋、地形的影响。山隘和海峡不仅能改变气流运动的方向，而且能使风速增大；丘陵、山地由于摩擦力大，会使风速减小；孤立的山峰会因海拔高而使风速增大；等等。因此，风向和风速的时空分布较为复杂。由于空气流动具有一定的动能，因此风是一种可供利用的自然能源，我们称之为风能。风能不会因人类的开发与利用而枯竭，因此它是一种可再生能源。

2. 风能的特点

各地风能资源的多少主要取决于该地每年刮风的时间长短和风的强度。

风能的特征包括风速、风级、风能密度等。

(1) 风速

风的大小用风的速度来衡量，风速是指单位时间内空气在水平方向上所移动的距离。由于风是不稳定的，所以风速经常变化，甚至瞬息万变。通常风速是指风速仪在一个极短的时间内测到的瞬时风速。若在指定的一段时间内测得多次瞬时风速，则将其平均就得到平均风速，例如日平均风速、月平均风速和年平均风速等。当然，风速仪设置的高度不同，所得风速结果也是不同的，它是随高度升高而增强的，通常测风高度为10米。

风速是一个随机性很大的量，必须通过一段长时间的观测计算出平均风功率密度。对于风能转换装置而言，"启动风速"到"停机风速"之间的风速段即为可利用的风速，这个范围的风能即为"有效风能"。该风速范围内的平均风功率被称为"有效风功率密度"。

(2) 风级

风级是由风对地面或海洋物体的影响引起的各种现象，按风力的强度等级来估计风力的大小。按照国际上的通行标准，风力共有18个等级，但实际上应用的还是0～12级，所以最大的风速即人们常说的12级台风。

(3) 风能密度

风能密度即通过单位截面面积的风所含的能量，常用 W/m^2 来表示。风能密度是决定风能潜力大小的重要因素，风能密度和空气的密度有直接关系，而空气的密度又取决于气温。因此，不同地方、不同条件的风能密度是不同的。一般来说，海边地势低、气压高、空气密度大，风能密度也就高。在这种情况下，若有适当的风速，风能潜力自然大。高山地区气压低、空气稀薄，风能密度就小。但是如果高山峰数多、气温低，仍然会有相当大的风能潜力。所以说，风能密度大，风速大，则风能潜力就大。

3. 中国风能使用现状与发展前景

我国风电经过了近年来规模化的发展，风电新增装机容量稳居世界第一。截至2019年底，全国风电累计装机容量达到2.1亿千瓦，其中，陆上风电超过2亿千瓦。通过国家政策的积极引导，以及中东部与南部地方政府的政策支持，再加上我国"三北"地区的弃风限电因素，新增陆上风电逐渐向土地资源较为紧张、环境容量有限的中东部与南部地区转移。具体表现为：①项目核准主要集中在中东部与南部地区；②中东部与南部地区上网电价下调幅度较低，以吸引地区的风电投资；③《风电发展"十三五"规划》明确提出，到 2020 年，中东部和南部地区陆上风电新增并网装机容量在 4200 万千瓦以上，累计并网装机容量达到 7000 万千瓦以上。

从以上政策能看出国家对于陆上风力发电的大力扶持与重视，但随着陆地资源逐渐紧缺的情况愈加严重，海上风电也成为风力发电的重要部分。中国海上风电装机容量在 10 年间增长了 45 倍，2019 年新增装机容量更是位居世界第一。我国海上风电技术可开发量较大，5~25 米水深、50 米高度可开发容量约为 2 亿千瓦；5~50 米水深、70 米高度可开发容量约为 5 亿千瓦。到 2020 年，我国海上风电开工建设规模目标为 1000 万千瓦，累计并网容量目标为 500 万千瓦以上。其中，江苏、浙江、福建、广东等省份的海上风电建设规模均已达到百万千瓦以上。

图 9-4 反映了全球前十五大风机整机商的市场份额和排名，排名第 2、4、6、7、9、10、11、12、13、15 位的厂商都是我们国家的厂商。其中，金风科技（第 2 位）还一度连续多年高居榜首，只是由于欧洲那边的风资源条件过于优质，这几年让 Vestas（第 1 位）给反超了。这主要和我们国家的资源条件有关系，欧洲多平原，风资源变化平缓，多是单机大容量机组，容易上大规模风电场，一些小体量的国家，甚至 60% 以上的电能由风力发电提供（如丹麦）。这在我们国家这样复杂的地形和庞大的电力市场中是完全做不到的，因此催生了市场份额第 1 位的 Vestas，但其产品在技术上并不适用于复杂地形，反而是我们国家厂商的产品更能适应复杂多变的地形，从而在对部分国家的出口中占据优势。

图 9-5 反映了 2020~2030 年全球各个主要经济体新增的风电并网容量预测，可以看到，虽然中国在 2020 年后，每年新增的风电并网容量大幅度减少（这和近两年的风电补贴退坡引发的抢装潮有关系），但其全世界经济体中的占比依旧一骑绝尘。综上所述，在技术上，我们国家风电机组几乎

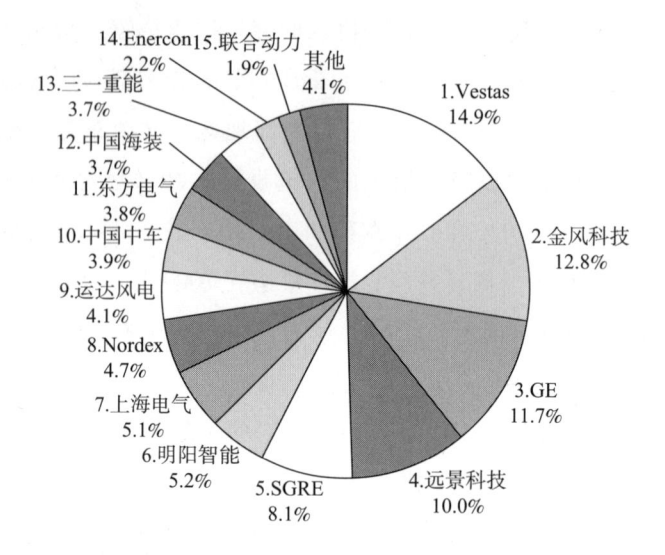

图 9-4 2020 年全球前十五大风机整机商市场份额和排名

资料来源：Wood Mackenzie。

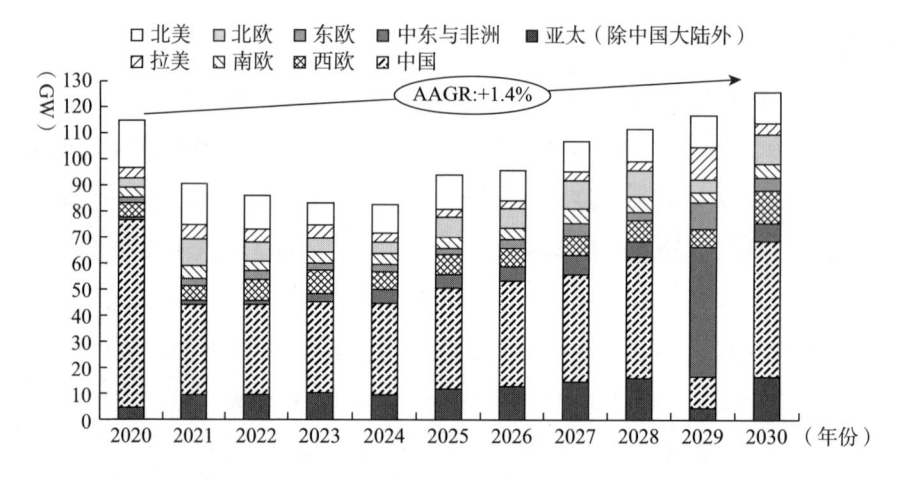

图 9-5 2020~2030 年全球新增风电并网容量预测

资料来源：Wood Mackenzie。

引领了低风速、复杂地形风电机组的所有技术路线，在风电机组总装机容量和每年新增装机容量上也是一骑绝尘，无可争议的世界第一。伴随中国风电行业市场的不断开拓、电网建设的逐步完善以及风力发电技术的不断进步，中国风电企业也在不断发展壮大。自 2018 年以来，国家先后发布了

《关于 2018 年度风电建设管理有关要求的通知》《关于积极推进电力市场化交易　进一步完善交易机制的通知》，明确未来新增核准的集中式陆上风电项目和海上风电项目应全部通过竞争方式配置和确定上网电价，并要求各地进一步加快推进电力体制改革，大幅提高风电、太阳能发电等可再生能源市场化交易的电量规模。大型整机制造商在技术设备、成本控制及资金实力等方面已具备规模优势，未来上游行业的进一步整合将成为发展趋势，亦会对风力发电行业的发展起到正向的推动作用。可以看出风力发电在未来仍具有广阔的发展前景。

9.3　其他新能源

9.3.1　地热能

1. 地热能概述

地热能已成为继煤炭、石油之后重要的能源之一，也是太阳能、风能、生物质能等新能源家族中的重要成员，是一种无污染或极少污染的清洁绿色能源。地热资源集热、矿、水于一体，除可以用于地热发电以外，还可以直接用于供暖、洗浴、医疗、保健、休闲、疗养、养殖、农业种植与养殖、纺织、印染、食品加工等。此外，地热资源的开发与利用可带动地热资源勘查、地热井施工、地面开发与利用、工程设计施工、地热装备生产、水处理、环境工程、餐饮、旅游度假等产业的发展，是一个新兴的产业，可大量增加社会就业，促进经济发展，提高人民生活质量。因此，世界上有地热资源的国家均将其作为优先开发的新能源，扶持各具特色的地热产业，在缓解常规能源供应紧张和改善生态环境等方面发挥了明显的作用。我国地热资源丰富，开发地热这种新的清洁能源刻不容缓。

人类很早以前就开始利用地热能，但真正认识地热资源并进行较大规模的开发与利用却是始于 20 世纪中叶。现在许多国家为了提高地热利用率，而采用梯级开发和综合利用开发的办法，如热电联产联供，热电冷三联产，先供暖后养殖等。地热能的利用可分为地热发电和直接利用两大类，而对于不同温度的地热流体，可利用的范围如下。①200℃~400℃，直接发电及综合利用；②150℃~200℃，可用于双循环发电、制冷、工业干燥、热加工等；③100℃~150℃，可用于双循环发电、供暖、制冷、工业干燥、脱水加工、回收盐类、制作罐头食品等；④50℃~100℃，可用于供暖、温室、家庭用热水、工业干燥；⑤20℃~50℃，可用于沐浴、水产养殖、饲养牲畜、土壤加温、脱水加工等。

2. 地热能的特点

地热能即地热资源是指在当前技术、经济和地质环境条件下，能够从地壳内科学、合理地开发出来的岩石中的热能量、地热流体中的热能量及其伴生的有用组分。地热资源的评价方法主要有热储法、自然放热量推算法、水热均衡法、类比法、水文地质学计算法、模型分析法等。我国是一个地热资源较丰富的国家，特别是中低温地热资源（热储温度为25℃~150℃）几乎遍及全国。我国地热资源呈现如下特点。

（1）以低温地热资源为主

全国近3000处温泉和几千眼地热井，出口温度绝大部分低于90 ℃，平均温度为54.8 ℃。

（2）集中分布在东部和西南部地区

受环太平洋地热带和地中海－阿尔卑斯－喜马拉雅地热带的影响，我国东部地区和西南部地区成了两个地热资源富集区。其中，东部地区以中低温地热资源为主，主要分布在松辽平原、黄淮海平原、江汉平原、山东半岛和东南沿海地区。高温地热资源（热储温度不低于150 ℃）主要分布在西南部地区的藏南、滇西、川西。

（3）地热资源分布与经济区和城市规划区相匹配

以环渤海经济区为例，该区的北京、天津、河北和山东等省市地热储层多、储量大、分布广，是我国最大的地热资源开发区。

（4）综合利用价值高

我国地热资源以水热型为主，可直接开发与利用，适用于发电、供热、水洗浴、医疗、温室、干燥、养殖等。

3. 地热的热利用

中低温地热的直接利用在我国非常广泛，已利用的地热点有 1300 多处，地热采暖面积有 800 多万平方米，地热温室、地热养殖和温泉浴疗也有了很大的发展。地热供暖主要集中在我国的北方城市，其基本形式有两种：直接供暖和间接供暖。直接供暖就是以地热水为工质供暖，而间接供暖是利用地热水加热供热介质再循环供热。地热供暖方式的选择主要取决于地热水所含元素成分和温度，间接供暖的初始投资较大（需要中间热交换器），且中间热交换增加了热损失，这对于中低温地热来说会大大降低供暖的经济性。所以一般间接供暖用在地热水质差和水温高的地方，其应用场合受到限制。

地热水从地热井中抽出直接供热，系统设备简单，基建、运行费少，但地热水不断被废弃，当大量开采时会使水位由于补给不足而逐年下降，局部形成水漏区，深井越打越深，还会造成地面沉降的严重后果。所以直接使用地热水有诸多弊端。研究表明，地热水直接利用系统的水量利用率只有 34%，而热量利用率只有 18%，且排入水体的地热水会造成热污染和其他污染。

采用有热泵和回灌的新系统，综合利用地热水的热能，并将热能用于供暖和热水供应，可以有效解决这一问题。近年来，地热热泵技术在我国的研究和应用中受到重视，有着广阔的市场前景。合理利用地热热泵技术可以实现不同温度的地热资源的高效综合利用，提高空调供热的经济性。

地热热泵是一种利用地下浅层地热资源把热从低温端转移到高温端的设备，是一种既可供热又可制冷的高效节能空调系统。地热热泵通过输入少量的高品位能源（如电能）实现低温位热能向高温位转移。地热能在冬季作为热泵供暖的热源和在夏季作为空调制冷的冷源。通常地热热泵消耗 1 千瓦的能量可为用户转移 4 千瓦以上的热量。地热热泵具有下面一些特点。

（1）节能效率高

地热能或地表浅层地热资源的温度一年四季相对稳定，冬季比环境空气温度高，夏季比环境空气温度低，是很好的热泵热源和空调冷源。这种温度特性使得地热热泵比传统空调系统运行效率高出40%，因此达到了节能和节省运行费用的目的。

（2）可再生循环

地热热泵是利用地球表面浅层地热资源（通常小于400米深）作为冷（热）源而进行能量转换的供冷（暖）空调系统。地表浅层地热资源可称为地热能，是指地表土壤、地下水或河流、湖泊吸收太阳能等而蕴藏的低温位热能。它不受地域、资源等限制，量大面广、无处不在。这种储存于地表浅层近乎无限的可再生能源，使得地热能也成为一种清洁的可再生能源。

（3）应用范围广泛

地热热泵系统不仅可以用于采暖、制冷，还可以提供生活热水，一机多用，一套系统可以替换原来的锅炉加空调的两套装置或系统。该系统不仅仅可以用于宾馆、商场、办公楼、学校等场所，更适合于别墅、住宅的采暖、制冷。

9.3.2 海洋能

1. 海洋能概述

海洋能是指海水本身含有的动能、势能和热能。海洋能包括海洋潮汐能、海洋波浪能、海洋温差能、海流能、海洋盐度差能和海洋生物能等可再生的自然能源。根据联合国教科文组织的估计数据，全世界理论上可再生的海洋能总量为766亿千瓦，技术允许利用功率为64亿千瓦。其中，海洋潮汐能为10亿千瓦，海洋波浪能为10亿千瓦，海流能为3亿千瓦，海洋热能为20亿千瓦，海洋盐度差能为30亿千瓦。

开发利用海洋能即把海洋中的自然能量直接或间接地加以利用，将海洋能转换成其他形式的能。海洋中的自然能源主要为潮汐能、波浪能、海流能、潮流能、海洋温差能和海洋盐度差能。究其成因，潮汐能和潮流能源于太阳和月亮对地球的引力变化，其他基本上源于太阳辐射。目前有应用前景的是潮汐能、波浪能和潮流能。

潮汐能是指海水潮涨和潮落形成的水的势能，其利用原理和水力发电相似。但潮汐能的密度很低，相当于微水头发电的水平。世界上潮差的较大值为 13~15 米，我国的最大值（杭州湾澉浦）为 8.9 米。一般来说，平均潮差在 3 米以上就有实际应用价值。我国的潮汐能理论估计值为 10^8 千瓦量级。只有潮汐能大且适合潮汐电站建造的地方，潮汐能才具有开发价值，因此其实际可利用数远小于估计值。中国沿海可开发的潮汐电站坝址为 424 个，总装机容量为 2.2×10^7 千瓦。浙江、福建和广东为潮汐能较为丰富的地区。

波浪能是指海洋表面波浪所具有的动能和势能，是海洋能源中能量最不稳定的一种能源。波浪能最丰富的地区，其功率密度在 100kW/m 以上，中国海岸大部分的年平均波浪功率密度为 2~7kW/m。中国沿海波浪年平均功率理论值约为 1.3×10^7 千瓦，但由于不少海洋台站的观测地点处于内湾或风浪较小的位置，故实际的沿海波浪年平均功率要大于理论值。其中浙江、福建、广东和台湾是波浪能丰富的地区。

潮流能是海水流动的动能，主要是指海底水道和海峡中的水较为稳定的流动产生的动能。一般来说，最大流速在 2m/s 以上的水道，其潮流能才有实际开发的价值。中国沿海潮流能的年平均功率理论值约为 1.4×10^7 千瓦。其中，辽宁、山东、浙江、福建和台湾的潮流能较为丰富，不少水道的功率密度为 15~30kW/m^2，具有较高的开发价值。值得指出的是，中国的潮流能属于世界上功率密度最大的地区之一，特别是浙江舟山群岛的金塘、龟山和西堠门水道平均功率密度在 20kW/m^2 以上，开发环境和条件很好。

2. 海洋能的特点

蕴藏于海水中的海洋能不仅十分巨大，而且具有其他能源不具备的特点。

第一，可再生性。海洋能来源于太阳辐射与天体间的万有引力，只要太阳、月球等天体与地球共存，海水的潮汐、海（潮）流和波浪等运动就会周而复始；海水受太阳辐射，总要产生海洋温差能；江河入海口处永远会形成海洋盐度差能。

第二，能量分布不均，密度低。尽管在海洋总水体中，海洋能的蕴藏量丰富，但单位体积、单位面积、单位长度水体拥有的能量较小。

第三，能量不稳定。海洋温差能、海洋盐度差能及海流能变化缓慢，潮汐能和海流能变化有规律，而波浪能具有明显的随机性。

第四，海洋能开发对环境无污染，属于清洁能源。

9.4 新能源发展政策

9.4.1 新能源发展的障碍

1. 新能源开发在国家能源战略中缺乏明确定位和长期发展目标

过去，国家的中长期发展规划以及五年规划并没有对可再生能源发展制定明确的数量目标和实施方案。因此在我国能源市场中，可再生能源的发展可有可无，没有市场需求和导向，不能吸引广大企业的参与和社会资金的投入。

国外实践表明，凡是可再生能源获得迅速发展的国家都是用立法形式确立了可再生能源发展的地位和目标，并制定了相应的支持政策。2005年，《中华人民共和国可再生能源法》颁布，并于2006年1月1日开始正式实施，2009年进行了修订，以更好地适应可再生能源开发、利用和保护的需要。以立法的形式表明国家非常重视新能源与可再生能源的利用，从可持续发展的视角来推动各种新能源的开发，为各种新能源技术的开发和利用提供了政策指导和政策优惠，有利于鼓励和刺激企业加大对新能源技术的研发投入，增强全社会对新能源使用和环境保护的意识，促进生态文明建设落地落实。

2. 新能源技术和产品开发盈利能力薄弱

单纯依靠企业自身的投入，新能源技术的开发和进步的进程将非常缓慢。推动新能源技术的进步与新能源产品的普及，实现以新能源产品替代常规能源，实现能源消耗结构的转型，必须依靠政府在政策和财政等方面的指导和支持。据测算，与煤炭的火力发电成本相比，水电、太阳能发电、风力发电等新能源发电成本都超过传统的火力发电，甚至太阳能光伏发电的成本是火力发电的 10 倍以上。当前我国扶持可再生能源发展的财税政策还不够完善和系统，税收减免政策也难以到位，缺乏专门的政策性融资机制，特别是我国尚没有建立类似于国外的公共利益基金（PBF）以支持可再生能源技术的研发和产业化发展。因此，政府主管部门应加大协调力度，完善政策体系，使可再生能源得以良性发展。

可再生能源的开发与利用是环境友好的，它们转换成的电力和液态燃料都是清洁能源，但是它们对环境与社会的贡献在成本中并没有得到反映。因此它们与煤炭、石油等化石燃料之间的开发与利用的竞争是不公平的，其在价格上处于明显劣势。

3. 缺乏有效的财税、金融等方面的经济激励政策

在过去十多年里，为推动可再生能源发展，国家曾出台了一些环保政策和清洁能源政策，但总体来说，我国还没有一套由国家主管部门出台的长期激励政策体系，所制定的文件和政策大都注重重要性论述和宏观性指导，缺乏可操作性，一些具体政策也是随项目而定，缺乏连续性。当前，在已实施的《中华人民共和国可再生能源法》的推动下，国家应制定明确推动可再生能源发展的税收政策、融资机制，建立推动新能源技术进步的财政专项资金支持体系，以及类似于国外的公共利益基金（PBF），而政府主管部门应加大协调力度，实际推动和完善政策体系，使可再生能源企业真正得到实惠（Wen et al., 2021）。

4. 新能源市场机制不健全

目前，新能源市场的准入、竞争与监管体系仍然不完善，尤其是在新能源发电上网准入制度上，缺乏透明的政策指导和公平的市场机制。现阶段，新能源企业发电规模小且分散，为电网公司新能源电力的供给增加了许多成本，使得新能源发电企业产品的销售和新能源企业的兼并出现难题，新能源电力也难以得到进入市场的机会。同时，针对新能源开发设备、质量检验、市场监督等环节，市场体系不成熟，缺乏合格的技术服务公司和

咨询公司。由于新能源技术和产品开发面临诸多技术风险、政策风险等（Lee et al.，2021b），投资成本高、周期长，新能源投资缺乏对民间资本的吸引力，新能源发展面临社会资本投入不足的困境。

5. 缺乏科技创新能力，研发与推广机制不畅，影响产业化发展

薄弱的制造业严重阻碍了可再生能源设备制造的国产化和商业化，这也是中国可再生能源成本高、市场发展滞后的重要因素之一。薄弱的制造业也会给技术的产业化带来障碍，造成"有技术无产业"的现象。国外经验表明，强大的制造业是可再生能源产业发展的重要基础。无论是德国、荷兰、丹麦，还是美国，其国内可再生能源产业的快速发展与相关政策和法律，都是其拥有强大技术实力和强大制造业支持的重要因素。衡量制造业增长的一个重要指标是投资的持续增长。早在1990~2000年，美国国内风力涡轮机制造业的生产性投资年均增长率超过15%，这确保了2000年美国风力发电能力达到2500兆瓦。在欧洲，风力涡轮机市场的年均增长率为8.8%，这也与其制造业的发展密不可分。然而，中国新能源和可再生能源设备制造商大多组织结构小而分散，集中度低，经济效益差，产业布局混乱，缺乏核心技术，投资有限。可以说，如果中国不增加对相关制造业的投资，尽快建立强大的制造业作为整个可再生能源产业发展的基础，关键技术和主要装备依赖进口的现状短期内无法从根本上扭转。产业基础难以提升，大规模开发与利用受到严重制约，产业体系不完善，这都会影响新能源的产业化发展。

我国可再生能源的科技研发能力还比较薄弱，还没能形成国家级高水平研发平台，研发成果分散，缺乏规模化示范工程能力。一些可再生能源的关键技术尚未达到产业化成熟阶段。同时，我国可再生能源科技研发与产业化衔接不紧，企业又缺乏掌握新技术的能力，从而大大地影响了技术产业化发展的步伐。

9.4.2 可再生能源配额制度

为了支持本国可再生能源技术和产品的开发，通常国家会对新能源研

发与生产企业进行保护，配额制度就是一种常见的方法。可再生能源配额制度是政府实施的对市场干预的一种行政手段。为了维持和扩大新能源市场的规模和比例，政府对发电商、配电商等企业施加一定的强制规定，要求这些企业的全部电力中必须保证使用一定比例的新能源电力，从而为新能源企业电力产品的销售开辟了一定的空间。这样，政府就可以保证新能源市场规模随着社会总用电量的增加而增加。尽管政府对企业的新能源使用比例做出了强制要求，但是新能源价格的形成不是由政府直接规定的，而是由市场竞争机制形成的。新能源发电价格是由各新能源电力供给商与需求商相互竞争的结果。

配额制度的一个最显著的特点就是强制性，是政府对经济运行进行直接干预的一个表现方式。配额制度要求政府对新能源发展具有清晰且明确的目标，只有在量化的目标基础上才能对配电商的电力结构做出强制性规定，才能保证最低规模的新能源电力产品的底线不被突破。配额制度通常要求直接的达标责任人对所有的电力零售企业进行强制要求。如果电力零售企业的新能源供给没有达到政府规定的最低规模或比例，电力零售企业将很可能面临行政处罚或者其他惩罚。从世界各国新能源发展历程来看，世界上许多国家为支持新能源技术和产品的开发使用形成了一系列的政策制度，而配额制度是最常见的政策制度之一。一个重要的方面在于它的强制性规定，国家可以很好地掌握新能源发展规模。另一个重要的特征就是配额制度可以和绿色证书交易制度等政策制度搭配使用，使得配额制度的强制性与其他交易政策的市场性或灵活性相得益彰。

9.4.3 绿色证书交易制度

1. 绿色证书交易制度的概念

配额制度有效保证了最低数量和比例的新能源电力的使用，是支持和促进新能源发展的一项常见的政策制度。从配额制度实施的实际情况来看，与配额制度搭配的一种制度安排就是绿色证书交易制度。绿色证书交易制度可以有效支撑配额制度的实行，它要求承担了新能源定量配额的各地区各企业通过市场交易的方式来交换绿色证书，通过对绿色证书的交易来实现对不同数量、不同比例的新能源企业结构的调节，从而达到褒奖新能源企业、增加新能源投资的目的。绿色证书交易市场的主体是绿色证书的持有者和绿色证书的需求者，绿色证书的持有者以新能源电力生产企业为代表，而绿色证书的需求者以执行配额制度、承担配额义务的企业为代表。绿色证书交易市场是绿色证书在不同的新能源电力企业和新能源配额义务人之间相互交换、调剂余缺的市场。绿色证书是对新能源与可再生能源生产的一种保护，激励了企业扩大新能源供给，使得未达标的配额义务人不得不额外承担一些成本，向绿色证书的盈余者购买，从而也会鼓励配额义务人减少配额不达标比例，甚至超额完成新能源配额比例。绿色证书交易市场机制起到了正向激励与反向抑制的双重作用，有效保证了配额制度的运行。

2. 绿色证书的价值内涵

第一，绿色证书发挥了降低可再生能源发电的成本的作用，实现了可再生能源发电成本超过非可再生能源发电成本的部分在所有的发电企业内部平均摊销。相对于缺乏绿色证书交易市场机制的情况，在绿色证书交易制度下，绿色证书的价格对可再生能源企业成本是一个扣除项，使得持有绿色证书的可再生能源企业通过出售绿色证书的方式来弥补其与常规能源发电企业的成本差异。因此，可再生能源发电成本的差异就可以通过绿色证书的交易以及绿色证书价格的变动实现调节，从而实现新能源发展的成本不仅仅是由新能源发电企业直接承担，起到了保护这种具有正向外部性的产品生产企业。这样，绿色证书的交易一方面体现了政府宏观调控和配额制度的意图，另一方面也体现了政府对具有正向溢出效应的行为的补偿，有利于可再生能源发电企业与常规能源发电企业之间的公平竞争，起到了维护市场公平竞争的作用。

第二，绿色证书的价格反映了由于替代不可再生能源带来的环境正效应。绿色证书购买者（未完成目标配额的发电商）实质上比其他完成目标的发电企业给社会带来了更多的负外部性，也就是更多地污染了环境，提高了治理环境污染的成本。因此，它必须为此付出相应的代价，也就是购买绿色证书。这就实现了非可再生能源发电的负外部性内部化，在一定程度上限制了非可再生能源发电对环境的污染，也使可再生能源的相对正外部性的优势得以发挥，为可再生能源在能源市场中的公平竞争创造了条件。

第三，绿色证书作为政府激励可再生能源产业发展的工具，承担着一定的实现政策效果的使命。因此其价格的变动范围是有一定限制的。绿色证书的价格不能过低，否则将导致绿色证书的需求者自愿接受购买任务，缺少通过技术革新降低自身可再生能源发电成本的动力，导致可再生能源配额制度的政策激励失效；而价格过高也将增大企业压力，同样不利于企业的长远发展。

9.5　中国新能源发电行业市场现状与前景

新能源发电是指利用传统能源以外的各种能源形式，包括太阳能、风能、地热能、潮汐能、生物质能等实现发电的过程。2019年，我国新能源发电新增装机容量达到5617万千瓦，占全国新增装机容量的58%，连续三年超过火电新增装机容量。截至2019年底，中国新能源发电累计装机容量达到4.1亿千瓦，同比增长15.7%（见图9-6），占全国总装机容量的比重达到20.6%。2019年，我国新能源发电量达到6302亿千瓦时，同比增长16.0%，占全国总发电量的8.6%（见图9-7）。

中国新能源利用率持续提高。2019年中国新能源消纳矛盾继续缓解，中国新能源弃电量[①]为215亿kWh，同比下降35.2%，利用率达到96.7%，同比提升2.5个百分点，提前一年实现新能源利用率95%的目标（见图9-8）。经过多年努力，我国在能源结构转型方面取得较好成效（见图9-9），风电新增装机容量不断提升，太阳能发电保持稳步增长，分布式光伏发电累计

---

① 通常而言，弃电是指电网在出现供过于求或输电阻塞时，就无法消纳电站送出的电力，而这部分无法上网的电量可进入自愿性可再生能源市场（获得经济补偿），否则就成为弃电。弃电既有技术方面的原因（例如，风电及光伏发电存在功率的不稳定性），更有经济方面的原因（例如，不同电站、电网公司的利益协调困难导致的电力放弃）。

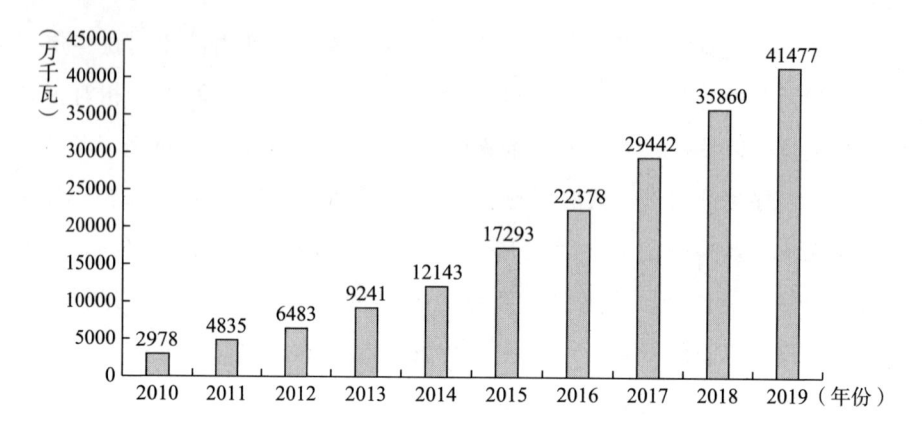

图 9–6　2010~2019 年中国新能源发电累计装机容量

资料来源：国网能源研究院。

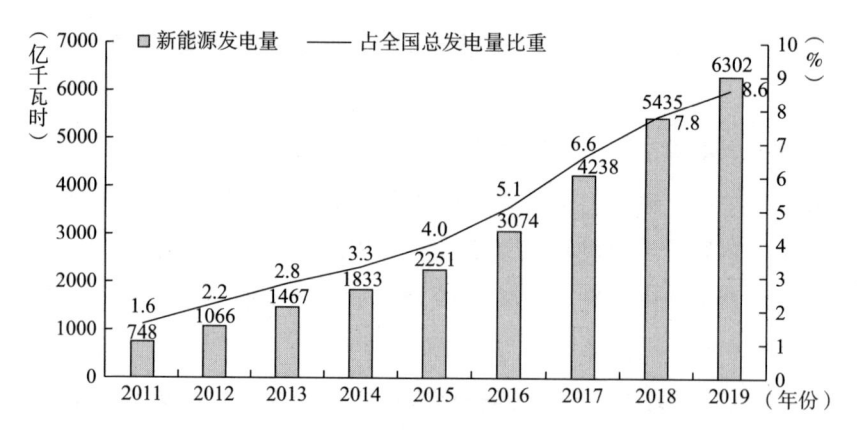

图 9–7　2011~2019 年中国新能源发电量及其占全国总发电量比重

资料来源：国网能源研究院。

容量突破 6000 万千瓦，海上风电提前一年完成国家"十三五"规划目标。

青海、甘肃新能源成第一大电源。截至 2019 年底，青海新能源发电装机容量占比达到 50%，甘肃新能源发电装机容量占比为 42.2%，新能源在两省成为第一大电源。宁夏、河北、西藏、内蒙古等 19 个省区的新能源成第二大能源。2019 年，中国新能源市场化交易电量为 1451 亿千瓦时，同比增长 26.2%。其中，新能源省间市场化交易电量达到 880 亿千瓦时，同比增长 21.8%。新能源省内市场化交易电量为 571 亿千瓦时，同比增长 34%。自 2019 年以来，政府部门出台了一系列新能源产业政策，内容涉及年度规

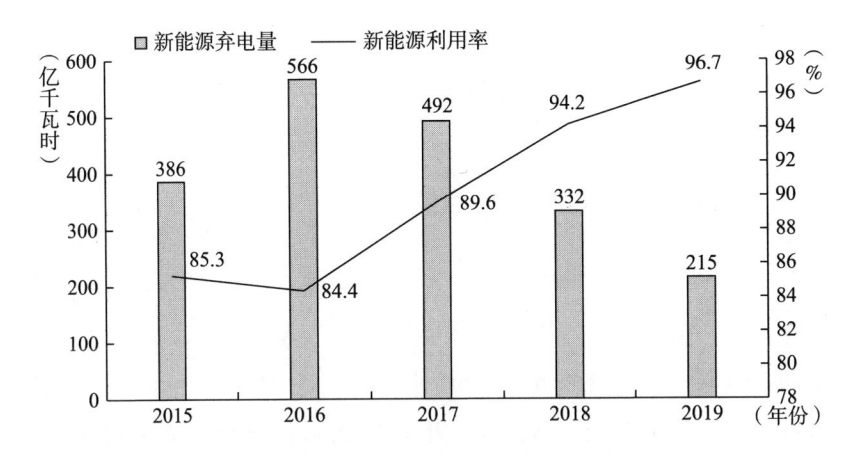

图 9-8　2015~2019 年中国新能源弃电量及利用率情况

资料来源：国网能源研究院。

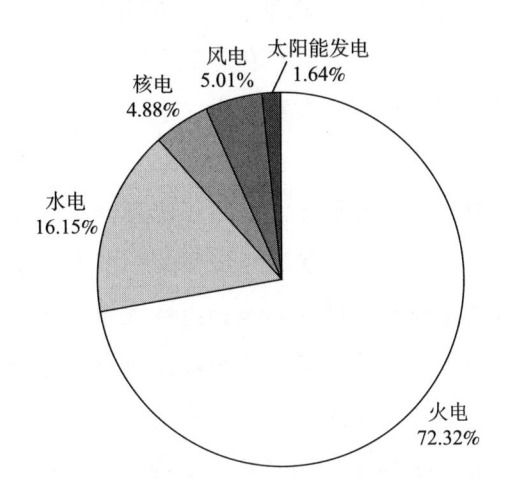

图 9-9　2019 年中国发电量市场结构分布情况

资料来源：国网能源研究院。

模管理、项目建设管理、运行消纳、价格补贴等环节。政策以完善项目规划建设、加速新能源补贴退坡、推进新能源平价上网、建立新能源消纳保障机制为重点，推动新能源由高速发展向高质量发展转变。根据国际能源署预计，未来新能源仍将是发电装机增长最快的电源类型，预计 2018~2040 年风电、光伏装机年均增速分别为 5.6% 和 8.8%，发电量年均增速将达到 6.7% 和 9.9%，远超其他发电形式。

9.6 可再生能源消费的波动与影响

9.6.1 可再生能源消费平稳性

近几十年来，可再生能源市场发展非常迅速，并已成为全球最活跃的细分市场之一，能源行业因环境问题也日益受到关注。鉴于温室气体排放、石油短缺、气候变化、能源价格和其他能源安全问题，开发可再生能源，包括水电、风能、太阳能、潮汐能、生物质能和地热能已成为能源与环境可持续性的主要目标。例如，水电是最常见和最重要的可再生能源，其发展对我国具有重大的战略意义，能够减少二氧化碳排放，提高发电效率，降低运营和维护成本，提高经济效益和降低环境风险。由于可再生能源的可持续性，无论是在学术中还是在实践中，人们对可再生能源部署的兴趣比以往任何时候都要大。

因为可再生能源消费在宏观经济学和环境可持续性方面的重要性，可再生能源消费平稳性研究已成为能源经济学的一个新分支。能源政策是否对可再生能源有永久性或暂时性的影响仍尚待探索。在美国，可再生能源的消费约占总能耗的11%，17%的电能消耗来自可再生能源。为进一步发展可再生能源生产与消费，联邦和州一级推出各种激励政策。例如，已实施可再生能源投资组合标准（RPS）；可再生能源标准；投资、生产和销售税抵免；取消化石能源和核能补贴；向电网出售多余电力的净计量而不是现场存储。具体而言，38个州/区实施了RPS和39个州/区实施了净计量计划，对可再生能源部门的部署产生了积极影响。在这种发展模式下，一个相关的问题可能在于联邦和州一级的公共政策是否对可再生能源消费（REC）产生长期影响或者产生的影响是否会在短期内消失。

为了探索可再生能源消费的随机性质，Lee等（2021c）使用Bahmani-Oskooee提出的FQUR检验。在这个检验过程中，可以对可再生能源消费两类非线性行为进行控制：一方面是对积极、消极冲击的不对称性反应，另一方面是长期稳定状态下出现的结构断裂反应。首先，通过傅里叶展开，对未知形式和数值的随机变量 REC 的中断日期（点）进行建模：

$$REC_t = \vartheta_1 + \vartheta_2 t + \vartheta_3 \sin\left(\frac{2 \times 3.1416 \times kt}{N}\right) + \vartheta_4 \cos\left(\frac{2 \times 3.1416 \times kt}{N}\right) + \mu_t \quad (9-1)$$

然后，计算 F 统计量值：

$$F(k^*) = \frac{[RSS(0) - RSS(k^*)]/2}{RSS(k^*)/(T-4)} \quad (9-2)$$

其中 $RSS(0)$ 表示回归方程得到的残差平方和。在得到拟合残差之后，可以进一步通过 ADF 模型和分位数回归方法检验 REC_t 的随机特征。图 9-10 显示了 FQUR 检验方法的基本过程。

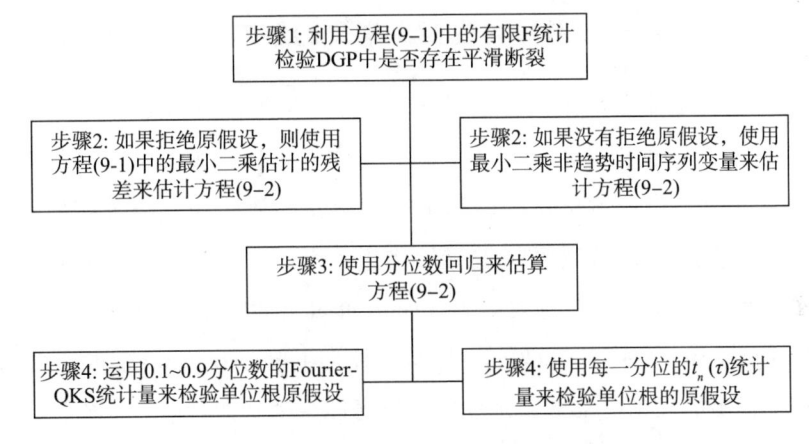

图 9-10　FQUR 检验方法的基本过程

人们普遍认为可再生能源的发展对经济和环境可持续性至关重要。在全球范围内，经济学家们迫切寻求加强发展可再生能源部门的策略，这种趋势在美国尤其引人注目。如前所述，联邦和州一级的各种激励政策已经实施，以发展生产和消费可再生能源。在这种发展模式下，检验 REC 序列的随机特性是非常重要的，从而可以判断时间序列变量的冲击对能源消费类型是产生暂时性的影响，还是对消费模式产生永久性的影响。Lee 等（2021c）使用一种平滑断点的 FQUR 检验方法来评估 1960~2017 年美国及其 51 个州/区的 REC 的特征。与传统的单位根检验无法拒绝单位根假设不同，他们的结果揭示单位根假设被拒绝的可再生能源消费系列的有美国和51个州/区中的32个州/区（见表9-2、表9-3）。图9-11反映了美国及51个州/区层面人均可再生能源消费（RECPC）动态和非线性趋势（傅里叶展开）的估计结果，可以看出，它们具有很清晰的断点动态特征。

Lee等（2021c）的研究很具启发性。在这些情况下，任何鼓励可再生能源的政策将不会有效，因为消费将很快回到其趋势路径上。证据也揭示了不同国家对冲击的不对称反应，当政策制定者在制定能源政策时，考虑这些影响将很有裨益。对于某些状态，如果正值/负值较大冲击对可再生能源消费具有长期影响，政府应该制定并实施强有力的政策，进一步发展可再生能源，从而实现经济和环境的可持续发展。

9.6.2 贸易开放对可再生能源消费的影响

推广可再生能源使用的方法是多样的。一些研究表明，经济增长、包括技术在内的多重创新因素、劳动力、资本、人口、城市化、二氧化碳排放和电力消耗均会影响可再生能源消费。贸易开放作为一个重要的宏观经济变量对经济发展起着越来越重要的作用。实证研究表明，贸易开放可能会对可再生能源消费产生重大影响（Omri et al., 2015；Akar, 2016；Amri, 2019；Zeren and Akkus, 2020）。大多数研究主要是在Grossman和Krueger（1991）提出的理论框架上探讨贸易开放对能源消费的影响。他们提出贸易开放可以通过以下方式影响能源消费：规模效应、组合效应和技术效应。

但该理论框架的一些方面仍然存在问题，需要进一步改进。第一，尚未对贸易开放对经合组织国家的可再生能源消费的影响进行评估，而它们具有重要的贸易地位和高比例的世界可再生能源消费。第二，考虑到可再生能源消费可能受到许多因素的影响（例如不可再生能源、金融发展、外商直接投资和人口因素）；研究模型有待进一步完善。第三，比较分析贸易开放的三个代理变量（进口、可再生能源消费的出口和总贸易）可能产生更有意义的结果。贸易开放与可再生能源之间的非线性关系可能会产生能源消耗。因此，有必要扩大非线性假设范围，并使用适当的方法分析可能出现的问题。

第9章 新能源与可再生能源

表9-2 美国和51个州/区层面 RECPC 传统单位根检验结果

经济体	ADF	DF-GLS	NP	PP	经济体	ADF	DF-GLS	NP	PP
United States	-1.775	-1.773	-6.233	-1.815	Mississippi	-2.147	-1.912	-6.075	-2.147
Alaska	-3.592**	-3.628**	-14.345	-2.772	Montana	-4.488**	-2.726	-14.609	-4.388**
Alabama	-2.723	-2.613	-9.541	-2.582	North Carolina	-3.191	-4.315**	-21.674**	-4.26**
Arkansas	-1.424	-1.623	-15.873	-3.118	North Dakota	-1.108	-1.320	-4.588	-1.206
Arizona	-3.364	-2.679	-7.682	-2.269	Nebraska	1.379	-0.970	-2.105	-1.304
California	-4.551**	-4.192**	-15.839	-4.611**	New Hampshire	-2.190	-2.131	-8.406	-2.190
Colorado	-0.649	-0.879	-2.791	-0.807	Nes Jersey	-2.951	-2.949	-8.360	-2.021
Connecticut	-2.277	-2.327	-9.103	-2.262	Nes Mexico	-0.802	-0.715	-1.304	-0.837
District of Columbia	-1.712	-1.747	-5.447	-1.688	Nevada	-1.589	-1.409	-8.829	-2.627
Delaware	-1.181	-1.333	-5.087	-1.404	New York	-3.907**	-1.972	-4.207	-3.907**
Florida	-2.439	-2.448	-9.998	-2.445	Ohio	-1.604	-1.622	-6.878	-1.893
Georgia	-3.041	-3.093	-13.141	-2.954	Oklahoma	-2.497	-2.593	-10.839	-2.375
Hawaii	-2.018	-1.753	-5.132	-1.999	Oregon	-2.598	-1.691	-5.803	-2.512
Iowa	-2.032	-1.799	-7.486	-2.278	Pennsylvania	-3.391	-3.431**	-8.468	-2.068
Idaho	-3.873**	-3.832**	-17.840**	-3.834**	Rhode Island	-2.227	-2.196	-14.792	-3.180
Illinois	-1.763	-1.814	-6.097	-1.720	South Carolina	-3.228	-3.023	-13.185	-3.228
Indiana	-1.656	-1.740	-5.227	-1.518	South Dakota	-3.019	-1.902	-4.985	-3.037
Kansas	-0.475	-0.950	-1.909	-0.779	Tennessee	-4.334**	-4.370**	-20.259**	-4.27**
Kentucky	-2.589	-2.686	-10.864	-2.473	Texas	-0.193	-0.470	-1.499	-0.471

续表

经济体	ADF	DF-GLS	NP	PP	经济体	ADF	DF-GLS	NP	PP
Louisiana	-2.389	-2.253	-7.097	-2.100	Utah	-1.596	-1.712	-7.878	-1.853
Massachusetts	-3.501**	-3.470**	-11.504	-2.344	Virginia	-3.778**	-3.202**	-13.233	-3.598**
Maryland	-3.217	-3.300**	-14.093	-3.070	Vermont	-1.501	-1.434	-6.899	-2.167
Naine	-1.731	-1.834	-6.665	-1.753	Washington	-3.628**	-1.792	-5.997	-3.522**
Michigan	-3.551**	-2.172	-6.674	-2.196	Wisconsin	-2.255	-2.303	-8.312	-2.084
Minnesota	-1.825	-1.250	-2.440	-2.080	West Virginia	-1.584	-1.609	-4.823	-1.537
Missouri	-1.539	-1.414	-8.095	-2.374	Wyoming	-1.040	-1.247	-3.691	-1.040

注：** 表示在 5% 的水平下显著。

资料来源：Lee 等 (2021c)。

第 9 章 新能源与可再生能源

表 9-3 FQUR 单位根检验 QKS 结果

经济体	QKS 统计量	90% 临界值	95% 临界值	99% 临界值
United States (USA)	3.879**	3.197	3.542	4.64
Alaska (AK)	4.691**	3.289	3.648	4.868
Alabama (AL)	5.430**	3.994	4.842	6.626
Arkansas (AR)	3.073	3.535	4.161	5.575
Arizona (AZ)	4.377**	3.509	3.984	4.984
California (CA)	4.447**	3.31	3.706	4.817
Colorado (CO)	2.652	3.465	4.027	5.563
Connecticut (CT)	6.231**	3.617	4.332	6.684
District of Columbia (DC)	2.921*	2.861	3.379	4.645
Delaware (DE)	4.917**	3.396	4.047	5.738
Florida (FL)	2.196	2.936	3.27	4.624
Georgia (GA)	5.300***	3.088	3.48	4.223
Hawaii (HI)	2.999	3.384	3.801	6.775
Iowa (IA)	3.013	3.126	4.1	5.447
Idaho (ID)	5.257**	3.842	4.439	6.326
Illinois (IL)	2.792	3.142	3.384	4.028
Indiana (IN)	3.723**	3.215	3.597	4.539
Kansas (KS)	1.127	2.909	3.212	3.957
Kentucky (KY)	6.167***	3.019	3.493	4.398

327

续表

经济体	QKS 统计量	90%临界值	95%临界值	99%临界值
Louisiana (LA)	3.176	3.714	4.328	5.876
Massachusetts (MA)	10.303***	3.869	4.53	6.259
Maryland (MD)	3.518	3.617	4.52	6.458
Maine (ME)	3.461	3.468	4.341	5.6
Michigan (MI)	4.652*	3.87	4.653	6.824
Minnesota (MN)	2.385	3.358	3.925	4.888
Missouri (MO)	5.025**	3.49	4.05	5.613
Mississippi (MS)	2.786	2.883	3.415	4.788
Montana (MT)	4.134*	3.84	4.605	5.988
North Carolina (NC)	2.827	3.851	4.749	6.63
North Dakota (ND)	4.951**	4.116	4.704	6.163
Nebraska (NEB)	4.810**	3.94	4.551	6.228
New Hampshire (NH)	3.317*	3.056	3.379	3.85
New Jersey (NJ)	4.711*	3.934	5.063	7.145
New Mexico (NM)	1.724	3.171	3.562	4.538
Nevada (NV)	4.481**	3.352	4.216	6.711
New York (NY)	8.878***	3.831	4.32	6.569
Ohio (OH)	3.144	3.29	4.032	6.218
Oklahoma (OK)	3.640	4.135	4.846	6.625
Oregon (ORE)	5.829**	3.706	4.463	6.066

续表

经济体	QKS统计量	90%临界值	95%临界值	99%临界值
Pennsylvania (PA)	4.854*	4.231	4.934	6.611
Rhode Island (RI)	5.520**	3.582	4.404	6.215
South Carolina (SC)	6.645**	3.851	4.343	6.843
South Dakota (SD)	2.661	3.534	4.159	6.267
Tennessee (TN)	4.972**	3.796	4.534	6.174
Texas (TX)	11.027***	3.668	4.266	6.03
Utah (UT)	10.328***	4.291	5.035	8.086
Virginia (VA)	4.515**	3.188	3.693	4.538
Vermont (VT)	3.002	3.152	3.529	4.51
Washington (WA)	5.955***	2.878	3.169	3.538
Wisconsin (WI)	5.426**	4.008	4.829	6.57
West Virginia (WV)	2.629	3.125	3.531	4.05
Wyoming (WY)	13.962***	3.912	4.585	5.758

注：***、**、*分别表示在1%、5%和10%的水平下显著。
资料来源：Lee等（2021c）。

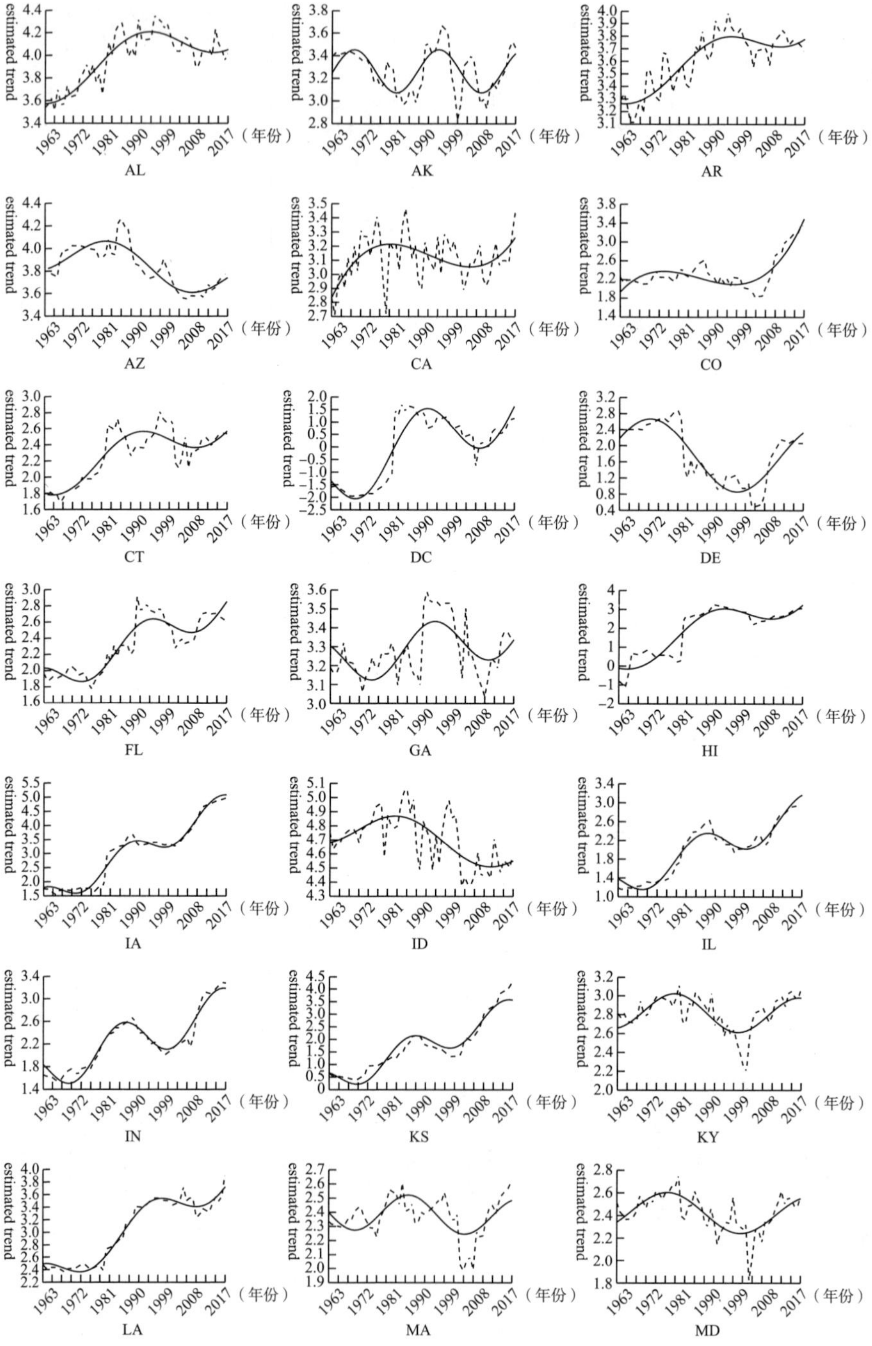
estimated trend
（年份）
AL
AK
AR
AZ
CA
CO
CT
DC
DE
FL
GA
HI
IA
ID
IL
IN
KS
KY
LA
MA
MD

第 9 章 新能源与可再生能源

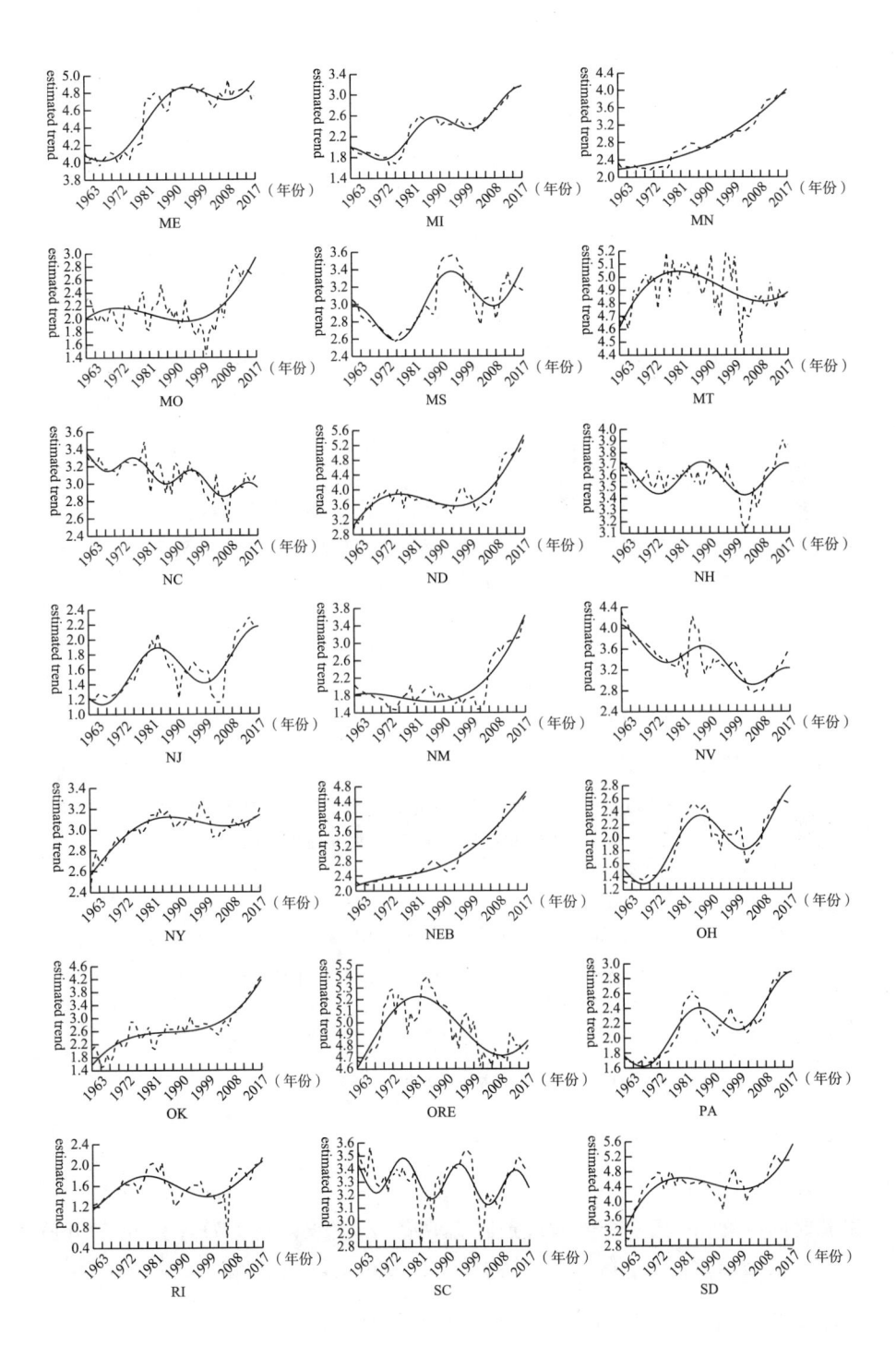

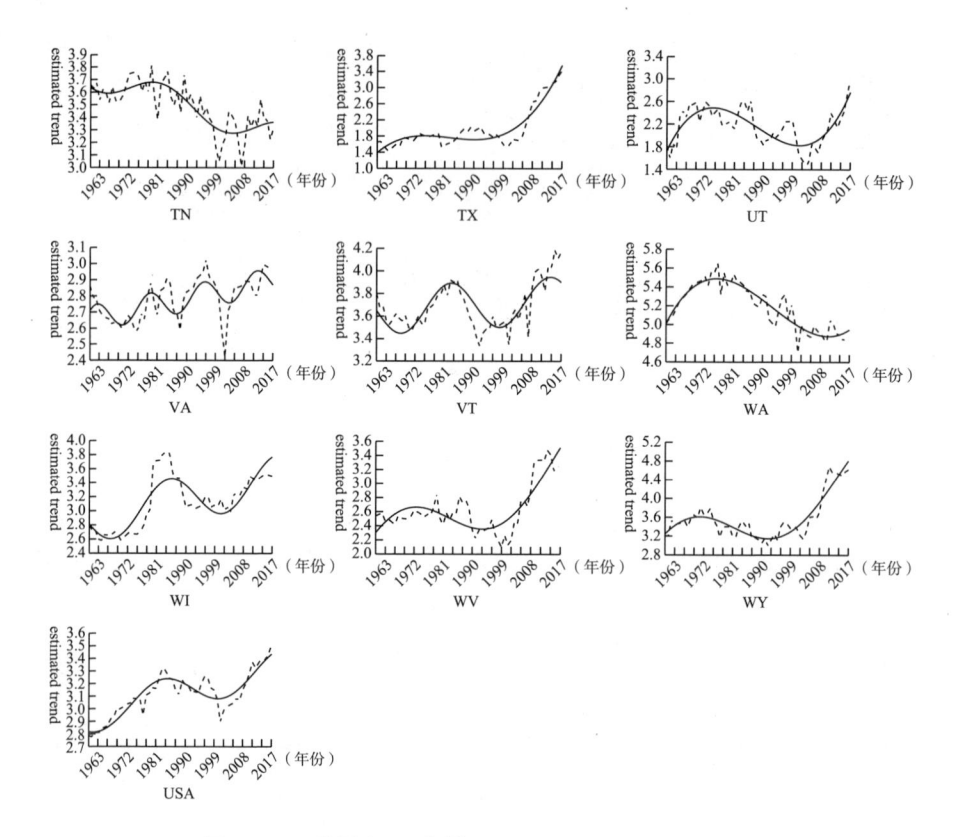

**图 9-11　美国和 51 个州/区层面 RECPC 时间序列值
和估计的傅里叶展开（非线性趋势函数）**

资料来源：Lee 等（2021c）。

为了提高模型的精度，Zhang（2021）通过在模型中考虑其他关键宏观经济变量，对 Sadorsky（2011）、Nasreen 和 Anwar（2014）提出的模型进行了改进。

$$REC_{it} = \beta_i TO_{it} + \beta'_i TO_{it} \cdot g(q_{it-1};\gamma,\theta) + \theta_j X_{j,it} + \theta'_j X_{j,it} \cdot g(q_{it-1};\gamma,\theta) + \alpha_i + \varepsilon_{it}$$
(9-3)

其中，$i = 1, 2, \cdots, N$ 和 $t = 1, 2, \cdots, T$，N 和 T 分别表示面板的国家和时间维度；α_i 代表个体的特定固定效应；ε_{it} 为误差项；TO_{it} 代表贸易开放度，书中使用进口（IM）、出口（EX）和进出口贸易总额（TT）来衡量贸易开放度；$g(q_{it-1};\gamma,\theta)$ 是变量 q_{it-1} 的区制转移函数。

Zhang 等（2021）通过建立面板平滑转换回归模型（PSTR 模型），探讨了 1999~2018 年 35 个 OECD 国家的贸易开放对可再生能源消费的影响。在模型中，进口、出口和进出口贸易总额被用作贸易开放度的代理变量，为了减少遗漏变量的误差，添加控制变量，包括外商直接投资（FDI）、电力供应（ATE）、国际汇款（$REMIT$）、人均 GDP（$GDPpc$）、国内通胀率（DIR）和碳排放（CO_2）（见表 9-4）。

表 9-4 变量描述和数据来源

变量名称	变量描述	变量单位	数据来源
REC	可再生能源消费	%，占一次能源消费比重	《BP 世界能源统计年鉴》
IM	进口	%，占 GDP 比重	世界发展指数
EX	出口	%，占 GDP 比重	世界发展指数
TT	进出口贸易总额	%，占 GDP 比重	世界发展指数
ATE	电力供应	%，占总人口的比重	世界发展指数
FDI	外商直接投资	%，占 GDP 比重	世界发展指数
$GDPpc$	人均 GDP	美元	世界发展指数
DIR	国内通胀率	%，年度值	世界发展指数
$REMIT$	国际汇款	美元	世界发展指数
CO_2	碳排放	百万吨	《BP 世界能源统计年鉴》

资料来源：Zhang 等（2021）。

他们的实证研究证明了该方法的有效性，表明贸易开放与可再生能源消费之间存在强烈的非线性关系（见表 9-5、表 9-6 和表 9-7）。就进口而言，确定了三个结构性断点，分别为 33.732、40.945 和 76.395（见表 9-8）。当进口与 GDP 的比值超过 40.945% 时，贸易开放对可再生能源消费的影响将从促进转向抑制。研究发现，出口和进出口贸易总额都有一个结构性断点，它们总是可以促进可再生能源消费（见图 9-12、图 9-13 和图 9-14）。

表 9-5 稳健性检验结果

模型	PSTR 模型			使用 IV 方法的 PSTR 模型		
	IM	EX	TT	IM	EX	TT
线性部分系数	0.002 (0.058)	0.047*** (3.490)	0.018*** (3.176)	−0.078 (−1.173)	0.052*** (2.422)	0.018 (1.481)
非线性部分系数	0.202** (2.484)	0.029** (2.090)	0.028*** (4.107)	0.210* (−1.710)	0.050*** (3.075)	0.024** (2.535)
	−0.206*** (−2.878)			−0.137 (−1.19)		
	−0.008 (−0.304)			0.010 (0.193)		
θ	33.732; 40.945; 76.395	65.210	143.033	33.723; 39.476; 79.784	64.873	143.920
γ	760.998; 0.934; 0.215	0.181	67.293	611.591; 2.868; 0.200	1.989	4.596

注：括号内为 T 统计量，***、**、* 分别表示在 1%、5%、10% 的水平下显著。
资料来源：Zhang 等（2021）。

表 9-6 线性检验结果

模型	(1)	(2)	(3)
门槛变量	IM	EX	TT
LM	94.631*** (0.000)	89.112*** (0.000)	83.830*** (0.000)
LM_F	4.805*** (0.000)	4.481*** (0.000)	4.178*** (0.000)
LRT	101.934*** (0.000)	95.506*** (0.000)	89.457*** (0.000)

注：括号内为 p 值，*** 表示在 1% 的水平下显著。
资料来源：Zhang 等（2021）。

表 9-7 非线性检验结果

模型	(1)	(2)	(3)
解释变量	IM	EX	TT
$H_0: r=1$ vs $H_1: r=2$			
LM	37.898*** (0.000)	8.293 (0.307)	9.552 (0.215)
LM_F	5.261*** (0.000)	1.101 (0.361)	1.270 (0.263)
LRT	39.001*** (0.000)	8.344 (0.303)	9.619 (0.211)
$H_0: r=2$ vs $H_1: r=3$			
LM	31.333*** (0.000)		
LM_F	4.257*** (0.000)		

续表

模型	(1)	(2)	(3)
解释变量	IM	EX	TT
LRT	32.081*** (0.000)		
$H_0: r=3$ vs $H_1: r=4$			
LM	12.606* (0.082)		
LM_F	1.645** (0.012)		
LRT	12.725* (0.079)		

注：r 表示区制转移方程个数，括号内为 p 值，***、**、* 分别表示在1%、5%、10%的水平下显著。

资料来源：Zhang 等（2021）。

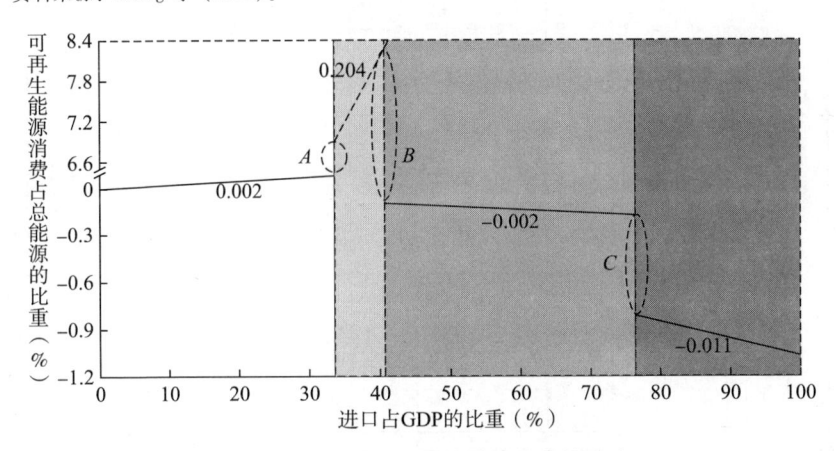

图 9-12　进口对可再生能源消费的影响

注：为了更清晰地呈现图中内容，纵轴上下间距不一致。

资料来源：Zhang 等（2021）。

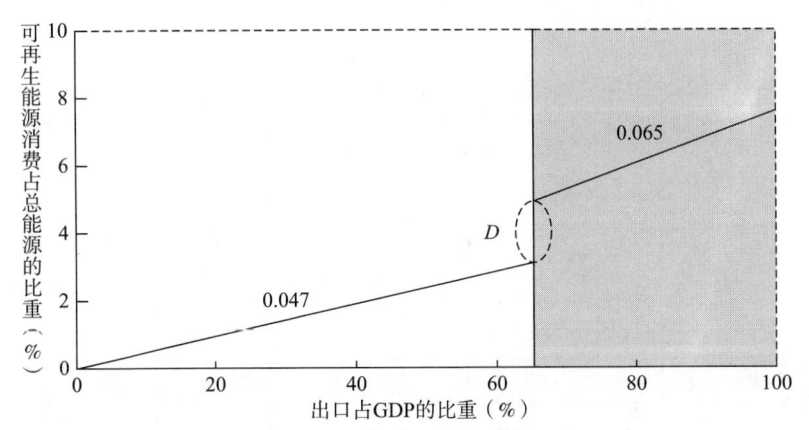

图 9-13　出口对可再生能源消费的影响

资料来源：Zhang 等（2021）。

表9-8 变量估计结果

变量	(1) IM 线性部分系数	(1) IM 非线性部分系数	(2) EX 线性部分系数	(2) EX 非线性部分系数	(3) TT 线性部分系数	(3) TT 非线性部分系数
ATE	2.611*** (7.009)	0.459*** (5.663)	-0.326*** (-5.129)	2.385*** (6.261)	-0.430*** (-5.493)	2.373*** (6.326)	-0.372*** (-5.764)
FDI	-0.075* (-1.789)	0.023 (0.462)	0.007 (0.710)	-0.009 (-1.442)	-0.014 (-0.673)	-0.008 (-1.632)	-0.014 (-0.688)
GDP_{pc}	3.529*** (8.630)	-1.049 (-1.543)	5.643 (0.274)	4.316*** (10.516)	4.481*** (6.903)	6.396*** (10.874)	3.849*** (6.828)
DIR	0.117 (1.248)	0.764*** (4.648)	-0.061*** (-10.567)	0.040 (0.655)	-0.012 (-0.088)	0.032 (0.529)	0.034 (0.262)
REMIT	0.897*** (3.497)	-1.046*** (-2.694)	-0.965 (-0.437)	-0.126 (-0.544)	-0.598** (-2.092)	-0.132 (-0.623)	-0.599*** (-2.578)
CO_2	-16.750*** (-14.752)	1.223*** (3.272)	-0.862*** (-2.832)	-16.632*** (-13.824)	1.438*** (5.585)	-16.675*** (-13.579)	1.389*** (5.733)
IM/EX/TT	0.002 (0.058)	0.202** (2.484)	-0.206*** (-2.878)	-0.008 (-0.304)	0.047*** (3.490)	0.029** (2.090)	0.018*** (3.176)	0.028*** (4.107)
θ	33.732; 40.945; 76.395		65.210		143.033	
γ	760.998; 0.934; 0.215		0.181		67.293	

注:括号内为T统计量,*、**、***分别表示在10%、5%、1%的水平下显著。
资料来源:Zhang 等(2021)。

第 9 章
新能源与可再生能源

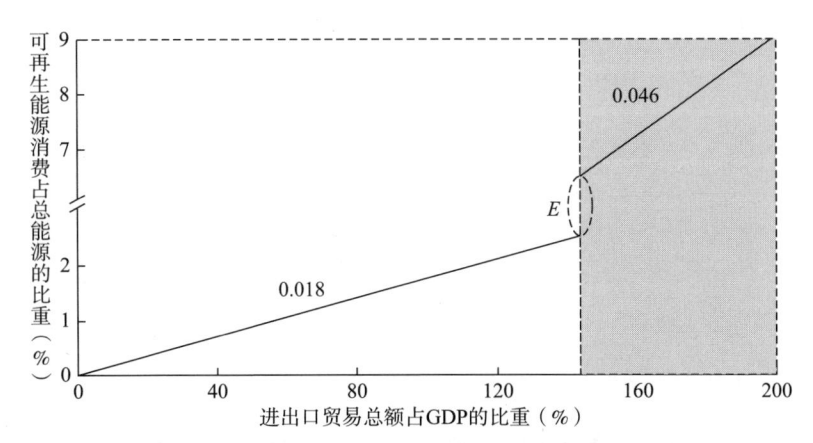

图 9-14 进出口贸易总额对可再生能源消费的影响

资料来源：Zhang 等（2021）。

从表 9-8 反映的其他变量对可再生能源消费的影响来看，电力供应和碳排放在进口、出口和进出口贸易总额中的作用都是非常显著的。在线性部分，电力供应对可再生能源消费产生积极的影响，而碳排放则起到抑制作用，这与 Mohammed 等（2014）、Sebri 和 Ben-Salha（2014）的研究结果是一致的。一个可能的原因是，在某些国家化石能源是稀缺的，而风能、太阳能和其他形式的可再生能源更多地被用于发电。由于碳排放是化石能源使用的一个主要结果，碳排放的增长意味着更多地使用化石能源和减少可再生能源消费。在进口的线性部分，外商直接投资对可再生能源消费具有显著的抑制作用，系数为 -0.075。如果进口占 GDP 的比重超过 33.732%，将导致结果不显著。一个可能的原因就是，外商直接投资可能导致公司间投资和技术创新，从而可以提高能源效率、减少可再生能源消费。在进口的非线性部分，国内通胀率对可再生能源消费具有明显的抑制效应，并呈现下降的趋势。如果进口占 GDP 的比重超过 40.945%，国内通胀率的系数绝对值将继续降低，尽管如此，抑制作用始终存在。

在出口和进出口贸易总额部分，人均 GDP 对可再生能源消费的影响始终是正向的。值得注意的是，当进口占 GDP 的比重低于 33.732% 时，国际汇款可以促进可再生能源的消费。总之，这些变量对可再生能源消费产生了不同的影响，这可以为政府制定政策和推动可再生能源消费提供有益的参考。

337

参考文献

查冬兰，周德群. 能源与非能源投入生产要素替代关系的研究述评［J］. 管理评论，2013，25（3）：74-81.

陈光，郑厚清，尹莞婷. 碳减排要深挖能源数字经济潜力［EB/OL］. https://baijiahao.baidu.com/s? id = 1700138384785289536&wfr = spider&for = pc，2021-05-19.

陈经伟，姜能鹏，李欣. "绿色金融"的基本逻辑、最优边界与取向选择［J］. 改革，2019（7）：119-131.

陈柳钦. 国内外绿色信贷发展动态分析［J］. 决策咨询通讯，2010（6）：1-10.

陈琪. 中国"绿色信贷"政策落实了吗——基于"两高一剩"行业贷款规模和成本的分析［J］. 当代财经，2019（3）：118-129.

陈雁. 绿色信贷推动经济社会可持续发展［J］. 中国国情国力，2008（5）：19-21.

陈游. 碳金融：我国商业银行的机遇与挑战［J］. 财经科学，2009（11）：8-15.

迟春洁，黎永亮. 能源安全影响因素及测度指标体系的初步研究［J］. 哈尔滨工业大学学报，2004，6（4）：80-84.

慈向阳. 能源经济学［M］. 北京：中国电力出版社，2014.

邸勍，袁晓玲，王书蓓. 城镇化影响环境质量的典型机制与差异化研究［J］. 当代经济科学，2021，43（3）：94-106.

电网头条. 以数字技术为新能源赋能 [EB/OL]. http://k.sina.com.cn/article_5839723092_15c131a5402700jmr3.html? from = tech&sudaref = www.baidu.com&display = 0&retcode = 0,2019 – 12 – 16.

丁立山. 商业银行发展绿色信贷业务的意义及对策 [J]. 管理观察, 2017 (17): 30 – 31.

董利. 我国能源效率变化趋势的影响因素分析 [J]. 产业经济研究, 2008 (1): 8 – 18.

董雯. 绿色信贷对我国绿色经济增长的作用机制 [A]. 中国管理科学学会环境管理专业委员会 2019 年年会论文集, 2019.

董直庆, 蔡啸, 王林辉. 技术进步方向、城市用地规模和环境质量 [J]. 经济研究, 2014, 49 (10): 111 – 124.

房树琼, 杨保安, 余垠, 武治普. 复杂适应系统视角下国家能源安全的概念内涵及研究范式 [J]. 科技进步与对策, 2008, 25 (12): 154 – 157.

高建良. "绿色金融"与金融可持续发展 [J]. 金融理论与教学, 1998 (4): 17 – 19.

龚新蜀, 张洪振, 潘明明. 市场竞争、环境监管与中国工业污染排放 [J]. 中国人口·资源与环境, 2017, 27 (12): 52 – 58.

何德旭, 张雪兰. 对我国商业银行推行绿色信贷若干问题的思考 [J]. 上海金融, 2007 (12): 4 – 9.

何建奎, 江通, 王稳利. "绿色金融"与经济的可持续发展 [J]. 生态经济, 2006 (7): 78 – 81.

贺永强, 马超群, 佘升翔. 能源金融的发展趋势 [J]. 金融经济, 2007 (24): 15 – 16.

胡春生. 政府路径下的绿色金融 [J]. 经济研究导刊, 2013 (15): 2.

黄建欢, 吕海龙, 王良健. 金融发展影响区域绿色发展的机理——基于生态效率和空间计量的研究 [J]. 地理研究, 2014, 33 (3): 532 – 545.

黄玮强, 庄新田, 姚爽. 基于信息溢出网络的金融机构风险传染研究 [J]. 系统管理学报, 2018, 27 (2): 235 – 243.

惠春琳．能源数字化：重塑全球能源发展态势［N］．学习时报，2019－06－21，（2）．

汲昌霖，韩洁平．能源金融的内涵、关联机制与风险传染研究——理论进展与评述［J］．经济体制改革，2018，（2）：107－111．

孔群喜，彭骥鸣，孙苏阳．FDI与东道国企业的能源效率——以江苏高新技术企业为例［J］．产业经济研究，2011（5）：79－85．

雷汉云，王旭霞．环境污染、绿色金融与经济高质量发展［J］．统计与决策，2020，36（15）：18－22．

黎文靖，路晓燕．机构投资者关注企业的环境绩效吗？——来自我国重污染行业上市公司的经验证据［J］．金融研究，2015，426（12）：97－112．

李佳宁，钟田丽．企业投资决策趋同："羊群效应"抑或"同伴效应"？——来自中国非金融上市公司的面板数据［J］．中国软科学，2020（1）：128－142．

李凯风，朱贵宇，宋鹏鹏．中国煤炭行业金融安全预警管理实证研究［J］．统计与决策，2013（18）：92－95．

李立，田益祥，张高勋，等．空间权重矩阵构造及经济空间引力效应分析——以欧债危机为背景的实证检验［J］．系统工程理论与实践，2015，35（8）：1918－1927．

李晓西，夏光，蔡宁．绿色金融与可持续发展［J］．金融论坛，2015，20（10）：30－40．

李致远，许正松．发达国家绿色金融实践及其对我国的启示［J］．鄱阳湖学刊，2016（1）：78－87．

林伯强，黄光晓．能源金融［M］．北京：清华大学出版社，2011．

林伯强，牟敦果．高级能源经济学（第2版）［M］．北京：清华大学出版社，2009．

刘传岩．中国绿色信贷发展问题探究［J］．税务与经济，2012（1）：29－32．

刘莎，刘明．绿色金融、经济增长与环境变化——西北地区环境指数实现"巴黎承诺"有无可能？［J］．当代经济科学，2020（1）：71－84．

刘素蔚，于灏．能源企业数字化转型五大趋势［J］．国家电网，2019（4）：59－61．

马骏．论构建中国绿色金融体系［J］．金融论坛，2015（5）：18－27．

马秋君，刘璇．发达国家绿色信贷业务发展经验借鉴［J］．新金融，2013（4）：57－59．

马中，刘青杨，谷晓明，徐湘博，昌敦虎．发展绿色金融，推进供给侧结构性改革［J］．环境保护，2016，44（16）：33－37．

毛其淋，盛斌．贸易自由化、企业异质性与出口动态——来自中国微观企业数据的证据［J］．管理世界，2013（3）：48－65＋68＋66－67．

穆献中，孔丽，余漱石．城市清洁能源消费、能源强度与金融信贷关系研究——基于北京市的经验数据［J］．生态经济，2019，35（8）：146－152．

秦晓，石油进口增长凸显中国能源供应链风险［N］．中国经济时报，2003－11月－18日．https：//business.sohu.com/2003/11/18/46/article215714667.shtml．

全国能源信息平台．能源企业数字化转型的路径［EB/OL］．https：//baijiahao.baidu.com/s?id＝1693642583816268113&wfr＝spider&for＝pc，2021－03－08．

佘升翔，马超群，王振全，等．能源金融的发展及其对我国的启示［J］．国际石油经济，2007（8）：2－8．

申韬，曹梦真．绿色金融试点降低了能源消耗强度吗？［J］．金融发展研究，2020，2：3－10．

盛晓萍，林森，常燕．从经济发展阶段看能源企业发展道路［J］．经济研究参考，2012（51）：49－55．

史丹．中国能源效率的地区差异与节能潜力分析［J］．中国工业经济，2006（10）：49－58．

搜狐新闻．互联网时代，中国新能源如何进行数字化升级打响线上市场争夺战？［EB/OL］．https：//www.sohu.com/a/438127761_120466754，2020－12－15．

苏冬蔚，连莉莉．绿色信贷是否影响重污染企业的投融资行为？［J］．金融研究，2018，462（12）：123-137.

苏任刚，赵湘莲，程慧. 绿色金融支持绿色产业发展的作用机理、路径分析 [J]. 财会月刊，2019（11）：153-158.

唐玲，杨正林. 能源效率与工业经济转型——基于中国1998~2007年行业数据的实证分析 [J]. 数量经济技术经济研究，2009，26（10）：34-48.

汪克亮，杨力，杨宝臣，程云鹤. 能源经济效率、能源环境绩效与区域经济增长 [J]. 管理科学，2013，26（3）：86-99.

王凤荣，王康仕. "绿色"政策与绿色金融配置效率——基于中国制造业上市公司的实证研究 [J]. 财经科学，2018（5）：1-14.

王红珠. 浅谈绿色金融创新对绿色发展的促进作用 [J]. 绿色科技，2013（6）：245-247.

王军华. 论金融业的"绿色革命" [J]. 生态经济，2000（10）：45-48.

王康仕，孙旭然，王凤荣. 绿色金融发展、债务期限结构与绿色企业投资 [J]. 金融论坛，2019，24（7）：9-19.

王敏，黄滢. 中国的环境污染与经济增长 [J]. 经济学（季刊），2015，14（2）：557-578.

王先菊. 低碳背景下商业银行推进绿色信贷问题研究 [J]. 改革与战略，2012，28（5）：80-83.

王献东，何建敏. 金融市场间的风险传染研究文献综述 [J]. 上海金融，2016（7）：50-58.

王新霞，林晓霞，黄显林. 能源金融风险预警模型研究——基于GABP算法 [J]. 区域金融研究，2016（7）：24-28.

王修华，刘娜. 我国绿色金融可持续发展的长效机制探索 [J]. 理论探索，2016（4）：99-105.

王玉君，韩冬临. 经济发展、环境污染与公众环保行为：基于中国CGSS2013数据的多层分析 [J]. 中国人民大学学报，2016（2）：79-92.

王喆，张明. "一带一路"中的人民币国际化：进展、问题与可行路径 [J].

中国流通经济，2020，34（1）：100-111.

魏楚，沈满洪. 能源效率及其影响因素：基于 DEA 的实证分析 [J]. 管理世界，2007（8）：66-76.

魏丽莉，杨颖. 中国绿色金融政策的演进逻辑与环境效应研究 [J]. 西北师大学报（社会科学版），2020，57（4）：101-111.

魏一鸣，焦建玲. 高级能源经济学 [M]. 北京：清华大学出版社，2013.

魏一鸣，焦建玲，廖华. 能源经济学（第2版）[M]. 北京：清华大学出版社，2013：80.

文书洋，林则夫，刘锡良. 绿色金融与经济增长质量：带有资源环境约束的一般均衡模型构建与实证检验 [J]. 中国管理科学，2021，2（3）：1-11.

吴佳慧，王露，瞿佳慧，张景. 绿色信贷是否有助于改善环境质量？——基于空间杜宾模型的实证研究 [J]. 甘肃金融，2020，(6)：39-46.

伍爱群. 加快我国能源互联网体系建设的建议 [J]. 科技中国，2021（7）：74-76.

肖钢，左瑛. 世界能源金融一体化趋势 [J]. 中国石油企业，2011（12）：28-29.

谢婷婷，刘锦华. 绿色信贷如何影响中国绿色经济增长？[J]. 中国人口资源与环境，2019，29（9）：83-90.

邢玉升，曹利战. 中国的能耗结构、能源贸易与碳减排任务 [J]. 国际贸易问题，2013（3）：78-87.

修静，刘海英，臧晓强. 绿色信贷、节能减排下的工业增长及预测研究 [J]. 当代经济科学，2015，37（3）：55-62.

徐梅林. 基于电力行业改革下的我国电价管制模式研究 [D]. 河海大学，2006.

徐清源，单志广，马潮江. 国内外数字经济测度指标体系研究综述 [J]. 调研世界，2018（11）：52-58.

徐胜，赵欣欣，姚双. 绿色信贷对产业结构升级的影响效应分析 [J]. 上海财经大学学报，2018，20（2）：59-72.

许静．中国对外直接投资对母国能源消费影响研究［D］．中国矿业大学，2017．

许秀梅，尹显萍．贸易开放、对外出口对能源消费的影响——基于2000~2013年我国省级面板数据的研究［J］．国际商务（对外经济贸易大学学报），2016（3）：5-14．

薛香梅．债务约束、环保投资与环境质量［J］．财会通讯，2021，870（8）：83-85．

闫旭．绿色消费对经济高质量发展的影响及对策研究［J］．时代金融，2021，(15)：3-4．

杨慧慧．环境管制方式对能源效率影响的差异性——基于内生视角下的PVAR方法的分析［J］．商业研究，2019（7）：67-76．

杨思琪，彭强，李微．广东省经济增长与环境质量的实证分析［J］．中国市场，2021（17）：25-26．

杨万平，赵金凯．政府环境信息公开有助于生态环境质量改善吗？［J］．经济管理，2018（8）：7-24．

杨煦，彭新宇，刘丹侠．以绿色金融政策促进绿色消费发展［J］．长沙理工大学学报（社会科学版），2011，26（5）：86-89．

叶秀．中国绿色金融市场发展法律分析［J］．经济论坛，2016（2）：49-52．

尹子擘，孙习卿，邢茂源．绿色金融发展对绿色全要素生产率的影响研究［J］．统计与决策，2021，37（3）：139-144．

油永华．基于微观数据的中国制造业要素替代弹性研究［D］．天津财经大学，2017．

俞岚．绿色金融发展与创新研究［J］．经济问题，2016（1）：78-81．

张藏领，王小江．关于绿色金融发展瓶颈期的思考［J］．环境保护，2015，43（24）：58-61．

张梅．绿色发展：全球态势与中国的出路［J］．国际问题研究，2013（5）：93-102．

张晓航．我国构建能源互联网的优劣势分析及行业发展对策［J］．中小企业管理与科技（上旬刊），2021（2）：160-161.

张友国. 中国贸易增长的能源环境代价［J］. 数量经济技术经济研究，2009，26（1）：16-30.

张云. 国外绿色金融发展状况［J］. 经营管理者，2016（5）：26.

张志波，齐中英. 基于VAR模型的金融危机传染效应检验方法与实证分析［J］. 管理工程学报，2005（3）：115-120.

张志辉. 中国区域能源效率演变及其影响因素［J］. 数字经济技术经济研究，2015，32（8）：73-88.

中国石油新闻中心. 主动迎接能源数字经济时代［EB/OL］. http://news.cnpc.com.cn/system/2021/02/20/030025092.shtml，2021-02-20.

周道许，宋科. 绿色金融中的政府作用［J］. 中国金融，2014（4）：22-24.

周东. 能源经济学［M］. 北京：北京大学出版社，2015.

朱菲菲，李惠璇，徐建国，等. 短期羊群行为的影响因素与价格效应——基于高频数据的实证检验［J］. 金融研究，2019（7）：191-206.

Acemoglu, D., Restrepo, P. The race between man and machine: Implications of technology for growth, factor shares, and employment［J］. American Economic Review, 2018a, 108（6）：1488-1542.

Acemoglu, D., Restrepo, P. Low-skill and high-skill automation［J］. Journal of Human Capital, 2018b, 12（2）：204-232.

Acemoglu, D., Restrepo, P. Robots and jobs: Evidence from US labor markets［J］. Journal of Political Economy, 2020, 128（6）：2188-2244.

Acemoglu, D., Restrepo, P. The race between machines and humans: Implications for growth, factor shares and jobs［J］. Retrieved, 2016, 6: 2019.

Aghion, P., Howitt, P. Growth and unemployment［J］. The Review of Economic Studies, 1994, 61（3）：477-494.

Aghion, P., Jones, B. F., Jones, C. I. Artificial intelligence and economic growth［J］. National Bureau of Economic Research, 2017: 237-282.

Aghion, P., Jones, B. F., Jones, C. I. Artificial intelligence and economic growth, the economics of artificial intelligence [M]. University of Chicago Press, 2019.

Agovino, M., Bartoletto, S., Garofalo, A. Modelling the relationship between energy intensity and GDP for European countries: An historical perspective (1800 – 2000) [J]. Energy Economics, 2019, 82 (2): 114 – 134.

Agrawal, A., Gans, J. S., Goldfarb, A. Artificial intelligence: The ambiguous labor market impact of automating prediction [J]. Journal of Economic Perspectives, 2019, 33 (2): 31 – 50.

Ahmad, N., Aghdam, R. F. Z., Butt, I., et al. Citation – based systematic literature review of energy – growth nexus: An overview of the field and content analysis of the top 50 influential papers [J]. Energy Economics, 2020, 86: 104642.

Ajayi, V., Reiner, D. European industrial energy intensity: Innovation, environmental regulation, and price effects [J]. The Energy Journal, 2020, 4: 105 – 128.

Akar, B. G. The determinants of renewable energy consumption: An empirical analysis for the Balkans [J]. European Scientific Journal, 2016, 12 (11): 594 – 607.

Alajmi, R. G. Factors that impact greenhouse gas emissions in Saudi Arabia: Decomposition analysis using LMDI [J]. Energy Policy, 2021, 156: 112454.

Alfaro, L., Chanda, A., Kalemli – Ozcan, S., Sayek, S. FDI and economic growth: The role of local financial markets [J]. Journal of International Economics, 2004, 64 (1): 89 – 112.

Allen, G. D. Mathematical analysis for economists [M]. London: Macmillan, 1938.

Al – Mulali, U., Solarin, S. A., Ozturk, I. Investigating the presence of the environmental Kuznets Curve (EKC) hypothesis in Kenya: An Autoregressive Distributed Lag (ARDL) approach [J]. Natural Hazards, 2016, 80 (3):

1729 – 1747.

Amores, A. F., Arto, I., Corsatea, T. D., Lindner, S., Neuwahl, F., Román, M. V., Rueda – Cantuche, J. M., Velázquez Afonso, A. World input – output database environmental accounts: Update 2000 – 2016 [J]. JRC Working Papers, 2019: 116234.

Amri, F. Renewable and non – renewable categories of energy consumption and trade: Do the development degree and the industrialization degree matter? [J]. Energy, 2019, 173: 374 – 383.

Anderson, D. Technical progress and pollution abatement: An economic view of selected technologies and practices [J]. Environment and Development Economics, 2001, 6 (3): 283 – 311.

Andrew, D. V. P. Green microfinance: A blueprint for advancing social equality and environmental sustainability in the United [J]. American Economic Review, 2009, 57 (9): 512 – 539.

Ang, B. W., Choong, W. L., Ng, T. S. Energy security: Definitions, dimensions and indexes [J]. Renewable and Sustainable Energy Reviews, 2015, 42: 1077 – 1093.

Aparicio, J., Pastor, J. T., Vidal, F. The directional distance function and the translation invariance property [J]. Omega – International Journal of Management Science, 2016, 58: 1 – 3.

Apergis, N., Payne, J. E. Energy consumption and economic growth in central America: Evidence from a panel cointegration and error correction model [J]. Energy Economics, 2009, 31 (2): 211 – 216.

Apergis, N., Payne, J. E., Menyah, K., Wolde – Rufael, Y. On the causal dynamics between emissions, nuclear energy, renewable energy, and economic growth [J]. Ecological Economics, 2010, 69 (11): 2255 – 2260.

Arellano, M., Bond, S. Some tests of specification for panel data: Monte Carlo evidence and an application to employment equations [J]. The Review of

Economic Studies, 1991, 58: 277 – 297.

Arellano, M., Bover, O. Another look at the instrumental variable estimation of error – components models [J]. Journal of Econometrics, 1995, 68: 29 – 51.

ARROW, K. J. The economic implications of learning by doing [J]. The Review of Economic Studies, 1962, 29 (3): 155 –173.

Asia Pacific Energy Research Centre (APERC). Quest for energy security in the 21st century—Resources and constraints [M]. Asia pacific Energy Research Centre, Institute of Energy Economics, Tokyo, Japan, 2007.

Autor, D. H., Dorn, D. The growth of low – skill service jobs and the polarization of the us labor market [J]. American Economic Review, 2013, 103: 1553 –1597.

Azman – Saini, W., Law, S. H., Ahmad, A. H. FDI and economic growth: New evidence on the role of financial markets [J]. Economics Letters, 2010, 107: 211 –213.

Bailey, D., Katz, J. N. Implementing panel corrected standard errors in R: The PCSE package [J]. Journal of Statistical Software, 2011, 42: 1 – 11.

Ballestar, M. T., Díaz – Chao, Á., Sainz, J., et al. Knowledge, robots and productivity in SMEs: Explaining the second digital wave [J]. Journal of Business Research, 2020, 108: 119 –131.

Banhidarah, A. K., Al – Sumaiti, A. S., Wescoat Jr, J. L., Nguyen, H. T. Electricity – water usage for sustainable development: An analysis of United Arab Emirates farms [J]. Energy Policy, 2020, 147: 111823.

Banker, R. D., Charnes, A., Cooper, W. W. Some models for estimating technical and scale inefficiencies in Data Envelopment Analysis [J]. Management Science, 1984, 30 (9): 1078 – 1092.

Baran, J., Szpor, A., Witajewski – Baltvilks, J. Low – carbon transition in a coal – producing country: A labour market perspective [J]. Energy Policy,

2020, 147: 111878.

Bard, J. F. An assessment of industrial robots: Capabilities, economics, and impacts [J]. Journal of Operations Management, 1986, 6 (2): 99 – 124.

Basher, S. A., Haug, A. A., Sadorsky, P. The impact of oil shocks on exchange rates: A Markov – switching approach [J]. Energy Economics, 2016, 54: 11 – 23.

Berg, A., Buffie, E. F., Zanna, L. F. Should we fear the robot revolution? (the correct answer is yes) [J]. Journal of Monetary Economics, 2018, 97: 117 – 148.

Böhringer, C., Rutherford, T. F., Springmann, M. Clean – development investments: An incentive – compatible CGE modelling framework [J]. Environmental and Resource Economics, 2015, 60 (4): 633 – 651.

Bi, G. B., Song, W., Zhou, P., Liang, L. Does environmental regulation affect energy efficiency in China's thermal power generation? Empirical evidence from a Slacks – based DEA model [J]. Energy Policy, 2014, 66: 537 – 546.

Blackorby, C., Primont, D., Russell, R. R. The Morishima gross elasticity of substitution [J]. Journal of Productivity Analysis, 2007, 28 (3): 203 – 208.

Blackorby, C., Russell, R. R. The Morishima elasticity of substitution; symmetry, constancy, separability, and its relationship to the Hicks and Allen elasticities [J]. The Review of Economic Studies, 1981, 48 (1): 147 – 158.

Blundell, R., Bond, S. Initial conditions and moment restrictions in dynamic panel data models [J]. Journal of Econometrics, 1998, 87: 115 – 143.

Blyth, W., Bunn, D. Coevolution of policy, market and technical price risks in the EU ETS [J]. Energy Policy, 2011, 39 (8): 4578 – 4593.

Brander, J. A., Spencer, B. J. Export subsidies and international market share rivalry [J]. Journal of International Economics, 1985, 18: 83 – 100.

Brossog, M., Bornschlegl, M., Franke, J. Reducing the energy consumption of industrial robots in manufacturing systems [J]. International Journal of Advanced Manufacturing Technology, 2015, 78 (5 – 8): 1315 – 1328.

Brynjolfsson, E., Rock, D., Syverson, C. Artificial intelligence and the modern productivity paradox: A clash of expectations and statistics [R]. NBER Working Paper, 2017: 24001.

Buckley, A. International capital budgeting, real operating options and FDI [J]. Managerial Finance, 1996, 22 (1): 19 – 40.

Bukht, R., Heeks, R. Defining, conceptualising and measuring the digital economy [J]. International Organisations Research Journal, 2018, 13 (2): 143 – 172.

Burnett, J. W., Madariaga, J. The convergence of U. S. state – level energy intensity [J]. Energy Economics, 2017, 62: 357 – 370.

Calvo, G. A., Mendoza, E. G. Rational contagion and the globalization of securities markets [J]. Journal of International Economics, 2000, 51 (1): 79 – 113.

Camiña, E., Díaz – Chao, Á., Torrent – Sellens, J. Automation technologies: Long – term effects for Spanish industrial firms [J]. Technological Forecasting and Social Change, 2020, 151: 119828.

Carabin, G., Wehrle, E., Vidoni, R. A review on energy – saving optimization methods for robotic and automatic systems [J]. Robotics, 2017, 6: 39.

Cen, T., He, R. Fintech, green finance and sustainable development [J]. Advances in Social Science, Education and Humanities Research, 2018, 291: 222 – 225.

Chambers, R. G., Chung, Y., Färe, R. Benefit and distance functions [J]. Journal of Economic Theory, 1996, 70 (2): 407 – 419.

Chami, R., Cosimano, T. F., Fullenkamp, C. Managing ethical risk: How investing in Ethics adds value [J]. Journal of Banking and Finance, 2002, 26

(9): 1697 – 1718.

Charnes, A. A., Clark, C. T., Cooper, W. W., et al. A developmental study of data envelopment analysis in measuring the efficiency of maintenance units in the U. S. air forces [J]. Annals of Operations Research, 1984, 2 (1): 95 – 112.

Charnes, A. A., Cooper, W. W., Rhodes, E. Measuring the efficiency of decision making units [J]. European Journal of Operational Research, 1978, 2 (6): 429 – 444.

Chen, J., Zhu, X., Zhong, M. Nonlinear effects of financial factors on fluctuations in nonferrous metals prices: A Markov – switching VAR analysis [J]. Resources Policy, 2019, 61: 489 – 500.

Chen, S. Green finance and development of low carbon economy [M]. In LTLGB 2012, Springer, Berlin, Heidelberg, 2013: 457 – 461.

Chen, Y., Lee, C. C. Does technological innovation reduce CO_2 emissions? Cross – country evidence [J]. Journal of Cleaner Production 263, 2020: 121550.

Cilliers, E. J., Diemont, E., Stobbelaar, D. J., Timmermans, W. Sustainable green urban planning: The green credit tool [J]. Journal of Place Management and Development, 2010, 3: 57 – 66.

Clark, R., Reed, J., Sunderland, T. Bridging funding gaps for climate and sustainable development: Pitfalls, progress and potential of private finance [J]. Land Use Policy, 2018, 71: 335 – 346.

Cologni, A., Manera, M. The asymmetric effects of oil shocks on output growth: A Markov – switching analysis for the G – 7 countries [J]. Economic Modelling, 2009, 26 (1): 1 – 29.

Conti, C., Mancusi, M. L., Sanna – Randaccio, F., Sestini, R., Verdolini, E. Transition towards a green economy in Europe: Innovation and knowledge integration in the renewable energy sector [J]. Research Policy, 2018, 47: 1996 – 2009.

Correlje, A., Van Der Linde, C. Energy supply security and geopolitics: A European perspective [J]. Energy Policy, 2006, 34 (5): 532 – 543.

Corsi, F. A simple approximate long – memory model of realized volatility [J]. Journal of Financial Econometrics, 2009, 7 (2): 174 – 196.

Cowan, E. Topical issues in Environmental Finance [R]. Research paper was commissioned by the Asia Branch of the Canadian. International Development Agency (CIDA), 1999 (1).

Cui, H., Wang, R., Wang, H. An evolutionary analysis of green finance sustainability based on multi – agent game [J]. Journal of Cleaner Production, 2020, 269: 121799.

Dabos, M., Gantman, E. R. The fading link? A new empirical analysis of the relationship between financial development and economic growth [J]. The Milton Friedman Institute for Research in Economics, 2010: 1 – 20.

Dai, L., Mu, X., Lee, C. C., Liu, W. The impact of outward foreign direct investment on green innovation: The threshold effect of environmental regulation [J]. Environmental Science and Pollution Research, 2021, 28: 34868 – 34884.

Dauth, W., Findeisen, S., Jens, S., et al. German robots—The impact of industrial robots on workers [J]. CEPR Discussion Papers, 2017: 12306.

David, H. Why are there still so many jobs? The history and future of workplace automation [J]. Journal of economic perspectives, 2015, 29 (3): 3 – 30.

Díaz, A., Marrero, G. A., Puch, L. A., Rodríguez, J. Economic growth, energy intensity and the energy mix [J]. Energy Economics, 2019, 81: 1056 – 1077.

De la Fuente, A., Marin, J. Innovation, bank monitoring, and endogenous financial development [J]. Journal of Monetary Economics, 1996, 38 (2): 269 – 301.

Diakoulaki, D., Mandaraka, M. Decomposition analysis for assessing the progress in decoupling industrial growth from CO_2 emissions in the EU manufacturing sector [J]. Energy Economics, 2007, 29 (4): 636 -664.

Diebold, F. X., Yilmaz, K. Better to give than to receive: Predictive directional measurement of volatility spi-llovers [J]. International Journal of Forecasting, 2012, 28 (1): 57 -66.

Diebold, F. X., Yilmaz, K. Measuring financial asset return and volatility spillovers, with application to global equity markets [J]. The Economic Journal, 2009, 119 (534): 158 -171.

Dolado, J. J., Lutkepohl, H. Making wald tests work for cointegrated VAR systems [J]. Econometric Reviews, 1996, 15 (4): 369 -386.

D'Orazio, P., Valente, M. The role of finance in environmental innovation diffusion: An evolutionary modeling approach [J]. Journal of Economic Behavior & Organization, 2019, 162: 417 -439.

Doytch, N., Narayan, S. Does FDI influence renewable energy consumption? An analysis of sectoral FDI impact on renewable and non – renewable industrial energy consumption [J]. Energy Economics, 2016, 54: 291 -301.

Dunkerley, J. Financing the energy sector in developing countries [J]. Energy Policy, 1995, 23 (11): 929 -939.

Durlauf, S. N., Blume, L. E. The new palgrave dictionary of economics (second edition) [M]. New York: Palgrave Macmillan, 2008.

Durusu – Ciftci, D., Ispir, M. S., Yetkiner, H. Financial development and economic growth: Some theory and more evidence [J]. Journal of Policy Modeling, 2017, 39: 290 -306.

Ekeh, J. C., Wara, S. T., Orovwode, H. E. Management of existing capacity of electric power with energy saving devices [J]. In Advanced Materials Research, 2007, 18: 117 -124.

Engle, R. Dynamic conditional correlation: A simple class of multivariate generalized autoregressive conditional heteroscedasticity models [J]. Journal of Business & Economic Statistics, 2002, 20 (3): 339 - 350.

European Commission. Towards a European strategy for the security of energy supply [M]. Office for Official Publications of the European Communities, Luxembourg, 2000.

Evangelinos, K. I., Nikolaou, I. E. Environmental accounting and the banking sector: A framework for measuring environmental - financial risks [J]. International Journal of Services Sciences, 2009, 2 (3 -4): 366 - 380.

Fafchamps, M., Schündeln, M. Local financial development and firm performance: Evidence from Morocco [J]. Journal of Development Economics, 2013, 103: 15 - 28.

Falcone, P. M., Sica, E. Assessing the opportunities and challenges of green finance in Italy: An analysis of the biomass production sector [J]. Sustainability, 2019, 11 (2): 517.

Farajzadeh, Z., Nematollahi, M. A. Energy intensity and its components in Iran: Determinants and trends [J]. Energy Economics, 2018, 73: 161 - 177.

Faulkender, M., Petersen, M. A. Does the source of capital affect capital structure? [J]. The Review of Financial Studies, 2006, 19 (1): 45 - 79.

Fisher - Vanden, K., Hu, Y., Jefferson, G., Rock, M., Toman, M. Factors influencing energy intensity in four Chinese industries [J]. Energy Journal, 2016, 37: 153 - 187.

Forbes, K. J., Rigobon, R. No contagion, only interdependence: Measuring stock market comovements [J]. The Journal of Finance, 2002, 57 (5): 2223 - 2261.

Frankel, J., Rose, A. An estimate of the effect of common currencies on trade and income [J]. The Quarterly Journal of Economics, 2002, 117 (2): 437 - 466.

Frey, C. B., Osborne, M. A. The future of employment: How susceptible are jobs to computerisation? [J]. Technological Forecasting and Social Change,

2017, 114: 254 – 280.

Gadaleta, M., Pellicciari, M., Berselli, G. Optimization of the energy consumption of industrial robots for automatic code generation [J]. Robotics and Computer – Integrated Manufacturing, 2019, 57: 452 – 464.

Gantman, A., Kapp, S. K., Orenski, K., Laugeson, E. A. Social skills training for young adults with high – functioning autism spectrum disorders: A randomized controlled pilot study [J]. Journal of Autism and Developmental Disorders, 2012, 42 (6): 1094 – 1103.

Gantman, E. R., Dabos, M. P. A fragile link? A new empirical analysis of the relationship between financial development and economic growth [J]. Oxford Development Studies, 2012, 40 (4): 517 – 532.

Gasser, P. A review on energy security indices to compare country performances [J]. Energy Policy, 2020, 139: 111 – 339.

Gasteiger, E., Prettner, K. A note on automation, stagnation, and the implications of a robot tax [R]. Free University Berlin, School of Business & Economics, 2017.

Geddes, A., Schmidt, T. S., Steffen, B. The multiple roles of state investment banks in low – carbon energy finance: An Analysis of Australia, the UK and Germany [J]. Energy Policy, 2018, 115: 158 – 170.

Georg, G., Guy, M. Robots at work: The impact on productivity and jobs [R]. Centre for Economic Performance, LSE, CentrePiece – The Magazine for Economic Performance, 2015.

Ghani, G. M. Does trade liberalization effect energy consumption? [J]. Energy Policy, 2012, 43: 285 – 290.

Ghobakhloo, M., Fathi, M. Industry 4.0 and opportunities for energy sustainability [J]. Journal of Cleaner Production, 2021, 295: 126427.

Ghysels, E., Santa – Clara, P., Valkanov, R. The MIDAS touch: Mixed data sampling regression models [J]. 2004.

Glomsrod, S., Wei, T. Business as unusual: The implications of fossil divestment and green bonds for financial flows, economic growth and energy market [J]. Energy for Sustainable Development, 2018, 44: 1 – 10.

Goos, M., Manning, A., Salomons, A. Explaining job polarization: Routine – biased technological change and offshoring [J]. American Economic Review, 2014, 104: 2509 – 2526.

Graetz, G., Michaels, G. Robots at work [J]. The Review of Economics and Statistics, 2018, 100: 753 – 768.

Graetz, G., Michaels, G. Robots at work: The impact on productivity and jobs [R]. Centre for Economic Performance, LSE, 2015.

Gray, R. Of messiness, systems and sustainability: Towards a more social and environmental finance and accounting [J]. The British Accounting Review, 2002, 34 (4): 357 – 386.

Greening, L. A., Davis, W. B., Schipper, L., Khrushch, M. Comparison of six decomposition methods: Application to aggregate energy intensity for manufacturing in 10 OECD countries [J]. Energy Economics, 1997, 19: 375 – 390.

Grossman, G. M., Krueger, A. B. Environmental impacts of a North American free trade agreement [J]. CEPR Discussion Papers, 1991, 8 (2): 223 – 250.

GSMA. The Mobile Economy, 2017.

Gumilang, H., Mukhopadhyay, K., Thomassin, P. J. Economic and environmental impacts of trade liberalization: The case of Indonesia [J]. Economic Modelling, 2011, 28 (3): 1030 – 1041.

Hair, J. F., Black, W. C., Babin, B. J., Anderson, R. E., Tatham, R. L. Multivariate data analysis [M]. Pearson Prentice Hall, Upper Saddle River, NJ, 2006.

Hamilton, J. D. A new approach to the economic analysis of nonstationary time series and the business cycle [J]. Econometrica: Journal of The Econometric

Society, 1989, 357 – 384.

Hansen, L. P. Large sample properties of generalized method of moments estimators [J]. Econometrica, 1982, 50: 1029 – 1054.

Hansen, P. R., Huang, Z., Shek, H. H. Realized GARCH: A joint model for returns and realized measures of volatility [J]. Journal of Applied Econometrics, 2012, 27 (6): 877 – 906.

Hansen, R. Economic growth given machine intelligence [J]. Technical Report, University of California, Berkeley, 2001, 1 – 13.

Heghedus, C., Chakravorty, A., Rong, C. Energy informatics applicability: Machine learning and deep learning [C]. In: 2018 IEEE International Conference on Big Data, Cloud Computing, Data Science & Engineering. BCD, IEEE, 2018: 97 – 101.

Helpman, E., Krugman, P. Market structure and foreign trade: Increasing returns, imperfect competition, and the international economy [M]. MIT Press Books, 1987, 1 (381): 543 – 543.

Herrendorf, B., Rogerson, R., Valentinyi, Á. Two perspectives on preferences and structural transformation [J]. American Economic Review, 2013, 103: 2752 – 2789.

Hicks, J. R., Allen, R. G. D. A reconsideration of the theory of value. Part I [J]. Economica, 1934, 1 (1): 52 – 76.

Hicks, J. R. Elasticity of substitution again: Substitutes and complements [J]. Oxford Economic Papers, 1970, 22 (3): 289 – 296.

Hicks, J. R. The theory of wages [M]. London: Macmillan, 1932.

Hotelling, H. The Economics of Exhaustible Resources [J]. Journal of Political Economy, 1931, 39 (2), 137 – 175.

Howarth, R. B., Schipper, L., Duerr, P. A., Strøm, S. Manufacturing energy use in eight OECD countries: Decomposing the impacts of changes in output, industry structure and energy intensity [J]. Energy Economics, 1991,

13: 135-142.

Huang, H., Zhang, J. Research on the environmental effect of green finance policy based on the analysis of pilot zones for green finance reform and innovations [J]. Sustainability, 2021, 13 (7): 37-54.

Huang, J., Chen, X. Domestic R&D activities, technology absorption ability, and energy intensity in China [J]. Energy Policy, 2020, 138: 111184.

Hu, J. L., Wang, S. C. Total-factor energy efficiency of regions in China [J]. Energy Policy, 2006, 34 (17): 3206-3217.

Hulten, C. R. Divisia Index Numbers [J]. Econometrica, 1973, 41 (6): 1017-1025.

Ibrahim, M., Alagidede, P. Effect of financial development on economic growth in Sub-Saharan Africa [J]. Journal of Policy Modeling, 2018, 40 (6): 1104-1125.

IFC. Green finance: A bottom-up approach to track existing flows [M]. International Finance Corporation, 2017.

Inada, K. On a two-sector model of economic growth: Comments and a generalization [J]. The Review of Economic Studies, 1963, 30 (2): 119-127.

Jalil, A., Feridun, M. The impact of growth, energy and financial development on the environment in China: A cointegration analysis [J]. Energy Economics, 2011, 33 (2): 284-291.

Jebaraj, S., Iniyan, S. A review of energy models [J]. Renewable and Sustainable Energy Reviews, 2006, 10 (4): 281-311.

Jeucken, M. Sustainable finance and banking: The financial sector and the future of the planet [M]. London: Earthscan, 2001.

Jiang, X. C., Shen, J. H., Lee, C. C., Cheng, C. Supply-side structural reform and dynamic capital structure adjustment: Evidence from Chinese-listed firms [J]. Pacific-Basin Finance Journal, 2020, 65: 101482.

Jie, L. I., Huang, L., Ping, L. I. Are Chinese crude oil futures good hedging tools? [J]. Finance Research Letters, 2021, 38: 101514.

Jimenez, R., Mercado, J. Energy intensity: A decomposition and counterfactual exercise for Latin American countries [J]. Energy Economics, 2014, 42: 161–171.

Jinchao, L., Lina, W., Xiaoshan, L., Shen, L. Analysis of China's energy security evaluation system: Based on the energy security data from 30 provinces from 2010 to 2016 [J]. Energy, 2020, 198: 117346.

Jönsson, K. Cross-sectional dependency and size distortion in a small-sample homogeneous panel data unit root test [J]. Oxford Bulletin of Economics and Statistics, 2005, 67: 369–392.

Johansen, S. Estimation and hypothesis testing of cointegration vectors in Gaussian vector autoregressive models [J]. Econometrica, 1991, 59: 1551–1580.

Jolliffe, I. T. Principal component analysis, second ed. [M]. Springer Series in Statistics, 2002.

Jung, J. H., Lim, D. G. Industrial robots, employment growth, and labor cost: A simultaneous equation analysis [J]. Technological Forecasting and Social Change, 2020, 159: 120202.

Juselius, K., Johansen, S. Maximum likelihood estimation and inference on cointegration-with applications to the demand for money [J]. Oxford Bulletin of Economics and Statistics, 1990, 52 (2): 169–210.

Ju, Y., Sohn, S. Y. Patent-based QFD framework development for identification of emerging technologies and related business models: A case of robot technology in Korea [J]. Technological Forecasting and Social Change, 2015, 94: 44–64.

Kagermann, H., Helbig, J., Hellinger, A., et al. Recommendations for implementing the strategic initiative Industrie 4.0: Securing the future of German manufacturing industry; Final report of the Industries 4.0 working group [R]. Forschungsunion, 2013.

Kang, H., Jung, S. Y., Lee, H. The impact of green credit policy on manufacturers' efforts to reduce suppliers' pollution [J]. Journal of Cleaner Production, 2020, 248: 119271.

Kang, K., Zhao, Y., Zhang, J., Qiang, C. Evolutionary game theoretic analysis on low – carbon strategy for supply chain enterprises [J]. Journal of Cleaner Production, 2019, 230: 981 – 994.

Karimu, A., Brännlund, R., Lundgren, T., Söderholm, P. Energy intensity and convergence in Swedish industry: A combined econometric and decomposition analysis [J]. Energy Economics, 2017, 62: 347 – 356.

Keynes, J. M. Economic possibilities for our grandchildren [M]. In Essays in Persuasion, London: Macmillan, 1931, 358: 74.

King, R. G., Levine, R. Finance and growth: Schumpeter might be right [J]. Quarterly Journal of Economics, 1993, 108: 717 – 737.

Kokosalakis, G., Merika, A., Triantafyllou, A. Energy efficiency and emissions control: The response of the second – hand container ships sector [J]. Energy Economics, 2021, 100: 105378.

Kraft, J., Kraft, A. Relationship between energy and GNP [J]. Journal of Energy Finance & Development, 1978, 3 (2): 401 – 403.

Kromann, L., Malchow – Møller, N., Skaksen, J. R., et al. Automation and productivity—A cross – country, cross – industry comparison [J]. Industrial and Corporate Change, 2020, 29 (2): 265 – 287.

Kromann, L., Rose Skaksen, J., Sørensen, A. Automation, labor productivity and employment: A cross country comparison [R]. Centre for Economic and Business Research, Copenhagen Business School, 2011.

Kumaresan, N., Miyazaki, K. An integrated network approach to systems of innovation—The case of robotics in Japan [J]. Research Policy, 1999, 28: 563 – 585.

Kumar, S., Managi, S. Environment and productivities in developed and developing countries: The case of carbon dioxide and sulfur dioxide [J]. Journal of Environmental Management, 2010, 91 (7): 1580 – 1592.

Labatt, S., White, R. R. Environmental finance: A guide to environmental risk assessment and financial products [J]. Transplantation, 2002, 66 (8): 40 – 59.

Lange, S., Pohl, J., Santarius, T. Digitalization and energy consumption. Does ICT reduce energy demand? [J]. Ecological Economics, 2020, 176: 106760.

Lan, J., Wen, H. Industrial digitalization and energy intensity: Evidence from China's manufacturing sector [J]. Energy Research Letters, 2021, 2 (2): 1 – 6.

Lauber, V. Refit and RPS: Options for a harmonised community framework [J]. Energy Policy, 2004, 32 (12): 1405 – 1414.

Lee, C. C. Energy consumption and GDP in developing countries: A cointegrated panel analysis [J]. Energy Economics, 2005, 27: 415 – 427.

Lee, C. C., Lee, C. C., Li, Y. Y. Oil price shocks, geopolitical risks, and green bond market dynamics [J]. North American Journal of Economics and Finance, 2021a, 55: 101309.

Lee, C. C., Lee, C. C. Oil price shocks and Chinese banking performance: Do country risks matter? [J]. Energy Economics, 2019, 77: 46 – 53.

Lee, C. C., Lee, C. C., Xiao, S. Policy – related risk and corporate financing behavior: Evidence from China's listed companies [J]. Economic Modelling, 2021b, 94: 539 – 547.

Lee, C. C., Ranjbar, O., Lee, C. C. Testing the persistence of shocks on renewable energy consumption: Evidence from a quantile unit – root test with smooth breaks [J]. Energy, 2021c, 215: 119190.

Lee, C. C., Wang, C. W. Firms' cash reserve, financial constraint, and geopolitical risk [J]. Pacific – Basin Finance Journal, 2021d, 65: 101480.

Lee, C. C., Wang, C. W., Ho, S. J. Financial aid and financial inclusion: Does risk uncertainty matter? [J]. Pacific - Basin Finance Journal, 2022, 71: 101700.

Lee, C. C., Wang, C. W., Ho, S. J., Wu, T. P. The impact of natural disaster on energy consumption: International evidence [J]. Energy Economics, 2021e, 97: 105021.

Lee, C. C., Yuan, Z. H., Wang, Q. R. How does information and communication technology affect energy security? International evidence [J]. Energy Economics, 2022, 109: 105969.

Lee, J. M., Chen, K. H., Cho, C. H. The relationship between CO_2 emissions and financial development [J]. The Singapore Economic Review, 2015, 60 (5): 1550117.

Lee, M. K., Park, H., Noh, J., et al. Promoting energy efficiency financing and ESCOs in developing countries: Experiences from Korean ESCO business [J]. Journal of Cleaner Production, 2003, 11 (6): 651 - 657.

Lescaroux, F. Decomposition of US manufacturing energy intensity and elasticities of components with respect to energy prices [J]. Energy Economics, 2008, 30: 1068 - 1080.

Le, T. H., Chang, Y., Taghizadeh - Hesary, F., Yoshino, N. Energy insecurity in Asia: A multi - dimensional analysis [J]. Economic Modelling, 2019, 83: 84 - 95.

Le, T. H., Kim, J., Lee, M. Institutional quality, trade openness, and financial sector development in Asia: An empirical investigation [J]. Emerging Markets Finance and Trade, 2016, 52 (5): 1047 - 1059.

Le, T. H., Tran - Nam, B. Trade liberalization, financial modernization and economic development: An empirical study of selected Asia - Pacific countries [J]. Resource Economics, 2018, 72 (2): 343 - 355.

Liao, H., Cao, H. S. How does carbon dioxide emission change with the economic development? Statistical experiences from 132 countries [J]. Global Environmental Change, 2013, 23: 1073 – 1082.

Liao, H., Wei, Y. M. China's energy consumption: A perspective from Divisia aggregation approach [J]. Energy, 2010, 35 (1): 28 – 34.

Li, M. J., Tao, W. Q. Review of methodologies and polices for evaluation of energy efficiency in high energy – consuming industry [J]. Applied Energy, 2017, 187: 203 – 215.

Linnenluecke, M. K., Smith, T., McKnight, B. Environmental finance: A research agenda for interdisciplinary finance research [J]. Economic Modelling, 2016, 59: 124 – 130.

Lin, S. X., Tamvakis, M. N. Spillover effects in energy futures markets [J]. Energy Economics, 2001, 23 (1): 43 – 56.

Liu, J., Chang, H., Forrest, J. Y. L., Yang, B. Influence of artificial intelligence on technological innovation: Evidence from the Panel data of China's manufacturing sectors [J]. Technological Forecasting and Social Change, 2020, 158: 120 – 142.

Liu, J. Y., Xia, Y., Fan, Y., Lin, S. M., Wu, J. Assessment of a green credit policy aimed at energy – intensive industries in China based on a financial CGE model [J]. Journal of Cleaner Production, 2017, 163: 293 – 302.

Liu, M., Lee, C. Capturing the dynamics of the China crude oil futures: Markov switching, co – movement, and volatility forecasting [J]. Energy Economics, 2021, 103: 105622.

Liu, T. Y., Lee, C. C. Convergence of the world's energy use [J]. Resource and Energy Economics, 2020, 62: 101199.

Liu, W. M., Schultz, E., Swieringa, J. Price dynamics in global crude oil markets [J]. Journal of Futures Markets, 2015, 35 (2): 148 – 162.

Li, W., Hu, M. An overview of the environmental finance policies in China:

Retrofitting an integrated mechanism for environmental management [J]. Frontiers of Environmental Science & Engineering, 2014, 8: 316 – 328.

Li, W., Jia, Z. Carbon tax, emission trading, or the mixed policy: Which is the most effective strategy for climate change mitigation in China? [J]. Mitigation and Adaptation Strategies for Global Change, 2017, 22 (6): 973 – 992.

Li, X., Hui, E. C., Lang, W., Zheng, S., Qin, X. Transition from factor – driven to innovation – driven urbanization in China: A study of manufacturing industry automation in Dongguan city [J]. China Economic Review, 2020, 59: 101382.

Lucas, R. E. On the mechanics of economic development [J]. Journal of Monetary Economics, 1988, 22 (1): 3 – 42.

Lu, X., Ma, F., Wang, J., et al. Examining the predictive information of CBOE OVX on China's oil futures volatility: Evidence from MS – MIDAS models [J]. Energy, 2020, 212: 118743.

Lv, C., Shao, C., Lee, C. C. Green technology innovation and financial development: Do environmental regulation and innovation output matter? [J]. Energy Economics, 2021, 98: 105237.

Lv, Y., Chen, W., Cheng, J. Effects of urbanization on energy efficiency in China: New evidence from short run and long run efficiency models [J]. Energy Policy, 2020, 147: 111858.

Malthus, T. R. An essay on the principle of population (1798) [M]. Macmillan, 1986.

Marcel, J. Sustainable finance and banking: The financial sector and the future of the planet [M]. UK: Earthscan Publications Ltd, 2001.

Marques, A. C., Fuinhas, J. A. Is renewable energy effective in promoting growth? [J]. Energy Policy, 2012, 46: 434 – 442.

Martinez – Zarzoso, I., Bengochea – Morancho, A., Morales – Lage, R. Does environmental policy stringency foster innovation and productivity in OECD countries？[J]. Energy Policy, 2019, 134: 110982.

Meike, D. , Ribickis, L. Energy efficient use of robotics in the automobile industry [C]. 15th International Conference on Advanced Robotics (ICAR), 2011: 507 - 511.

Meo, M. S. , Abd Karim, M. Z. The role of green finance in reducing CO_2 emissions: An empirical analysis [J]. Borsa Istanbul Review, 2021, 3: 2.

Michaels, G. , Natraj, A. , Van Reenen, J. Has ICT polarized skill demand？Evidence from eleven countries over twenty - five years [J]. The Review of Economics and Statistics, 2014, 96: 60 - 77.

Mimouni, K. , Temimi, A. What drives energy efficiency？New evidence from financial crises [J]. Energy Policy, 2018, 122: 332 - 348.

Mishra, V. , Smyth, R. , Sharma, S. The Energy - GDP nexus: Evidence from a panel of pacific island countries [J]. Resource and Energy Economics, 2009, 31: 210 - 220.

Mohammed, Y. S. , Mustafa, M. W. , Bashir, N. Hybrid renewable energy systems for off - grid electric power: Review of substantial issues [J]. Renewable Sustainable Energy Review S, 2014, 35: 527 - 539.

Mulder, P. International specialization, structural change and the evolution of manufacturing energy intensity in OECD countries [J]. Energy Journal, 2015, 36 (3): 111 - 136.

Mundaca, T. L. , Markandya, A. , Norgaard, J. Walking away from a low - carbon economy？Recent and historical trends using a regional decomposition analysis [J]. Energy Policy, 2013, 61: 1471 - 1480.

Mundfrom, D. J. , Shaw, D. G. , Ke, T. L. Minimum sample size recommendations for conducting factor analyses [J]. International Journal of Testing, 2005, 5 (2): 159 - 168.

Mundlak, Y. Elasticities of substitution and the theory of derived demand [J].

The Review of Economic Studies, 1968, 35 (2): 225 - 236.

Nasreen, S. , Anwar, S. , 2014. Causal relationship between trade openness, economic growth and energy consumption: A panel data analysis of Asian countries [J]. Energy Policy, 2014, 69: 82 - 91.

Nepal, R. , Paija, N. A multivariate time series analysis of energy consumption, real output and pollutant emissions in a developing economy: New evidence from Nepal [J]. Economic Modelling, 2018, 77: 164 - 173.

Nepal, R. , Paija, N. Energy security, electricity, population and economic growth: The case of a developing South Asian resource - rich economy [J]. Energy Policy, 2019, 132: 771 - 781.

Niu, S. , Li, Z. , Qiu, X. , Dai, R. , Wang, X. , Qiang, W. Measurement of effective energy consumption in China's rural household sector and policy implication [J]. Energy Policy, 2019, 128: 553 - 564.

Omri, A. , Daly, S. , Rault, C. , Chaibi, A. Financial development, environmental quality, trade, and economic growth: What causes what in MENA countries [J]. Energy Economics, 2015, 48: 242 - 252.

Omri, A. , Nguyen, D. K. On the determinants of renewable energy consumption: International evidence [J]. Energy, 2014, 72: 554 - 560.

Ozawa, T. The role of government in East Asian economic development: Comparative institutional analysis [J]. The Journal of Asian Studies, 1999, 58 (2): 453 - 454.

Pagano, M. Financial markets and growth: An overview [J]. European Economic Review, 1993, 37: 613 - 622.

Painuly, J. P. , Park, H. , Lee, M. K. , et al. Promoting energy efficiency financing and ESCOs in developing countries: Mechanisms and barriers [J]. Journal of Cleaner Production, 2003, 11 (6): 659 - 665.

Panayotou, T. Empirical tests and policy analysis of environmental degradation at different stages of economic development [R]. International Labour Organization, Pacific and Asian Journal of Energy, 1993.

Pan, X., Uddin, M. K., Han, C., Pan, X. Dynamics of financial development, trade openness, technological innovation and energy intensity: Evidence from Bangladesh [J]. Energy, 2019, 171: 456 – 464.

Parker, S., Liddle, B. Energy efficiency in the manufacturing sector of the OECD: Analysis of price elasticities [J]. Energy Economics, 2016, 58: 38 – 45.

Pastras, G., Fysikopoulos, A., Chryssolouris, G. A theoretical investigation on the potential energy savings by optimization of the robotic motion profiles [J]. Robot and Computer – Integrated Manufacturing, 2019, 58: 55 – 68.

Pissarides, C. A. Equilibrium unemployment theory [M]. MIT Press, 2000.

Pollio, G. Project finance and international energy development [J]. Energy Policy, 1998, 26 (9): 687 – 697.

Poterba, J. M. Transmission of volatility between stock markets: Discussion [J]. The Review of Financial Studies, 1990, 3 (1): 34 – 35.

Raberto, M., Ozel, B., Ponta, L., Teglio, A., Cincotti, S. From financial instability to green finance: The role of banking and credit market regulation in the Eurace Model [J]. Journal of Evolutionary Economics, 2019, 29 (1): 429 – 465.

Rafiq, S., Salim, R., Nielsen, I. Urbanization, openness, emissions, and energy intensity: A study of increasingly urbanized emerging economies [J]. Energy Economics, 2016, 56: 20 – 28.

Reed, W. R., Ye, H. Which panel data estimator should I use? [J]. Applied Economics, 2011, 43: 985 – 1000.

Robinson, J. V. The economics of imperfect competition [M]. London: Macmillan, 1933.

Romer, D. Advanced macroeconomics [M]. NewYork: McGraw – Hill Companies, 2001.

Romer, P. M. Endogenous technological change [J]. Journal of Political Economy, 1990, 98 (5): 1002 – 1034.

Romer, P. M. Growth based on increasing returns due to specialization [J]. The American Economic Review, 1987, 77 (2): 56 – 62.

Romer, P. M. Increasing returns and long – run growth [J]. Journal of Political Economy, 1986, 94 (5): 1002 – 1037.

Roodman, D. How to do xtabond2: An introduction to difference and system GMM in Stata [J]. The Stata Journal, 2009, 9: 86 – 136.

Ruiz, J. L. Financial development, institutional investors, and economic growth [J]. International Review of Economics and Finance, 2018, 54: 218 – 224.

Sachs, J. D., Woo, W. T., Yoshino, N., Taghizadeh – Hesary, F. Importance of green finance for achieving sustainable development goals and energy security [R]. Handbook of Green Finance: Energy Security and Sustainable Development, 2019, 10.

Sadorsky, P. Trade and energy consumption in the Middle East [J]. Energy Economics, 2011, 33 (5): 739 – 749.

Salazar, J. Environmental finance: Linking two worlds [R]. Presented at a workshop on financial innovations for Biodiversity Bratislava, 1998, 1.

Santos, J., Borges, A. S., Domingos, T. Exploring the links between total factor productivity and energy efficiency: Portugal, 1960 – 2014 [J]. Energy Economics, 2021, 101: 105407.

Sato, R., Koizumi, T. On the elasticities of substitution and complementarity [J]. Oxford Economic Papers, 1973, 25 (1): 44 – 56.

Scalera, L., Boscariol, P., Carabin, G., Vidoni, R., Gasparetto, A. Enhancing energy efficiency of a 4 – DOF parallel robot through task – related analysis [J]. Machines, 2020, 8: 10.

Schmidt, T. S., Sewerin, S. Measuring the temporal dynamics of policy mixes—An empirical analysis of renewable energy policy mixes' balance and design features in nine countries [J]. Research Policy, 2019, 48: 103557.

Scholtens, B. Finance as a driver of corporate social responsibility [J]. Journal of Business Ethics, 2006, 68 (1): 19-33.

Scholtens, B. Financial and social performance of socially responsible investments in the Netherlands [J]. Corporate Governance: An International Review, 2007, 15 (6): 1090-1105.

Schor, A. Heterogeneous productivity response to tariff reduction: Evidence from Brazilian manufacturing firms [J]. Journal of Development Economics, 2004, 75 (2): 373-396.

Sebri, M., Ben-Salha, O., 2014. On the causal dynamics between economic growth, renewable energy consumption, CO_2 emissions and trade openness: Fresh evidence from BRICS countries [J]. Renewable and Sustainable Energy Reviews, 2014, 39: 14-23.

Shahbaz, M., Hye, Q. M. A., Tiwari, A. K., Leitão, N. C. Economic growth, energy consumption, financial development, international trade and CO_2 emissions in Indonesia [J]. Renewable and Sustainable Energy Reviews, 2013, 25: 109-121.

Shahbaz, M., Khan, S., Tahir, M. I. The dynamic links between energy consumption, economic growth, financial development and trade in China: Fresh evidence from multivariate framework analysis [J]. Energy Economics, 2013, 40: 8-21.

Shahbaz, M., Lean, H. H. Does financial development increase energy consumption? The role of industrialization and urbanization in Tunisia [J]. Energy Policy, 2012, 40: 473-479.

Shahbaz, M., Raghutla, C., Song, M., Zameer, H., Jiao, Z. Public-private partnerships investment in energy as new determinant of CO_2 emissions: The role of technological innovations in China [J]. Energy Economics, 2020, 86: 104664.

Shapiro, C., Stiglitz, J. E. Equilibrium unemployment as a worker discipline device [J]. The American Economic Review, 1984, 74: 433-444.

Sherwani, F., Asad, M. M., Ibrahim, B. S. K. K. Collaborative robots and Industrial Revolution 4.0 (IR 4.0), in: 2020 International Conference on Emerging Trends in Smart Technologies (ICETST) [R]. Presented at the 2020 International Conference on Emerging Trends in Smart Technologies (ICETST), 2020: 1-5.

Simon, G. L., Bumpus, A. G., Mann, P. Win-win scenarios at the climate-development interface: Challenges and opportunities for stove replacement programs through carbon finance [J]. Global Environmental Change, 2012, 22 (1): 275-287.

Solow, R. M. A contribution to the theory of economic growth [J]. The Quarterly Journal of Economics, 1956, 70 (1): 65.

Song, M., Xie, Q., Shen, Z. Impact of green credit on high-efficiency utilization of energy in China considering environmental constraints [J]. Energy Policy, 2021, 153: 112267.

Strubell, E., Ganesh, A., McCallum, A. Energy and policy considerations for deep learning in NLP [R]. Meeting of the Association for Computational Linguistics, 2019.

Stucki, T. Which firms benefit from investments in green energy technologies? —The Effect of Energy Costs [J]. Research Policy, 2019, 48: 546-555.

Sun, J., Wang, F., Yin, H., Zhang, B. Money talks: The environmental impact of China's green credit policy [J]. Journal of Policy Analysis and Management, 2019, 38 (3): 653-680.

Swan, T. Economic growth and capital accumulation [J]. Economic Record, 1956, 32 (2): 334-361.

Tabachnick, B. G., Fidell, L. S., Ullman, J. B. Using multivariate statistics [M]. Boston, MA: Pearson, 2007.

参考文献

Tajudeen, I. A. The underlying drivers of economy – wide energy efficiency and asymmetric energy price responses [J]. Energy Economics, 2021, 98: 105222.

Tamazian, A., Chousa, J. P., Vadlamannati, K. C. Does higher economic and financial development lead to environmental degradation: Evidence from BRIC countries [J]. Energy policy, 2009, 37 (1): 246 – 253.

Thai – Ha, L., Canh, P. N. Is energy security a driver for economic growth? Evidence from a global sample [J]. Energy Policy, 2019, 129: 436 – 451.

Thomas, S., Repetto, R., Dias, D. Integrated environmental and financial performance metrics for investment analysis and portfolio management [J]. Corporate Governance: An International Review, 2007, 15 (3): 421 – 426.

Tone, K. A slacks – based measure of efficiency in data envelopment analysis [J]. European Journal of Operational Research, 2001, 130 (3): 498 – 509.

Topalova, P. Trade liberalization, poverty, and inequality: Evidence from Indian districts [J]. NBER Chapters, 2007: 291 – 336.

Trianni, A., Cagno, E., Worrell, E. Innovation and adoption of energy efficient technologies: An exploratory analysis of italian primary metal manufacturing SMEs [J]. Energy Policy, 2013, 61: 430 – 440.

Uzawa, H. Production functions with constant elasticities of substitution [J]. The Review of Economic Studies, 1962, 29 (4): 291 – 299.

Vinuesa, R., Azizpour, H., Leite, I., et al. The role of artificial intelligence in achieving the Sustainable Development Goals [J]. Nature communications, 2020, 11 (1): 1 – 10.

Voigt, S., De Cian, E., Schymura, M., Verdolini, E. Energy intensity developments in 40 major economies: Structural change or technology improvement? [J]. Energy Economics, 2014, 41: 47 – 62.

Volz, U. Fostering green finance for sustainable development in Asia [J]. ADBI

Working Paper, 2018, 814.

Wang, E. Z., Lee, C. C., Li, Y. Assessing the impact of industrial robots on manufacturing energy intensity of 38 countries [J]. Energy Economics, 2022: 105748.

Wang, E. Z., Lee, C. C. The impact of clean energy consumption on economic growth in China: Is environmental regulation a curse or a blessing? [J]. International Review of Economics & Finance, 2022, 77: 39 – 58.

Wang, F., Ye, X., Wu, C. Multifractal characteristics analysis of crude oil futures prices fluctuation in China [J]. Statistical Mechanics and Its Applications, 2019, 533: 122021.

Wang, R., Wang, Q., Yao, S. Evaluation and difference analysis of regional energy efficiency in China under the carbon neutrality targets: Insights from DEA andtheir models [J]. Journal of Environmental Management, 2021: 293.

Wang, Y., Zhi, Q. The role of green finance in environmental protection: Two aspects of market mechanism and policies [J]. Energy Procedia, 2016, 104: 311 – 316.

Wang, Z., Feng, C. A performance evaluation of the energy, environmental, and economic efficiency and productivity in China: An application of global data envelopment analysis [J]. Applied Energy, 2015, 147: 617 – 626.

Wara, M. Is the global carbon market working? [J]. Nature, 2007, 445 (7128): 595 – 596.

Wei, Z., Han, B., Pan, X., Shahbaz, M., Zafar, M. W. Effects of diversified openness channels on the total – factor energy efficiency in China's manufacturing sub – sectors: Evidence from trade and FDI spillovers [J]. Energy Economics, 2020, 90: 104836.

Wen, H., Lee, C. C. Impact of environmental labeling certification on firm performance: Empirical evidence from China [J]. Journal of Cleaner Production, 2020, 255: 120201.

Wen, H., Lee, C. C., Zhou, F. Green credit policy, credit allocation efficiency and upgrade of energy – intensive enterprises [J]. Energy Economics, 2021, 94: 105099.

Wen, H., Lee, C. C., Zhou, F. How does fiscal policy uncertainty affect corporate innovation investment? Evidence from China's new energy industry [J]. Energy Economics, 2022, 105: 105767.

Wesseh, P. K. Jr., Lin, B. Energy consumption, fuel substitution, technical change, and economic growth: Implications for CO_2 mitigation in Egypt [J]. Energy Policy, 2018, 117: 340 – 347.

Windmeijer, F. A finite sample correction for the variance of linear efficient two – step GMM estimators [J]. Journal of Econometrics, 2005, 126: 25 – 51.

Wu, H., Hao, Y., Ren, S., Yang, X., Xie, G. Does internet development improve green total factor energy efficiency? Evidence from China [J]. Energy Policy, 2021, 153: 112247.

Wurlod, J. D., Noailly, J. The impact of green innovation on energy intensity: An empirical analysis for 14 industrial sectors in OECD countries [J]. Energy Economics, 2018, 71: 47 – 61.

Xu, L. On the evaluation of performance system incorporating "Green Credit" policies in China's financial industry [J]. Journal of Financial Risk Management, 2013, 2 (2): 33.

Yang, J., Ying, L., Gao, M. The influence of intelligent manufacturing on financial performance and innovation performance: The case of China [J]. Enterprise Information Systems, 2020, 14 (6): 812 – 832.

Yang, J., Zhou, Y. Credit risk spillovers among financial institutions around the global credit crisis: Firm – level evidence [J]. Management Science, 2013, 59 (10): 2343 – 2359.

Yang, J., Zhou, Y. Return and volatility transmission between China's and international crude oil futures markets: A first look [J]. Journal of Futures Markets, 2020, 40 (6): 860 – 884.

Yang, Z., Zhou, Y. Quantitative easing and volatility spillovers across countries and asset classes [J]. Management Science, 2017, 63 (2): 333 – 354.

You, W., Zhang, Y., Lee, C. C. The dynamic impact of economic growth and economic complexity on CO_2 emissions: An advanced panel data estimation [J]. Economic Analysis and Policy, 2022, 15 (73): 112 – 128.

Yun, J. J., Won, D., Jeong, E., Park, K., Yang, J., Park, J. The relationship between technology, business model, and market in autonomous car and intelligent robot industries [J]. Technological Forecasting and Social Change, 2016, 103: 142 – 155.

Zeira, J. Workers, machines, and economic growth [J]. The Quarterly Journal of Economics, 1998, 113: 1091 – 1117.

Zeren, F., Akkus, H. T. The relationship between renewable energy consumption and trade openness: New evidence from emerging economies [J]. Renewable Energy, 2020, 147: 322 – 329.

Zhang, B., Yang, Y., Bi, J. Tracking the implementation of green credit policy in China: Top – down perspective and bottom – up reform [J]. Journal of Environmental Management, 2011, 92 (4): 1321 – 1327.

Zhang, C., Nian, J. Panel estimation for transport sector CO_2 emissions and its affecting factors: A regional analysis in China [J]. Energy Policy, 2013, 63: 918 – 926.

Zhang, M., Zhang, S., Lee, C. C., Zhou, D. Effects of trade openness on renewable energy consumption in OECD countries: New insights from panel smooth transition regression modelling [J]. Energy Economics, 2021, 104, 105649.

Zhang, Z., Xin, R. Causal relationships between energy consumption and economic growth [J]. Energy Procedia, 2011, 5: 2065 – 2071.

Zhou, X., Tang, X., Zhang, R. Impact of green finance on economic development and environmental quality: A study based on provincial panel data from China [J]. Environmental Science and Pollution Research, 2020, 27(16): 19915-19932.

Zhu, B., Su, B., Li, Y., Ng, T. S. Embodied energy and intensity in China's (normal and processing) exports and their driving forces, 2005-2015 [J]. Energy Economics, 2020, 91: 104911.

Zumerchik, J. Macmillan encyclopedia of energy [M]. Macmillan Reference USA, 2001.

图书在版编目(CIP)数据

现代能源经济学 / 李建强等编著. -- 北京：社会科学文献出版社，2022.6
ISBN 978-7-5228-0267-1

Ⅰ.①现… Ⅱ.①李… Ⅲ.①能源经济学 Ⅳ.①F407.2

中国版本图书馆 CIP 数据核字（2022）第 100514 号

现代能源经济学

编　　著 / 李建强 等

出 版 人 / 王利民
责任编辑 / 高　雁
文稿编辑 / 王红平
责任印制 / 王京美

出　　版 / 社会科学文献出版社·经济与管理分社（010）59367226
　　　　　　地址：北京市北三环中路甲 29 号院华龙大厦　邮编：100029
　　　　　　网址：www.ssap.com.cn

发　　行 / 社会科学文献出版社（010）59367028
印　　装 / 三河市龙林印务有限公司

规　　格 / 开　本：787mm×1092mm　1/16
　　　　　　印　张：24.25　字　数：359 千字

版　　次 / 2022 年 6 月第 1 版　2022 年 6 月第 1 次印刷

书　　号 / ISBN 978-7-5228-0267-1

定　　价 / 89.00 元

读者服务电话：4008918866

版权所有 翻印必究